BI-Lexikon Ikebana und Bonsai

BI-LEXIKON
Ikebana und Bonsai

180 Textabbildungen und 27 Tabellen

48 Farbtafeln mit 79 Fotos

HENDRIK WALTHER

unter Mitarbeit von HEIDRUN HUNGER

BIBLIOGRAPHISCHES INSTITUT LEIPZIG

Autoren: Dr. Hendrik Walther, Leipzig, Kakyo der Ikenobo-Schule in Kyoto
(Allgemeiner Teil, Ikebana)
Heidrun Hunger, Leipzig (Bonsai)

Gutachter: Dipl.-Ethn. Heinz Kucharski, Leipzig

Illustrationen: Traudl Schneehagen, Leipzig

Walther, Hendrik:
Ikebana und Bonsai / Hendrik Walther.
Unter Mitarb. von Heidrun Hunger. –
2. Aufl. – Leipzig: Bibliographisches
Institut, 1990. –
291, 48 S.: 259 Ill. (z. T. farb.)
(BI-Lexikon)   ISBN 3-323-00282-2
NE: GT

ISBN 3-323-00282-2

© VEB Bibliographisches Institut Leipzig, 1990
4307/02519790
Printed in the German Democratic Republic
Gesamtherstellung: Grafische Werke Zwickau III/29/1
Verantwortliche Lektorin: Gudrun Thomas-Petersein
Bildredaktion: Elke Kubitzki
Technische Redaktion: Monika Thiel
Herstellung: Karin Fleischer
Schutzumschlag- und Einbandgestaltung: Rolf Kunze
Best.-Nr. 578 303 7

Inhaltsübersicht

Geleitwort	6
Hinweise zur Benutzung	9
Lexikalischer Teil Allgemeines	13
Ikebana für Anfänger	31
Lexikalischer Teil Ikebana	35
Ausgewählte Ikebana-Materialien	159
Bonsai für Anfänger	173
Lexikalischer Teil Bonsai	177
Zur Bonsai-Gestaltung geeignete Pflanzen	285
Haltungs- und Vermehrungsmöglichkeiten einiger geeigneter Bonsai-Pflanzen	290

Bildquellenverzeichnis

Text- und Vorsatzillustrationen Traudl Schneehagen, Leipzig
Die Fotos fertigten an:
Heidrun Hunger, Leipzig und Dr. Hendrik Walther, Leipzig: Tafeln 45−47 und alle Farbfotos im Abschnitt Bonsai · Lutz Hunger, Leipzig und Dr. Hendrik Walther, Leipzig: Tafel 48 · Ikenobo-Schule, Tokyo: Tafeln 9−13 · Horst Krekeler, Edingen-Neckarhausen (Archiv): Tafeln 33−41 · Katrin Kusunoki, Hiroshima: Tafeln 1−8 · Dr. Hendrik Walther, Leipzig: Tafeln 14, 15, 16−32, 42−44 und alle Farbfotos im Abschnitt Ikebana
Als Vorlagen für die Grafiken im Text dienten Abbildungen aus:
Außenministerium Japans: Japan im Spiegel, Chanoyu − die Teezeremonie, Japan, 1976 · Ikenobo: Ikenobo for beginners, Kyoto · Ikenobo Headquarters Staff: Ikenobo Ikebana − Shoka, Its origin and basic styles, Kyoto, 1984 · Ikenobo, Senei: Ikenobo, Japan, 1971 · Ikenobo Senei: Ikenobo gyoji no hana, Japan, 1978 · Komodo-Pointer, Shusui: Ikebana-Praxis, Leipzig-Radebeul, 1975 · Maraini, Fosko: Japonia, Moskau, 1980 · Teshigahara, Wafu: Japanese Flower Arrangement, Tokyo, 1968 · Wittig, Hildegard: Ikebana, München, 1983 · Daute, Horst: Bonsai − Pflege und Anzucht japanischer Zwergbäume, München, 1980 · Schmidt, Walter: Die Kunst des japanischen Bonsai, Stuttgart, 1983 · Kawamoto, Toshio: Saikei − Miniaturlandschaften mit japanischen Zwergbäumen, München, 1980
Schutzumschlag vorn: Moribana Futakabu-ike; Ginster und Nelken · *Vorsatz:* Niju-ike; Ginster und Chrysanthemen nach einem Arrangement von Hiroko Kaneko
Schutzumschlag hinten: Eiche, *Quercus robur,* gesammelt 1980, gestaltet von H. Krekeler; Alter etwa 30−35 Jahre; Besitzer W. Käflein. *Nachsatz:* Han-Kengai als Ishitsuki mit *Pinus*

Geleitwort

In den letzten Jahren rückten zwei für europäische Ohren neue Begriffe zu Publikumsmagneten ersten Ranges auf: Ikebana und Bonsai. In die Reihe der bekannten Klischees von Geisha, Kimono und Samurai fügten sich die Begriffe anscheinend leicht ein. Das vorliegende Lexikon möchte dazu beitragen die oft noch weit verbreiteten einseitigen Vorstellungen vom Land der aufgehenden Sonne auf den Boden der Realität zurückzuführen und die Lehren der japanischen Blumenkunst und der Zucht japanischer Zwergbäume verständlich und fühlbar machen. Grundkenntnisse der Geschichte und Lebensweise des japanischen Volkes sind dafür Voraussetzung; daran kann auch derjenige nicht vorbeigehen, der „nur" ein kleines Bäumchen auf seine Veranda stellen will.

Bereits in der zweiten Hälfte des vorigen Jahrhunderts und in den zwanziger Jahren unseres Jahrhunderts wurden in Europa Anregungen aus Japan aufgegriffen, die in vielfältiger Form ihren Niederschlag auch in Deutschland fanden. Die klar gegliederten Farbflächen der japanischen Holzschnitte beeinflußten nicht nur van Gogh in seiner Maltechnik und Bildkomposition. Einfache und klare Gestaltung und direkte Verbindung von Zweckmäßigkeit und Form kennzeichneten auch die Entwürfe der Bauhaus-Architekten, die wesentliche Impulse von der traditionellen japanischen Bauweise erhielten. Auch die blumenbinderische Gestaltung empfing bereits zur damaligen Zeit Anregungen, die sie von üppig-bunten Flächen zu übersichtlichen Arrangements mit Betonung der Linien führte. Die Erkenntnis, daß es möglich ist, die natürliche Schönheit der Blumen und Bäume durch bewußtes Gestalten zu verdeutlichen und dabei auch die Formen zu nutzen, die andere Völker, andere Kulturkreise entwickelt haben, ermöglicht uns den direkten Zugang zu Ikebana und Bonsai. Die Beschäftigung mit den Pflanzen wird uns außer dem Gefühl, Schönes zu gestalten und zu betrachten, auch eine gewisse innere Ruhe finden lassen; dás lebende Material erzwingt diese geradezu durch seine Verletzlichkeit und Zerbrechlichkeit. Hast und Eile des Alltags müssen beim Gestalten abgelegt werden, nur zu schnell wäre beispielsweise ein Bäumchen zum Tode verurteilt, bei dem der Wurzelschnitt überstürzt zu Ende gebracht werden soll und deshalb fehlerhaft ausgeführt wird. So hilft die Beschäftigung mit den Pflanzen nicht nur, uns die Fähigkeit zur Entspannung zu erhalten, auch im Betrachten und Erleben der Natur erfahren wir eine neue Bereicherung.

Die Gestaltung der Arrangements und die Pflege der Bonsai nötigt immer wieder den Blick in Wälder, Wiesen und Gärten ab. Sei es, daß für ein Ikebana-Arrangement ein besonders eigenwillig geformter Zweig gesucht wird oder ein Vorbild für die Gestaltung des neuen Bäumchens gefunden werden soll. Auch der Wechsel der Jahreszeiten dringt tiefer in das Bewußtsein ein. Das Warten auf den Neuaustrieb „unseres" Bäumchens nach den ersten kräftigen Sonnenstrahlen läßt uns den Frühling bewußt erleben. Nicht zuletzt können uns Ikebana und Bonsai einen Zugang zu Kunst und Philosophie des fernen Ostens ermöglichen. Beide sind in ihrer Heimat ja nicht nur blumenbinderische bzw. gärtnerische Tätigkeit wie ihre Parallelen in Europa; beide Künste sind, wie auch viele andere traditionelle japanische Kunstzweige, sehr eng mit dem religiösen und philosophischen Gedankengut verbunden. Insbesondere der Zen-Buddhismus hat einen nachhaltigen Einfluß ausgeübt. Ein wesentlicher Aspekt dieser Lehre ist das Streben nach ganzheitlichem Erfassen der Welt. Ein Baum wird nicht als

Summe von Wurzeln, Stamm, Ästen und Blättern verstanden, er ist vielmehr ein Wesen, das einen Charakter, ein Gesicht und eine Lebensgeschichte hat. Der Zen-Buddhismus hat auch Anschauungen geprägt, die nachhaltig in das alltägliche Leben ein-
greifen. Gelassenheit, Ruhe und Selbstdisziplin und eine innere Fröhlichkeit sind Eigenschaften der Menschen, die dieser Lehre folgen. Dabei können sie verschiedene
Wege gehen, um Vollendung in der Erkenntnis zu erreichen. Einer davon ist der »Weg
der Blumen«, japanisch Kado, den wir in diesem Buch versucht haben, darzulegen.
Unser Ziel ist nicht, zu vermitteln wie Japaner und Buddhisten empfinden zu können.
Wir wollen vielmehr die fördernden Kräfte der Ikebana- und Bonsai-Kunst für die Erholung und für die eigenen charakterlichen Eigenschaften nutzbar machen.
Bei aller Aufgeschlossenheit gegenüber der japanischen Kunst, die ein Liebhaber von
Ikebana und Bonsai besitzen muß, bleiben wir jedoch in unserer Denkweise den europäischen Traditionen verhaftet. Das bedeutet, daß der europäische Blumenfreund am
ehesten den Weg über ein konstruktives Ikebana gehen wird, das mit festgelegten Maßen und Winkeln arbeitet. Der Bonsai-Freund will erst die möglichen Formen der Baumgestaltung kennen, bevor er „sein" Bäumchen gestaltet. Der Weg über das Wissen um
die Lehre soll dabei weder das eigene Erlebnis verdrängen noch überdecken.
Ikebana und Bonsai – in unserem Land noch eine relativ junge Freizeitbeschäftigung,
mit der sich jedoch auch immer mehr Blumenbinder und Gärtner berufsmäßig befassen – sind mit einer Fülle neuer Namen verbunden. Das vorliegende Lexikon gibt einen
Überblick und eine sachgemäße Erklärung der zum Teil nur mit weitschweifigen Um-
schreibungen vom Japanischen ins Deutsche zu übertragenden Begriffe. Es soll jedoch keinesfalls den Lehrer oder ein Lehrbuch ersetzen, ist aber sehr wohl geeignet,
einen Interessierten ohne Vorkenntnisse in die Lehre einzuführen.
Der Gegensatz zwischen beiden Techniken ist nur ein scheinbarer und ein Produkt europäischer Denkweise, denn beide Wege haben ja im Sinne des Zen das Ziel, sich
selbst und die Welt als Ganzes und Einheitliches zu erkennen. Das war der tiefe gedankliche Berührungspunkt, der uns veranlaßte, beide Künste in einem Buch zu ver-
einigen. Dabei sollen nicht nur attraktive Bilder zeigen, was japanische Meister des Ikebana und Bonsai nach langjähriger Arbeit und Übung erschaffen können, sondern es
soll vor allem demonstriert werden, was unter europäischen Bedingungen zu erreichen ist. Die Verwendung exotischer Pflanzenmaterialien und originaler japanischer
Gefäße wird deshalb nicht im Mittelpunkt stehen. Vielmehr sollen neben Übersichts-
stichwörtern über 100 Grafiken eine Anleitung zum Handeln darbieten. Dabei war es
möglich und notwendig, langjährige Erfahrungen einfließen zu lassen, die bei der Beschäftigung mit Ikebana und Bonsai gerade in unserem Land gemacht wurden. Im Hei-
matland von Ikebana und Bonsai existieren sehr viele verschiedene Lehrmeinungen.
Es kann aber nicht Anliegen eines Lexikons für eine Freizeitbeschäftigung sein, fast
3000 Ikebana-Schulen einzeln zu erläutern. Aus diesem Grund haben wir uns an den
Schulen orientiert, die bereits seit längerem in Europa Fuß gefaßt haben. Entsprechende Hinweise auf Grundkonzepte, Symbole und Gestaltungsformen mehrerer
Schulen fehlen aber trotzdem nicht.
In die große Reihe der japanischen Schulen werden sich sicherlich bald die Freundes-
kreise von Ikebana und Bonsai in Europa würdig einreihen, wenn auch Motive und Er-
wartungen oft ganz anderer Art sind. Wir wollen mit diesem Lexikon, wie auch mit unserer Freizeitbeschäftigung, das japanische Bonsai oder Ikebana nicht imitieren oder gar
kopieren. Unser Ziel ist es, mit den in Europa vorkommenden Pflanzen die Atmosphäre
der Natur unserer Heimat zu erleben, unseren Gefühlen und Erlebnissen Ausdruck zu

verleihen, innere Ruhe und Entspannung zu finden und nicht zuletzt anderen Menschen eine Freude zu bereiten.

Die Entstehung des vorliegenden Buches wäre ohne die Hilfe vieler engagierter Freunde von Ikebana und Bonsai und der konstruktiven Zusammenarbeit mit den Mitarbeitern des Verlages nicht möglich gewesen.

Besonders unterstützten uns Frau Professor Hiroko Kaneko von der Ikenobo-Akademie in Kyoto und Herr Hidea Mori sowie Herr Horst Krekeler. Dafür allen Beteiligten unseren herzlichen Dank.

Die Autoren

Hinweise zur Benutzung

Um einen optimalen Zugriff zu den jeweils interessierenden Problemen zu ermöglichen, folgt das Lexikon in den fachbezogenen Abschnitten einer Dreiteilung. Der erste Komplex umfaßt Stichwörter aus dem gemeinsamen historisch-kulturellen Umfeld von Ikebana und Bonsai (Allgemeines Ⓐ). Der zweite Komplex bietet alle Informationen zum Sachgebiet Ikebana Ⓘ, der dritte ist Bonsai Ⓑ, gewidmet.

Verweise auf Stichwörter innerhalb des Sachkomplexes erhalten keine besondere Kennzeichnung, wird jedoch auf ein Stichwort eines anderen Komplexes verwiesen, ist an den Verweis das Symbol des aufzusuchenden Komplexes angefügt.

Beispiele:

Innerhalb des Stichwortes „Geschichte des Ikebana", das zum Komplex Ikebana gehört, wird

– auf das Stichwort „Rikka", das zum gleichen Komplex gehört, verwiesen: ↑ Rikka
– auf das Stichwort „Tokonoma", das zum Allgemeinen Teil gehört, verwiesen: ↑ Tokonoma Ⓐ.

Für Anfänger ohne Kenntnis spezieller Fachbegriffe werden zu Beginn der Komplexe Ikebana und Bonsai Einführungskapitel angeboten. Dort erhalten Sie grundlegende Informationen und werden gleichzeitig auf die wichtigsten Übersichtsstichwörter verwiesen.

Innerhalb der Stichwörter werden Angaben zu den Familien, Gattungen, Arten und Sorten des Pflanzenmaterials nur soweit gegeben, wie für das Verständnis des Sachverhaltes unbedingt notwendig. Im Komplex Ikebana sind das im Interesse der Verständlichkeit die umgangssprachlich bevorzugten Bezeichnungen, unabhängig davon, ob es sich um deutschsprachige, lateinische oder eingedeutschte lateinische Ausdrücke handelt.

Für den an taxonomischen Angaben und detaillierten Übersichten interessierten Fachmann sind die Anlagen der Komplexe Ikebana und Bonsai vorgesehen.

Symbole:

d Durchmesser von Gefäßen
h Höhe von Gefäßen
● Ikenobo-Schule: Shin
　Sogetsu-Schule: Shin
　Ohara-Schule: Shu
■ Ikenobo-Schule: Soe
　Sogetsu-Schule: Soe
　Ohara-Schule: Fuku
▲ Ikenobo-Schule: Tai
　Sogetsu-Schule: Hikae
　Ohara-Schule: Kyaku, auch Gyo

 Haupteinstellpunkt

 Einstellpunkt

 Kenzan

Ostpagode des Yakushi-Ji-Tempels aus dem
frühen 8. Jh. in Nara; der Garten im Herbst

Allgemeiner Teil

Asymmetrie: für Ikebana wichtiges und vorherrschendes ↑ Ordnungsprinzip ① bei der Ausführung von Arrangements. Es ist durch ungleiche Verteilung der optisch wichtigen Punkte in bezug auf eine gedachte Linie, die meist die Senkrechte über dem Gefäß ist, gekennzeichnet. Die symmetrische Ordnung ist im Gegensatz dazu durch eine gleiche Verteilung beiderseits einer gedachten Mittellinie (Symmetrieachse) charakterisiert. Die A. entspricht den Wuchseigenschaften der Pflanzen und kommt deshalb der Forderung nach Natürlichkeit der Bonsai und Ikebana-Arrangements besonders entgegen.

Nach den Lehren des ↑ Zen-Buddhismus, der die Entwicklung des Ikebana und Bonsai wesentlich beeinflußte, vermittelt eine symmetrische Darstellungsweise eine selbstgenügsame Vollkommenheit in geschlossener Starre. Damit ist aber dem Wesen lebendiger Materie nicht voller Ausdruck zu verleihen. Zenbuddhistisch orientierte Kunst mißt der Phantasie des Betrachters und der inneren Bewegung große Bedeutung bei. Die in die A. eingebundenen freien Räume sind wesentliche Gestaltungselemente. Die Ungleichgewichtigkeit zwingt immer wieder zu neuem Erfühlen dessen, was den inneren Sinn der Gestaltung ausmacht. Auf diese Weise kommt der feine Nachklang (↑ Yojo) im Künstler zum Schwingen. Die asymmetrische Form ist somit nicht nur aus gestalterischen Gründen im Ikebana und Bonsai vorherrschend, sondern wird aufgrund ihrer engen geistigen Beziehung zum »Weg der Blumen« (↑ Kado) gepflegt.

Chado ↑ Teezeremonie

Chanoyu ↑ Teezeremonie

Daiwa, »*Große Harmonie*«. Der Gestaltende erfüllt vor der Ausführung der Arrangements den Wachstumswillen und die Eigenart jeder Blüte und jedes Zweiges und formt sie nach den ihnen innewohnenden Gesetzmäßigkeiten. Es entsteht ein Produkt, das eine Einheit von Natur und Kunst sowie dem empfindsamen Bemühen des Künstlers darstellt. Auf diese Weise wächst die »Große Harmonie« bei der Gestaltung von ↑ Bonsai Ⓑ und dem Arrangieren von ↑ Ikebana ①. Die innere Harmonie des Gestaltenden, die sich z.B. im Sinne des Blumenweges (↑ Kado) verwirklicht, das Zusammenklingen des Ausführenden mit seinem Objekt und die formale ↑ Harmonie ① der Farben und Formen sind wesentliche Aspekte von D.

Do, »*Weg*«. Ein wichtiger Lehrsatz des ↑ Zen-Buddhismus geht davon aus, daß die Natur als „kosmischer Körper Buddhas" (Winogradowa/Nikolajewa) anzusehen ist, und folgert, daß durch Teilhaftigwerden an der Natur die Erleuchtung (Satori) erfolgen kann. Sie ist nicht nur Auserwählten vorbehalten, sondern jedem Menschen in seinem „gewöhnlichen" Leben möglich. Die Konzentration richtet sich deshalb auf die Dinge des Erdenlebens. Neben der Meditation ist das Erleben, insbesondere als ästhetisches Erleben, eine wichtige Möglichkeit, zur Erleuchtung zu gelangen. Deshalb verband der Zen-Buddhismus mit dem Streben nach Wahrheit und Erleuchtung eine Hinwendung zur Kunst und zum schöpferischen Akt. Ziel war dabei weniger das Endprodukt der Tätigkeit, als auf verschiedenen Wegen des Erfahrens den

Kendo – traditioneller Schwertkampf – ein
„Do" unter vielen

und drückt sich als „etwas Geschmack-
volles, das wertvoll, aber nicht prächtig
ist" und als „feine Eleganz des Unvollkommenen" (Sh. Komodo; H. Pointner)
aus.

In ↑Yo

japanische Gartenkunst: künstlerische
Gestaltung größerer oder kleinerer Bezirke der Natur nach zweckdienlichen
und ästhetischen Gesichtspunkten. Sie
können durchwandert, mit dem Boot
durchquert oder nur vom Inneren bzw.
der Veranda eines Hauses aus betrachtet
werden.
Eine Besonderheit der j. G. ist ihre stark
durch Buddhismus (insbesondere ↑ Zen-
Buddhismus) und ↑ Shintoismus beeinflußte Grundstimmung.
Von der Frühzeit der j. G. ist bekannt, daß
einheimische Traditionen, z.B. der Pflege
der Umgebung shintoistischer Heiligtümer und alter Grabanlagen sowie chinesische Einflüsse miteinander verschmol-
zen und einen typisch japanischen Stil
der Gartenkunst hervorbrachten. Ar-
chäologische Funde belegen Landschaftsgärten bereits für das 8. Jh. Diese
Landschaftsgärten waren eng mit der
Entstehung des ↑ Shinden-zukuri-Bau-
stiles verbunden und fügten sich gemeinsam mit den Palastbauten als harmonisches Ganzes in die Landschaft ein. Die
formalen Merkmale dieser Landschaftsgärten, wie Hügel, Seen und Wasserfälle,
waren ursprünglich aus China übernommen worden, unterlagen aber sehr bald
einer eigenständigen Entwicklung in Japan. Derartige Gärten (auch *Palast-
Teich-Gärten* genannt), wurden in großer
Zahl von Hofadligen angelegt. Sie standen in enger Verbindung zur Palasthalle
und stellten ein, meist nach Süden gerichtetes, weites Areal dar. Die Fläche
wurde teils als ebene, teils als hüglige

Strom des Seins, der als Synonym für
Buddha galt, zu erfassen. Diese Haltung
durchdrang viele Seiten des Lebens, so
daß eine ganze Reihe von »Wegen« – Do
– entstanden, die beispielsweise Selbst-
beherrschung und innere Zucht (»Weg
des Krieges« – Bushido), Beherrschung
des Körpers und bestimmter Kampftech-
niken (Kendo – traditioneller Schwertkampf; Kyudo – Bogenschießen), Tuschmalerei, Kalligrafie (Shodo) oder die
↑Teezeremonie (»Weg des Tees« –
Chado) in den Mittelpunkt der Bemühungen stellten. Auch die Beschäftigung mit
Blumen und Pflanzen ist ein solcher Weg
(↑ Kado – »Weg der Blumen«).

Furyu: im Buddhismus begründete Form
der Harmonie des Geistes, die auch bei
der Auseinandersetzung mit Pflanzen
entstehen kann. Sie ergreift vom Gestalter und vom Objekt gleichermaßen Besitz

Landschaft mit Bäumen, Sträuchern und Stauden besetzt. Diese Gärten endeten in einer kurvenreichen Uferzone, oft auch einer Landzunge, die sich in den Teich hineinschob. Im Teich befanden sich Inseln. Der Teich selbst war für Bootsfahrten geeignet, die Inseln waren mit dem Festland und untereinander durch Brükken verbunden. Vor der Palasthalle, im Gartenareal, an den Ufern, auf den Inseln und sogar im Wasser waren Steingruppen verstreut. Der Wasserzufluß erfolgte durch einen kleinen, sich schlängelnden Bach, der kurz vor dem Teich von einer kleinen Brücke überspannt wurde. Auch ihn säumten Steine, Baum- und Buschgruppen. Der Zufluß konnte auch als Wasserfall angelegt werden. Das Gartenareal wurde durch Bäume und Büsche begrenzt, die einen kontrastreichen Hintergrund zum Teich bildeten und in die umgebende Landschaft überleiteten.

In der Kamakura-Zeit (1185–1333) entstanden die *Tempelgärten* der Zen-Klöster, in denen sich der Typ eines symbolischen Gartens, meist in Form von *Trokkenlandschaftsgärten* ausgeführt, entwickelte. Die Landschaft mit ihren Bergen, Wasserfällen und Seen wurde durch eine besondere Anordnung von Steinen (für Berge) und Sand (für Wasser) symbolisiert; Bäume und Sträucher waren als Komponenten statthaft, jedoch nicht unbedingt notwendig. Blühende Gewächse fehlen in diesen Gärten. Solche symbolischen Gärten vermitteln den Eindruck von Reinheit und Strenge, sie sind ein Ort für Konzentration und Meditation.

Einen Höhepunkt erreichte diese Entwicklung in der Ashikaga-Zeit (1338 bis 1573). In der zweiten Hälfte des 15. Jh. entstand der Garten des Ryoanji-Klosters in Kyoto. Er ist ein Musterbeispiel der fast abstrakt anmutenden Anlage von Gärten. Eine rechtwinklige Fläche von nur (23 × 9) m vor dem Haus des Abtes wird von einer Lehmmauer umschlossen, die von den dahinter stehenden Bäumen

überragt wird. Die Fläche selbst ist mit weißem Kies bestreut; 15 Steine sind in unterschiedlichen Gruppen angeordnet. Braungrünes Moos umgibt oder bedeckt die Steine, andere Pflanzen gibt es im Garten nicht. Der Sand ist rillenartig geharkt, parallel zur Längsseite des Gartens, nur um die Steingruppen verlaufen die Streifen in einem schmalen Kreis. Von den 15 angeordneten Steinen sind immer nur, gleich aus welcher Richtung man sie von der Veranda aus betrachtet, 14 sichtbar. Harmonie und Ruhe der Anlage übertragen sich auf den Betrachter, regen dessen Phantasie an und fördern die Fähigkeit zur Meditation.

Der sog. *Teegarten* ist ein weiterer Haupttyp des japanischen Gartens, der oft als Teilabschnitt in größere Anlagen von Landschaftsgärten eingebettet ist. Seine Entwicklung ist eng mit der ↑ Teezeremonie verbunden. Der Teegarten ist in einen äußeren und einen inneren Bezirk geteilt. Beide Bezirke werden durch eine Wand mit einer Holzschiebetür oder einem kleinen aufklappbaren, riedbedeckten Tor voneinander getrennt. In ihrem Inneren befinden sich überdachte Wartebänke für die Teegesellschaft und steinerne Wasserbecken zur rituellen Reinigung von Mund und Händen vor der Zeremonie. Der äußere Bezirk des Gartens ist eine schmale Zone und stellt das Landschaftsbild der Bergwildnis und Waldeinsamkeit dar. Nur ein schmaler Pfad führt in sanft geschwungenen Kurven über moosbedeckten Boden. Sträucher und Farne wachsen in kühler, weltabgeschiedener Stille. Die Teegesellschaft wird so beim langsamen Durchschreiten des Gartens und beim Rasten auf den überdachten Bänken auf das Kommende vorbereitet. Im inneren Bezirk ist ein Teepavillon aus einfachen, aber erlesenen Materialien mit strohgedecktem Dach und einer manchmal nur winzigen hölzernen Schiebetür errichtet. Dieses Teehaus erinnert an die Hütte eines Einsiedlers, es bildet mit dem umgebenden Garten eine harmonische Einheit.

Mit der stürmischen Entwicklung der Städte, besonders in der Tokugawa-Epoche (1615–1868), begannen Handelsleute, Handwerker und verarmte Adlige am gesellschaftlich-kulturellen Leben teilzunehmen. Sie gestalteten nach dem Vorbild der Landschafts-, Tee- und Tempelgärten kleine Gärten an ihren Häusern. Dieser *Hausgarten* ist oft nur wenige Quadratmeter groß und im Gegensatz zum Teich- und Teegarten im allgemeinen nicht zum Durchwandern vorgesehen. Er wird von der Veranda oder von einem Ehrenplatz innerhalb des Hauses, der sich vor der ↑ Tokonoma befindet, betrachtet. Im Garten selbst wird eine Landschaft dargestellt, in der das Wasser durch ein anderes Element (Kies und Sand) ersetzt wurde. Steil aufrecht stehende Steine symbolisieren einen Wasserfall, runde Steine oder geharkter Sand einen Fluß oder das Meer. Diese Art der Darstellung darf nicht als dekorative, bildliche Umsetzung angesehen werden, sie soll vielmehr einen philosophischen Gehalt durch Aufzeigen kosmologischer Bezüge vermitteln und ist unmittelbar auf die Lehren des Zen-Buddhismus zurückzuführen. Obwohl die Hauptkomponenten des Trockenlandschaftsgartens Steine und Sand sind, können einzelne, niedrig gehaltene Gehölze hinzukommen. Diese sind oft streng geschnitten, wirken aber bizarr und malerisch. Hecken oder weiße Mauern umgeben den Garten. Ist eine schöne Umgebung (Bäume, Berge u.ä.) vorhanden, wird diese als sog. geborgte Landschaft in die Komposition des Gartens einbezogen. Wird der Garten von der Veranda aus betrachtet, so gibt das sich mit dem wandernden Licht eines Tages, durch Jahreszeit und Witterung ständig ändernde Bild Anstöße zu tiefgründigen Gedanken.

In der Neuzeit werden historische Gartenanlagen in Japan als nationale Kulturschätze erhalten und gepflegt. Die moderne japanische Garten- und Parkgestaltung führt traditionelle Linien der Gartenkunst weiter.

Ein wachsender internationaler Einfluß der j.G. ist sowohl durch die Nachgestaltung überlieferter Motive, besonders an Restaurants, Museen u.ä. in aller Welt, als auch in einer schöpferischen Auseinandersetzung der Gartenarchitekten mit grundsätzlichen japanischen Auffassungen der Gartengestaltung zu verzeichnen.

Kado, »*Weg der Blumen*«: in enger Verbindung zum ↑ Zen-Buddhismus stehende Lehre, die nicht nur eine Vorschrift zum Umgang mit Blumen gibt, sondern eine ganze Lebensphilosophie übermittelt (↑ Do). Ziel ist das Einswerden und Einssein mit dem ganzen Kosmos. Der Ausführende von Blumenarrangements fügt sich beispielsweise in die Dreiheit von Himmel, Mensch und Erde ein und erfüllt dadurch das „Weltprinzip". Für den »Weg der Blumen« waren zehn althergebrachte Regeln zu beachten: 1. Hohe und Niedere stehen in geistigem Verkehr durch das Blumenstellen; 2. die „Leere" – die gleichzeitig das All ist – im Herzen tragen; 3. ruhige, klare Gesinnung. Ohne Denken kann man Lösungen finden; 4. Freimachen von allen Sorgen; 5. vertrauter, schonender Umgang mit den Pflanzen und dem Wesen der Natur; 6. alle Menschen lieben und achten; 7. den Raum mit Harmonie und Ehrfurcht füllen; 8. „Echter Geist" ernährt das Leben; das Blumenstellen mit religiöser Gesinnung verbinden; 9. Einklang von Leib und Seele; 10. Selbstverleugnung und Zurückhaltung, frei vom Bösen (nach G. L. Herrigel).

Diese Regeln vermitteln, obwohl auf den ersten Blick nicht sichtbar, sehr viel an Lebenshaltung. Mit der dritten Regel bei-

Japanische Gartenkunst; Zen-Kloster Ryoanji, Kyoto

oben Kaiserliche Villa Katsura, Kyoto; Shoin-zukuri-Stil · *unten* Gebäude Omima, Kaiserpalast Kyoto; Shinden-zukuri-Stil

oben Itsukushima, shintoistischer Schrein auf der Insel Miyajima · *unten* Abtgarten im Kloster Ryoanji, Kyoto

Tafel 4

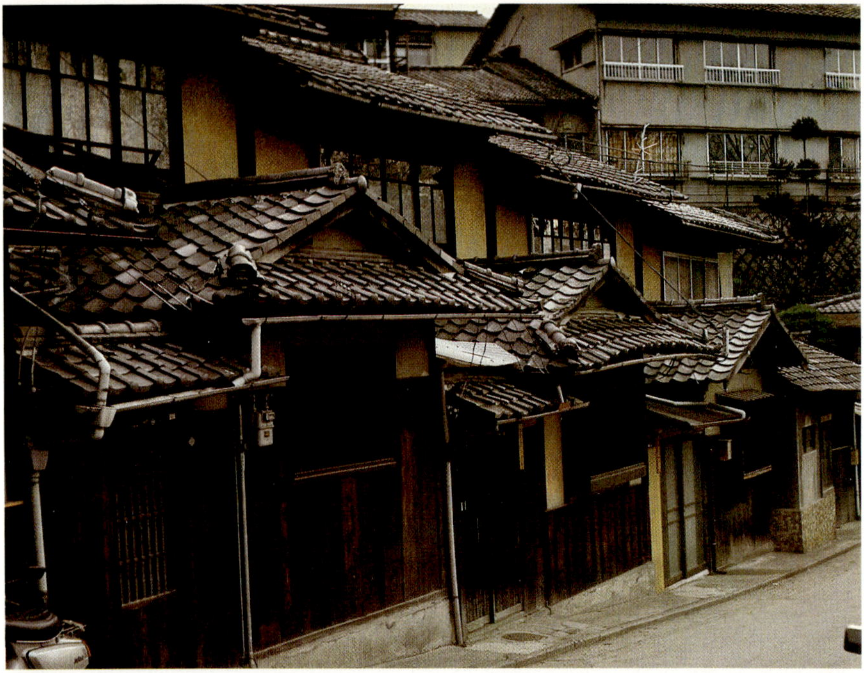

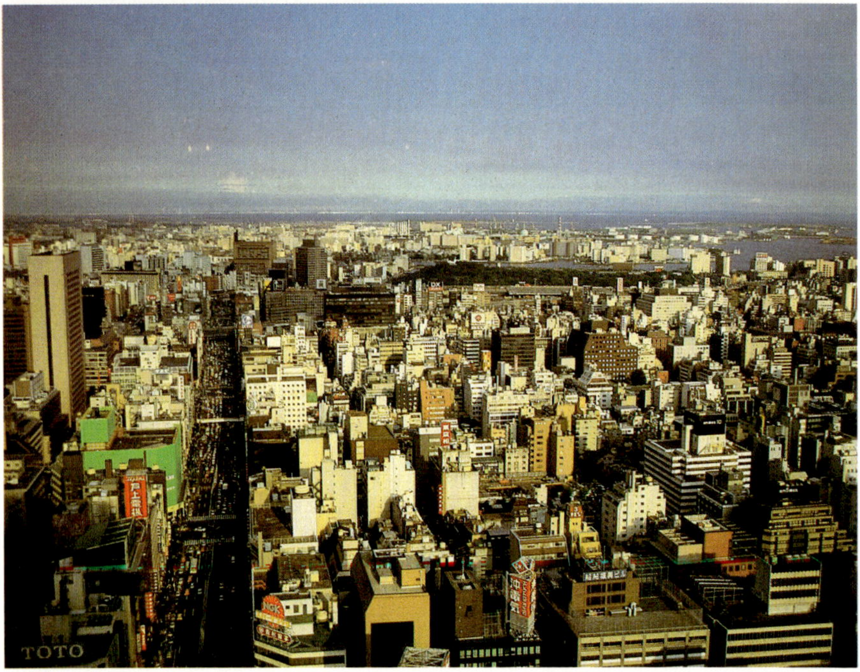

Dichte Bebauung in den Städten vergangener Zeit (*oben* Kyoto) und in modernen Zentren (*unten* Tokyo) fördern das Verlangen nach Naturerlebnissen

Winterlandschaft in Japan; im Hintergrund der Fuji-san

Wasserbecken; Klosterkomplex Ryoanji, Kyoto

Vergänglichkeit des Lebens – Impression im Garten eines Internats

Shichi-Go-San – das Fest der Sieben-, Fünf- und Dreijährigen. Die Naturverbundenheit spiegelt sich auch in der Kleidung wider

spielsweise wird die dem Europäer weniger vertraute Art der Betrachtung der Welt vorgegeben. Unsere Art der Lösungsfindung ist das analysierende und zerlegende Denken. Hier aber wird auf einen anderen Weg der Erkenntnis verwiesen: ganzheitliches Erfassen und Ausdrücken. Auch die vierte Regel greift tief in das Leben jedes Einzelnen ein. Trotz häufiger und im Unterschied zu unserer Heimat fast regelmäßiger Naturkatastrophen in Japan, gelingt es den Menschen dort sehr schnell, nach außen wieder ein völlig „normales" Bild zu geben. Das ist sicher kein Ausdruck von Gefühlsarmut, sondern die erworbene Fähigkeit zum „Freimachen von Sorgen". Ohne diese innere Kraft kann es nicht gelingen, eine gute Blumenanordnung zu gestalten. Nicht zufällig schließlich sind die fünfte und sechste Regel in die gegebene Reihenfolge geraten. Das ist nicht Ausdruck der Geringschätzung des Menschen. Vielmehr ist der Mensch als Teil des Ganzen, des Alls und damit der Natur zu verstehen. Der „vertraute schonende" Umgang mit der Natur erfolgt in Japan in einer viel weniger „Besitz ergreifenden Art", als bei uns. Die schöne wildwachsende Pflanze muß nicht ausgegraben oder abgerissen werden; sie wird in ihrer Umgebung bewundert und geistig „aufgesogen". Sie mitzunehmen ist völlig überflüssig. Das sind grundsätzliche Haltungen, die sich z.B. auch beim Vergleich des Goetheschen Gedichts „Ich ging im Walde so für mich hin" und dem folgenden japanischen Haiku (Kurzgedicht) offenbaren:
Um mein Brunnenseil
rankt eine Winde sich –
gib mir Wasser Freund
Diese Bitte in Gedichtform fängt mit wenigen Worten eine Situation und ein Bild ein: Die Winde wird am Brunnenseil weiterblühen! Das Beispiel zeigt, wie stark die überkommenen Lehren bei all ihrer historischen Bedingtheit auch heute

noch die Lebensauffassung beeinflussen können.
Die Hauptforderung aber ist wohl die zweite Regel. Sie hat sehr engen Bezug zur Art und Weise der Gestaltung der Pflanzen. Die „Leere" und damit gleichzeitig das „All" im Herzen zu tragen, ist eine der Forderungen, die die Verbindung mit dem Zen-Buddhismus besonders deutlich macht und doch ganz entscheidend auch heute noch in jedem gestalteten Objekt wirkt. Der „Blumenweg" besteht nicht nur aus den Stunden des Gestaltens. Er will die Verbindung des Schülers zum gesamten Kosmos, zur gesamten Natur, herstellen. Das geschieht ohne zeitliche und räumliche Begrenzung. Die Blumen und Pflanzen sind Bestandteil der allumfassenden Natur und zugleich Symbol für deren Gesamtheit. Die Auseinandersetzung mit ihnen ist gleichzeitig, im ursprünglichen Sinn der Gestaltung von Blumenopfern, eine Form der Meditation. Unabdingbar gehören deshalb auch heute noch zur Auseinandersetzung mit Blumen und Pflanzen absolute Ruhe, Konzentriertheit unter gleichzeitiger Entspannung sowie ruhige und saubere Arbeitsweise. Innere Disziplin, Einfühlsamkeit gegenüber dem Material, Beachtung der Lehre und Selbstverleugnung im Sinne der Zurückstellung egoistischer Zielvorstellungen sind unabdingbare Voraussetzungen für das Gelingen. Dabei wird die Pflanze als Symbol der gesamten Natur, von der der Mensch ein gleichberechtigter Teil ist, verstanden und behandelt. Die Blumengebilde treten in Wechselwirkung mit den gestaltenden und betrachtenden Menschen und können, wie wohl schon jeder erfahren hat, ihren Ausdruck und ihre Stimmung auf Menschen übertragen. Ein Prozeß wird auf diese Weise eingeleitet, der zu tiefer Sammlung (Sanmai) führen kann. In diesem Sinn hat der »Weg der Blumen« auch heute und besonders im modernen Lebensstil seine volle Berechtigung. Die

für den Umgang mit den Pflanzen notwendige Harmonie, das Ablegen aller unnötigen Hast, das Übergreifen von Gelöstheit und Frieden auf den Gestalter und der Verlust von Ich-Bezogenheit werden in einem langen Selbsterziehungsprozeß durch die Blumen vom Lehrer auf den Blumenschüler übertragen. Der Lehrer wirkt nur vermittelnd durch sein Vorbild. Das Endergebnis, die schmückende Anordnung bzw. der gestaltete Baum, ist nicht Ziel, sondern „nur" zwangsläufiges Nebenprodukt des Blumenweges. Das macht den Unterschied zu europäischem Gartenbau und ↑ Blumenbinden deutlich und erklärt auch das Bestehen einer ↑ Blumenzeremonie und einer ↑ Teezeremonie.

Traditioneller Ikebana-Unterricht ist für das Erfühlen des »Weges der Blumen« besonders geeignet (nach Maraini, Japan)

Auch die Art der Vermittlung der traditionellen Künste Japans unterscheidet sich von europäischen Lehrmethoden. Eigene Individualität des Schülers tritt zunächst völlig zurück; sie kommt erst spät im Schaffensprozeß zum Tragen. Der Unterricht erfolgte als stille Überlieferung. Vielfach wurde die Lehre ohne viel Worte und ohne den Gebrauch von Lehrbüchern allein durch das Nachvollziehen weitergegeben. Es kam dabei nicht auf die Vermittlung von Details durch den Lehrer an – diese erfaßte der Schüler ohnehin durch seine Art des Nachgestaltens –, vielmehr erweckte der Lehrer im Schüler die Fähigkeit, durch eigenes Erleben den »Weg der Blumen« zu beschreiten. Deshalb wurde auch in einer für den Europäer völlig ungewohnten Art unterrichtet. Der Meister zeigte mit seinen geschickten Händen die Gestaltung der zu übenden Anordnung. Der Schüler

führte unter Orientierung auf des Meisters Kunstwerk dieselbe Form noch einmal aus. Nach prüfender, höflicher und wohlwollender Betrachtung nahm der Lehrer das Schülergesteck wortlos wieder auseinander – es genügte noch nicht den Ansprüchen. Der Schüler hatte noch nicht das rechte »Blumenherz« (Hanano-Kokoro) gefunden und beginnt still und bescheiden noch einmal.

In vielen Schulen erfolgt der Unterricht heute als gemeinsame Unterweisung mehrerer Schülerinnen und Schüler. Während der Übung macht der Meister die Runde im Raum und begutachtet den Fortschritt der Schüler. Nach Abschluß der Bemühungen eines Schülers wird die Anordnung dem Meister dargeboten. Auch hier kann die Prüfung mit einer teilweisen oder völligen Umgestaltung des vom Schüler Angebotenen enden. Zum Abschluß jeder Übungsstunde wird eine ↑ Zeichnung angefertigt.

Die Ausführung von Ikebana-Anordnungen im Geiste des Kado bedingt die Beachtung spezifischer Gestaltungskriterien (↑ Asymmetrie, ↑ Natürlichkeit, ↑ Schlichtheit, ↑ Vergänglichkeit). Durch die Gestaltung des Ikebana entsteht eine über bloße Formalismen hinausgehende »Große Harmonie« (↑ Daiwa); sie wird vor allem durch die ständige Übung erzielt. Erst wenn die Technik völlig beherrscht wird und die Eigenarten der Pflanzen intuitiv erfaßt werden, kann der Gestalter durch seine innere Sammlung beim ruhigen Umgang mit den Blumen diese Harmonie erlangen. Ist dieser Zustand erreicht, wirkt die Stimmung der Blumen und Pflanzen auf den Gestalter als feiner Nachklang (↑ Yojo), zurück. Ein derart harmonisches Kunstwerk erlangt eine neue Eigenschaft (↑ Yugen). Auf diesem Weg kann der Gestalter seinen eigenen Weg zu der »feinen Eleganz des Unvollkommenen«, gehen. Wesensart und Geschmack wandeln sich im Sinne des »Blumenherzens«.

Besondere Schwierigkeiten beim Beschreiten dieses Weges wird der Europäer haben, der gewohnt ist, Dinge verstandesgemäß zu durchdringen, um sie dann, nach gründlicher Analyse, seinen eigenen Vorstellungen gemäß neu zusammenzustellen. Der richtige Beginn für den Blumenweg muß das absichtslose Nachvollziehen der überlieferten Formen in tiefer Hingabe sein. Damit wird die Bahn frei für das weitere Eindringen in die Lehre und in sich selbst. Die Absicht, etwas Schönes schaffen zu wollen, durch Ausprobieren, Vergleichen und geschäftiges Hantieren auch nach außen dokumentiert, lenkt vom Erfassen der Stimmung und Eigenarten der Blumen, die ein Symbol des Kosmos sind, nur ab. Auch bereits die Absicht, absichtslos zu sein, behindert. Spontane Antriebe, die durch den Charakter des Materials gelenkt werden, vollenden das Werk aus sich heraus. Ein solches Erleben ist keinesfalls passiver Art, sondern erweist sich als Quell geistiger Kraft. Für den Schüler ist diese Art der Ausführung aller Tätigkeiten das Endziel seiner Bemühungen. Er durchschreitet eine Stufenreihe der Erfahrungen:

Am Anfang tritt die ungewollte Individualität nur selten zu Tage. Vielmehr ist meist die feste Ich-Bezogenheit des Gestaltenden zu spüren. Lange Übung und Gewohnheit schleifen diese ab und lassen die „reine Gestalt" der Formen hervortreten. In weiteren Stufen wird die Eigenart immer deutlicher und bricht sich als „reine Wahrheit" schließlich Bahn. Die Wahrheit des Alls wird nunmehr durch die Vermittlung des Künstlers zur sichtbaren Gestalt. Die „Wahrheit des Himmels selbst", wie die höchste Stufe bezeichnet wird, bleibt begnadeten Künstlern vorbehalten. Sie ist ein Geschenk, das seinen Empfänger ungewollt erreicht. Das Verdienst der Vermittlung kommt dabei dem Meister zu. Kado heißt ständiges Streben nach der Enthüllung des hinter

Dargestelltem verborgenen Unsagbaren, obwohl der Suchende doch weiß, daß es sich nicht durch sein Streben, sondern völlig unverhofft zeigen wird.

Kakemono, *Rollbild, Hängerolle*: ursprünglich Darstellung religiöser Themen (buddhistische Gottheiten und ihre Begleiter) als farbige Malerei auf Papier oder Seide. Später nahm die monochrome Tuschmalerei bei der Gestaltung von Hängerollen einen wichtigen Platz ein. K. bilden in der ↑ Tokonoma gemeinsam mit einem dazu passenden Ikebana den einzigen Schmuck der Räume im Shoinzukuri-Stil. Sowohl K. als auch Ikebana werden im Verlauf der Jahreszeiten ausgewechselt.

Meditation ↑ Zen-Buddhismus

Natürlichkeit: eines der wichtigsten Grundprinzipien bei der Gestaltung von Bonsai und Ikebana. Bereits die ursprüngliche japanische Religion, der ↑ Shintoismus, verehrte die Natur. Auch der ↑ Zen-Buddhismus, der die Geschichte des Ikebana nachhaltig beeinflußte (↑ Teezeremonie), stellt die Natur als Ausdruck des Wesens aller Dinge in den Mittelpunkt und nutzt sie immer wieder als Anstoß für die Meditation. Aus dieser religiösen Bindung und einer besonders naturverbundenen Lebensweise, die in geographischen Eigenheiten des Landes wurzelt, ergab sich ein außergewöhnliches Verhältnis des Menschen zur Natur; er wird in allen seinen Lebensäußerungen als ein Teil von ihr betrachtet. So wurde beispielsweise das traditionelle japanische Haus aus Naturmaterialien (Holz, Bambus, Papier) eingebettet in die Landschaft erbaut, ohne diese beherrschen zu wollen. Auch in dem Brauch, alljährlich Wanderungen zu den erblühten Kirschhainen oder den herbstlich rot gefärbten Ahornwäldern zu unternehmen,

kommt diese besondere Naturverbundenheit zum Ausdruck. Nicht zuletzt ist die ↑ japanische Gartenkunst Ausdruck dieses Strebens nach N.

Doch N. heißt nicht, daß der Mensch in keiner Weise formend eingreift. Es geht auch nicht darum, eine vom Meister hervorgebrachte Idee umzusetzen, sondern die Eigenschaften des natürlichen Materials zu erfassen und durch gestaltenden Einfluß typische Merkmale herauszuarbeiten. Für die Ausführung von Ikebana bedeutet das, sich bei der Wahl der Form durch das Material anregen zu lassen. Auch die Gestaltungsform eines Bonsai wird in erster Linie durch die Eigenart der Jungpflanze selbst bestimmt. Überflüssiges, das den Blick vom Wesen des Baumes oder Arrangements ablenkt, muß entfernt werden. Prinzipien wie ↑ Schlichtheit, ↑ Vergänglichkeit und ↑ Asymmetrie ergeben sich direkt aus der Zielstellung, natürliche Objekte zu gestalten.

Sabi ↑ Schlichtheit

Sado ↑ Teezeremonie

Sanmai: eine Versenkung im Sinn einer tiefen Sammlung. Im Verlauf der Ausführung eines Ikebana oder der Gestaltung eines Bonsai kann durch das Erleben der Pflanzen und ihrer Eigenarten sowie durch das harmonische Einordnen des eigenen Gestaltungswillen in diese Natürlichkeit eine solche Versenkung entstehen. Sie ist wichtig für das Beschreiten des »Weges der Blumen« (↑ Kado). S. kann nicht erreicht werden, wenn fehlende technische Kenntnisse und Erfahrungen zur Konzentration auf den handwerklichen Umgang mit den Pflanzen zwingen. Ständige Übung nach dem meisterlichen Vorbild ist deshalb der Weg zum Erreichen von S.

Schlichtheit. Der japanischen Kultur sind besondere ästhetische Kategorien eigen. Sie beruhen unter anderem auf dem Einfluß des ↑ Zen-Buddhismus und ↑ Shintoismus. Zu diesen Kategorien gehören Wabi und Sabi, die mit »Einsamkeit«, »Zerbrechlichkeit« und »genügsamer Schlichtheit« nur ungefähre Entsprechungen in der deutschen Sprache haben. Diese Art der S. hat das Ziel, durch bewußte und zwanglose Beschränkung „das Wesentliche" besser zum Ausdruck zu bringen, als es mit Fülle oder gar Überladenheit möglich wäre. Viele Blätter verbergen die Schönheit der Linienführung eines Zweiges und nur eine einzelne Blüte kann die Zartheit und Anmut entfalten, die ihr eigen ist. In vielen Fällen ist deshalb bei der Gestaltung von Ikebana im Sinne dieser S. ein Teil der Blätter, Nebenzweige oder Blüten mit den Techniken des ↑ Schneidens Ⓘ zu entfernen. Durch das Herausarbeiten der Linienführung einzelner Äste wird für Bonsai derselbe Effekt erzielt. Besonderes Gewicht erhielten Wabi und Sabi bei der Gestaltung der Blumenanordnungen für die ↑ Teezeremonie, den ↑ Chabana Ⓘ. Das betont zurückhaltend ausgestattete, für europäische Begriffe leere Teehaus oder Teezimmer, erhält durch die ebenso in vornehmer Zurückhaltung gestellten Blumen die rechte Atmosphäre. Leichtigkeit und Offenheit kommen sowohl im Arrangement als auch am Baum durch einen großen Anteil freier Räume zum Tragen. Leere Stellen erhalten eine inhaltliche Bedeutung. Im Sinne des ↑ Kado werden sie zum Symbol für die Weite des ganzen Kosmos, das Nichts, das gleichzeitig „Alles" in unsagbarer Weise umschließt. Außerdem erfüllen diese freien Räume die Aufgabe, die Phantasie des Betrachters anzusprechen.

Shinden-zukuri: Bezeichnung für einen japanischen Baustil und den entsprechenden Stil der ↑ japanischen Gartenkunst. Der Begriff kennzeichnet eine Bauweise, bei der der Hauptsaal (Shinden) mit den westlich und östlich von ihm gelegenen Flügeln durch Umgänge verbunden ist. Der S.-Stil geht auf den Palaststil der frühen Heian-Zeit (794–894) zurück. Er wirkte später auch auf die Tempelarchitektur und fand allgemeine Verbreitung. Im 15. Jh. ging der S.-Baustil in den ↑ Shoin-zukuri genannten Baustil über.

Shintoismus, »Weg der Götter« (Shinto): eine vom Ursprung her japanische Religion, die auf sehr alten einheimischen Traditionen aufbaut. Noch heute besteht der S. als eine Mischung von Achtung vor dem Kaiserhaus, Stammes- und Vorfahrenkult sowie Naturverehrung. Die Shinto-Schreine gelten als Wohnsitz des jeweiligen Schutzgottes des Landes, einer Präfektur, der Stadt oder des Dorfes. Besonderen Stellenwert hat dabei das nach sehr einfachen architektonischen Grundsätzen gebaute Heiligtum von Ise, das der Hauptgottheit des Shinto-Kultes, der Sonnengöttin Amaterasu, gewidmet ist. Sie gilt als Stifterin des kaiserlichen Hauses. Ein zweiter Teil des auf das 3. Jh. zurückgehenden Gebäudekomplexes ist der Reisgöttin geweiht. Im Lauf der Geschichte kam es nach Auseinandersetzungen in der Zeit der Einführung des Buddhismus in Japan im 6. Jh. zu vielfältigen Beziehungen zwischen beiden Religionen. So wurde beispielsweise die Verehrung des Kaisers sowohl vom Buddhismus als auch vom S. getragen. Lokale, ursprünglich shintoistische Gottheiten fanden Eingang in die Zeremonien des Buddhismus. Es ist deshalb nicht verwunderlich, wenn viele Japaner sowohl einen shintoistischen Schrein besuchen als auch einem buddhistischen Tempel angehören, was einander nicht ausschließt. Auch als staatsstützende Kraft wurde der S. in der Geschichte wiederholt genutzt. Die ursprünglich göttliche Stellung, die der Kaiser im Rahmen des Shinto-Kultes genoß, bot dafür alle Möglichkeiten. Noch 1868 wurde durch die Meiji-Regierung ein Shinto-Amt eingerichtet und der Shinto-

Schrein als nationale Institution ausgewiesen. Shinto-Verehrung galt als überreligiöser Staatskult. 1945 wurde diese Sonderstellung des S. aufgehoben. Die durch den S. geförderte Naturverehrung und Ehrfurcht vor besonderen Erscheinungen der Natur wirkte sich im Verhältnis der japanischen Menschen zu allen Erscheinungen der Natur aus. Auch in der Gegenwart ist eine enge Verbindung aller shintoistischen Zeremonien mit dem Ablauf der Jahreszeiten gegeben. Bestimmte Gattungen der darstellenden Kunst wandten sich der Wiedergabe der Natur in ihrem Wandel zu. Die »Bilder der vier Jahreszeiten« (Shiki-e) und die »Bilder der schönsten Gegenden« (Meisho-e), beides Genres der Malerei der Heian-Zeit, sind dafür ebenso Beispiel wie die berühmten Farbholzschnitte von Hokusai, Hiroshige u.a. Der Geist des S. ist neben weiteren historischen Komponenten eine wichtige Ursache für die erstaunliche Verbreitung, die Bonsai und Ikebana zunächst in den herrschenden Schichten und später in der gesamten Bevölkerung fanden (↑ Geschichte des Ikebana Ⓘ, ↑ Geschichte der Bonsai-Entwicklung Ⓑ).

Shoin-zukuri: Bezeichnung für einen japanischen Baustil und den entsprechenden Stil der japanischen Gartenkunst. Die Entwicklung des S.-Baustiles begann bereits im 15. Jh. und führte zu einem für die japanische Architektur bis in die jüngste Gegenwart kennzeichnenden Nationaltypus des Hauses. Eine besondere Fassadengestaltung erfolgt nicht. Das Gebäude wirkt in seiner Ganzheit auf den Betrachter. Dabei bildet es eine organische Einheit mit der umgebenden Natur, der es sich in Grundriß und Ansicht harmonisch unterordnet. Ein Teil der Außenwände sind Schiebetüren (Shoji) aus einem hölzernen Rahmen, der mit weißem opalisierendem Papier bespannt ist. Die Zwischenwände im Haus (Fusuma) sind ebenfalls verschiebbar, aber nicht durchsichtig. Mittels der Schiebetüren ist es möglich, die Aufteilung des Hausgrundrisses nach Bedarf zu verändern und eine terassenartige Verbindung zum umliegenden Garten herzustellen.

Die Technik des Hausbaues ist auf die Verwendung von natürlichen Materialien, unter denen Holz den ersten Platz einnimmt, ausgerichtet. Der Holzfußboden ist mit Matten (Tatami) bedeckt. Im Hauptzimmer des Wohnhauses oder im Teehaus befindet sich eine Ehrennische (↑ Tokonoma). Sie wird durch ein Hängerollbild oder eine Kalligrafie sowie ein ↑ Ikebana Ⓘ geschmückt. Die wesentliche Quelle des S.-Baustiles ist der ↑ Zen-Buddhismus. Die Bezeichnung für diese Bauform leitet sich vom Studierzimmer der Zen-Klöster, in dem eine besondere Lese- und Schreibnische (Shoin) eingebaut war, ab.

Sukiya: Teehaus; ein Typus der japanischen Architektur, der ursprünglich der ↑ Teezeremonie diente und später auch in die Wohnarchitektur einging. Er ist durch das Vorhandensein einer Ehrennische (↑ Tokonoma) in dem ansonsten sehr schlichten, nur mit Matten (Tatami) ausgelegten Innenraum gekennzeichnet und geht auf Gedankengut des ↑ Zen-Buddhismus zurück. Kombinationen mit dem ↑ Shoin-zukuri-Baustil sind häufig.

Tatami: Matten, mit denen der Holzfußboden in traditionellen japanischen Häusern bedeckt ist. Sie dienen in mehrfacher Funktion als Teppich zum Begehen (Schuhe bleiben am Hauseingang zurück), als Sitzunterlage und als Matratze zum Schlafen.

Teegarten ↑ japanische Gartenkunst

Teezeremonie: in ihrer klassischen Form eine prägnante Ausdrucksweise und Umsetzung des ↑ Zen-Buddhismus. Chanoyu, wie die Teezeremonie japanisch heißt, übte einen bedeutenden Einfluß auf künstlerische und kulturelle Entwicklungen aus. Sowohl in der T. selbst, in den verwendeten Gerätschaften, in der Art der Gestaltung des Teehauses und des umgebenden Gartens (↑ japanische Gartenkunst) als im Wesen der in der ↑ Tokonoma gezeigten „schönen Dinge" herrscht der Geist von Wabi und Sabi, also eine besondere Art der ↑ Schlichtheit. Sozialer Hintergrund für die weite Verbreitung der T. war der sozialutopische Gedanke der Gleichheit aller Teilnehmer innerhalb des Teehauses. Noch heute wirkt der Geist der T. auf die Mehrzahl der Japaner, und es ist eine auch heute verbreitete Sitte, Mädchen zur Vorbereitung auf die Hochzeit die Rituale und Gesetzmäßigkeiten von Chanoyu erlernen zu lassen.

Die T. wird in einem gesonderten kleinen Haus, ↑ Sukiya genannt, zelebriert, das normalerweise aus drei Zimmern, dem

Teezeremonie (nach Japan im Spiegel)

Wartezimmer, dem Servierzimmer und dem eigentlichen Teezimmer, besteht. Die wichtigsten Geräte sind die Teeschale, die Teedose, ein kleiner Bambusbesen zum Schlagen (Rühren) des Tees, eine Wasserkelle (Bambus) und ein Bambuslöffel. Alle diese Gegenstände haben hohen künstlerischen Wert. Japanische Teekeramik hat Weltberühmtheit erlangt. Zur T. wird vornehme und traditionelle Kleidung getragen.

Eine komplette T. dauert etwa vier Stunden und besteht aus vier Teilen. Zuerst wird der Gastgeber die im Wartezimmer versammelten Gäste über den Gartenweg in das Teezimmer führen, wobei an einem am Weg befindlichen Wasserbehälter eine rituelle Waschung vorgenommen wird. Die Gäste betreten den Raum und bringen durch stille Betrachtung der ↑ Tokonoma mit ihrem Rollbild (↑ Kakemono) ihre Bewunderung zum Ausdruck. Ein kleiner Imbiß (Kaiseki) beendet den ersten Teil. Die kurze Erholung (Nakada-

chi) im Garten bildet den zweiten Teil. Der dritte Teil (Goza-iri) und der letzte Abschnitt (Usucha-Zeremonie) sind die dem Tee gewidmeten Phasen. Im dritten Teil werden die nun in der Tokonoma aufgestellten Blumen (↑ Ikebana Ⓘ, ↑ Chabana Ⓘ) und der Wasserkessel bewundert. Als Hauptinhalt des dritten Teiles wird ein schwerer Tee (Koicha) zeremoniell zubereitet, serviert und getrunken. Dafür gibt der Gastgeber aus der Teedose drei Löffel Tee (Matcha) in die Teeschale. Das heiße Wasser wird dem Kessel mit einem Schöpflöffel entnommen. Ein Drittel des Inhaltes wird in die Schale gegeben, der Rest zurück in den Kessel. Nun wird der Tee mit Hilfe des Bambusbesens zu einer fast suppenartigen Flüssigkeit geschlagen. Die Schale wird dem vornehmsten Gast durch einen Gehilfen überbracht. Der Gast nimmt den ersten Schluck, lobt dann den ausgezeichneten Geschmack des Tees und reinigt nach einigen weiteren Schlucken die Stelle der Schale, an der er getrunken hat. Daraufhin wird die Schale vom zweiten Gast genommen. Der letzte Gast reicht die nunmehr leere Schale dem Gastgeber zurück. Im vierten Teil wird ein dünnerer Tee (Usucha) bereitet, wobei aber jeder Gast eine eigens für ihn zubereitete Schale mit Tee erhält, die gänzlich geleert wird. Die Teeschalen für die Usucha-Zeremonie sind kleiner als die für das Reichen von Koicha benutzten. Nach Abschluß der Zeremonie verabschiedet der Gastgeber die Gäste im Garten.

Tee wurde ursprünglich von Mönchen des Zen-Buddhismus verwendet, um sich vor der Schläfrigkeit in den Meditationsstunden zu schützen. Bereits im 14. Jh. verbreitete sich aber die Sitte des Teetrinkens auch beim Adel. Teegesellschaften dienten unter anderem zur Demonstration importierter Kunstgegenstände und drückten damit Macht und Einfluß des Gastgebers aus. Zunehmend bildeten sich Zeremonien für solche Zusammenkünfte heraus. Darauf aufbauend wurde durch Murato Shuko (1423 bis 1502), der auch den ersten Teepavillon gestaltete, die eigentliche Teezeremonie, Chanoyu, geschaffen. Nach weiteren Entwicklungen wurde durch den Teemeister Sen-no-Rikyu (1521–1591) die T. in ihrer klassischen, noch heute gültigen Form, ausgeführt. Die dem Teekult innewohnende Schlichtheit und Natürlichkeit (Materialien des Hauses, des Gartens, der Geräte) wurde von ihm auf zen-buddhistischer Grundlage zur ästhetischen Regel erhoben.

Mit der T. wird, analog dem »Weg der Blumen« (↑ Kado) ein weiterer „Weg", der »Weg des Tees« (Chado) gewiesen, um die Seele zu reinigen, Fühlung zur Natur zu erhalten und im ursprünglichen Sinn zur Erleuchtung zu gelangen. Der Geist der T. wirkt bis heute sehr stark in Japan, zum einen durch seinen jahrhundertelangen Einfluß auf Architektur und Kunst und zum anderen durch die auch in der Gegenwart gern geübte Zusammenkunft in Form einer T., wobei allerdings meist nur die Usucha-Zeremonie, die bereits allein etwa eine Stunde dauert, ausgeführt wird.

Die für die T. geordneten Blumen wurden ursprünglich als Chabana bezeichnet. Heute werden neben diesen ↑ Shoka Ⓘ auch ganz sparsame Nageire in der Tokonoma des Teeraumes aufgestellt. Blumen, die stark duften oder sehr lebhafte Farben haben, werden dabei jedoch vermieden; sie würden die konzentrierte Entspannung stören. Im Sinn der Präsentation von »schönen Dingen« kann auch ein besonderer ↑ Bonsai Ⓑ seinen Platz in einer Tokonoma erhalten.

Teichgarten ↑ japanische Gartenkunst

Tokonoma: Ehrennische in einem traditionell japanisch eingerichteten Zimmer. Sie wird als von drei Seiten umschlossener Freiraum gestaltet, der sich zum Zimmer hin öffnet. Der Boden der T. ist gegenüber dem allgemeinen Niveau erhöht. In einer solchen Ehrennische werden ein Rollbild oder eine Kalligrafie aufgehängt und ein Ikebana-Arrangement aufgestellt. Rollbild und Blumen sind aufeinander abgestimmt und folgen den Prinzipien der japanischen Ästhetik (↑ Schlichtheit,   ↑ Asymmetrie,   ↑ Vergänglichkeit, ↑ Harmonie ①). Durch fensterähnliche Aussparungen in einer der seitlichen Wände der T. dringt das Licht ein. Je nach Lage dieser „Lichtöffnung" muß die Gestaltung des Ikebana als ↑ Gyakugatte ① oder Hongatte erfolgen. Die T. ist ursprünglich als Schreibnische in den Studierzimmern der Tempel des ↑ Zen-Buddhismus entstanden. Diese Form der Nische war mit religiösen Bildern und einem eingebauten Schreibpult ausgestattet. Im Zuge der Verbreitung des als ↑ Shoin-zukuri bezeichneten Baustiles entwickelte sich die nur ästhetischen Zwecken dienende T., die im Teeraum oder im Hauptzimmer eines Gebäudes eingebaut ist.

Trockenlandschaftsgarten   ↑ japanische Gartenkunst

Vergänglichkeit: ein Aspekt des Kreislaufs in der Natur. Da sich sowohl Ikebana als auch Bonsai der Darstellung von ↑ Natürlichkeit verschrieben haben, hat auch die V. ihren festen Platz im Arrangement und in der Baumgestaltung.
Im Ikebana drückt sich das unter anderem in einer von der Jahreszeit abhängigen Verwendung der Blumen aus. Jahreszeitlose Gewächshausblüten finden zumindest in allen traditionellen Formen keinen Platz. Insbesondere im späten Herbst, der Jahreszeit des Sterbens der Natur, werden verwelkte Blütenstände und vertrocknetes Laub bei der Gestaltung eingesetzt. Dieses Erleben der V. bedeutet aber auch, daß man den abgeschnittenen, vielleicht sehr wertvollen Blüten nicht nachtrauert. Durch die Gestaltung im Ikebana wurden sie zu einem

zwar kurzen aber sehr intensiven Leben erweckt.
Die Gestaltung von Bonsai ist sehr oft auf ein hohes Alter der Bäume ausgerichtet. Der rechte Bonsai-Freund wird natürlich einem altehrwürdigen Baum gebührende Achtung entgegenbringen , doch gerade beim Bonsai vergeht die Jugendphase, in der gestaltend und helfend geformt werden kann, sehr schnell und sollte bewußt genutzt werden. Bewußte Einbeziehung der V., des Todes, in das Bild des Lebens eines Baumes erfolgt in speziellen Formen (↑ Jin Ⓑ, ↑ Sabamiki Ⓑ).

Wabi ↑ Schlichtheit

Yo. In und Yo (chin. Yin und Yang) sind nach Vorstellungen der alten asiatischen Naturphilosophie die beiden Seiten des Weltganzen, wobei Yo das Positive, Aktive, Trockene und Männliche verkörpert, In hingegen das Negative, Passive, Feuchte und Weibliche. Beide Prinzipien stehen in ständigem Kampf miteinander, worauf die Dynamik der Welt beruht. In ihrer Einheit sind sie jedoch gleichzeitig unzertrennlich. Bei der Gestaltung von Ikebana finden beide Prinzipien vielfältigen Ausdruck als Seiten bzw. Elemente eines Arrangements (↑ In ①, ↑ Yo ①), der ↑ Tokonoma bzw. der Pflanze selbst.
Yojo. Wird im Verlauf eines Schaffensprozesses eine unnachahmliche Verbindung von Natur (Zweige, Blüten, Baum) und dem ästhetischen Feingefühl des Gestaltenden erreicht, kommt die »Große Harmonie« (↑ Daiwa) zum Tragen. Das Entstandene ist von nicht mit Worten zu beschrebender Schönheit und geheimnisvoller Tiefe (↑ Yugen). Im Künstler bleibt beim Abschluß seiner Tätigkeit ein euphorisches Hochgefühl, das ihn aber nicht laut, sondern in aller Stille durchdringt, zurück. Dieser »feine Nachklang« wird als Y. bezeichnet.

Yugen: in Japan eine nicht mit Worten zu beschreibende Eigenschaft eines nach allen Kriterien ausgewogenen Kunstwerkes. Es entwickelt eine eigene Atmosphäre in seinem Umkreis, die geheimnisvoll und gleichzeitig von offener Ausstrahlung ist.

Zen-Buddhismus. Als Begründer und erster Patriarch des Zen- oder Meditations-Buddhismus in China (sanskrit Dhyana, chines. Ch'an, jap. Zen) gilt der legendenumwobene Bodhidharma, ein südindischer Mönch, der 520 u. Z. auf dem Seeweg nach Kanton kam und die neue Lehre in China verbreitete. Mittelpunkt des Zen ist die befreiende Meditation, die in der Beschwichtigung aller Unruhe des Gedankens besteht und als Vorstufe der eigentlichen Erleuchtung (Satori) angesehen wird. Neben der Sitzmeditation (Zazen) und der Unterweisung durch den Zen-Meister soll schließlich auch die Beschäftigung mit paradoxen, mit dem Verstand nicht lösbaren Problemen (Koan) zur Einsicht in die Buddha-Natur aller Dinge betragen.

Der Z. gehört noch heute zur lebendigen Tradition im gesellschaftlichen Leben und in den Künsten Japans. Die erste Berührung Japans mit Zen ist schon Mitte des 7. Jh. nachweisbar, aber erst im 12. und noch stärker im 13. Jh., einer Zeit stärkster kultureller Kontakte mit dem chinesischen Festland, fand Zen in Japan eine wirkliche Heimstatt. In diesem Zeitraum war die Macht auf eine Gruppe von Samurai, Vertreter des ritterlichen Feudaladels, übergegangen, die ihr Hauptquartier in Kamakura hatten. Viele Züge des Zen, vor allem seine strenge Selbstdisziplin und seine überlegene Haltung gegenüber Leben und Tod, entsprachen dem Bushido, der Ethik des Ritterstandes, dem auch die Einfachheit des Zen-Lebens entgegenkam. Die großen Zen-Klöster wurden zu Zentren des geistigen Lebens. Das Wirken der Zen-Priester und -Gelehrten drang über die Klostermauern hinaus und fand den Weg ins Volk. Nach den kriegerischen Wirren der Kamakura-Zeit kam es etwa ab Mitte des 14. bis zum Ende des 15. Jh. in Japan zu einer Zeit relativ erholsamen Friedens, in der Zen mit seiner Liebe zum schlicht Natürlichen mehr und mehr das tägliche Leben durchdrang.

Zentraler Satz der Zen-Lehre ist die Auffassung, daß die Natur der kosmische Körper Buddhas ist. Wahrheitsfindung wurde somit nur über den Weg des Teilhaftigwerdens an der Natur möglich (↑ Do). Nur so ist die für Europäer überraschende Tatsache zu erklären, daß ganz profane Handlungen wie Bogenschie-

Quelle und Ursprung	japanische Zen-Kultur
chinesische Tusch-malerei	Zen-Malerei (Zenga)
chinesische Tusch-malerei, chinesischer Garten	Zen-Tempelgärten (↑ japanische Gartenkunst)
Shinto-Architektur (↑ Shintoismus)	Shoin-zukuri-Baustil
Ch'an-Klöster Chinas	Zen-Schulen Japans
Tanka-Dichtung	Haiku
alte japanische Töpferei	Zen-Keramik (Teekeramik)
chinesische/koreanische Töpferkunst	
buddhistische Blumenopfer	↑ Ikebana ①
chinesisches Gesell-schaftsspiel, Zeremonie der Mönche	↑ Teezeremonie
Kriegshandwerk und Waffenkunst	Bushido (↑ Do), Kendo (Weg des Schwertes), Kyudo (Weg des Bogens)

ßen, Blumenstellen und viele andere Dinge des täglichen Lebens die Bedeutung einer rituellen Handlung erhalten konnten. Die Erlösung zu Lebzeiten bzw. die „Erleuchtung" traten in der Zen-Schule an die Stelle des „Nirwana".

Die Meditation, ausgeführt als eine Technik des Versenkens in sich selbst oder in die umgebende Natur, und damit intuitive und instinktive Kräfte erhielten gegenüber den bis zu dieser Zeit praktizierten komplizierten religiösen Riten den Vorrang. Durch diese kontemplative Art der Annäherung an die „Wahrheit" ergibt sich auch ein völlig anderer Weg der „Erkenntnis" im Sinne des ganzheitlichen Erfassens (im Unterschied zum analytischen Denken).

Durch eine Zen-orientierte Erziehung werden nicht nur ein besonderes ästhetisches Empfinden, sondern über Meditation, Selbsterkenntnis und Selbstkontrolle auch Haltungen im Alltag beeinflußt. Für diese „Wege des Erfahrens" wird der Begriff Do verwendet. Versenkung und

stille Meditation sollen Gelassenheit und Ruhe im täglichen Leben fördern. Auch Bejahung von Entbehrungen und Selbstdisziplin bei Schicksalsschlägen haben ihre Quelle in der Meditation. Selbst eine heiter-gelassene Offenheit für die Komik des Lebens resultiert daraus.

Kunst wird in der Zen-Lehre als eine Schöpfung verstanden, die rational nicht faßbare Aspekte, gegebenenfalls unter Umwandlung vorhandener Ausgangsmaterialien, so darbietet, daß sie der Meditation und dem Erleben zugänglich werden. Daraus erklärt sich, daß die Schöpfungen des Menschen nicht als Gegensatz zur Natur aufgefaßt werden, sondern Zen-Kunst Natürlichkeit vermittelt. Der Mensch wird als Bestandteil des Kosmos verstanden und nicht in Gegensatz zu seiner Umwelt gestellt. So entwickelten sich aus verschiedenen Quellen eine ganze Reihe von vom Z. geprägten spezifisch japanischen Lebens- und Kunstformen, die als „Wege" Do bezeichnet werden.

Rikka mit herbstlichem Ahornlaub;
Arrangement „Am Tag der Kultur"
(in Japan am 3. November);
nach Ikenobo-gyoji no hana

Ikebana für Anfänger

Was ist Ikebana?

Ikebana ist eine alte japanische Kunst, die ihre Wurzeln in religiös motivierten Blumen-opfern des 7. und 8. Jh. hat. Die in Europa allgemein verwendete Bezeichnung „Japa-nische Blumenkunst" ist keine direkte Übersetzung des Begriffes. Die wörtliche Über-tragung von Ikebana in die deutsche Sprache ergibt einen ganzen Satz:»Blumen und Pflanzen so anordnen, daß ihre Lebendigkeit besonders zum Ausdruck kommt«. Der Gestaltungsprozeß ist für den Ausführenden nicht nur die Anfertigung eines Objektes, sondern stellt im Sinne der japanischen Lehre des»Blumenweges« (Kado) einen me-ditativen und stark gefühlsbetonten Vorgang dar. Erst im modernen Ikebana wird das Arrangieren unter dem Gesichtspunkt rein äußerlicher Attraktivität möglich. Ein Ike-bana-Arrangement (als Kurzbezeichnung auch Ikebana) ist im Gegensatz zum euro-päischen Blumengesteck nicht so üppig ausgeführt; Asymmetrie, Schlichtheit und Na-türlichkeit sind allgemeine Grundsätze einer jeden Anordnung.

Übersichtsstichwörter:	Spezielle Informationen:
↑ Blumenbinden	↑ Arrangement
↑ Geschichte des Ikebana	↑ Gesteck
↑ Ikebana	↑ Komposition
↑ Kado Ⓐ	↑ Schlichtheit Ⓐ
	↑ Zen-Buddhismus Ⓐ

Warum wird ein Ikebana gestaltet?

Das ursprüngliche Ziel der Gestaltung von Blumenanordnungen in Japan war Vereh-rung und Symbolisierung des Buddha. Die ersten Vorläufer des Ikebana sind aus-schließlich von buddhistischen Priestern gestaltet worden. Später haben auch Fürsten und Samurai diese Kunst ausgeübt. Unter anderem wurde versucht, Landschaften zu gestalten, Harmonie auszudrücken oder mit besonders umfangreichen und eleganten Arrangements Reichtum zu demonstrieren. Unter dem Einfluß neu erwachter geistiger Strömungen (Zen-Buddhismus) entstand seit dem 15. Jh. eine spezifische Blumenan-ordnung für die Teezeremonie (Chabana). Sie soll die Menschen, die im Teeraum bei-sammen sind, in ihrer Haltung zueinander positiv beeinflussen und die Natur ins Raum-innere holen. Nicht zuletzt wird Ikebana zur Verfeinerung des künstlerischen Verständ-nisses, zur Verbesserung gestalterischer Fähigkeiten und zur Schulung der Selbstdis-ziplin ausgeübt. Unter den in Japan wirksam gewordenen amerikanischen und euro-päischen Einflüssen ist die Ikebana-Kunst seit der zweiten Hälfte des 19. Jh. ein wich-tiges Mittel zur Besinnung auf die landeseigenen Traditionen und geistigen Werte ge-worden. Nach dem zweiten Weltkrieg wurde Ikebana internationalisiert und in einer stetig wachsenden Zahl von Ländern ausgeübt. Der Gestaltung von Ikebana-Arrange-ments in Europa liegen verschiedene Motivationen zugrunde. Zum einen möchten die Menschen, die sich mit Ikebana befassen, über den»Blumenweg« Ruhe, Entspan-nung und Ausgeglichenheit finden. Eigene Erlebnisse, Natureindrücke oder Probleme, die den Gestalter beschäftigen, sollen mit besonderen Mitteln dargestellt und damit auch für den Ikebana-Freund selbst geistig aufbereitet werden. Mit seinem Formen- und Symbolreichtum bietet Ikebana gerade dafür sehr gute Voraussetzungen.

Zum anderen wird die schmückende und verschönernde Wirkung des Arrangements in Wohn- und Arbeitsräumen als Ziel angesehen und nicht zuletzt bietet Ikebana vielen Menschen die Möglichkeit, auf diesem Wege erste Bekanntschaft mit den Kunst- und Geistesauffassungen des fernen Ostens zu schließen.

Übersichtsstichwörter:

↑ Gesamtwirkung eines Ikebana
↑ Kado Ⓐ
↑ Zen-Buddhismus Ⓐ

Spezielle Informationen:

↑ Blumenzeremonie
↑ Do Ⓐ
↑ Teezeremonie Ⓐ

Wie wirkt ein Ikebana auf den Betrachter?

Die Gesamtwirkung ergibt sich aus vielerlei Einzelkomponenten. Besonders wichtig ist ein ausgewogenes Verhältnis von Kontrast und Harmonie – sowohl in Form und Farbe der Blumen und Blüten untereinander als auch zwischen den pflanzlichen Materialien und dem verwendeten Gefäß. Ganz entscheidend beeinflußt die gewählte Zusammenstellung verschiedener Pflanzenarten den Charakter der Anordnung. Dabei sind nicht nur Form und Farbe von Bedeutung, sondern auch die geistigen Assoziationen, die beim Betrachter entstehen. So wird zum Beispiel ein Krokus immer als Symbol des Frühlings Verwendung finden und eine Chrysantheme ein Bote des Herbstes sein. Wasser- oder Uferpflanzen, wie beispielsweise die Wasserschwertlilie und Binsen, lassen an einen kleinen Teich denken. Besonders interessant ist auch die Verwendung von Blüten und Zweigen, denen eine besondere Symbolik zugeschrieben wird. So wird die Rose hierzulande als Blume der Liebe verehrt. Das japanische Ikebana hat in dieser Art eine sehr detaillierte Pflanzensymbolik entwickelt, so daß gestaltete Ikebana direkt „gelesen" werden können. Diese Wirkung der Blumen kann noch durch vielerlei Hilfsmittel, zum Beispiel die Wahl bestimmter Steine, die bewußte Einbeziehung der freien Wasserfläche in der Schale und die Verwendung spezieller Untersetzer verstärkt werden.

Das Arrangement steht auch mit seiner Umgebung in Wechselwirkung. Im traditionellen japanischen Wohnhaus ist eine gesonderte Ehrennische, Tokonoma, für die Aufstellung des Ikebana vorgesehen, in der es besonders gut zur Geltung kommt. Heute finden wir Blumenanordnungen in Japan in ganz verschiedenartigen Räumlichkeiten, zum Beispiel in Empfangshallen von Geschäftshäusern und Hotels, in öffentlichen Gebäuden, aber auch in modernen Wohnräumen.

Wir werden Blumenanordnungen vor allem für unsere Wohn- und Arbeitsräume gestalten wollen. Bei der Wahl des Platzes für unsere ersten Ergebnisse auf dem »Weg der Blumen« sind einige Grundsätze zu beachten: Alle historisch entstandenen Formen des Ikebana sind ausschließlich für die Ansicht von vorn vorgesehen. Sie sind also vor einer Wand oder noch günstiger in einer Ecke des Zimmers aufzustellen. Einige neu entwickelte Formtypen, zum Beispiel Moribana shimentai, gestatten auch eine Verwendung in der Mitte des Raumes, vielleicht auf einem Tisch. Weiterhin ist zu berücksichtigen, daß der Hintergrund eine optische Beziehung zum Arrangement herstellt. Es sollte deshalb eine Wand ausgewählt werden, die ohne deutliche Musterung und möglichst einfarbig ist; die Farbe des Hintergrundes muß im allgemeinen zurückhaltend sein. Das Gefäß kann bei sehr hohen Anordnungen direkt auf den Fußboden gestellt werden. In allen anderen Fällen wird es auf einem geeigneten Möbelstück abgestellt:

Übersichtsstichwörter:
↑ Farbenlehre
↑ Gesamtwirkung eines Ikebana
↑ Kombinationen der Pflanzen
↑ Symbolik der Blumen

Spezielle Informationen:
↑ Gefäße
↑ Harmonie
↑ Kontrast
↑ Steine
↑ Tokonoma Ⓐ
↑ Wasser

Welche Regeln sind beim Gestalten zu beachten?

Die Liebe zur Natur und zum Leben und der Wunsch, beides versinnbildlicht darzustellen, sind Grundvoraussetzungen für die Beschäftigung mit Ikebana. Die Meister des japanischen Ikebana sammelten über Jahrhunderte hinweg Erfahrungen, wie bestimmte Formen auf Verstand und Gemüt des Betrachters wirken und was als schön empfunden wird. Bestehende Formenvorschriften werden wie das Einmaleins zu erlernen sein, bilden aber nur Hilfe und Anregung. Den vielfältigen Wünschen und Zielstellungen der Gestalter entsprechend gibt es heute mehrere Grundformen des Ikebana. Moribana und Nageire sind für den Anfänger leicht zugänglich. Die wichtigsten Regeln dieser Formen sind relativ schnell zu überschauen; benötigte Gerätschaften stehen den meisten zur Verfügung. Geduld, Einfühlungsvermögen und Übung führen in der Regel zu guten Ergebnissen. Die Gestaltung von modernen Shoka- oder Rikka-Arrangements oder Anordnungen im Freien Stil (Jiyu-ka) erfordern oft schon Vorkenntnisse und technische Fertigkeiten. Die traditionellen japanischen Formen des klassischen Shoka und Rikka werden wohl vielen Europäern, schon aufgrund der besonderen materiellen Voraussetzungen, verschlossen bleiben.

Zuerst orientieren wir uns an der Moribana-Form, bei der wir Blumen in flachen Schalen oder Pokalen anordnen, sowie an der Nageire-Form, bei der Blumen in Vasen gestaltet werden. Vorgegebene Beispiele werden zunächst mit denselben Pflanzen oder mit charakterlich ähnlichen Kombinationen anderer Arten nachgestaltet. Auf diesem Weg lernt man die grundsätzlichen Regeln des Gestaltens kennen und erwirbt die notwendigen handwerklichen Fähigkeiten. Nachdem die ersten technischen Schwierigkeiten überwunden sind, werden bekannte Formen mit neuen Schalen und Vasen sowie anderem pflanzlichen Material wiederholt.

Übersichtsstichwörter:
↑ Hana-dome
↑ Elemente
↑ Farbenlehre
↑ Komposition

Spezielle Informationen:
↑ Arbeitsgeräte
↑ Jiyu-ka
↑ Gefäße
↑ Grundausstattung
↑ Moribana
↑ Nageire
↑ Ordnungsprinzipien
↑ Rikka
↑ Shoka

Wie wird ein Arrangement ausgeführt?

Ziel des Umganges mit Blumen im Sinne des Kado, der Lehre, die den Weg aufzeigt, über die Beschäftigung mit Blumen zu sich selbst zu finden und im ursprünglichen Sinn die Erleuchtung zu erfahren, ist nicht vorrangig das fertige Arrangement. Einen viel höheren Stellenwert hat die Schulung von Einfühlungsvermögen, Selbstdisziplin und ästhetischem Empfinden. Deshalb sollte man vor Beginn einer Gestaltungsübung versuchen, das Erlebnis, den Eindruck oder das Gefühl, das als Anregung dienen soll, noch einmal vor dem geistigen Auge lebendig werden zu lassen und sich einzustimmen. Aber auch die zu verwendenden Blumen müssen in einer ihnen gemäßen Art vorbereitet sein. Sorgfältige Auswahl der Blüten und Zweige, materialschonender Transport und wenn nötig eine die Blumen wieder kräftigende Vorbehandlung gehören dazu. Für ein ungestörtes Erlebnis beim Gestalten ist die richtige Einrichtung des Arbeitsplatzes unabdingbare Voraussetzung. Auf einem ausgebreiteten Tuch, das störende Geräusche verhindert, werden die Werkzeuge und Hilfsmittel abgelegt. Schalen und ein Gefäß mit Wasser sind vorhanden, und die Blumen liegen auf einer Unterlage griffbereit. Nun können wir die einzelnen Pflanzen in die Hand nehmen, sie allseitig betrachten und ihnen in Gedanken ihren Platz in der Blumenanordnung zuweisen.

In der jeder Grundform eigenen Reihenfolge der Montage der Elemente werden die Materialien verarbeitet. Oberster Grundsatz ist, jede Hast zu vermeiden, auch dann, wenn technische Schwierigkeiten auftreten. Die pflanzlichen Elemente werden in aller Bedachtsamkeit geschnitten. Zur Betonung edler formschöner Linien sind überflüssige Blüten und Blätter zu entfernen. Zur Verbesserung der Haltbarkeit des pflanzlichen Materials werden bestimmte Methoden angewendet. Bei Beachtung dieser Hinweise werden wir, auch wenn unsere Produkte noch keine Meisterwerke sind, die für eine Freizeitbeschäftigung so notwendige Entspannung und Freude vom ersten Versuch an finden können. Nach Abschluß des Blumenstellens betrachten wir unser Werk, um festzustellen, ob die beabsichtigte Aussage erreicht wurde. Eine Handskizze, eventuell auch Aufriß und Grundriß sind besser geeignet als das Foto, die Blumenanordnung im Bild festzuhalten. Sie zwingen uns zum bewußten Erfassen der Komposition; zeichnerische Kunstwerke sind dabei weder Ziel noch Voraussetzung. Wird eine Blumenanordnung in der beschriebenen Art und Weise ausgeführt, ist sie in jedem Fall ein Erlebnis für den Gestalter.

Übersichtsstichwörter:

↑ Arbeitsgeräte
↑ Hana-dome
↑ Formgebung
↑ Grundausstattung
↑ Haltbarkeit
↑ Kado Ⓐ

Spezielle Informationen:

↑ Aufbewahrung
↑ Biegen
↑ Fotografie
↑ Kenzan
↑ Kubari
↑ Regenerieren
↑ Schneiden
↑ Transport
↑ Zeichnung

A

Abbrechen. Einige Blumen vertragen das Schneiden mit Eisen nicht und sollten deshalb, soweit möglich, gebrochen werden. Das trifft unter anderem für Chrysanthemen zu.

Abfahrendes Schiff ↑ Defune
Absengen: Methode zur Verbesserung der Haltbarkeit von Schnittmaterial, indem die Schnittstelle kurzzeitig über eine offene Flamme gehalten wird. Blätter und Blüten sind wie beim Ausbluten durch feuchtes Papier oder ein Tuch zu schützen. Anschließend ist der Sproß sofort in frisches Wasser zu stellen. Die Methode ist in ihrer Wirkung dem Ausbluten ähnlich und vorteilhaft für verholzte Triebe, z.B. von Chrysanthemen und Flieder, anzuwenden.

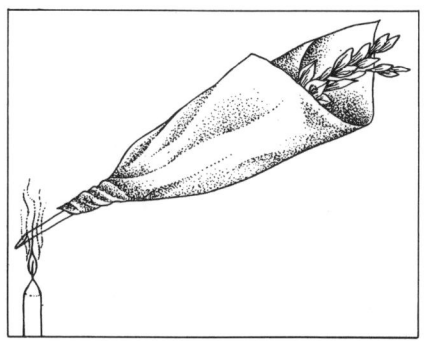

Beim Absengen sind Blätter und Blüten zu schützen

Aioi-jin-Rikka: eine spezielle Art der Ausführung des Rikka. Das A. enthält wie das ↑ Futatsu-shin-Rikka zwei Shin, die jedoch nicht parallel, sondern einander zugewandt verlaufen.
Ankerndes Schiff ↑ Tomaribune
Arbeitsgeräte: alle Werkzeuge und Hilfsmittel, die zur Ausführung eines Arrangements notwendig sind, nicht jedoch die Gefäße sowie Mittel des Hana-dome. Nicht alle der hier vorgestellten A. sind für die Ausführung einfacher Anordnungen notwendig; dazu genügt bereits eine bescheidene ↑ Grundausstattung.

Eine zentrale Stellung nehmen die ↑ Schneidwerkzeuge ein, die zur Vermeidung störender Geräusche während des Arrangierens auf einem Tuch ausgebreitet werden. Für sehr starke Äste muß eine kleine Handsäge greifbar sein. Auch eine Kneifzange oder ein Seitenschneider sind gelegentlich notwendig. In keinem Fall fehlen darf beim Arrangieren ein Wassergefäß, in dem alle Triebe unmittelbar beim Anordnen nochmals unter Wasser geschnitten werden können (Mizugiri), was die Haltbarkeit der Blumen und Zweige bedeutend verbessert. Zum ↑ Biegen gewünschter Linienführungen der Triebe kann Steckdraht erforderlich sein. Er besteht im allgemeinen aus Stahl (0,5 bis 2 mm), grün lackiert, mit grünem Papier umwickelt oder verchromt. Als Bindematerial, das beispielsweise zum Befestigen des Hauptzweiges eines Arrangements am Kubari benötigt wird, kann Blumendraht, aber auch Bast, möglichst naturfarben, schwarz oder grün, benutzt werden. Bast hat gegenüber Blumendraht den Vorteil, daß er nicht rostet. Kleine gewaschene Kiesel liegen bereit, um gegebenenfalls in ein hohes Gefäß gefüllt zu werden. Dadurch liegt der Kenzan im Gefäß höher, was die Ausführung der Blumenanordnung wesentlich erleichtert. Vorbereitete Blumen können auf einem ↑ Blumenbänkchen abgelegt werden. Zum Abdecken des Kenzan können nach Wunsch saubere ↑ Steine Verwendung finden. Sie sollten jedoch nicht nur als Hilfsmittel gesehen werden, sondern können bewußt als ↑ Gestaltungselement in der Anordnung wirken. Haben Blüten sehr kurze Stiele und sollen sie einen höheren Platz in einer Anordnung einnehmen, werden sie in kleine Tütchen aus Metall gesteckt, die mit einem langen Holzstiel versehen sind (Uke-zutsu). Diese sind dann mit Wasser zu füllen. Reagenzgläser oder Arzneiröhrchen in geeigneter Größe können diese Funktion ebenfalls übernehmen. Dabei gilt, wie bei allen anderen Techniken, der Grundsatz, daß die Hilfsmittel nicht sichtbar sein dürfen. Zum besseren Halt des Kenzan legt man eine Gummiunterlage in das Gefäß ein. Sind Nadeln des Kenzan verbogen, so sind sie mit einem ↑ Kenzan-Naoshi wieder zu richten. Auch Verschmutzungen zwischen den Nadeln des Kenzan können mit diesem A. gut beseitigt werden. Insbesondere für die Anfertigung umfangreicher Anordnungen unter Verwendung großer Äste kann der Gebrauch von Hammer, Ahle, Stechbeitel, Zange, Bohrmaschine u.a. notwendig werden. Zur Pflege der fertiggestellten Anordnung wird eine Blumenspritze zum Besprühen benötigt. Der Wasserwechsel wird mittels eines Gummischlauches und einer Gießkanne (ohne Tülle) vorgenommen. Die Ausrüstung eines ↑ Arbeitsplatzes zur Gestaltung von Ikebana kann durch einen auf Kugellagern drehbar montierten Untersatz und ein lackiertes Tablett zum Bereitlegen der Blumen und Zweige komplettiert werden. Der drehbare Untersatz ermöglicht es, von jeder Seite am Arrangment zu arbeiten, ohne daß das Gefäß angehoben werden muß.

Arbeitsplatz. Der Arbeitsplatz für die Ausführung von Ikebana-Anordnungen muß vor allem so beschaffen sein, daß sich der Gestaltende entspannen kann und das Anordnen der Blumen in Ruhe und ohne Störungen möglich ist. Einen geeigneten A. für die Ikebana-Gestaltung kann man sowohl mit japanischen Werkzeugen, als auch mit „einheimischen" Mitteln sehr gut einrichten. Im Zentrum des A. befindet sich immer das für das Arrangement vorgesehene

Gefäß; es wird zweckmäßigerweise auf eine drehbare Unterlage gestellt. Bei der Beschäftigung mit Ikebana-Anordnungen dürfen solche wichtigen ↑ Arbeitsgeräte wie ↑ Schneidwerkzege, Bindematerial, Tuch und ein Gefäß mit Wasser zum ↑ Schneiden der Triebe nicht fehlen. Die ↑ Steckbasis hat ihren Platz bereits im Gefäß. Die zurechtgelegten Zweige und Blumen wurden vorher zielgerichtet ausgewählt und vorbereitet, so daß am A. nur wenig mehr als die Anzahl der benötigten Triebe zu finden ist. Überflüssige Blüten und Blätter sind bereits entfernt. Auch ein kleines Behältnis für pflanzliche Abfälle kann man sich neben den A. stellen. Alle Materialien und Geräte sind übersichtlich und griffbereit angeordnet.

Arrangement: Bezeichnung für ein Objekt, das durch Anordnen und Zusammenfügen von Einzelteilen entstanden ist (↑ Blumenbinden, ↑ Ikebana). Durch den Begriff A. wird betont, daß die Haupttätigkeit des Gestalters das Anordnen (Arrangieren) ist. Formen und Farben des Materials werden im Gegensatz zu vielen anderen künstlerischen Tätigkeiten nicht oder nur unwesentlich verändert.

Ashirai, Jushi, »Garnierung« : Bezeichnung für Hilfslinien, die einem Hauptelement (↑ Yakueda) zugeordnet sind. A. sind im allgemeinen keine selbständigen ↑ Elemente der Ikebana-Anordnung. Sie haben die Aufgabe, die Linienführung der arrangierten Yakueda zu unterstreichen oder ohne sie kahl wirkende Bereiche zu füllen. Sie beeinflussen damit wesentlich die ↑ Gesamtwirkung eines Ikebana. Üblicherweise wird zwischen Mae-A., das sind A., die vor dem bestimmten Hauptelement, also in Richtung zum Betrachter angeordnet werden, und Ushiro-A., die hinter dem Hauptelement stehen, unterschieden. Den A. kann zusätzlich der Name des übergeordneten Hauptelementes beigefügt werden. Ein Shin-Ushiro-A. ist demzufolge eine Hilfslinie von Shin, die hinter Shin plaziert ist. Entspre-

chend der Lage der Hilfselemente vor
oder hinter dem Yakueda ist auch deren
↑ Fußposition zu wählen. Im allgemeinen
wird die Anzahl der A. so gewählt, daß Yakueda und A. gemeinsam eine ungerade
Anzahl an Einzellinien ergeben. Sehr
häufig wird dabei die Anzahl von zwei A.
(mit dem jeweiligen Yakueda drei Linien
im Element) oder vier A. (mit dem zugehörigen Yakueda fünf Linien im Element)
angewandt. Dabei ist zu beachten, daß
die Endpunkte der angeordneten pflanzlichen Elemente möglichst alle in unterschiedlichen Höhen und nicht entlang einer Geraden plaziert werden. Neben den
erwähnten Beispielen kann man einem
Hauptelement auch nur eine Hilfslinie zuordnen, die dann aber deutlich kleiner
sein muß.
Verschiebungen zwischen einzelnen
Elementen sind möglich, wenn sie unmittelbar benachbart angeordnet sind und
ein gewisser inhaltlicher Zusammenhang
besteht, der sich auch in der Materialwahl
ausdrücken sollte. So können beispielsweise statt der Shin-Gruppe mit drei Linien und der Soe-Gruppe mit drei Linien
auch Shin mit vier Linien und Soe mit
zwei Linien gestaltet werden. Eine der
Shin-A. stellt dann die räumliche Verbindung zum Soe-Bereich her. Eine ähnlich
verbindende Hilfslinie, die aufgrund ihrer
besonderen Funktion sogar einen entsprechenden Namen erhielt, ist Tai-Shin
des klassischen ↑ Shoka.
Eine besondere Art der Anordnung von
Hilfselementen stellt der sog. Dom der
↑ Kleinen Form (Moribana) der ↑ Ohara-
Schule dar. Hierbei ist für die Anordnung
der A. keine bestimmte Linienführung
vorgesehen, sondern nur der Raum, in
dem A. plaziert werden, abgesteckt.
Eine Zwischenstellung zwischen Yakueda und A. nimmt die für ↑ Rikka zur
Verschönerung der Rückseite der Anordnung verwendete Linie ↑ Ushiro-gakoi
ein. Als A. wird ebenfalls die dritte Linie
der Form ↑ Shin-Pu-Tai bezeichnet. In

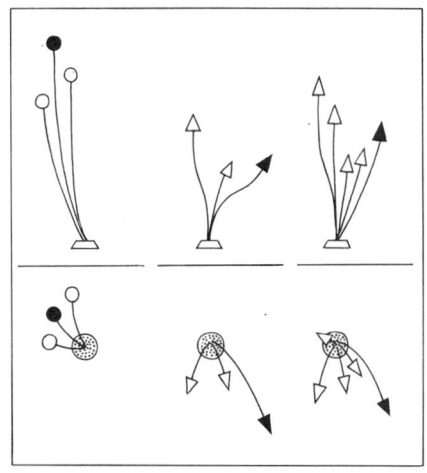

Beispiele für günstige Varianten zur Anordnung von Ashirai; *links* Shin-Gruppe mit
zwei Ashirai, *Mitte* Tai-Gruppe mit zwei
Ashirai, *rechts* Tai-Gruppe mit vier Ashirai

Shin-Pu-Tai-Anordnungen hat A. allerdings eine weitreichende Bedeutung, die
einem Yakueda nahekommt. Es ergänzt
die Gesamtgestalt und balanciert sie aus.
Durch seine Eigenarten steigert es den
Kontrasteffekt zwischen den Elementen
↑ Shu und ↑ Yo und stellt gleichzeitig eine
Verbindung zum gestalterischen Umfeld,
d.h. im engeren Sinn dem Raum und im
weiteren Sinn z.B. der Jahreszeit, her.
Aufbewahrung. Müssen Blumen und
Zweige bis zu ihrer Verwendung kurzfri-
stig aufbewahrt werden, so geschieht das
in einem kühlen und dunklen Raum
(eventuell im Keller). Die Stiele werden
vorher nochmals frisch angeschnitten
und verbleiben im Wasser. Überdecken
mit Folie ist sehr vorteilhaft. Beim Aufbe-
wahren von Blumen ist die Nähe von
Obst zu meiden. Dieses setzt Ethylengas
frei, das als pflanzliches Hormon wirkt
und den Welkeprozeß von Blumen beschleunigt.
aufrechte Form: Gestaltungsweise, die
dem betont vertikalen Wachstum vieler

Pflanzenarten Rechnung trägt (Neigung der Hauptachse 0 bis 30°). Arrangements mit aufrechter Hauptlinie werden als ↑ Moribana chokutai, ↑ Nageire chokutai und ↑ Himmelstrebende Form gestaltet. Auch einige Formen von Shoka und Rikka ergeben einen aufrechten Gesamteindruck, obwohl in diesen Formen des Ikebana die Einteilung nicht nach dem Prinzip aufrecht, geneigt, hängend erfolgt.

Ausbluten. Einige Blumenarten sondern nach dem Schnitt einen Milchsaft ab, der zum Verschluß der Wasserleitgefäße führt und damit die Blüten zum Vertrocknen bringt. Um das zu verhindern, läßt man den im Stiel vorhandenen Milchsaft ablaufen. Das geschieht durch kurzes Eintauchen in 40 bis 50°C heißes Wasser. Blüten und Blätter sind dabei seitlich zu halten und gegebenenfalls durch Umwickeln mit Papier oder einem Tuch vor der Wärme zu schützen. Nach dem A. werden die Triebe sofort zur Erholung in frisches Wasser gestellt. Durch diese Maßnahme wird die Haltbarkeit von Laucharten, Ringelblume, Narzisse, Christrose u.a. erhöht.

ausgebreitete Form: Gestaltungsweise eines Arrangements mit einer Neigung der Hauptachse von 60 bis 90° zur Senkrechten. Die a.F. wird unter anderem

Ausbluten von milchsafthaltigen Blumenstielen

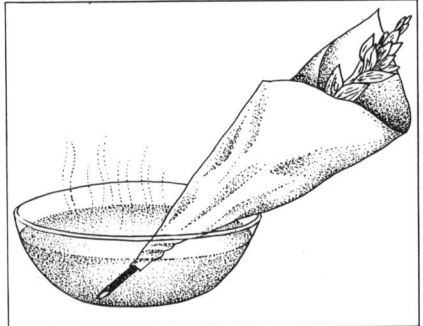

durch die Sogetsu-Schule gepflegt und ist im weitesten Sinn der ↑ geneigten Form (30 bis 90°) zuzuordnen. Viele Ikebana-Schulen weisen die a.f. deshalb nicht gesondert aus. Die Sogetsu-Schule bezeichnet jedoch mit der geneigten Form nur den Bereich von 30 bis 60°.

Auskochen: kurzzeitiges Eintauchen der Stielenden von Zweigen oder Blumen in fast kochendes Wasser (1 bis 2 min). Danach werden die Triebe sofort in frisches Wasser gegeben. Blätter und Blüten sind wie beim ↑ Ausbluten durch feuchtes Papier oder ein Tuch zu schützen. Mit dieser Methode kann die Haltbarkeit von Pfingstrosen, Dahlien, Rosen, Chrysanthemen u.a. verbessert werden.

Avantgard-Ikebana ↑ Zenei-bana

B

Befestigungstechnik ↑ Hana-dome
Besprühen. Das B. verbessert durch Einschränkung des Wasserverlustes über die Blätter die ↑ Haltbarkeit der Arrangements. Es sollte, wenn möglich, mehrmals täglich mit kalkfreiem temperiertem Wasser erfolgen und ist besonders dann zu empfehlen, wenn die Blumenanordnungen in beheizten Zimmern stehen oder hochsommerliche Temperaturen herrschen. Ist das vorhandene Leitungswasser stark kalkhaltig (territorial unterschiedlich), ist es vorher zu enthärten (↑ Wasserenthärtung Ⓑ).
Biegen: eine Methode der ↑ Formgebung. Die japanische Bezeichnung für Biegetechniken ist Tame-kata. Gebogen werden können sowohl Zweige und Äste als auch Blumenstiele und Blätter, um gewünschte Linienführungen zu erreichen. Beim B. von Zweigen ist zu beachten, daß sich verholzte Triebe einiger Arten nur sehr wenig oder gar nicht biegen lassen (Apfel, Rose, Ahorn u.a.), andere hingegen sehr gut geformt werden können

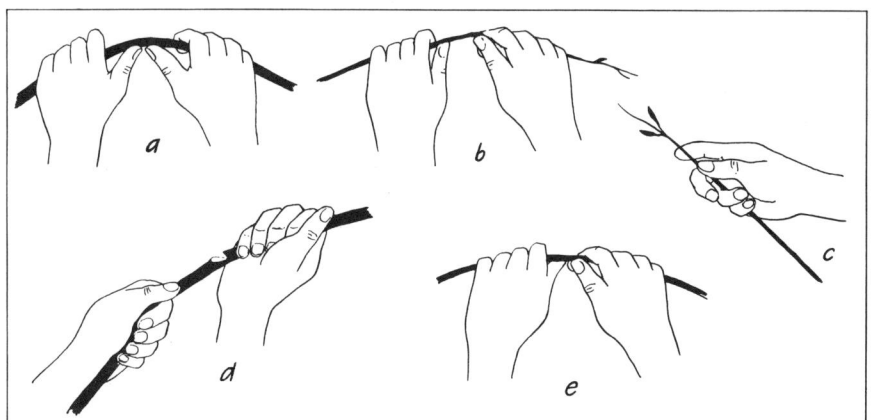

Biegen; Oshi-dame für mittelstarke *(a)*,
flexible *(b)* und dünne Zweige *(c)*;
d) Kiri-dame, *e)* Nejiri-dame

(Weide, Birke, Kiefer u.a.). Zweige, die
leicht zu biegen sind, werden in beide
Hände genommen und über beide Daumen gebogen (Oshi-dame). Vorsichtiges
Vorgehen und Wandern mit den Fingern
über die Länge des Zweiges verhindern
das Brechen an der Biegestelle. Leichtes
Verdrehen des Zweiges in sich selbst unterstützt die Stabilität der neuen Form.
Dabei sollte mit der ganzen Hand gebogen werden (Nejiri-dame). Sehr elastische Zweige kehren oft von selbst in ihre
Ausgangslage zurück. Das kann durch
kleine schräge Einschnitte der Rinde an
der Außenseite der Krümmung verhindert werden (Kiri-dame). Bei dickeren
Ästen oder Arten, die sich nicht biegen
lassen, werden an der äußeren Seite des
gewünschten Bogens ein oder mehrere
Einschnitte bis etwa zur Mitte des Holzes
geführt. In diese Schnitte werden Keile
aus dem gleichen Material eingesetzt, die
die Krümmung bewirken und selbst kaum
sichtbar sind (Kusabi-dame). Sollen
krautige und elastische Blumenstiele nur
wenig gebogen werden, verfährt man wie
bei leicht zu biegenden Zweigen. Bei verholzten oder schwer zu biegenden Blumenstielen (Rosen, Nelken u.a.) sollte
man vor dem B. unbedingt ↑ Drahten.
Insbesondere dann, wenn die Blätter aufgrund ihrer Form den Charakter einer Anordnung wesentlich mitgestalten (Gladiolen, Narzissen, Montbretien, Iris u.a.),
kann es notwendig werden, auch Blätter
zu biegen. Das geschieht mit einer ziehenden Bewegung der ganzen Hand,
wobei das Blatt entweder zwischen den
Fingern, über den Daumen oder den
Handballen läuft (Shigoki-dame, Sabaku). Der Vorgang wird, wenn notwendig, mehrmals wiederholt. Sind für bestimmte Zwecke in einem Arrangement
Linienführungen erforderlich, die sich zu
einem Kreis schließen, so werden die
vorgesehenen Zweige um die ganze
Hand gewickelt und eventuell durch einen kleinen Faden passender Farbe gesichert (nur mit sehr elastischem Material
möglich!). Extreme Biegungen lassen
sich leichter ausführen, wenn die Zweige
vorher einige Minuten über Wasserdampf
gehalten werden (nur in unbelaubtem Zustand anzuwenden!). Auch Blätter können eingerollt werden. Das geschieht
durch wiederholtes Umwickeln des Dau-
mens. Bleiben die gerollten Blätter dennoch nicht in der gewünschten Form,
kann durch Feststecken mittels einer Na-

del auf der dem Betrachter abgewandten Seite der notwendige Halt gegeben werden.

Bindematerial ↑ Arbeitsgeräte

Bleichen: eine Technik, mit der den Pflanzen ihre natürlichen Farbstoffe entzogen werden können, so daß sie fast weiß werden. Zum B. eignen sich Trockenblumen, Zweige und Wurzeln. Das Material wird über längere Zeit in heiße und hochkonzentrierte, zur Textilreinigung im Handel angebotene Bleichlösung eingelegt. Auch die Anwendung einer warmen Chlorkalk- (1,8%) Soda-(0,4%) Lösung über vier bis fünf Tage, die nach Abgießen durch eine 1,0%ige Chlorkalklösung zu ersetzen ist, wird empfohlen. Nach Erreichen der weißen Farbe sind die Pflanzenteile aus der Lösung herauszunehmen, kurz abzuspülen und zu trocknen.

Das Austrocknen der auf dem Blumenbänkchen abgelegten Blüten wird durch ein feuchtes Tuch verhindert

Blumenbänkchen: Ablagemöglichkeit für Blumen, bei der die Blüten nicht auf der Tischfläche aufliegen. Die Verwendung eines B. ist für das Ablegen druckempfindlicher Blumen mit voluminösen Blütenköpfen (z.B. Chrysanthemen) zu empfehlen. Ein B. kann aus Holz leicht selbst gefertigt werden.

In Japan sind Blumentabletts mit relativ hohem Rand üblich, die die Blüten in der genannten Weise schützen aber gleichzeitig den Transport des Materials ermöglichen.

Blumenbinden: im umfassenden Sinn alle gewerblichen blumenbinderischen Tätigkeiten (Straußbinderei, Herstellung von Brautschmuck, Steckarbeiten, Gestaltung von Raumschmuck, weihnachtliche Binderei, Kranzbinderei, Herstellung von Trauerschmuck und Ausführung dekorativer Pflanzarbeiten). Der an der Freizeitbeschäftigung orientierte Gebrauch des Begriffes schließt die Herstellung von Trauer- und Brautschmuck mehr oder weniger aus.

Geschichte. Aus primitiven Formen des Gebrauchs von Blumen und Pflanzentei-

len in der Urgesellschaft, vornehmlich im Verlauf von Kulthandlungen und als Kultsymbole, entwickelte sich in den alten Hochkulturen Vorderasiens, Ägyptens und der Antike die Verwendung von Blumen- und Pflanzenmaterial in umfassender Weise. Schwerpunkt bildete anfänglich der Gebrauch als Statussymbol oder zu religiösen Zwecken, obwohl Blumen auch frühzeitig zum Schmuck der Wohnräume und Häuser dienten. Alle wesentlichen Formen der blumenbinderischen Gestaltung (Kränze, Girlanden, Vasenfüllungen, Sträuße, Schalenbepflanzungen) waren bereits lange vor unserer Zeitrechnung bekannt. Eine Reihe bevorzugter Pflanzen gehörte fest zum gärtnerischen Repertoire. Sowohl in Ägypten (Neues Reich), möglicherweise im antiken Griechenland, als auch im Römischen Reich waren gewerbliche Blumenbinder tätig.

Im Gegensatz zu der bedeutenden Entwicklung blumenbinderischer Fertigkeiten innerhalb feudaler Ordnungen auf anderen Kontinenten (↑ Ikebana, ↑ Geschichte des Ikebana), war im mittelalterlichen Europa ein insgesamt geringer Bedarf an blumenbinderischen Produkten zu verzeichnen, obwohl in einzelnen Städten großes Interesse an Blumenzucht herrschte. Die nicht gewerbsmäßig angefertigten Bindearbeiten fanden im Rahmen von religiösen Handlungen, Volksbräuchen oder als Festschmuck Verwendung.

Dem stetigen Anwachsen des Bedürfnisses nach Pflanzen und speziell Blumen seit dem Spätmittelalter folgte, ausgelöst durch die geistigen Anstöße von Aufklärung und Klassik, seit Ende des 18. Jh. eine neue qualitative Stufe in der Verwendung von Blumen. Der Bedarf an blumenbinderischen Erzeugnissen stieg stark an und ermöglichte die erneute Herausbildung des Blumenbinderberufes im 19. Jh. Diese Epoche ist anfänglich durch heitere und liebliche Formen (Bieder-

Blumenbinden;
symmetrische Steckarbeit

meierstrauß), später aber mehr und mehr durch große unnatürliche und überdimensionale Formen gekennzeichnet.

Erst nach dem ersten Weltkrieg hatten Bestrebungen, den Weg zurück zur Natürlichkeit zu gehen, Erfolg, wobei der Einfluß des Ikebana nicht unerheblich war. Die Blumenbinderei entwickelt sich gegenwärtig als Gewerbezweig neu und trägt deutliche Züge einer zunehmenden Internationalisierung der Gestaltungsformen. Darüber hinaus ist das B. zu einer Freizeitbeschäftigung für breite Bevölkerungskreise geworden.

Die ästhetische Gesamtwirkung einer blumenbinderischen Arbeit wird durch die unter Beachtung verschiedener Kompositionsprinzipien aufgebaute ↑ Komposition, die Verwendung von ↑ geometrischen Grundelementen und die nach der ↑ Farbenlehre vorgenommene farbliche Zusammenstellung bestimmt, aber auch durch die ↑ Symbolik beeinflußt, die dem verwendeten Material innewohnt. Der Charakter einer Anordnung wird sehr stark durch das gewählte ↑ Ordnungsprinzip beeinflußt. Es ist möglich, eine symmetrische Gestaltung vorzunehmen oder die Blumen nach den Regeln der Reihe bzw. ↑ Asymmetrie Ⓐ anzubringen. Die Symmetrie bewirkt einen abgeschlossenen und ruhigen Eindruck. Sie findet bevorzugt für Geschenksträuße (Rundstrauß), Tischdekorationen u. ä. Zwecke Verwendung. Durch die Wahl von geeignetem Pflanzenmaterial kann der symmetrischen Bindearbeit ein anmutiges Aussehen verliehen werden (Mittsommerbrautstrauß, Biedermeierstrauß). Die asymmetrische Gestaltung ist dem natürlichen Wuchs der Pflanzen angepaßt. Sie wirkt deshalb lebensnah und locker und vermittelt eine dynamische Spannung. Beim Anordnen der Pflanzenteile ist das Wechselspiel von Gegensätzlichkeit (↑ Kontrast) und Gleichgewicht (↑ Harmonie) zu beachten. Die Entfaltung einer Blumenbindearbeit im Raum wird durch die Maßverhältnisse (↑Proportion) bestimmt.

Straußbinderei als Freizeitbeschäftigung dient vor allem der Gestaltung von Sträußen als Geschenk oder Wohnraumschmuck. Wichtige Straußformen sind: einseitiger Strauß (für Vorderansicht gearbeitet), fließender Strauß (Vorderansicht asymmetrisch, ungleichseitiges Dreieck), runder Strauß (für allseitige Ansicht) und Biedermeierstrauß (für allseitige Ansicht, halbkugelförmig, durch Manschette eingefaßt). Die Auswahl der geeigneten Straußform wird durch das vorgegebene Pflanzenmaterial und den Anlaß der Bindearbeit bestimmt. Als Brautschmuck sind beliebt: Fließender Brautstrauß (oft als Armstrauß), Englischer Brautstrauß (entspricht dem einseitig gebundenen Strauß), Mittsommerbrautstrauß (bunter Rundstrauß) und Biedermeierbrautstrauß. Außerdem sind Brautkörbchen, Vierlinienstrauß und Phantasiebrautstrauß sowie ein zusätzlicher Schmuck (Krone, Diadem u. a.) möglich.

Steck- und Pflanzarbeiten. Eine Vasenfüllung kann gesteckt werden oder gebunden sein. Die gebundene Vasenfüllung wird fertig in das Gefäß gestellt. Eine gesteckte Vasenfüllung hat den Vorteil, daß jedes Pflanzenteil auf Blumenanordnung und Gefäß abgestimmt werden kann und die Wasserversorgung der Pflanzen besser ist (keine Bindestelle). Die Formen der Vasenfüllung sind denen der Straußbinderei entsprechend auszuführen. Die gesteckten Elemente werden in der Vase durch eingedrückte Blumensteckmasse, feuchten Sand, geknäulten Maschendraht, ein Moospolster oder ähnliche Materialien gehalten. Gegebenenfalls können sich auch die Pflanzenteile selbst ausreichend stützen. Die Anwendung weiterer Techniken des Ikebana, insbesondere des Nageire, ist möglich. Beim Füllen von Schalen mit Steckarbeiten oder Bepflanzungen wird im allgemeinen eine asymmetrische Komposition nach den Regeln des Goldenen Schnittes (↑ Proportion) bevorzugt. Symmetrische Anordnungen sind als Tisch- und Tafelschmuck von Bedeutung und haben sich dem Anlaß und den örtlichen Gegebenheiten unterzuordnen. Die Höhe des Arrangements ist wie beim ↑ Moribana shimentai so zu wählen, daß die Unterhaltung der Gäste nicht beeinträchtigt wird. Steckarbeiten werden in Blumensteckmasse, Moospolster, Drahtgeflecht oder auf einem ↑ Kenzan ausgeführt. Die dekorative Wirkung von Steckarbeiten kann durch zusätzliche nichtflorale Elemente (Kerzen, Bänder, Wurzel- oder Aststücke u. ä.) bei guter Abstimmung auf das Gesamtarrangement erhöht werden. Zunehmender Beliebtheit erfreut sich die sog. Gärtchentechnik, bei der ein naturnahes, von mehreren Wachstumspunkten (↑ geometrische Grundelemente) ausgehendes Anordnen der Blumen und Zweige erfolgt. Als Gefäße werden dafür bevorzugt Schalen verwendet, die zweckmäßig mit mehreren Kenzan ausgestattet sind. Anklänge an den Blumenbusch (↑ Moribana), wenn auch in völlig freier Art der Umsetzung, werden deutlich.

Weihnachtliche Binderei. Am bekanntesten sind Formgebinde (Adventskranz, Zöpfe u. ä.); darüber hinaus aber auch weihnachtliche Steckarbeiten, die als Schmuckelemente für Möbel dienen sollen. Sie können symmetrisch oder asymmetrisch angelegt werden (auf dem Tisch meist niedrige Formen!); Arbeiten, die als Bodendekoration Verwendung finden sollen, sind großzügig, auf hoher oder breiter Basis (Leuchter, Bodenvase, große Wurzelstücke u. ä.) auszuführen. Anordnungen für die Wand werden ebenfalls asymmetrisch unter Betonung der seitlich fließenden Linien gearbeitet. Neben der Verwendung von Koniferengrün und Naturmaterialien (Wurzeln, Rinde,

Kiefernzapfen, Baumpilze u. ä.) werden gern Hilfsmittel (Band, Kordel, Glaskugeln u. ä.) sowie Kerzen zur Gestaltung herangezogen. Gedrungene Kerzen bilden einen optischen Schwerpunkt, den die pflanzlichen Linien umwachsen. Werden schlanke Kerzen verwendet, so bilden diese den höchsten Punkt der Anordnung; die anderen Elemente ergeben untergeordnete Linien. Je nach Art der verwendeten Koniferenzweige, des Beiwerkes, der Kerzen und der dominierenden Farben werden rustikale oder festliche Effekte erzielt, was bei der Einordnung der Gestecke in den Wohnraum zu beachten ist.

Handwerkszeug und technische Hilfsmittel. Die ↑ Grundausstattung für blumenbinderische Arbeiten unterscheidet sich nicht wesentlich von der für Ikebana benötigten: ein scharfes Messer, eine Garten- oder Rosenschere, eine Papierschere, eine Gießkanne mit langem Ausfluß, ein größerer Wasserbehälter, Blumensteckmasse, weitere Materialien als Steckbasis, Blumenbindedraht, Bast oder anderes Bindeband, Schalen, Vasen u. a. Gefäße sowie spezielle gewünschte Dekorationsmaterialien. Die für Ikebana gegebenen Hinweise zur Verbesserung der ↑ Haltbarkeit von Schnittmaterial gelten analog. Techniken wie ↑ Schneiden, ↑ Biegen und ↑ Drahten sind wesentlicher Bestandteil der Ausführung der Bindearbeiten.

Blumenbusch ↑ Moribana

Blumenigel ↑ Kenzan

Blumenopfer ↑ Geschichte des Ikebana

Blumensteckmasse: eine synthetisch hergestellte ↑ Steckbasis, die heute vielfach die Funktion des Moospolsters übernimmt. Die B. ist ausreichend unter Beschwerung mit einem Gewicht zu wässern, danach in die gewünschte Form zu schneiden und straff in das vorgesehene Gefäß einzudrücken. Muß B. als Ersatz für einen ↑ Kenzan in einer großen flachen Schale verwendet werden, so wird die gewässerte Masse in ein kleineres Gefäß, in das zuerst einige Bleistücke gelegt wurden, eingepaßt und dann in die große Schale gestellt. Den notwendigen Halt kann auch ein ↑ Pinholder geben. Aufgrund der Struktur der B. ist zu beachten, daß sie zum Stecken stärkerer Triebe mit einem zusätzlich Halt gewährenden Draht- oder Plastegitter zu umwickeln ist. Alle Stiele werden bis zum Gefäßboden eingesteckt; der Abstand zwischen ihnen muß mindestens doppelt so groß sein wie ihr Durchmesser. Das Einstecken muß bereits beim ersten Versuch mit der richtigen Länge und im richtigen Winkel erfolgen, da sich gestochene Löcher nicht wieder schließen (Triebe vorher zur Probe an den vorgesehenen Platz anhalten!). Die B. muß ständig feucht gehalten werden. Die Verwendung von B. ist keine traditionelle Technik des Ikebana. Sie kann aber für einige Formen des Ikebana eingesetzt werden.

Blumenzeremonie: eine an traditionelles Gedankengut angelehnte Handlung, bei der durch einen Meister ein Ikebana für seinen Gastgeber u. a. Gäste ausgeführt wird. Die B. hat mit ihrem symbolischen Charakter sehr enge Bindung zum alten buddhistischen Kult des „Blumenaufstellens". Heute sind Besinnlichkeit, Konzentration und das Erleben der Ästhetik des Handelns Hauptinhalt. Die B. ist ähnlich wie die ↑ Teezeremonie Ⓐ einem gewissen äußeren Ritual unterworfen, das dazu dient, jedem Teilnehmer die notwendige innere Haltung zu geben und gleichzeitig einen ruhigen Ablauf zu gewähren, der „das Eigentliche" nicht stört.

Die B. wird in einem traditionell eingerichteten Raum des japanischen Hauses ausgeführt. Die Gäste betrachten zunächst das in der ↑ Tokonoma Ⓐ hängende Rollbild (↑ Kakemono Ⓐ), und das in seiner Eigenart dazu passende Ikebana, das ebenfalls in der Ehrennische plaziert ist und durch den Gastgeber selbst gestaltet

wurde. Sie besehen sich den Hauptzweig mit seiner eleganten Linie und wandern mit dem Auge von einem Trieb zum anderen, bis sich ihnen der tiefe Sinn der Blumen mitgeteilt hat. Alles geschieht in Versenkung und andächtiger Stille. Im zweiten Teil der B. überreicht der Gastgeber dem als Ehrengast geladenen Meister Blumen und Geräte, die für das Blumenstellen notwendig sind. Während sich der Gastgeber und die anderen Gäste in einen angrenzenden Raum zurückziehen, versenkt sich der Auserwählte in die Wesensart der Blüten und Zweige und beginnt schließlich mit der Ausführung seines Werkes, das nicht nur den Charakter der Blumen und des Gefäßes, sondern auch den des Kakemono berücksichtigt. Ist das Werk vollendet, ruft der Gastgeber für den dritten Teil der Zeremonie alle Gäste wieder zusammen, um das fertige Ikebana zu besichtigen. Der Künstler wehrt sich in bescheidener Art zunächst dagegen, das „unwürdige" Ergebnis offen zu zeigen. Doch der Hausherr bittet höflich darum, die auserlesen schöne Anordnung demonstrieren zu dürfen. In innerer Harmonie betrachten die Versammelten die Schönheit der durch fühlende Hände geformten Natur. Die ursprüngliche Weise des Umgangs mit Blumen und befreundeten Menschen ist heute auch in Japan nicht alltäglich. Die B. kann und soll Anregung für alle sein, die das Blumenstellen nicht nur zum Dekorieren der Wohnräume ausüben wollen, sondern dabei Wert auf innere Ausgeglichenheit, Entspannung und Kontakt zu anderen Menschen legen.

Bunjin-bana: Bezeichnung für Arrangements, die von literarischen Vorlagen angeregt werden. In Japan wird B. nach Anregungen durch die klassische chinesische Literatur gestaltet. Neben künstlerischer Phantasie und technischer Meisterschaft ist deren umfassende Kenntnis Voraussetzung für die Gestaltung von B. Als pflanzliche Materialien werden

Bambus, Zweige mit Früchten, Kiefer, Weide, Ahorn, Narzisse, Iris, Azaleen, Chrysanthemen und Kamelien bevorzugt, jedoch nicht ausschließlich verwendet. Als Gefäße für B. sind traditionelle Keramiken, Behältnisse aus Bronze, Steinwaren, aber auch moderne Nachbildungen alter Gefäßformen üblich. Das Gefäß wird auf Unterlagen (↑ Kadai), z. B. kleine Tischchen oder Holzbrettchen, gestellt.

Choji-dome ↑ T-ji-dome
Chu-Dan Nagashi ↑ Nagashi
Chudan-no-Rikka ↑ Noki-jin-Rikka
Contemporary-Ikebana: eine Strömung der jüngsten Entwicklung im Ikebana (↑ Geschichte des Ikebana). Sie entstand in den achtziger Jahren des 20. Jh. und erreicht über die Beschäftigung mit neuen Gestaltungs- und Ausdrucksmitteln sowie anderen Kunstströmungen eine neue Art des Ikebana.

C

Chabana, *»Blumen für die Teezeremonie«*: im 15. bis 16. Jh. unter dem Einfluß der ↑ Teezeremonie Ⓐ entstandene Form des Ikebana (↑ Geschichte des Ikebana), die ihren geistigen Ursprung im ↑ Zen-Buddhismus Ⓐ hat. Sie war Grundlage für die spätere Herausbildung von ↑ Nageire und ↑ Shoka. Das C. ist ein Vasenarrangement, bei dem Blumen oder Zweige mit äußerster Sparsamkeit angeordnet werden. Es ist deshalb insgesamt klein, zierlich und wirkt sehr natürlich. Unter Umständen kann bereits ein besonders schön geformter Zweig als C. ausreichend sein. Für die Anordnung von C. bestehen kaum Regeln. Eine gewisse Orientierung kann am Nageire erfolgen. C. wird auch heute noch ausgeübt.

Chemikalien. Sie werden bei der Vorbereitung von Blumen und Zweigen zum Arrangieren mit Erfolg zur Verbesserung der Wasseraufnahme und der Verringerung der Wasserverdunstung (Transpiration) eingesetzt und erhöhen damit die Haltbarkeit. Andere Substanzen dienen als Nährstoffe für die geschnittenen Triebe oder töten Fäulniserreger im Blumenwasser ab (Vortreiben). Die Anwendung der einzelnen Substanzen ist artbezogen im Anhang aufgeführt. Handelsübliche Frischhaltemittel sind nach den Hinweisen der Hersteller zu benutzen.

D

Defune, *»Abfahrendes Schiff«*: Shoka, die in So-Form als Hongatte gestellt werden. D. werden nach den allgemein für Schiffarrangements gültigen Regeln (↑ San-ga-no-Fune) angeordnet.

Denka ↑ Shoka-Denka
Do: Bezeichnung für ein ↑ Element, das im ↑ Moribana, in einer Variante des ↑ Shoka und im ↑ Rikka angeordnet werden kann und in allen drei Fällen als Rumpf bzw. Körper verstanden wird. Dieser Gebrauch des Wortes Do ist von der Bezeichnung ↑ Do Ⓐ für »Weg« im Sinne des ↑ Zen-Buddhismus Ⓐ strikt zu trennen.
1. Do als Element des Moribana wird nur von Ikebana-Schulen gestaltet, die fünf Komponenten in dieser Form des Ikebana verwenden. **2.** Eine inzwischen nicht mehr übliche Variante des modernen Shoka wurde mit fünf Elementen gestaltet, von denen Do den zentralen Platz einnimmt. Es ist in der klassischen Form des Shoka nicht enthalten (↑ Geschichte des Ikebana). Dem Schönheitsempfinden dieser Zeit angepaßt, ist Do der Teil, der eine gewisse Flächenwirkung und große farbliche Attraktivität in die ansonsten aus drei Linien bestehende Grundform des Shoka einbringt. Von den im allgemeinen aus drei Materialien bestehenden modernen Shoka wird jeweils die

Beim »Abfahrenden Schiff« (Defune) weist
der Bug nach links; im Beispiel ist das
hängende Schiff aus Bambus gefertigt
(nach Ikenobo for beginners)

farblich auffallendste und in ihren Formen dominierende Pflanzenart in das gegenüber den linienhaften Shin, Soe und Tai kompaktere Do eingearbeitet (↑Gruppierung). Seiner Bedeutung entsprechend ist Do in dieser Art von Shoka ein Hauptelement (↑Yakueda). **3.** Eine ähnliche Funktion erfüllt Do im Rikka, bei dem es unter Shin und ↑Shoshin sowie über ↑Mae-oki einen mittleren Platz in der Achse über dem Gefäß einnimmt. Durch die erwünschte leichte Neigung nach vorn sind die Blüten direkt zum Betrachter gewandt. Sehr oft findet die dominierende

Blüte ihren Platz in diesem Element. Vermischung und zusammenfassende Gestaltung, beispielsweise in der Kombination Blüten und unterstreichendes zartes Grün, sind dabei im modernen Rikka mit Mae-oki möglich, so daß auf diese Weise ein gemeinsamer Komplex entstehen kann.

Dogu: Sammelbezeichnung für alle ↑Yakueda im Rikka

Dom: Bezeichnung für eine besondere Art der Anordnung von Hilfslinien (↑Ashirai) in der ↑Kleinen Form (Moribana) der Ohara-Schule. Für die Lage der Hilfselemente ist keine Einzelfestlegung getroffen, sondern nur der Raum, in dem diese angeordnet werden, wird als D. abgesteckt. Der D. unterstreicht dabei die Wirkung der verschiedenen Kleinen Formen durch seine vertikale oder horizontale Ausdehnung. Auch die Tiefenwirkung des Arrangements wird verbessert. Die spezielle Ausführung des D. ist von der jeweils gewählten Kleinen Form abhängig und dort erläutert.

Doppel-Shin-Form: Anordnung, bei der das Element Shin durch zwei gleichberechtigte Zweige oder Blumen dargestellt wird. Die D. ist im Rikka als ↑ Aioi-jin-Rikka, ↑ Futatsu-shin-Rikka und Ai-Jin-Rikka möglich. In einigen modern ausgerichteten Ikebana-Schulen wird die D. auch in das ↑ Moribana eingeführt.

Dozuka-Rikka: eine besonders niedrige und breit ausgeführte Art des Rikka, die für die Aufstellung in Regalen geeignet ist.

Drahten: eine Methode der ↑ Formgebung, wobei Blumenstiele, Blattstiele oder Zweige in losen Windungen mit grün lackiertem, umwickeltem oder unbehandeltem Draht versehen werden. So bleibt die vorhandene Form auch dann erhalten, wenn die Kraft der Blumenstiele nachläßt bzw. sie durch Wachstumsbewegungen zur Formveränderung neigen. Soll die Linienführung nach dem D. umgestaltet werden, so geschieht das durch vorsichtiges ↑ Biegen. Bei einigen Arten, wie Nelken und Rosen, ist D. sehr häufig notwendig. Man beginnt beim D. zwei Fingerbreit unter dem Blütenboden mit einer kleinen Schlaufe und führt den Draht in weiten Windungen stielabwärts. Hohle Stiele (*Chrysanthemum, Amaryllis, Gerbera* u.a.) werden von innen gestützt, indem ein Draht vorsichtig in den Hohlraum eingeführt wird. Werden großflächige Blätter im Arrangement benutzt, können sie durch eine Drahtschlaufe auf der Unterseite gestützt werden. Es ist jedoch immer zu beachten, daß diese Hilfsmittel nicht oder möglichst wenig zu se-

hen sind. Unabhängig vom D. bei der Ausführung des Arrangements können gewünschte Zweigformen bereits durch D. an der lebenden Pflanze im Verlauf einer Vegetationsperiode erzogen werden.

Drahtgitter. In vasenförmigen Behältnissen können zusammengeknäulte D. oder Drahtspiralen (diese am besten aus Blei) als Basis zum Anordnen der Blumen und Zweige dienen. Die Triebe werden dabei in die freien Zwischenräume eingeführt. Diese Technik kann für Nageire und gegebenenfalls Jiyu-ka verwendet werden.

E

Einreihenform: in der Ohara-Schule eine Ausführung von ↑ Moribana. Sie ist durch sehr geringe Tiefe gekennzeichnet und benötigt demzufolge wenig Raum. Als Entwicklung des 20. Jh. ist sie modernen Wohnräumen angepaßt. ↑ Shu wird auf einer Seite der Schale (rechts oder links) angeordnet und mißt das Anderthalbfache der Summe von Breite und Höhe der Schale. ↑ Fuku wird auf der Shu gegenüber liegenden Seite angeordnet und kann fast die Höhe von Shu erreichen. Shu und Fuku stehen aufrecht. Das

Rißdarstellung der Einreihenform
(Ohara-Schule)

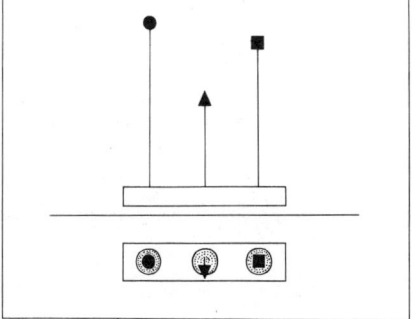

dritte Element, ↑ Kyaku, wird leicht nach vorn geneigt und etwa in Schalenmitte arrangiert. Je nach verwendetem Material kann es sehr klein bleiben oder bis zur Hälfte von Shu aufragen. Füllende Hilfslinien ergänzen die Gestaltung. Als Gefäße werden lange schmale Schalen benutzt.

Einstellpunkt: die Stelle, an der die Hilfsmittel zur Befestigung (↑ Kenzan, ↑ Shippo) der Pflanzenteile in das Gefäß eingebracht werden. Die Wahl des E. ist in erster Linie von der auszuführenden Form des Ikebana (↑ Moribana, ↑ Shoka, ↑ Rikka) abhängig. Doch auch innerhalb einer gewählten Form sind verschiedene

Einreihenform (nach Wittig, Ikebana)

E. möglich. Für die Gestaltung von ↑ Futakabu-ike sowie ↑ Keshiki-ike werden zwei oder sogar mehrere E. notwendig. Durch ihre Staffelung in der Tiefe wird der räumliche Eindruck der Anordnung verstärkt. Lediglich in der ↑ Einreihenform sind mehrere E. auf einer zum Betrachter parallel verlaufenden Linie zu finden. Im allgemeinen fallen E. und Wachstumspunkte (↑ geometrische Elemente) zusammen.

Einwurfarrangement ↑ Nageire

Erholungsbad ↑ Regenerieren

Erzählendes Ikebana: Ausführung von mehreren Ikebana-Anordnungen, die sowohl in der Gestaltung als auch thematisch im Zusammenhang stehen und bestimmte inhaltliche Aussagen wiedergeben. E.I. wird bevorzugt als ↑ Jiyu-ka gestaltet.

Elemente: Bezeichnung für die einzelnen Bestandteile eines ↑ Arrangements, die einen durch die Regeln des Ikebana bestimmten Platz innerhalb der ↑ Komposition einnehmen. Die Mehrzahl der im Ikebana verwendeten E. ist von linienhafter Form, was durch die Linearität des ausgewählten Materials unterstrichen wird (↑ geometrische Grundelemente). Besonders in der alten Form des Rikka, die im Zuge ihrer Entwicklung zeitweise auf Prunk- und Machtdemonstration ausgerichtet war (↑ Geschichte des Ikebana), und in modernen ↑ Formen des Ikebana werden jedoch auch flächig wirkende E. gestaltet. Die einzelnen E. können in harmonischer Art und Weise ausgeführt werden oder einen Kontrast der Formen und Farben ausbilden.

In jedem Fall macht die Gesamtheit aller E. den Hauptanteil an der ↑ Gesamtwirkung eines Ikebana aus. Um eine optimale Entfaltung der E. im Raum zu gewährleisten und unerwünschte Kreuzungen von Linien zu vermeiden, ist beim Anordnen der pflanzlichen Materialien jeweils eine bestimmte ↑ Fußposition einzuhalten. Die Fußposition für ein bestimmtes E. einer Ikebana-Form ist durch seinen Platz in der Komposition vorgegeben und wird nicht durch die Wahl der Befestigungstechnik (↑ Hana-dome) beeinflußt.

Zu beachten sind neben differenzierten symbolischen Bedeutungen auch mögliche unterschiedliche Bezeichnungen für gleiche oder ähnliche E. durch die verschiedenen Ikebana-Schulen. Soweit es nicht anders gekennzeichnet ist, werden in diesem Lexikon die in der Ikenobo-Schule üblichen Namen verwendet und, wenn es angebracht erschien, auch die E. anderer Schulen vorgestellt.

Bei der Angabe von E. ist grundsätzlich zwischen Hauptlinien (↑ Yakueda) und Hilfslinien (↑ Ashirai) zu unterscheiden. Die Yakueda bilden das Grundgerüst der Ikebana-Anordnung, das mittels der Ashirai weiter vervollkommnet und zu größerer optischer Attraktivität geführt wird. Die Anzahl der Yakueda ist in den verschiedenen Ikebana-Formen unterschiedlich. Aus drei Hauptelementen bestehen im allgemeinen das ↑ Moribana, das ↑ Nageire sowie das klassische ↑ Shoka. Die Ikenobo-Schule bezeichnet die drei Elemente als ↑ Shin, ↑ Soe und ↑ Tai, die Sogetsu-Schule verwendet

Bevorzugte Einstellpunkte in der Aufsicht; der Einstellpunkt des Kenzan in die Schale ist wesentlich für die optische Wirkung des Gesamtarrangements

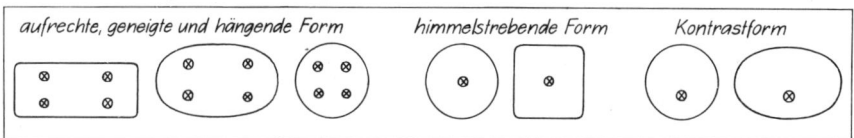

aufrechte, geneigte und hängende Form *himmelstrebende Form* *Kontrastform*

Shin, Soe und ↑Hikae und die Ohara-Schule ↑Shu, ↑Fuku und ↑Kyaku. Auch aus fünf Elementen bestehendes Moribana und Nageire werden in verschiedenen Schulen gelehrt. Die üblichen Bezeichnungen sind dann Shin, Soe, Tai, ↑Do und Hikae. Innerhalb einer speziellen Form des klassischen Shoka, den Schiffarrangements (↑San-ga-no-Fune) werden auch »Abfahrende Schiffe« (↑Defune) und »Ankommende Schiffe« (↑Irifune) gestaltet. In dieser Ausführung des Shoka wird neben den drei allgemein üblichen E. Shin, Soe und Tai zusätzlich das E. ↑Ro (Ruder) verwendet. Es verleiht dem „Boot" einen deutlich bewegten Eindruck und fördert die Lebendigkeit dieser Anordnung. Shin und Soe bilden gemeinsam das als ↑Ho-gata bezeichnete Segel des Schiffes.

Aus drei oder aus fünf E. besteht das fülligere und den modernen Wünschen gut angepaßte moderne Shoka, das als ↑Shoka Sanshu-ike ausgeführt wird. Die Yakueda werden als Shin, Soe und Tai, (Do, ↑Sugata Naoshi) bezeichnet. Die älteste und komplizierteste Form des Ikebana ist das aus neun Yakueda bestehende Rikka. Die Haupt-E. werden als Shin, Soe, ↑Shoshin, Do, ↑Mae-oki, ↑Mikoshi, ↑Uke, Hikae und ↑Nagashi bezeichnet. Ein möglicher Zusatz an der Rückseite der Anordnung wird ↑Ushirogakoi genannt. Falls einzelne E. sehr stark ausgebildet sind und dadurch den Platz von zwei Yakueda beanspruchen, ist es auch möglich, ein Rikka mit nur sieben E. zu gestalten. Für den Freien Stil (↑Jiyu-ka) sind keine Regeln für Haupt- und Hilfs-E. festgelegt. Obwohl das Bild einzelner im Freien Stil angefertigter Ikebana-Arbeiten Ähnlichkeiten zu anderen Formen des Ikebana und damit zu den dort verwendeten E.bezeichnungen nahelegen könnte, sind diese nicht üblich. Besonderheiten in der Bezeichnung von E. eines Ikebana sind in ↑Futakabu-ike-Arrangements möglich. In diesen zweiteiligen Anordnungen vertreten die beiden Einstellpositionen jeweils eines der buddhistischen Grundprinzipien ↑Yo Ⓐ und In. Die Bezeichnungen für die beiden Hauptteile sind dann ↑Okabu und ↑Mekabu. Die Beachtung dieser Symbolik der E. ist besonders für das Wasser-Land-Arrangement (↑Suiriku-ike) von Bedeutung.

Ist es nicht ausreichend, ein bestimmtes E. mittels eines Zweiges oder einer Blüte darzustellen, werden weitere Hilfslinien, ↑Ashirai oder Jushi genannt, ergänzt. Diese unterstreichen entweder die Besonderheit der Linienführung des Haupt-E., dem sie beigeordnet sind oder bewirken einen raumfüllenderen Eindruck. Die Verwendung von Ashirai hat einen wesentlichen Einfluß auf die ↑Gesamtwirkung eines Ikebana, da durch sie einerseits ein leerer und öder Anblick vermieden werden kann, andererseits aber auch leicht Überladungen des Arrangements entstehen können, die insbesondere gegen das Grundprinzip der ↑Schlichtheit Ⓐ im Ikebana verstoßen würden. In der sog. ↑Kleinen Form der Ohara-Schule wird ein Teil der benötigten Ashirai in Form eines ↑Domes um die Gesamtheit der Yakueda angeordnet, ohne daß eine direkte Zuordnung einzelner Hilfslinien zu den Haupt-E. erfolgt.

Erde↑Tai; ↑Hikae

F

Färben: alle Techniken, mit denen floralen Materialien eine andere als ihre natürliche Farbe gegeben wird. Da im Ikebana die Natürlichkeit der Anordnungen einen hohen Stellenwert hat, treten Färbeverfahren in ihrer Bedeutung in den Hintergrund. Gefärbte Materialien werden in begründeten Fällen im ↑Jiyu-ka und in modernen Formen des ↑Shoka eingesetzt. Färbungen sind oftmals mit Ver-

fremdungseffekten der jeweiligen Trieb-
form kombiniert. Gefärbte Materialien finden auf keinen Fall für traditionelle Ikebana-Anordnungen, wie klassisches
Rikka, klassisches Shoka und Nageire,
Verwendung.
Die Färbungen können durch Tauchen in
Farbbäder, Besprühen oder Einstellen
der Schnittblumen in Farblösungen erzielt werden. Verwendung finden entweder Farbspray oder acetonlösliche Anilin-
farben (handelsüblich), von denen 3 g je
Liter Aceton (Brand- und Gesundheits-
schutz beachten!) zu lösen sind.
Farbenlehre: eine synthetische Wissen-
schaft, die neben Ergebnissen der Physik
und Physiologie solche der Ästhetik und
Psychologie untersucht. Sie finden ihren
Ausdruck unter anderem in der Farbkomposition, die ein wesentlicher Bestandteil
der Komposition eines Arrangements ist.
Im Ikebana werden natürliche Materialien
mit den ihnen eigenen Farben verwendet. Diese entstehen durch unterschied-

liche Reflexion und Absorption der verschiedenen Farbanteile des einfallenden
Lichtes an der Oberfläche der Körper.
Gewünschte Veränderungen der natürlichen Farben floralen Materials können
durch ↑ Bleichen oder ↑ Färben erreicht
werden.
Bei der Beschreibung von Farben sind
achromatische und chromatische zu unterscheiden. *Achromatische Farben* sind
Schwarz und Weiß sowie alle Tonabstu-
fungen von Grau. Bezüglich des Hellig-
keitswertes liegt die sog. Graureihe zwischen Schwarz (dunkles Ende der Graureihe) und Weiß (helles Ende der Graureihe). *Chromatische Farben* sind alle
Vollfarben (Rot, Orange, Gelb, Grün,
Blau, Violett) und durch deren Mischung
entstehende Zwischentöne. Zur Übersicht der Beziehungen zwischen verschiedenen Farben werden diese in einem sog. Farbtonkreis (Abb.) angeordnet. Jeweils gegenüberliegende Paare
werden als *Komplementärfarben* be-

Der aus 24 Farben bestehende
Farbtonkreis

zeichnet. Die Farbkomposition wird durch ↑Kontraste und ↑Harmonien von Farben gebildet. Kontrastwirkungen werden unter anderem erzielt durch:
– Komplementärkontrast, z.B. Mittelrot–Seegrün;
– Hell-Dunkel-Kontrast, z.B. Hellrot–Dunkelrot;
– Warm-Kalt-Kontrast, z.B. Rotorange–Bläulichviolett.

Harmonien von Farben schließen geeignete Kontraste ein. Bei *Harmonien mit kleinen Kontrasten* werden verwandte Farben miteinander kombiniert. Dazu können auf dem Farbkreis unmittelbar benachbarte Farben (z.B. Goldgelb–Gelborange) verwendet werden. Auch durch geringe Unterschiede der Helligkeitsstufen entstandene Farben harmonieren miteinander.

Bei *Harmonien mit großen Kontrasten* werden nicht oder nur wenig verwandte Farben kombiniert. Der Zweiklang, d.h., die Kombination von zwei Farben ist möglich als:
– Ausprägung eines Farbtones in zwei sehr deutlich verschiedenen Helligkeitsstufen (z.B. Hellrot–Dunkelrot);
– Verbindung zwischen zwei nicht unmittelbar benachbarten Farben (z.B. Mittelgelb–Rotorange);
– Kombination von achromatischen und chromatischen Farben (z.B. Schwarz–Grün);
– ein Paar von Komplementärfarben (z.B. Mittelblau–Goldgelb).

Der Dreiklang ist möglich als:
– Kombination von Farben, die auf dem Farbtonkreis im Abstand eines gleichseitigen Dreiecks stehen (z.B. Goldgelb–Violett–Seegrün);
– Kombination von Farben, die auf dem Farbtonkreis im Abstand eines gleichschenkligen Dreiecks stehen (z.B. Goldgelb–Bläulichviolett–Zyanblau).

Der Vierklang ist möglich als:
– Kombination von zwei Komplementärfarbpaaren.

Harmonien mit gemischtem Kontrast verwenden nebeneinander solche mit großem und kleinem Kontrast. Das ist möglich als:
– Kombination eines Farbtones in verschiedenen Helligkeiten (kleiner Kontrast) mit dem komplementären Farbton (großer Kontrast);
– Kombination von einigen (meist drei) unmittelbar benachbarten Farbtönen (kleiner Kontrast) mit einem komplementären Farbton (großer Kontrast).

Bei der Verwendung von Farben ist auch im Ikebana die emotionale Wirkung zu beachten. Die Leuchtkraft der Farben ist eine nicht nur physikalisch zu deutende Eigenschaft. Die hellen Farben des Farbtonkreises (Gelb, Orange, Rot) rufen Gefühle wie Wärme und Geborgenheit hervor. Die so leuchtenden Gegenstände aktivieren den Betrachter. Die dunklen Farben des Farbtonkreises haben die entgegengesetzte Wirkung, sie vermitteln Kälte, scheinen passiv und fern. Sehr oft werden deshalb die warmen Farben den optischen Schwerpunkt einer Anordnung bilden.

Auf der gefühlsmäßigen Bedeutung der Farben aufbauend entwickelte sich analog der ↑Symbolik für Blumen und

Farbensymbolik (nach Gallus)

Farbe	Eigenschaft	Symbol für
gelb	leicht, heiter, sonnig	Leben, Licht, Pracht
rot	erregend, feurig, aktiv	Liebe, Leidenschaft, Freiheit, Revolution
blau	frisch, kühl, klar	Vertrauen, Treue, Sehnsucht, Ferne
grün	beruhigend, belebend	Hoffnung, Ruhe, Frieden
weiß	feierlich, heiter	Licht, Reinheit, Glück
schwarz	feierlich, ernst	Eleganz, Trauer

Pflanzenteile eine *Farbensymbolik*. Im mitteleuropäischen Kulturkreis werden Farben wie in der Tabelle dargestellt verstanden. Diese Farbsymbolik ist nicht überall gleich anzuwenden. So nehmen z.B. Weiß und Schwarz im ostasiatischen Kulturkreis eine andere Stellung ein als in Europa.

Farbensymbolik ↑ Farbenlehre, ↑ Symbolik

Farbharmonie ↑ Farbenlehre

Farbkomposition: Bestandteil der gesamten Komposition eines Ikebana, der sich mit der farblichen Zusammensetzung aller Elemente befaßt (↑ Farbenlehre).

Farbkontrast ↑ Farbenlehre

Fäulnis: Prozeß der Zersetzung von organischem Material durch Mikroorganismen. Durch F. wird die Haltbarkeit der Arrangements verringert. Das geschieht durch Verschluß der Wasserleitungsbahnen der Triebe und die Freisetzung von Ethylengas, das als pflanzliches Hormon den Welkevorgang beschleunigt. Als vorbeugende Maßnahmen gegen F. sollten alle Blätter, die ins Wasser tauchen, entfernt werden. Auch die Länge des eintauchenden Abschnittes der Blumenstiele wird durch eine geeignete ↑ Hana-dome-Technik auf das für die Wasserversorgung notwendige Maß beschränkt. Regelmäßiger Wasserwechsel, Reinigung der Geräte und Hilfsmittel sowie die Verwendung von abgekochtem Wasser tun ein übriges. Durch Zusatz von handelsüblichen Frischaltemitteln, die Bakterizide und Fungizide (bakterien- und pilztötende Substanzen) enthalten, oder Chemikalien mit ähnlicher Wirkung, z.B. Alaun, kann F. ebenfalls unterdrückt werden.

Fischweg-Arrangement ↑ Gyodo-ike

Fläche ↑ geometrische Grundelemente

florales Design: eine Art der Blumengestaltung, die in Japan auf die Gestaltung von Blumenschmuck unter amerikanischen Einflüssen zurückgeht. Sie wurde mit japanischer Prägung weiterentwickelt (Mami-Blumen-Design-Schule; ↑ Geschichte des Ikebana).

Floristik: allgemeiner Begriff für die Lehre von der Gestaltung mit pflanzlichem Material. In Japan wird F. in eingeschränkter Bedeutung als Ausdruck für das Anfertigen von Blumenarrangements zum Zweck des Verschenkens gebraucht. Nach ersten Anfängen dieser Art der Blumengestaltung zum Ende der vierziger Jahre unter amerikanischem Einfluß entstanden in Japan neue Schulen, die durch Verbindung alter Ikebana-Formen mit dem neuen Zweck eigene Lehrauffassungen entwickelten. Das ursprüngliche Ikebana ist nicht zum Verschenken vorgesehen.

Formabschluß ↑ Tai

Formbestimmung ↑ Shin

Formen des Ikebana. Beim Betrachten von Blumenanordnungen japanischer Art fallen immer wieder bestimmte Grundprinzipien des Arrangierens auf. Dieser Eindruck ist keineswegs zufällig, sondern erwächst aus dem Vorhandensein eines relativ umfangreichen Angebots an Grundformen. Sie sind in der langen Geschichte des Ikebana historisch gewachsen und stellen heute keine starren Regeln dar, sondern werden im Rahmen der jeweiligen Bedingungen (Blumen, Gefäß, Umgebung des Arrangements u.a.) bei jedem einzelnen Ikebana individuell angewendet. Auch in der Gegenwart entwickeln Ikebana-Meister noch neue Lehrmodelle. Als lebendige Formen gelten heute ↑ Rikka, ↑ Shoka, ↑ Nageire, ↑ Moribana und ↑ Jiyu-ka.

Rikka ist die komplizierteste und älteste Form. Es hat sich in seiner langen Geschichte ständig gewandelt. Diese Art des Blumenstellens vermittelt dem Betrachter einen Eindruck von Eleganz und technischer Meisterschaft. Sowohl in der klassischen als in der modernen Gestaltungsweise des Rikka erfolgt die Untergliederung der einzelnen Formen danach, ob und in welcher Höhe das Hauptelement der Blumenanordnung die senkrechte Mittelachse verläßt.

Shoka, auch Seika genannt, war in seiner klassischen Gestaltungsweise insbesondere für die Ehrennische, ↑ Tokonoma Ⓐ, vorgesehen. Heute existieren auch moderne Grundprinzipien. Sowohl in der klassichen als auch in der modernen Variante gibt es eine ↑ Shin-Form, eine ↑ Gyo-Form und eine ↑ So-Form.

Rikka und Shoka setzen hohes technisches Können und langjährige Erfahrungen im Umgang mit Blumen voraus. Beide Formen haben Repräsentativcharakter und können in Europa besonders auch unter diesem Gesichtspunkt angewandt werden.

Nageire ist ein Arrangement von Blumen in Vasen u.ä. Gefäßen unter besonderer Betonung von ↑ Natürlichkeit Ⓐ. Das Nageire besteht im allgemeinen aus drei Hauptlinien. Im speziellen Fall ist eine Reduzierung auf zwei Linien möglich.

Das *Moribana* wirkt ebenfalls natürlich und einfach. Es wird aus drei Elementen komponiert und in Schalen oder Pokalen angeordnet. Bei den einzelnen Moribana- und Nageire-Anordnungen sind unter Berücksichtigung des Neigungswinkels des dominierenden Elementes ↑ aufrechte Form, ↑ geneigte Form und ↑ hängende Form zu unterscheiden.

Der Freie Stil, *Jiyu-ka* gibt keine Vorschriften zu gewählten Winkeln und Längenmaßen. Die grundsätzlichen Prinzipien des Ikebana (↑ Zen-Buddhismus Ⓐ, ↑ Kado Ⓐ u.a.) gelten auch für diese Gestaltungsweise.

Der Charakter von Blumenarrangements wird wesentlich durch Anzahl und Eigenschaften der verwendeten Pflanzenarten bestimmt. Wird nur eine Pflanzenart arrangiert, so spricht man von ↑ Isshu-ike. Eine Blumenanordnung, die unter Verwendung von zwei Arten gestaltet wird, heißt ↑ Nishu-ike, eine solche mit drei Ar-

ten ↑ Sanshu-ike. Nicht jede Blume kann mit anderen beliebig kombiniert werden; es sind bestimmte ↑ Kombinationen von Pflanzen zu bevorzugen, um einen angenehmen Eindruck beim Betrachter zu erreichen. Besondere Grundstimmungen und Aussagen können auch durch spezifische Formen des Ikebana vermittelt werden. Zu diesen Sonderformen gehört das ↑ Futakabu-ike, ein zweiteiliges Arrangement, das günstig für die Darstellung von Widersprüchlichkeiten oder Übereinstimmungen von zwei Teilen genutzt werden kann. Gleiches gilt für das Doppelarrangement ↑ Niju-ike. Ebenfalls eine Widersprüchlichkeit zu vereinen sucht das Wasser-Land-Arrangement, das ↑ Suiriku-ike. Sehr eng an Eindrücke der natürlichen Umwelt wird ↑ Keshiki-ike, das Landschaftsarrangement, angelehnt. Ausschließlich Wasser- und Uferpflanzen finden im Fischweg-Arrangement, dem ↑ Gyodo-ike, Verwendung. Blumen können auch frei im Wasser des Gefäßes schwimmen (↑ horizontale Form). Man spricht dann von »Schwimmenden Blumen« (↑ Ukibana). Das ↑ Tsuribana ist ein frei hängendes Arrangement, meist unter Verwendung von schiff- oder mondförmigen Gefäßen, das ↑ Kakebana wird an die Wand gehängt. Anordnungen unter vorrangiger Verwendung von Obst und Gemüse werden als ↑ Morimono bezeichnet. Einige der aufgeführten spezifischen Gestaltungen können in einer, andere in mehreren Grundformen (Moribana, Nageire, Shoka, Rikka und Jiyu-ka) ausgeführt werden.

Umfangreiche Aussagemöglichkeiten, besonders auch in kleinen Ausstellun-

Grundformen des Ikebana; *oben links* Rikka, *oben rechts* Shoka, *Mitte* Nageire, *unten links* Jiyuka, *unten rechts* Moribana (nach Ikenobo-gyoji no hana und Komoda/ Pointner, Ikebanapraxis)

gen, sind durch das ↑ Erzählende Ikebana gegeben, bei dem mehrere zusam-
menhängende Bilder gestaltet werden.
Dafür sind die von Formvorgaben mehr
oder weniger stark gelösten Jiyu-ka und
↑ Zenei-bana geeignet.

Formgebung. Bereits der Inhalt des
Wortes ↑ Ikebana weist auf die besondere Bedeutung eines aktiven gestalterischen Einflusses des Menschen auf die
pflanzlichen Materialien hin. Diese F. ist
keinesfalls nur als handwerkliche Tätigkeit zu betrachten, sondern stellt immer
einen komplexen Prozeß im Sinne der
Lehren des ↑ Kado Ⓐ dar. Die bewußte
Beachtung solcher Kriterien wie ↑ Natürlichkeit Ⓐ, ↑ Schlichtheit Ⓐ und Leben in
der Vergänglichkeit der Jahreszeiten ist
Voraussetzung für eine dem Arrangement angepaßte F. Bereits die Auswahl
der vorgesehenen Zweige und Blüten
beeinflußt die spätere Gestaltung wesentlich und ist somit eine formgestal-
tende Tätigkeit im weitesten Sinne. Auch
das Heranziehen von Zweigen mit vorbe-
stimmter Linienführung in Garten und
Gewächshaus ist durch Drahten und Verspannen möglich. Unmittelbar während
der Gestaltung wird durch ↑ Schneiden,
↑ Drahten, ↑ Biegen und ↑ Stützen die
Form der verwendeten Triebe verändert.
Doch auch in Vorbereitung der Ausführung einer Blumenanordnung ist eine aktive Einflußnahme auf Form und Charakter des pflanzlichen Materials möglich.
Das kann durch solche Techniken wie
↑ Treiben, ↑ Präparieren, ↑ Konservieren,
↑ Färben, ↑ Bleichen und ↑ Drahten ge-
schehen.

Formunterstützung ↑ Soe

Fotografie: neben der ↑ Zeichnung eine
Möglichkeit, Ikebana-Anordnungen für
Dokumentationszwecke festzuhalten.
Abgesehen von den fototechnischen
Vorbereitungen der Aufnahme findet
beim Fotografieren keine gedankliche
Auseinandersetzung mit dem Arrange-
ment statt – ein entscheidender Nachteil

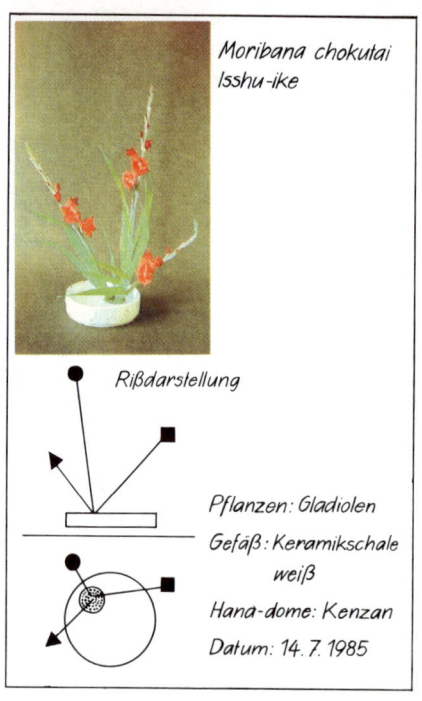

*Moribana chokutai
Isshu-ike*

Rißdarstellung

*Pflanzen: Gladiolen
Gefäß: Keramikschale
weiß
Hana-dome: Kenzan
Datum: 14. 7. 1985*

Beispiel für die Anlage einer Fotodokumentation

gegenüber einer Zeichnung. Werden Fotos angefertigt, ist zu beachten, daß ein
ruhiger, möglichst einfarbiger Hintergrund gewählt wird, der die Linienführung
der einzelnen Elemente deutlich hervortreten läßt. Das Arrangement wird vor
dem Hintergrund so aufgestellt, daß die
Vorderansicht fotografiert wird. Die Höhe,
in der der Fotoapparat befestigt bzw. gehalten wird, ist vom Ikebana abhängig. So
sind beispielsweise Shoka und Rikka so
aufzunehmen, daß der gemeinsame Fuß
deutlich erkennbar wird. Bei Gyodo-ike
und Suiriku-ike ist die in dieser Form des
Ikebana wichtige freie Wasserfläche mit
zu zeigen. Um größere Tiefenschärfe zu
erreichen, sollten möglichst hohe Blen-
denzahlen (kleine Objektivöffnungen)
gewählt werden. Die demzufolge länge-

ren Belichtungszeiten erfordern allerdings meist ein Stativ. Sollen die Fotos lediglich eine Erinnerungsstütze sein, ist auch der einfache Schnappschuß möglich. Unbedingt ist auf die Seite des Lichteinfalls zu achten. Je nachdem, ob es sich um ein Hongatte- oder ↑ Gyakugatte-Arrangement handelt, ist die Hauptlichtquelle, falls nicht völlig gleichmäßig ausgeleuchtet wird, links oder rechts anzuordnen. Sie muß möglichst auf der In-Seite plaziert werden. Es empfielt sich, die nur zweidimensionale Aufnahme für die Dokumentation mit einer Rißdarstellung zu vervollständigen. Auch bestimmte Angaben zum Arrangement, die nicht unmittelbar aus dem Foto hervorgehen, sollte man sich notieren. Dazu gehören Hinweise zum verwendeten Gefäß, zu den Pflanzen sowie zum ↑ Hanadome. Datum und die gestaltete Ikebana-Form sind ebenfalls festzuhalten. Auf diese Weise kann nach und nach eine Fotodokumentation entstehen, die als Vorlage für spätere Arbeiten und zur Eigenkontrolle dienen kann.

Freier Stil ↑ Jiyu-ka

Frischhaltemittel ↑ Fäulnis, ↑ Wasserwechsel

Fuku, *Fukushi*: Bezeichnung der ↑ Ohara-Schule für das zweitgrößte Element in ↑ Moribana und ↑ Heika.

Fune: Bezeichnung für Schiffe bzw. Ikebana-Gefäße, die Schiffe symbolisieren; sie dienen der Gestaltung von Schiffarrangements (↑ San-ga-no-Fune). Zur Darstellung des ankernden und ruhenden Schiffes (↑ Tomaribune), das allgemein als Symbol des Verweilens und der Ruhe verwendet wird, werden auf den Boden zu stellende Gefäße aus Holz oder Geflecht benutzt. Die in Bewegung befindlichen Boote, die auch als Zeichen für Heimkehr (↑ Irifune) und Abfahrt (↑ Defune) Verwendung finden, werden durch frei hängende Schiffgefäße (Tsuribune) aus Bambus dargestellt. Sowohl die ruhenden als auch die hängenden Schiffgefäße werden grundsätzlich unter Beachtung der Regeln des klassischen ↑ Shoka gefüllt, dem diese Formen auch angehören. Neuerdings werden auch gern Schiffarrangements gestaltet, die nicht so streng den klassischen Regeln folgen. Die hierzu verwendeten schiffähnlichen Gefäße in Tomaribune-Art können auch aus Keramik gearbeitet sein.

Fußposition: Bezeichnung für den Platz, den ein Zweig, ein Blumenstiel, Grashalm oder ähnliches im Gefäß einnimmt. Die pflanzlichen Materialien werden durch für die jeweilige Form des Ikebana geeignete Befestigungstechnik (↑ Hana-dome) am vorgesehenen Ort und in der gewünschten Lage arretiert. Für viele Formen des Ikebana hat sich eine bestimmte Anordnung der einzelnen F. als günstig erwiesen. Für Rikka sind alle

Jede Ikebana-Form setzt eine bestimmte Anordnung der Fußposition voraus; *oben* Moribana, *unten* Shoka

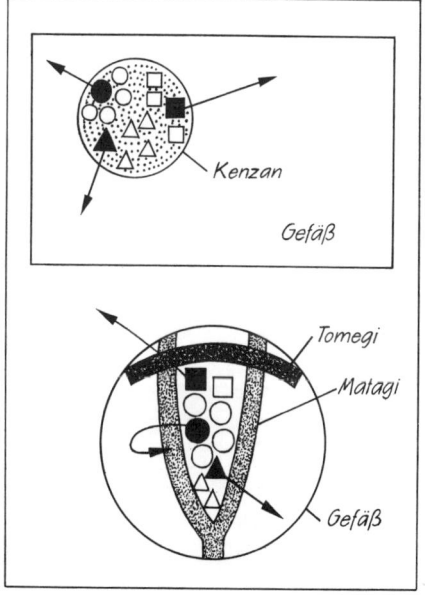

Stengel dicht nebeneinander in einem kreisförmigen Grundriß anzuordnen. Auf diese Weise entsteht der gemeinsame kompakte Fuß des Arrangements. Ebenfalls einen dicht geschlossenen, aber sehr schlanken und eleganten Fuß erzielt man beim Shoka, indem die F. der Elemente in einer Reihe hintereinander stehen. Der leichte und natürliche Eindruck des Moribana wird wesentlich durch die aufgelockerte Steckweise auf dem ↑ Kenzan erzielt.
Die richtige Wahl aller F. schafft die Voraussetzung für eine freie Entfaltung aller Linien, ohne daß sich Zweige in unbeabsichtigter Weise stören oder kreuzen.
Futakabu-ike: zweiteiliges Arrangement. Beide Teile können in einem oder

Elemente des Futakabu-ike-Rikka;
1 Shin, *2* Shoshin, *3* Do, *4* Mae-oki, *5* Soe, *6* Hikae, *7* Mikoshi, *8* Uke, *9* Nagashi.
In der unteren Darstellung (Aufsicht) stehen *2, 3* und *4* im Zentrum übereinander

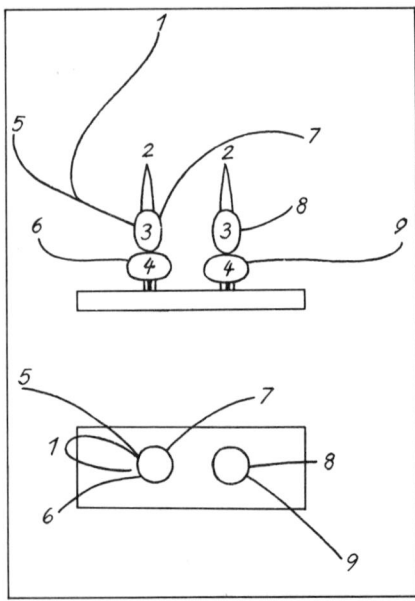

in verschiedenen Gefäßen angeordnet werden. Neben der Möglichkeit, beide Teile als komplette Anordnung zu gestalten, können auch einzelne Elemente herausgelöst und extra plaziert werden. Die zweiteilige Anordnung wird gern für Darstellungen des Wechselspiels von ↑ Yo Ⓐ und In angewandt (z.B. im ↑ Suriku-ike). F. kann als ↑ Moribana Futakabu-ike, als ↑ Shoka Futakabu-ike, als ↑ Futakabu-ike-Rikka und auch unter Verwendung von zwei ↑ Nageire gestaltet werden. Besonders interessant ist die Kombination von Moribana und Nageire in einem F. Der männliche Teil (↑ Okabu, ↑ Yo) wird einem Gefäß zugeordnet, der weibliche Teil (↑ Mekabu, ↑ In) dem anderen. Für alle F. gilt, daß Gefäß und Pflanzen in Form, Farbe und Material in eine gemeinsame Beziehung treten. Deshalb werden sehr gern aufeinander zuschwingende Linien gestaltet. Auch Anordnungen mit mehreren Gefäßen oder Fußpunkten sind möglich.
Futakabu-ike-Rikka: wie alle Futakabu-ike ein Arrangement, das aus zwei Teilarrangements besteht. Diese Form des Rikka gehört zum ↑ Suna-no-mono-Rikka und wird als solches in breiten und flachen Schalen angeordnet. Durch das Gestalten von zwei nebeneinander befindlichen Anordnungen erfolgt eine stärkere Betonung der Horizontalen als sonst im Rikka üblich, was vor allem durch das weit ausschwingende Element Nagashi deutlich wird. In der Grundform des F. sind im dominanten Teilarrangement die Elemente Shin, Shoshin, Do, Mae-oki, Soe, Hikae und Mikoshi und im untergeordneten Teilarrangement die Elemente Shoshin, Do, Mae-oki, Uke und Nagashi ausgeführt. Beziehungen zwischen Elementen, die in beiden Teilarrangements vorkommen, können durch die Verwendung von gleichem Material hergestellt werden. Die beiden Fußpunkte sollen voneinander und vom Rand des Gefäßes gleichweit entfernt sein.

Futakabu-ike – ein zweiteiliges
Moribana-Arrangement, das die
Stimmung an einem Teichufer einfängt
(Wasser- und Landteil)

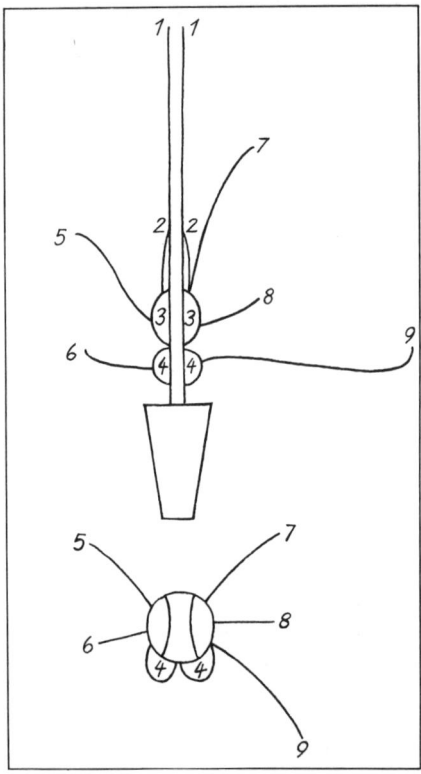

Elemente des Futatsu-shin-Rikka;
1 Shin, *2* Shoshin, *3* Do, *4* Mae-oki, *5* Soe,
6 Hikae, *7* Mikoshi, *8* Uke, *9* Nagashi.
In der unteren Darstellung (Aufsicht) stehen
1, 2, und *3* im Zentrum übereinander

Futakugata ↑ Gefäße
Futatsu-shin-Rikka, »*Rikka mit zwei Shin*«. Das F. gewinnt seine Lebendigkeit aus dem Gegensatz der nebeneinanderstehenden Materialien der beiden Shin. Diese werden deshalb als möglichst kontrastreiches Paar zusammengestellt (z. B. Bambus–Kiefer, Zierlauch–Prachtscharte).
Nicht nur Shin, der in dieser Form immer gerade nach oben strebt, sondern auch die anderen Elemente der senkrechten Mittelachse (↑ Shoshin, Do und Mae-oki)

sind geteilt und werden mit unterschiedlichen Materialien gestaltet. Das F. muß sehr schlank ausgeführt werden, um den Effekt der Betonung der Vertikale, der durch die Teilung von Shin erreicht wird, zu unterstreichen.

G

Ganryumimi: traditionelles Gefäß aus Bronze für ↑ Rikka.
Ge-Dan Nagashi ↑ Nagashi
Gedan-no-Rikka ↑ Noki-jin-Rikka
Gefäße: Gestaltungselement, das entscheidenden Einfluß auf die Gesamtwirkung eines Ikebana hat. Für die ersten Ikebana-Übungen sollte der Anfänger wenige schlichte G. in seiner ↑ Grundausstattung besitzen, mit denen die Gestaltung von ↑ Moribana und ↑ Nageire möglich ist. Später kommen weitere G. hinzu, die den verschiedenen Verwendungszwecken bestmöglich angepaßt sind.
Moribana wird in flachen Schalen aus Keramik, Holz, Glas oder Metall angeordnet. Für ↑ Moribana suitai können auch Pokale oder kelchförmige G. benutzt werden. ↑ Moribana Futakabu-ike werden entweder in sehr breiten Schalen oder in mehreren G. aus gleichem Material arrangiert. Die Randhöhe von Schalen für Moribana muß das Überdecken des Kenzan mit Wasser gewährleisten, sollte aber andererseits nicht den für Moribana wichtigen Blick auf die Wasserfläche verdecken.
Nageire ist in den unterschiedlichsten Vasen zu gestalten, deren Charakter jedoch mit den Blumen und Pflanzen übereinstimmen muß. Die Verwendung von Keramik-, Porzellan-, Bambus-, Holz-, Glas- oder Metallvasen ist möglich. Auch kleine geflochtene Körbe (Kero) mit wasserdichten Einsätzen können für Nageire-Arrangements benutzt werden. Für modernes ↑ Shoka ist ebenfalls die

Verwendung eines breiten Spektrums von G. möglich. Es reicht von sehr schlanken, vasen- oder pokalförmigen Behältnissen für die ↑ Shin-Form über etwas stärker die Horizontale betonende Pokale und Kelche für die ↑ Gyo-Form bis hin zu ausgesprochen breiten Pokalen, flachen Schalen und wannenförmigen Behältnissen für die ↑ So-Form. Für das G. eines modernen Shoka sind keine Materialvorschriften bindend. Zu beachten ist aber auch hier die Beziehung zu den Eigenschaften der Pflanzen.

Für traditionelles Shoka sind überlieferte Gestaltungsvorschriften zu beachten, die auch die Wahl des G. vorgeben. Arrangiert wird in verschiedenen Kupfer- oder Bronze-G. Dazu gehören Ichimonji, Shi-

Futatsu-shin-Rikka
(nach Ikenobo-gyoji no hana)

kainami, Sansui, Kaburo-gata und Ogen-cho

Für klassische Gestaltungen sind außerdem Behältnisse aus natürlichem Material, z. B. Zundo aus Holz oder Bambus, in Gebrauch. Bambus-G. werden auch in besonderen Formen hergestellt. Möglich sind ↑ Shishi-guchi, das sog. Löwenmaulgefäß, die Vase mit einem Fenster (↑ Ichiju-giri) und das zweietagige ↑ Niju-giri. Aus Holz oder Bambus sind auch die schifförmigen G. (↑ Fune) gefertigt. Besondere Bedeutung haben die mondförmigen G. (↑ Tsuki). Auch verschiedene Formen von Keramik-G. finden für klassisches Shoka Verwendung. Anordnungen, die in sandgefüllten G. aufgebaut werden (↑ Suna-no-mono), sind traditionell in Bronze- oder Kupferwannen (Sunabachi, Suiban) zu gestalten. Solche, die an der Wand aufzuhängen sind, was traditionell in der ↑ Tokonoma Ⓐ geschah, können im Suibachi (kleines Körbchen an einem senkrechten Brett) oder in einem ebenfalls an einem hängenden Brett befestigten Shichi-guchi ausgeführt werden.

Im klassischen ↑ Rikka, der ältesten Ikebana-Form, sind auch die G.formen vorgegeben. Bevorzugt werden Bronze-G.,

Beispiele für klassische Gefäße;
1 traditionelles schlankes Bronzegefäß,
2 Shikainami (Bronze), 3 Zundo (Bambus),
4 Ichimonji (Bronze), 5 Kaburogata (Bronze),
6 Ogencho (Bronze), 7 Niju-giri (Bambus),
8 »Hängendes Schiff« (↑ San-ga-no-Fune),
9 Tsuri-Tsuki (Bronze). 10 Suiban (Bronze)

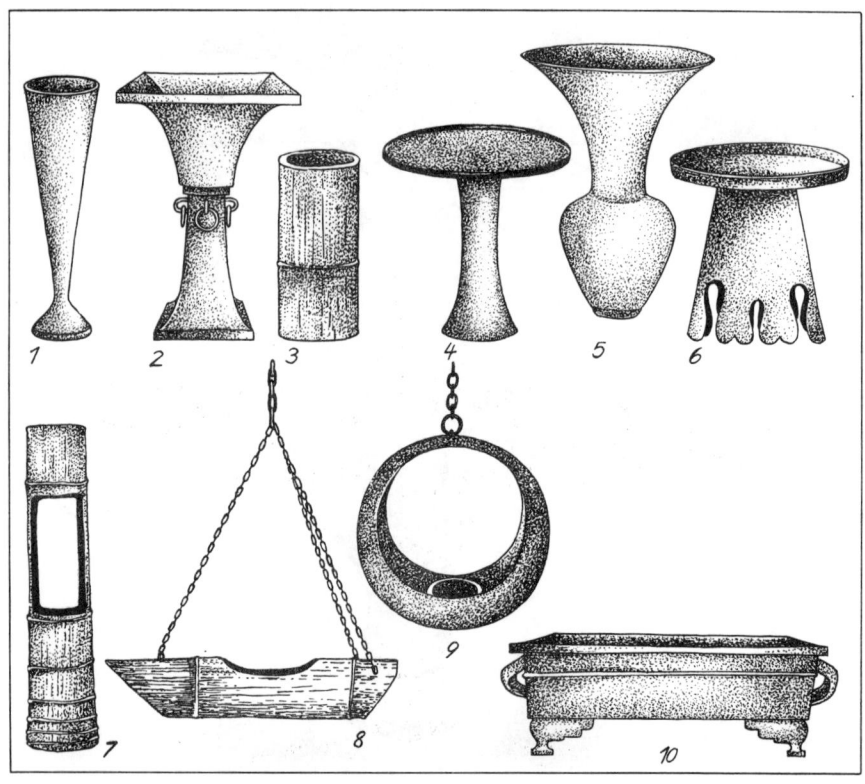

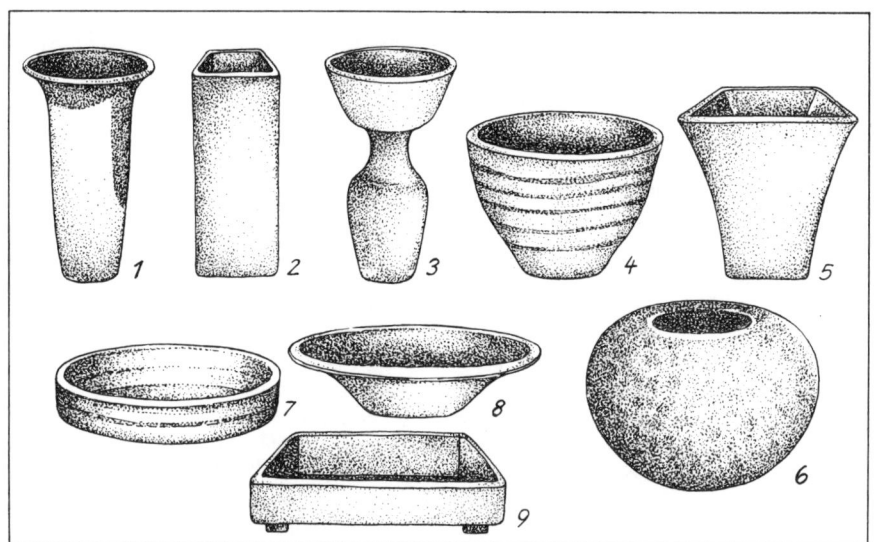

Beispiele für vorwiegend moderne Gefäße; *1–3* Shin-Form, *4–6* Gyo-Form, *7–9* So-Form

die je nach ihrer Form Eigennamen tragen. Üblich sind z.B. Ganryumimi, Marukanmimi, Futakugata, Kaburogata, Rikka Houou, Shonshiki und für die Suna-no-mono-Anordnungen verschiedene Sunabachi.
Je nach zu gestaltender Rikka-Form werden die breiten und flachen Sunabachi oder die schlanken und zum Teil fast vasenförmigen Bronze-G., die trotz der Schwere des Materials anmutig und elegant wirken, verwendet. Weniger streng erfolgt die Auswahl der G. für modernes Rikka. Bezüglich der Wahl des Materials gelten keine Einschränkungen, wobei jedoch Keramik bevorzugt wird. Der Vielfalt des ↑ Gendai-Rikka entspricht die Formenvielfalt der Behältnisse. So können flache Schalen, die den G. für Moribana ähnlich sind, für die Gestaltung der Suna-no-mono Verwendung finden. Breitere Vasen und Kelche sowie Schalen auf hohen Füßen werden für das ↑ Noki-jin

Rikka bevorzugt. Für ↑ Sugu-shin Rikka nimmt man schlanke G. Es ist jedoch auch möglich, einen Kontrast zwischen der die Senkrechte betonenden Sugu-shin-Form und einem etwas flacheren, die Horizontale betonendem G. aufzubauen.
Für ↑ Jiyu-ka unterliegen Form und Farbe des G. keinerlei Richtlinien. Die Wahl des Behältnisses richtet sich nur nach der gestalterischen Absicht. Bei der Wahl des passenden G. zu vorgegebenen Pflanzen und Blumen sind die Struktureigenschaften der verschiedenen Materialien zu beachten. Dabei ist es möglich, ↑ Harmonie anzustreben oder einen ↑ Kontrast zwischen gegensätzlichen Strukturen aufzubauen (↑ Tab. 2, geometrische Grundelemente)
Im Verlauf der ↑ Geschichte des Ikebana waren weitere Behältnisformen in Gebrauch, z.B. Opferkörbchen, die Gestaltung als »drei Dinge auf einem Tischchen« (↑ Geschichte des Ikebana) und die Verwendung von Blumenwagen für sehr große und auf Machtdemonstration ausgerichtete Anordnungen.
Gekreuzte Form: Form der ↑ Ohara-

Schule, bei der sich, was im Ikebana sonst nicht üblich ist, die Hauptzweige kreuzen können. Bei einer relativ geringen Breite und Tiefe der Anordnung werden die Linien in kreuzenden Schwüngen übereinander gelegt. Dabei muß jedoch eine symmetrische Kreis- bzw. Ovalform vermieden werden; asymmetrische Dynamik ist auch der G. F. eigen.

Gendai-Rikka: moderne Gestaltungsweise des ↑ Rikka, bei der eine freiere Wahl der Gefäße und auch die Verwendung von Pflanzen möglich ist, die nicht in Japan beheimatet sind. Es wird deshalb in Europa dem klassischen Rikka (↑ Koten-Rikka) vorzuziehen sein. G. ist als ↑ Sugu-shin-Rikka (Form mit geradem Shin), ↑ Noki-jin-Rikka (Form mit bewegtem Shin) oder ↑ Suna-no-mono-Rikka (Form in Sandwannen) möglich. Doch auch die eigentlich nur für klassisches Rikka festgelegten Formen wie ↑ Dozuka-Rikka (extrem niedrige und breite Form), ↑ Aioi-jin-Rikka und ↑ Futatsu-shin-Rikka (beides Formen mit zwei Shin-Elementen) werden heutzutage gern freier gestaltet.

Gendai-Shoka: moderne Form des Shoka. Die Ausführung erfolgt als ↑ Shoka Sanshu-ike.

geneigte Form: Gestaltungsweise, die dem leicht bewegten und sanft ausschwingenden Wachstum von Pflanzen Rechnung trägt (Neigung der Hauptachse 30 bis 90°). Arrangements mit geneigter Hauptlinie werden als ↑ Moribana shatai und ↑ Nageire shatai gestaltet. Auch die ausgebreitete Form der Sogetsu-Schule kann als g. F. betrachtet werden.

Geneigte Form – Ausdruck für das Erwachen der Naturkräfte im Frühjahr

Frühsommerliches Rikka mit Rhododendron als dominierender Pflanze in einer Ausstellung.
Arrangement Hiroko Kaneko

Klassisches Rikka im Bronzegefäß; *oben links* Shin, Soe, Shoshin · *rechts* Mikoshi, Uke · *unten links* Nagashi, Hikae, Do, Ushiro-gakoi · *rechts* Mae-oki, In- und Yo-dome sowie Ergänzungen an vorhandenen Elementen ergeben die vollständige Anordnung. Arrangement Hiroko Kaneko

Shin-Pu-Tai mit einem Lotosblatt als dominierendem Element. Arrangement Hiroko Kaneko

Klassisches Rikka im Bronzegefäß (Noki-jin-Rikka). Narzissen, Kamelienblüte, Japanische Aprikose und junge Kieferntriebe verdeutlichen das Überwinden der winterlichen Starre. Arrangement Hiroko Kaneko

Klassisches Rikka im Bronzegefäß (Noki-jin-Rikka). Vertrocknete Äste bringen in das Bild
des Frühsommers (Rhododendronblüten, grüne Ahornblätter) einen Hauch der Vergänglichkeit
(↑ Tafel 7). Arrangement Hiroko Kaneko

Jiyu-ka. Verfremdungseffekte durch Färben und Zerlegen der Pflanzen

Jiyu-ka; *oben links* Kombination radiären und parallelen Gestaltens · *oben rechts* Naturalistisches Jiyu-ka; Kombination konzentrierten und parallelen Gestaltens · *unten* strukturelles Designarrangement

Charakterarrangement „Brücke am Fluß"

geometrische Grundelemente. Die für Ikebana verwendeten Materialien, Pflanzenteile und Blumen sind Körper mit dreidimensionaler Ausdehnung. Aufgrund ihres arttypischen Wachstums wirken Pflanzen auf den Betrachter jedoch als Punkt, Linie, Fläche oder Körper. Im Prozeß der ↑ Komposition einer Blumenanordnung spielen neben weiteren zu berücksichtigenden Kompositionsprinzipien auch die wechselseitigen Beziehungen der Pflanzenteile als geometrische Elemente eine bedeutende Rolle.

Als *Punkt* wirken kreisrunde Blüten. Dabei kann durch andersfarbige Zungen- und Röhrenblüten bei Korbblütlern auch ein natürlicher Mittelpunkteffekt auftreten. Die Betonung eines Mittelpunktes in der Anordnung wird durch die radiäre Ausführung von ↑ Jiyu-ka erreicht. Ansonsten ist eine Mittelpunktanordnung im Ikebana nicht üblich. Von besonderer Bedeutung ist die punktförmige Betonung des Ursprungs aller „Wachstums"linien im sog. Wachstumspunkt. Er wird im Moribana technisch durch die Lage des Kenzan gekennzeichnet und kann durch geeignete Ausführung des Elementes Tai auch optisch betont werden. Ein attraktiver Blickfang wird durch die Gestaltung eines Schwerpunktes in einem Arrangement geschaffen. Er stellt im allgemeinen eine Konzentration von farblich und strukturell dominierenden Materialien dar, die im modernen Shoka als Do, im Rikka als Do und Shoshin sowie in der Kontrastform des Moribana arrangiert werden können.

Für die Gestaltung von Ikebana ist die absichtsvolle Verwendung geeigneter pflanzlicher *Linien* ein wichtiges Kriterium. Viel stärker als im Blumenbinden europäischer Art wird die Linienhaftigkeit des Materials in Haupt- und Nebenlinien der jeweiligen Formen des Ikebana umgesetzt. Eine Linie kann bereits durch ihre Lage im Raum eine psychische Wirkung auf den Betrachter ausüben. So

Kombination der geometrischen Grundelemente Linie und Punkt (kreisrunde Blüten); die Blumen sind als aufgelockerte Gruppierung angeordnet (Moribana shatai; Sanshuike)

wirkt eine waagerechte Linie (Schalenrand) immmer als Basis, auf der das weitere Arrangement aufbaut oder als in sich abgeschlossene Ebene.

Eine senkrechte Linie kann Lebenskraft, die Diagonale – je nach der Richtung der Schräglage – Zunahme, Optimismus, Freude oder Abnahme, Pessimismus und Leid ausdrücken. Für den Eindruck, den eine solche schräge Linie erweckt, ist vor allem der vom Gefäß am weitesten entfernte Endabschnitt verantwortlich. Sinkt er – vom Gefäß aus gesehen – ab, überwiegt die negative Tendenz, krümmt er sich hingegen aufwärts, wird eine positive Stimmung vermittelt.

Diese rein geometrischen Linien werden in ihrer Aussage durch die Eigenarten der natürlichen Wachstumsformen weiter differenziert. So kann die Senkrechte leicht ausschwingen oder aufstrebend mit Entfaltung sein. Die Diagonale wirkt besonders anmutig als abfließende Linie. Einen eigenen Charakter weisen sog. spielende und brüchige Linienführungen sowie allseitig gerichtete Linien auf. Aufgrund der spezifischen Eigen-

Tab. 1 Wachstumslinien und ihre Anwendung im Ikebana

Wachstum	Beispiele	Eigenschaften	Anwendung bevorzugt bei			
			Moribana	Nageire	Shoka	Rikka
aufstrebend	Königskerze, Lupine, Rittersporn, *Liatris*	kraftvoll in die Höhe strebend	als Shin im Moribana chokutai und Moribana shatai	als Shin im Nageire chokutai und Nageire shatai	alle Elemente in der Shin-Form des Shoka Isshu-ike; Shin und Soe der Shin-Form des Shoka Nishu-ike und Shoka Sanshu-ike	Shoshin und Shin des Sugushin-Rikka; Shoshin des Noki-jin Rikka
aufstrebend mit Entfaltung	Anthurie, Laucharten	dynamisch und kraftvoll aber nicht nur durch die Linie wirksam	als Tai	als Tai	als Do im Shoka-Sanshu-ike	Shoshin, Do, Mikoshi
ausschwingend	Tulpe, Nelke, Chrysantheme	sehr variabel im Wachstum; Skala von aufstrebend bis fast abfließend; Verwendung je nach individuellem Wuchs	Shin, Soe und Tai im Moribana chokutai und Moribana shatai, Tai (evtl. Soe) im Moribana suitai	Shin, Soe und Tai in Nageire chokutai und Nageire shatai, Tai (evtl. Soe) im Nageire suitai	alle Elemente in der Gyo-Form des Shoka Isshu-ike; Tai der Shin-, Gyo- und So-Form des Shoka Nishu-ike und Shoka Sanshu-ike, Do des Shoka Sanshu-ike	alle Elemente möglich
brüchig	alle mehrfach geschnittenen bzw. gebrochenen Zweige	ständiger Wechsel der Wachstumsrichtung, natürlich	Shin und Soe	alle Elemente	alle Elemente möglich	Shin, Soe, Nagashi
spielend	Weide, Geißblatt, Wein	bizarre, aber trotzdem leichte und anmutige Linien	Shin und Soe	Shin und Soe	in Gyo- und So-Form	individuell als geeignetes Element

Wachs-tum	Beispiele	Eigen-schaften	Anwendung bevorzugt bei			
			Moribana	Nageire	Shoka	Rikka
abflie-ßend \	Efeu, hän-gende Zweige von Spier-strauch, For-sythie u. ä.	passives und z. T. pessimisti-sches Ele-ment	Shin und evtl. Soe des Mori-bana sui-tai	Shin und evtl. Soe des Nage-ire suitai	So-Form des Shoka	Nagashi
allsei-tig |//_	Drachen-lilie, Ananasge-wächse	sehr raum-greifende Wuchsform, fast aus-schließlich für Jiyu-ka				
punkt-förmige Elemente ●	kreisrunde Blüten	Wirken als Farbtupfer bzw. bei größerem Durchmesser als Fläche	Tai	Tai	Tai des Shoka-Nishu-ike und Sanshu-ike, Tai und Do des Shoka	Shoshin und Do

schaften sind bestimmte Wachstums-formen für verschiedene Elemente der Ikebana-Anordnung besonders geeignet (Tab. 1), ohne daß sie sich jedoch darauf beschränken.

Flächen sind zweidimensional und entfal-ten ihre Wirkung im Ikebana durch drei Komponenten: ihre Form, ihre Farbe und ihre Oberflächenstruktur. Einerseits kön-nen pflanzliche Objekte bereits selbst flä-chig wirken, z. B. große Blätter von *Dief-fenbachia*- oder Gummibaumarten sowie große Dahlienblüten, Sonnenblumen und *Clematis*-Blüten, andererseits ist es möglich, durch ↑ Gruppierung mehr oder weniger geschlossen wirkende Flächen aus Einzelobjekten (Blättern, Blüten) zu-sammenzusetzen.

Von besonderer Bedeutung für den Cha-rakter einer Fläche ist der *Winkel* in der je-weils optisch bestimmenden Ecke der Fläche. Ein spitzer Winkel wirkt aktiv und spannungsvoll, der rechte Winkel vermit-telt ruhige und ausgeglichene Stimmun-gen, während der stumpfe Winkel aus-druckslos und passiv wirkt. Diese Bezie-hungen sind auch für die Winkel der Ele-mente untereinander bei Moribana und Nageire zu beachten. In diesem Fall stellt der freie Bereich zwischen den Elemen-ten die umschlossene Fläche dar. Beson-dere Dynamik vermitteln die aufrechten und weniger geneigten Formen deshalb, weil die Linien der Elemente spitze Win-kel bilden. Die Oberflächenstruktur der Flächen ist vor allem dort zu berücksichti-gen, wo diese auch zur Wirkung kommt. Das sind bei den vor allen linienhaft ge-stalteten Ikebana-Anordnungen die be-reits als Schwerpunkte ausgewiesenen Elemente. Besondere Beachtung wird der Oberflächenstruktur bei der Gestal-tung von ↑ Jiyu-ka gewidmet. Sie kann hier das tragende Moment des gesamten Arrangements sein. Den verschiedenen Blüten und Blättern werden bestimmte Materialeigenschaften bezüglich ihres optischen Eindruckes zuerkannt (Tab. 2.)

Die Kombination der verschiedenen Pflanzen führt so zur Ausbildung von ↑ Harmonien und ↑ Kontrasten. Auch mit dem ↑ Gefäß stellt sich eine Beziehung ein. Für Ikebana-Gefäße wird allerdings eine Zuordnung von Gefäßmaterialien zu bestimmten Oberflächenstrukturen der Blüten nicht in der Art vorgeschlagen, wie das für das Blumenbinden europäischer Art gilt.

Als dreidimensionaler Körper wirken besonders kugelige und kreisförmige Pflanzen bzw. Blüten. Sehr plastisch erscheinen deshalb Lauchblüten (*Allium*), erblühte Pfingstrosen, Hortensien und einige Korbblütler. Sie lassen sich gut zu Gruppen zusammenfassen, können aber auch zentrale Funktionen (Mittelpunkt, Schwerpunkt) in einer Anordnung, z. B. im Jiyu-ka, übernehmen.

Von größerer Bedeutung ist die körperliche und räumliche Wirkung des Gesamt-arrangements. Da Zeichnungen und ↑ Fotografien infolge ihrer Zweidimensionalität sehr oft die Tiefenwirkung fehlt, ist es unerläßlich, beim Arrangieren nach Buchvorlagen die Ausführung anhand von Rißdarstellungen auf ihre Gestaltung auch in der dritten Dimension zu überprüfen. Die Anordnungen sind als Körper vor einer Fläche (↑ Gesamtwirkung eines Ikebana) zur Geltung zu bringen. Dieser Kontrast verleiht ihnen eine starke Ausstrahlungskraft.

Gesamtwirkung eines Ikebana. Die Gesamtwirkung eines Ikebana-Arrangements wird durch viele Faktoren beeinflußt, die sowohl in der Blumenanordnung selbst als auch in ihrer Beziehung zur Umgebung liegen. Die wichtigsten Gestaltungselemente der Arrangements sind durch Blüten und Pflanzen und die verwendeten Gefäße gegeben; sie wirken im Rahmen der ↑ Komposition zusammen. Auch die verschiedenen ↑ Kombinationen der Pflanzen beeinflussen den Gesamteindruck und die Aussage des Ikebana. In diesem Zusammenhang ist es wichtig, die ↑ Symbolik der Blumen zu beachten. Die durch Pflanzen und Gefäß geschaffene Stimmung wird durch vielerlei Ergänzungen ausgeprägt. Wichtig sind dabei die Verwendung von Steinen, Moos und die aktive Rolle der freien Wasserfläche im Behältnis. Alle Gestaltungselemente treten miteinander in Beziehung und wirken gemeinsam auf den Betrachter. Die Beziehungen der einzelnen Gestaltungselemente untereinander sind durch ↑ Kontraste und ↑ Harmonien gekennzeichnet. Die farbliche Abstimmung aller Teile läßt sich durch die ↑ Farbenlehre beschreiben. Die G. e. I. wird außerdem durch seine Umgebung beeinflußt. So kann die Verwendung von geeigneten Untersetzern (↑ Kadai) und kleinen Holztischchen die Schönheit einer Anordnung unterstreichen. Auch die Wahl des geeigneten Platzes für ein Ikebana ist bedeutsam.

Tab. 2 Kombination gleicher Strukturen von Pflanzen und Gefäßen (verändert nach Gallus)

Struktur	Gefäße	Pflanzen
porzellan-artig	Porzellan, Glas	Alpenveilchen, Orchideen, Kalla
gläsern	Glas	Freesien, Iris, Rosen
metallisch	Metall, Porzellan, glasierte Keramik	Anthurien
samtig	stumpfe Keramik, Metall, Bambus	einige Rosen, Usambara-veilchen
seidig	Glas, Porzellan, glasierte Keramik	*Cattleya* u. a. Orchideen
rustikal	unglasierte Keramik, Holz, Korbgeflecht, Bambus	Sonnenblume, Kiefer, Gräser

Traditionell wurden die fertigen Arrangements ausschließlich in der ↑ Tokonoma Ⓐ aufgestellt, die auch heute noch ein idealer Ort für Blumenanordnungen ist. In unserer Zeit finden jedoch anspruchsvolle Arrangements ihren Platz ebenso in Wohn- und Geschäftsräumen sowie in öffentlichen Gesellschaftsbauten. Für die Aufstellung von Ikebana in Wohnräumen kann man sich in Anlehnung an eine Ehrennische einen geeigneten Platz leicht selbst schaffen. Doch auch auf kleinen Tischchen, niedrigen Schränkchen, in Regalen oder an einer Wand (↑ Tsuribana, ↑ Kakebana) sind Blumen gut aufgehoben. Wichtig ist dabei nur, daß Ikebana-Anordnungen von vorn zu betrachten sind. Sie sollten also in einer Nische oder Ecke, zumindest aber vor einer Wand stehen. Der Hintergrund ist ruhig und hell zu wählen.

Geschichte des Ikebana. Die Wurzeln des Ikebana reichen weit in die Geschichte Japans zurück und sind auf das engste mit der buddhistischen Tradition verknüpft.

Der Buddhismus forderte unter anderem Zeremonien des Blumenopfers zu Ehren Buddhas, die von den Priestern in den Tempeln zelebriert wurden. Eine besondere Bedeutung hatte in diesem Zusammenhang die Verwendung des Lotos als Symbol für die Reinheit und für den Buddha selbst. Der Lotos wurde anfänglich ohne künstlerische Ordnung oder unter Bildung eines Dreiecks aufrecht in hohe Vasen eingestellt. Eine andere Form der Anordnung war in Opferkörbchen (Kero) oder flachen Schalen möglich. Die allgemeine Erscheinung der Übernahme buddhistischen Gedankengutes wird an eine Symbolgestalt geknüpft. Ono no Imoko, der als Kulturgesandter des Kronprinzen Shotoku im Jahr 607 zum Studium der Tempel- und Gartengestaltung in China weilte, wird eng mit der Einführung des Blumenopfers (bukka; kuge) verbunden. Die Begrün-

derfamilie der Ikenobo-Blumenschule führt ihre Herkunft auf ihn zurück.

Im 12. Jh. fand das Blumenarrangement neben der Gestaltung im Tempel seinen Platz auch in den Palästen. Die Anordnung erfolgte meist kombiniert. Ein Blumenarrangement, ein Lichthalter und ein Räuchergefäß mit Weihrauchdose und Feuergerät wurden miteinander in Beziehung gebracht. Diese »Drei Dinge auf einem Tischchen« (Mitsugusoku) finden sich auch in der ältesten nachweisbaren Arrangiervorschrift „Kadensho" (1131) von Mon Ami. Dem aufrechten Mittelzweig des Arrangements wird bereits zu diesem Zeitpunkt der Symbolgehalt »Wahrheit« zugeordnet.

Im 15. und 16. Jh. bildete sich auch die erste feste Form des Ikebana, das ↑ Rikka (auch Tatebana »stehende Blumen, aufgebaute Blumenpracht«) heraus. Es wurde von Priestern, Angehörigen des Hofes, Adligen und Samurais ausgeübt. Durch Veränderungen des Baustils (↑ Shoin-zukuri-Stil Ⓐ) wird dem Blumenarrangement eine Ehrennische (↑ Tokonoma Ⓐ) eingeräumt. Neben der religiösen Bedeutung der Blumenanordnungen entwickelte sich das Ikebana zunehmend auch zu einer „weltlichen" Kunst. Die ersten Ikebana-Schulen entstanden vorerst an den Höfen, besonders die Ikenobo-Schule erlangte große Bedeutung. 1479 erhielt sie durch den Shogun Ashikaga Yoshimase den Ehrentitel „Dai Nippon Kado no Temoto" (Schöpfer und Leiter des japanischen Blumenweges) verliehen. Das älteste Rikka-Lehrbuch „Sendensho" stammt aus dem Jahr 1445. Neben der aufrechten, etwas strengen Form des Rikka beginnen sich geneigte und breitere Formen zu entwickeln, die der Bewegung von Mensch und Natur Ausdruck verleihen sollen. Das ↑ Suna-no-mono-Rikka, eine Anordnung der pflanzlichen Elemente in sandgefüllten Holz- oder Bronzewannen, symbolisiert Landschaften und wird zum Ausdruck der Harmonie in der Natur. Nach wie vor beherrscht die »Wahrheit« (Shin) das Arrangement, das nun schon aus sieben oder neun Elementen besteht. Sie haben – jedes für sich genommen – alle ihren eigenen Symbolgehalt. In der *Momoyama-Periode* (1573–1615) kam es unter der Herrschaft von Hideyoshi, einem Kunstgönner, zu hoher Prunkentfaltung. Riesige Rikka-Arrangements mit komplizierter Struktur wurden von den Blumenkünstlern für Wettbewerbe und Ausstellungen geschaffen. Der religiöse Aspekt war völlig zugunsten der Demonstration von Reichtum verdrängt worden. Als Gegenbewegung zu dieser Prunkentfaltung entwickelte sich seit dem 15. Jh. auf der geistigen Basis des Zen-Buddhismus eine betonte Schlichtheit. Das ursprüngliche Zeremoniell des gemeinsamen Teetrinkens der Mönche erhielt mit der Herausbildung der ↑ Teezeremonie Ⓐeinen eigenen Platz, das aus erlesenem Material in schlichter Form erbaute Teehaus. Dementsprechend wurden auch einfache Geräte und ein „einfaches" Blumenarrangement verwendet. Diese Blumenanordnungen, ↑ Chabana genannt, wurden vor allem von Adligen und Intellektuellen ausgeführt. Die Chabana-Arrangements sollten einerseits Ausdruck für die Natur und ihre Wandlungen in den Jahreszeiten sein, andererseits die Atmosphäre zwischen den Menschen im Teehaus verbessern. So ist es kein Zufall, daß eine Linie den Gast, die andere den Gastgeber symbolisiert. *Im 17. Jh.* entwickelten sich neben dem Rikka, das immer noch in hoher Blüte stand, aus dem Chabana heraus die Seika- (↑ Shoka) und die ↑ Nageire-Form. Das Seika gilt, wie vorher das Chabana, als einfache und schlichte Alternative zum komplizierten Rikka. Es entstand aus den Bedürfnissen großer Bevölkerungskreise, die nicht die Möglichkeit hatten, sich die komplizierten Regeln des Rikka anzueignen. Dementsprechend wurden viele Lehrbücher für das Seika verfaßt. Es bestand aus zwei bis drei Linien, die oft in einer einfachen Vase locker angeordnet wurden.

Neben diesen sog. Sashibana wurden auch hängende Arrangements (↑ Tsuribana), z. B. in Mond- und Schiffgefäßen, angefertigt. Die gesamte Anordnung wurde mehr und mehr von einem tiefen Symbolgehalt durchdrungen. Die einzelnen Pflanzen erhielten bestimmte Bedeutungen (↑ Symbolik der Blumen) und auch die Gefäße in Schiff- und Mondform für das Tsuribana wurden bewußt als Aussagemittel eingesetzt.

Das Nageirebana, eine Vorläuferform des heutigen Nageire, war die durch einfache und schlichte Gestaltung am stärksten mit der Natur verbundene Form. Besonders von Adligen und Intellektuellen ausgeübt, verlieh es ihrer Suche nach Einfachheit und Natürlichkeit Ausdruck. Zwei oder auch drei klare Linien wurden in lockerer Anordnung in schlichten Gefäßen gestaltet.

Im 18. Jh. begann für das Rikka eine streng formelle Phase. Die Ausübenden, reiche Bürger, Adlige und Priester, wollten sich durch das Bewältigen schwieriger und komplizierter Anordnungen, die genau den überkommenen Regeln entsprechen sollten, in ihrer geistigen Disziplin schulen. Dabei wurde absolute technische Perfektion angestrebt. Zur weiteren Komplizierung wurden bizarre Pflanzenformen bevorzugt. Die Anordnung erfolgte in neun Hauptlinien.

Um diese Zeit erreichte auch das Shoka seine Blütezeit, die sich noch bis ins 19. Jh. fortsetzte. Die Schriften von Ikenobo Senjo (1808, 1820) bilden noch heute die Basis des klassischen Shoka. Diese Stilform wurde besonders durch Intellektuelle und Bürger getragen. Die Anordnung bestand nunmehr aus drei Linien, die aus einem gemeinsamen Fuß in strenger Ordnung aufsteigen. Die Benennung (Symbolgehalt) der einzelnen Elemente ist von Schule zu Schule recht unterschiedlich. So kann das beherrschende Element (Shin) beispielsweise den zur Erkenntnis (Erleuchtung) gelangten Menschen, den Himmel, das Positive oder auch den japanischen Kaiser symbolisieren. Immer aber stellen die drei Elemente die Beziehung zwischen dem Menschen und seiner Umwelt, vor allem der Natur, dar. Als Alternativformen zu den mehr und mehr in Erstarrung geratenen Rikka und Shoka wurde das ↑Bunjin-bana, eine leichte und lockere Form, die besonders Intellektuelle pflegten, und das Nageirebana ausgeübt.

Mitsugusoku (nach Ikenobo-gyoji no hana)

Im 19. Jh. gewann mit der Öffnung der japanischen Häfen im Jahre 1854 nach jahrhundertelanger Isolation die europäische und amerikanische Kultur schnell an Einfluß auf das Leben in Japan. Als Gegenreaktion begann das Ikebana neben vielen anderen überkommenen Werten, die bewußt gepflegt werden, eine Rolle der Besinnung auf die eigene Kraft und kulturelle Traditionen zu spielen. So wurde nicht zufällig im Jahr 1888 Ikebana als Schulfach für Mädchen eingeführt. Rikka und Shoka wurden im Rahmen ihrer festgefügten Regeln weiter betrieben. Durch Ikenobo Senjo wurden 1820 die noch heute gültigen Regeln für das Shoka festgeschrieben.

Mit dem Nageirebana, immer noch in einfachem, meist dreiteiligem Aufbau, wird

bewußt auf Natürlichkeit hingearbeitet. Das Schlichte hat den Vorzug. Gegen Ende des 19. Jh. begann sich aus dem Suna-no-mono-Arrangement des Rikka eine weitere Stilrichtung, die auf Natürlichkeit hinarbeitet, zu entwickeln, das ↑ Moribana. Die Schöpfung dieser Form ist mit dem Namen des Begründers der ↑ Ohara-Schule, Unshin Ohara, verbunden. Ebenso wie beim Nageire wurden drei Hauptlinien (erstmals auch ausländische Blumen!) zu einem ungleichseitigen Dreieck in flachen Schalen arrangiert. Im Sinne der „Natürlichkeit" ist es Ziel, eine winzige stilisierte Landschaft in den Raum zu holen. Die Symbolik von Freiheit und Weltoffenheit leitet sich daraus zwangsläufig ab. Der Symbolgehalt der einzelnen Elemente ist heute von Schule zu Schule unterschiedlich. Das Hauptelement, auch im Moribana mit Shin bezeichnet, kann Himmel oder Mensch bedeuten. Eine neue technische Erfindung, der ↑ Kenzan, ermöglichte die schnelle und einfache Gestaltung der Moribana-Arrangements. Er trug wesentlich zur Verbreitung dieser Stilform bei und bildete die Grundlage für weitere Entwicklungen des Ikebana.

Das 20. Jh. ist durch eine weitgehende Popularisierung des Ikebana, zunächst in der japanischen Bevölkerung und ab 1945 zunehmend in der ganzen Welt, gekennzeichnet. Doch bereits in den zwanziger und frühen dreißiger Jahren unseres Jahrhunderts war ein starker Einfluß auf die europäische Blumenbindekunst zu verzeichnen. Andererseits wurden und werden internationale Kultur- und Kunsteinflüsse zunehmend im japanischen Ikebana wirksam, nicht zuletzt durch die breitere Verwendung außerjapanischer Pflanzen. Die historisch älteren Formen des Ikebana (Rikka und Shoka) erfuhren eine neue Belebung, zu der unter anderem das ↑ Shin-Pu-Tai beitrug. Diese Form wurde in vollendeter Ausbildung durch Ikenobo Sen'ei 1977 vorge-

stellt. Sie ist in ihrer Gestalt dem Shoka in seiner klassischen Form ähnlich, leitet aber ihren gedanklichen Inhalt aus der Gegenüberstellung von Gast und Gastgeber (Nageirebana) her.

Das Rikka wird einerseits mit traditionellen Materialien und Gefäßen streng nach den überkommenen Regeln zur Erlangung technischer Perfektion und hoher Konzentration als klassisches Rikka ausgeführt, erfährt aber andererseits auch eine freiere Entwicklung im modernen und Kreativen Rikka. Dementsprechend wurde 1958 das Regelwerk neu geordnet. Das moderne Rikka gestattet eine freiere Pflanzenkombination bei vereinfachten Gestaltungsregeln. Im modernen Rikka darf der Kenzan verwendet werden. Das Kreative Rikka erlaubt den freien Einsatz von Form (Bedingung: aus einem Fuß aufsteigend) und Pflanzen, auch nichtflorales Material kann weitgehend verwendet werden. Damit entsteht ein fließender Übergang zu anderen Strömungen der bildenden Kunst (z. B. Malerei, Bildhauerei). Dieser Stil wird besonders dann gewählt, wenn eine individuelle Aussage zu einem bestimmten Thema angestrebt wird. Große Rikka-Arrangements werden dekorativ in öffentlichen Gebäuden eingesetzt, während kleinere Gestaltungen das Heim schmücken. Auch im Shoka tritt neben die Bewahrung der klassischen Formen in schlichter, aber etwas strenger Gestaltungsweise das moderne Shoka. Das Gendai-Shoka (modernes Shoka) wurde im Jahre 1954 geregelt. Während das Gestalten selbst den Künstler auch heute noch zu Harmonie und tiefer innerer Ruhe führen soll, wird besonders in moderner Zeit der Gestaltung bestimmter Themen breiter Raum gegeben. Wie beim modernen und Kreativen Rikka kann auch im modernen Shoka ein Titel die Thematik des Arrangements verdeutlichen. Das moderne Shoka gestattet die Verwendung nichtjapanischer Pflanzen und nichtfloralen Materials. Die meist bewegte Form wird in beliebigen Gefäßen arrangiert.

Das 20. Jh. ist die eigentliche Blütezeit von Nageire und Moribana. Das Nageire orientiert nach wie vor auf eine natürliche Wirkung der Pflanzen im Arrangement. Nichtflorale Elemente sind demgemäß sehr selten anzutreffen. Die Anordnung, die aus drei Hauptelementen besteht, kann in Vasen aus verschiedensten Materialien gestaltet werden. Auch das alte Chabana, aus dem das Nageire einst hervorgegangen ist, findet heute wieder seine Anhänger; Moribana, das mit Hilfe des Kenzan technisch relativ leicht zu bewältigen ist, fand eine weite Verbreitung in Japan und der ganzen Welt. Es gestattet die Gestaltung von anspruchsvollen Arrangements in verhältnismäßig kurzer Zeit und kommt damit der Schnellebigkeit unserer Epoche entgegen. Das Moribana kann der Freude über die Natur (jahreszeitlicher Wandel!) oder einem bestimmten Thema Ausdruck verleihen. Auch rein dekorative Absichten können im Vordergrund stehen. Aus dem Moribana in seiner ursprünglichen Form entwickelten sich einige spezielle Gestaltungsweisen.

Das ↑ Moribana shimentai ist ein Tischarrangement und kann im Gegensatz zu Rikka, Shoka, Nageire und „normalem" Moribana von allen Seiten betrachtet werden. Seine Höhenrelationen sind so abgestimmt, daß es den Kontakt der Gäste zueinander nicht stört. Die Anordnung von Früchten, als Morimono bezeichnet, folgt ästhetischen Prinzipien. Der Freie Stil (↑ Jiyu-ka) und das sog. Avantgard-Ikebana (↑ Zenei-bana), nehmen Prinzipien der außerjapanischen Kunst auf. Auch Tendenzen der ↑ Floristik, des ↑ floralen Design und des ↑ Contemporary-Ikebana entfalten sich. Neben der Verwendung von Pflanzen kommen Materialien aller Art (Holz, Metall, Plaste u. a.) zum Einsatz. Auch Gestaltungen ohne Gefäße, beispielsweise auf interessant geformten Wurzelstücken, werden möglich. Diese Stilrichtungen geben zum Teil das Streben nach Natürlichkeit auf; die Gestaltung einer Aussage oder die rein dekorative Wirkung treten in den Vordergrund. Der Übergang zur abstrakten Skulptur ist fließend. Im 20. Jh. ist das Ikebana so vielfältig entwickelt, daß zu jedem Anlaß und unter allen räumlichen Bedingungen eine den Stimmungen und Gefühlen des Gestalters entsprechende Anordnung ausgeführt werden kann.

Gestaltung: die Darstellung eines Inhalts, einer Idee oder einer Aussage in einer durch die Ästhetik begründeten Form.

Gestaltungselemente   ↑ Gesamtwirkung eines Ikebana

Gesteck: Kurzbezeichnung für Steckarbeiten. Zur Unterscheidung sollten beide Begriffe nur im Blumenbinden europäischer Art verwendet werden. Im Ikebana wird meist mit dem Begriff Arrangement gearbeitet.

Goldener Schnitt ↑ Proportion

Grundausstattung. Zur Ausführung einfacher Ikebana-Anordnungen sind nur wenige materielle Mittel notwendig. Die G. orientiert sich an der Gestaltung von Moribana und Nageire. Diese Formen des Ikebana sollte man als erste üben. Für Moribana wird als Gefäß eine flache Schale in schlichter Form und unauffälligen Farben (schwarz, grau, braun, dunkelbraun, dunkelgrün oder weiß) verwendet. Solche Behältnisse haben keinen „eigenen Charakter" und ordnen sich willig der Aussage von Blüten und Zweigen unter, was die Ausführung der Gesamtanordnung wesentlich vereinfacht. Unbedingt benötigt wird auch eine geeignete ↑ Steckbasis. Das sollte vorzugsweise ein ↑ Kenzan sein, doch auch die Verwendung von ↑ Blumensteckmasse ist als Ersatz möglich. Da man nicht mit großen und komplizierten Ästen beginnt, sind als Schneidwerkzeuge vorerst eine

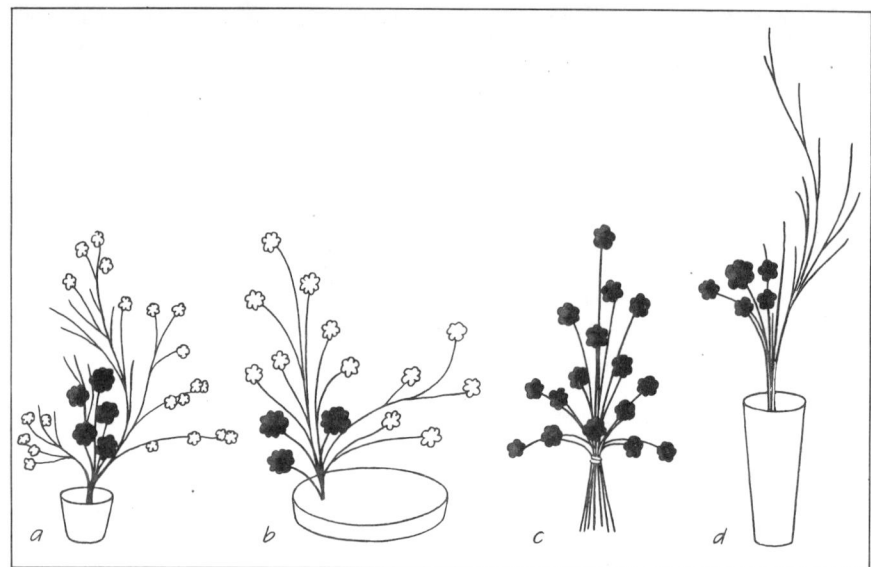

Möglichkeiten einer Gruppierung floraler Elemente; *a)* geschlossene Gruppe, *b)* aufgelockerte Gruppe, *c)* symmetrische Gruppierung, *d)* asymmetrische Gruppierung

Garten- oder Rosenschere sowie ein scharfes Messer ausreichend. Etwas Bindematerial (Faden) und ein mit Wasser gefülltes Gefäß zum ↑ Schneiden der Stiele vervollständigen die G.

Möchte man statt einer Moribana-Form ein Nageire gestalten, benötigt man eine einfache Vase. Das für die Farbwahl der Moribana-Schale gesagte, trifft auch für die Vasen zu. Als Befestigungstechnik (↑ Hana-dome) wird für Nageire im allgemeinen der ↑ Kubari gewählt. Alle Werkzeuge und Materialien werden griffbereit am ↑ Arbeitsplatz angeordnet.

Gruppierung: ein Bestandteil der ↑ Komposition; er gibt an, wie verschiedene Einzelteile zu einer Gruppe zusammengefaßt werden. Die Wirkung der in die Gruppe eingegangenen Einzelformen verliert dabei gegenüber der Gesamtwirkung des Gruppenbildes an Be-

deutung. Innerhalb der entstandenen Gruppe lassen sich einzelne größere Abschnitte abgrenzen, die das Gruppenbild prägen; sie werden als *Motiv* bezeichnet. Nach ihrer Bedeutung im Arrangement sind Haupt- und Nebenmotive zu unterscheiden.

Bekannt sind die geschlossene Gruppe (Abb. a), die aufgelockerte Gruppe (b), die symmetrische G. (c) und die asymmetrische G. (d). Für die Gestaltung von Ikebana-Arbeiten sind die aufgelockerte Gruppe und die asymmetrische G. charakteristisch. Sie entsprechen den Grundforderungen nach ↑ Schlichtheit ⒶÒ und ↑ Asymmetrie Ⓐ im Ikebana. Die aufgelockerte Gruppe macht die Wirkung von Einzelformen innerhalb der Gesamtanordnung und im Wechselspiel mit ihr möglich. Interessante Linien werden deutlich und gehen nicht in einer in sich geschlossenen Farb- bzw. Strukturfläche unter. Lediglich einzelne Elemente eines Ikebana, z. B. ↑ Do und Mae-oki im Rikka, können als geschlossene Gruppe gestaltet werden, sind dann aber als Motiv in die insgesamt aufgelockerte Anordnung eingebunden. Unabhängig von der Asymmetrie innerhalb der Arrangements wird die asymmetrische G. bei allen ↑Futakabu-ike angewandt, sie macht deren Wesen aus. Im Ikebana können im allgemeinen die Elemente als Motive empfunden werden. Dabei ist durchaus nicht immer das optisch wirksamste Element auch das Hauptmotiv. So ist beispielsweise der farbliche Schwerpunkt eines als ↑Nishu-ike ausgeführten Shoka meist das Element Tai. Der Charakter des Arrangements wird aber viel stärker durch die ausgewählte Linienführung von Shin beeinflußt. In diesem Beispiel wäre Shin als Hauptmotiv zu bezeichnen. Es erhält Unterstützung durch das Nebenmotiv Soe. Beide werden in ihrer Eigenart durch das zweite Nebenmotiv Tai bzw. den Kontrast, der sich zwischen Shin und Soe einerseits und Tai andererseits einstellt, charakterisiert.

Trotz des möglichen Kontrastes der Einzelformen (Elemente) untereinander ist die Harmonie im Arrangement anzustreben (Ausnahme: gewünschte Disharmonie). Die bewußte Berücksichtigung der Wirkung von G. und Motiven ist dafür Voraussetzung.

Gyakugatte: im Shoka und Rikka übliche Bezeichnung für ein Arrangement, das von links beleuchtet wird. In diesem Fall wird das Element Soe nach rechts angeordnet. G. leitet sich aus der besonderen Bauform der ↑Tokonoma Ⓐ ab, die im allgemeinen durch ein kleines seitliches Fenster erhellt wird.

Bei Beleuchtung von rechts spricht man von Hongatte. Die dem hellen Teil der Tokonoma zugekehrte Seite wird als Yo-Seite (↑Yo) bezeichnet, die abgewandte als In-Seite.

Gyo-Form: leicht bewegte und mäßig breite Form des Ikebana (Ausnahme ↑Sho-chiku-bai). Die Ausführung erfolgt als ↑Shoka (Abb.) oder ↑Keshiki-ike.

Gyodo-ike, »*Fischweg-Arrangement*«: eine Art des ↑Shoka Futakabu-ike. Es

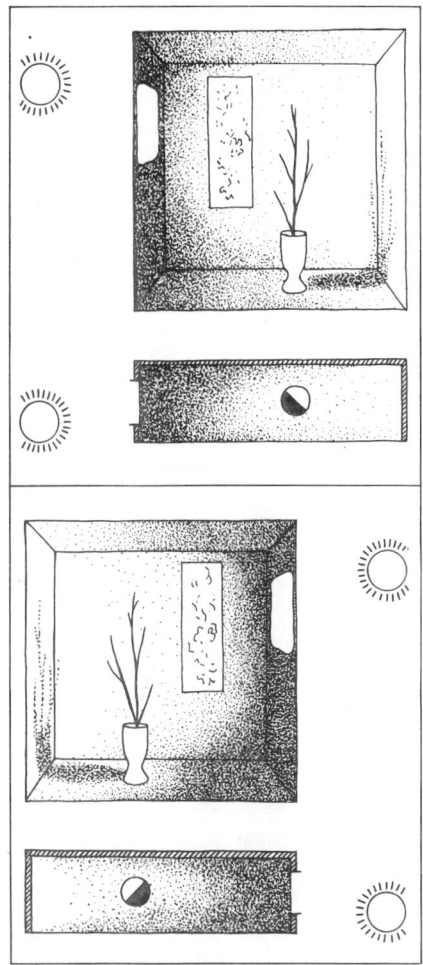

oben Gyakugatte-Arrangement in einer Gyakugatte-Tokonoma; Soe auf der Yo-Seite (hier nach rechts hinten); *unten* Hongatte-Arrangement in einer Hongatte-Tokonoma; Soe auf der Yo-Seite (hier nach links hinten);

 Arrangement,

Lichtquelle außerhalb (zur beschienenen Seite: Yo, zur Schattenseite: In)

besteht aus zwei Anordnungen (↑Okabu mit Shin und Soe sowie ↑Mekabu mit Tai), die in eine Schale gestellt werden. In beiden Teilen, die durch diagonale Anordnung im Gefäß der Räumlichkeit einer Wasserlandschaft Ausdruck verleihen, werden ausschließlich Wasser- und Uferpflanzen verwendet. Die sinnvolle Einteilung der freien Wasserfläche im Gefäß ist ein wichtiger Faktor für dieses Arrangement.

Das Viereck des Gefäßes wird zuerst in drei gleiche Teile eingeteilt. Sowohl Okabu als auch Mekabu werden im mittleren Drittel auf den Diagonalen plaziert, wobei sich Okabu jeweils in der vom Betrachter entfernteren Position befindet (das gilt analog für runde Gefäße). Rudimentäre Hilfszweige (↑ Za) übernehmen jeweils die Funktion der fehlenden Linien.

Als ↑ Gefäße eignen sich Schalen in verschiedenen Formen; als ↑ Pflanzen Binsen, Schilf, Rohrkolben, Kalla, Seerosen, Sumpfdotterblumen, *Iris*, Wasserhahnenfuß u.a. Zur Befestigung dienen ↑ Shippo oder ↑ Kenzan.

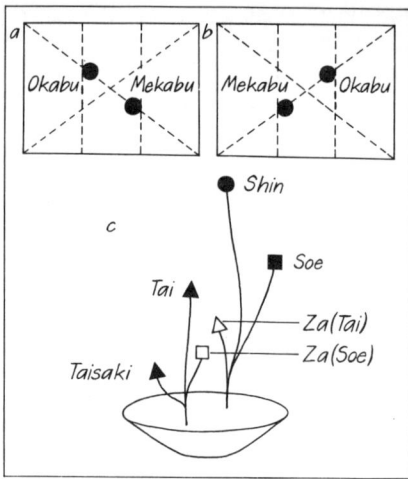

Einstellpunkte im Gyodo-ike; a) Hongatte, b) Gyakugatte – c) Aufriß des Gyodo-ike (Beispiel Gyakugatte)

H

Haltbarkeit: eine von vielen Faktoren abhängige, sehr unterschiedliche Eigenschaft der für Ikebana verwendeten Blumen und Pflanzenteile. Man versucht deshalb, den frischen und lebendigen Eindruck der benutzten Materialien mittels verschiedener Maßnahmen (Mizuage) möglichst lange zu erhalten. Die meisten Techniken zielen dabei auf eine Verbesserung der Wasseraufnahme bzw. auf eine Verringerung der Verdunstung durch die Pflanzen ab. Die Möglichkeiten der Verbesserung der H. beginnen bereits beim ↑ Schneiden des Materials bzw. dem Kauf von Blumen. Auch beim ↑ Transport und der vorübergehenden Aufbewahrung der Triebe sind bestimmte Randbedingungen einzuhalten. Unmittelbar vor der Ausführung sind die Blumen und Zweige geeignet vorzubereiten. Für bereits schlaff gewordenes Material macht sich eine ↑ Regenerierung erforderlich. Bereits längere Zeit in Wassergefäße eingestellte Stiele sind ebenso wie verschmutzte Blätter zu reinigen. Das gilt auch für die verwendeten Geräte. Einige Pflanzenarten können auch durch ↑ Trocknen sowie ↑ Ausbluten, ↑ Auskochen oder ↑ Absengen der Stiele haltbarer gemacht werden.

Beim Arrangieren selbst ist das richtige

Schneiden der Triebe unter Wasser verbessert die Haltbarkeit

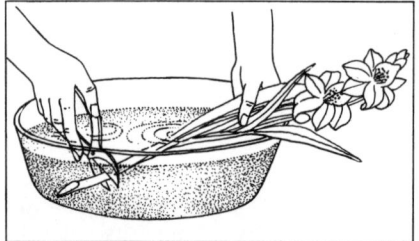

Schneiden oder Abbrechen unter Verwendung geeigneter Arbeitsgeräte von
Bedeutung.

Allgemein werden zur Verbesserung der
H. alle Schnitte in einem zusätzlichen
Gefäß (↑ Arbeitsplatz) unter Wasser ausgeführt (Mizugiri). Dadurch wird das Eindringen von Luftbläschen in die Wasserleitgefäße der Pflanzen verhindert. Für
spezielle Zwecke und auf einzelne Arten
abgestimmt, werden Chemikalien zur Erhöhung der Lebensdauer der Schnitt-
ware dem Blumenwasser zugesetzt. Ein
kleines Blumenbänkchen kann das Zer-
drücken sehr empfindlicher Blüten (z. B.
Chrysanthemen) verhindern. Zum Verhindern der Selbstbestäubung der Blüten, was zu schnellem Welken führen
kann, können die Staubbeutel (Antheren)
mit Haarlackspray eingesprüht werden.
Schließlich ist auch eine geeignete
Pflege des fertigen Arrangements notwendig. Besprühen mit Wasser, regelmäßiger Wasserwechsel, um Fäulnis im
Gefäß zu verhindern, und die Verwendung von Frischhaltelösungen sind geeignete Maßnahmen.

Hamono: Anordnung in Form eines
↑ Shoka unter besonderer Berücksichtigung des Charakters der verwendeten
Pflanzen. Die Arrangements weichen in
dieser Form von den üblichen Strukturen
etwas ab. Je nach Größe des verwendeten Blattmaterials werden sie entweder
als ↑ Oha-mono oder ↑ Nagaha-mono
gestaltet. Arrangements dieser Form haben klassische Vorbilder und finden sich
bereits in den Schriften von Ikenobo
Senjo (1769–1832).

Hana-dome: die Gesamtheit der Befestigungstechniken für Blumen und
Pflanzenteile. Die für die verschiedenen
Formen des Ikebana notwendigen technischen Hilfsmittel sind in der mehrhun-
dertjährigen ↑ Geschichte des Ikebana
entstanden und haben die Möglichkeiten
der Gestaltung ständig erweitert. Neben
der praktischen Seite des H., der Befesti-

Unterschiedliche Haltbarkeit kann bewußt
ausgenutzt werden, um Arrangements lange
zu erhalten und trotzdem ein abwechslungsreiches Bild zu schaffen.

gung der Pflanzenteile in der gewünschten Richtung, ist die geeignete Technik
Voraussetzung für die Verwirklichung der
Grundzüge des Ikebana. Viele Techniken
des Ikebana haben inzwischen auch Ein-
gang in das ↑ Blumenbinden europäi-
scher Art gefunden. Häufig verwendete
Techniken und Hilfsmittel sind ↑ Kenzan,
↑ Kubari, ↑ Shippo, ↑ T-ji-dome (Choji-
dome), ↑ Ori-dome, ↑ Shikiri-dome sowie
↑ Matagi mit Tomegi. Besonders für die
Gestaltung von Rikka können Befesti-
gungshilfen, die bereits viele Jahrhun-
derte bekannt sind, wie ↑ Komiwara und
↑ Sandwannen, Verwendung finden. Im
Freien Stil erfolgt die Auswahl der not-

wendigen Hilfsmittel den gestalterischen Absichten entsprechend. Insbesondere in jüngster Zeit werden auch Techniken der Blumenbindekunst wie das Stecken in ↑ Moospolster, in ↑ Blumensteckmasse oder in ↑ Drahtgitter bzw. -spiralen von modern ausgerichteten Ikebana-Schulen übernommen.

hängende Form: Gestaltungsweise, die dem spezifischen Wachstum überhängender Ranken und waagerecht bis abwärts gerichteter Triebe entspricht (Neigung der Hauptachse 90 bis 180°). Arrangements, bei denen die Hauptlinie vom Gefäß abwärts gerichtet ist, werden als ↑ Moribana suitai und ↑ Nageire suitai gestaltet. Als Synonyme werden auch ↑ Kaskadenform und ↑ Wasserfallform benutzt. Die h. F. darf nicht mit einem ↑ hängenden Ikebana verwechselt werden.

hängendes Ikebana: alle Arrangements, die frei (↑ Tsuribana) oder an einer Wand (↑ Kakebana) mit dem Gefäß aufgehangen werden. Diese Anordnungen werden als ↑ Shoka ausgeführt und dürfen nicht mit der ↑ hängenden Form verwechselt werden, bei der das Gefäß auf dem Boden steht, aber die Hauptlinie nach unten gerichtet ist.

Hangetsu, »*Halbmondgefäß*« ↑ Tsuki

Harmonie. Eine harmonische Gestaltung von Ikebana beinhaltet Wohlklang der Farben und Formen. H. wird durch den Aufbau von optischen Gleichgewichten im Prozeß der ↑ Komposition in vielerlei Hinsicht erzielt. Innerhalb der Anordnung wird ein „Schwere"gleichgewicht erzielt, indem bei der asymmetrischen Gestaltung der Schwerpunkt aller Elemente über dem Gefäßmittelpunkt angeordnet wird. Das ist in den verschiedenen ↑ Formen des Ikebana bereits durch die Gestaltungsregeln vorgegeben. Sie geben bei der Ausführung harmonischer Anordnungen eine wesentliche Unterstützung. Es ist zu beachten, daß einzelne Elemente bzw. florale Gruppen

nicht die gleiche Gewichtigkeit mitbringen. So wirkt beispielsweise eine größere Farbfläche schwerer als eine kleinere Fläche oder gar eine Linie (Zweig). Zur Erzielung des Gleichgewichtes ist deshalb die Farbfläche nahe am Schwerpunkt anzuordnen, während die Linie zur Gegenseite weiter ausschwingt. Sehr deutlich wird das beispielsweise bei der Ausführung von ↑ Shoka Nishu-ike. Auch Unterschiede in der Farbgebung bewirken unterschiedliche Gewichtigkeit. Werden rote und blaue Farbflächen gleicher Größe verglichen, scheint die rote Farbfläche „schwerer" zu sein. Für andere Farbpaare gelten ähnliche Beziehungen (↑ Farbenlehre).

Sowohl das Farb- als auch das Flächenbeispiel machen deutlich, daß Harmonie und Gleichgewicht immer als höhere Einheit eines ↑ Kontrastes gebildet werden. Bei fehlender H. des Gesamtarrangements bleibt für den Betrachter ein dissonanter Eindruck bestehen, was aber nur bei bestimmter gestalterischer Absicht im ↑ Juyi-ka zugelassen werden sollte.

Neben der H. innerhalb des Arrangements ist auch die ↑ Gesamtwirkung eines Ikebana in seiner Umgebung zu beachten. So kann beispielsweise ein asymmetrisches und nach einer Seite übergewichtiges Arrangement durch ebenfalls asymmetrische Anordnung auf einem kleinen Tischchen sein optisches Gleichgewicht erhalten. Andererseits kann auch ein sehr gut ausgeführtes und in sich harmonisches Arrangement durch Einbeziehung der Umwelt in seiner Wirkung erheblich beeinträchtigt werden.

Hasami ↑ Ikebana-Schere

Hauptelemente ↑ Yakueda

Heika: eine Aussprachemöglichkeit der Schriftzeichen für ↑ Nageire.

Heimkehrendes Schiff ↑ Irifune

Henka-Kei: Shoka-Arrangements, die die Verschiedenheit und Schönheit der Pflanzen in ihrer natürlichen Gestalt wiedergeben. Dazu gehören ↑ Hamono,

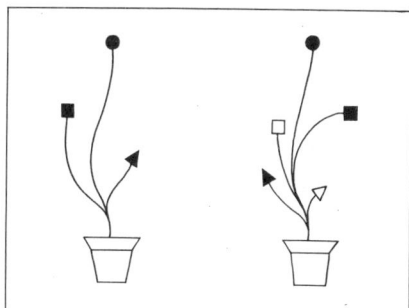

Hidari-tai *(rechts)* im Vergleich zur Shoka-Grundform *(links)*

↑Ichiju-ike,   ↑Kakebana,   ↑Niju-ike, ↑Shishi-guchi,   ↑Shoka Futakabu-ike und ↑Tsuribana. H. wird nach historischen Vorbildern gestaltet.

Hidari-tai: Bezeichnung für ein ↑Shoka-Betsuden, bei dem Tai, bezogen auf die übliche Rechts-Links-Orientierung (↑Gyakugatte und Hongatte), entgegengesetzt angeordnet ist. An den sonst üblichen Positionen der Elemente Soe und Tai werden jeweils zurückhaltendere Hilfslinien angeordnet.

Hikae: 1. von der Sogetsu-Schule u.a. verwendete Bezeichnung für das kleinste Element, das neben Shin und Soe im Moribana und Nageire arrangiert wird. H. ist eine Hauptlinie (↑Yakueda) und in diesem Sinne eine Parallele zum ↑Tai im Moribana und Nageire der Ikenobo-Schule. Es steht in diesem Fall als Symbol für Erde.
2. in Ikebana-Schulen, bei denen die Moribana-Anordnung mit fünf Elementen erfolgt, neben Shin, Soe, Tai und ↑Do die fünfte Komponente. H. wird dann mit „Kleinzweige" angegeben.
3. im Rikka eines der neun Hauptelemente. Es steht bei dieser Form des Ikebana in besonders enger Beziehung zu Soe, mit dem es gemeinsam eine Seite der Anordnung ausfüllt. Wird Soe sehr kräftig gestaltet, kann H. entfallen. Sym-

bolisch steht dieses Element für Zurückhaltung und Enthaltsamkeit.
Hilfe ↑Soe
Hilfslinien ↑Ashirai
Hilfsmittel zur Gestaltung von Ikebana-Anordnungen ↑Arbeitsgeräte
Himmel ↑Shin; ↑Soe
Himmelstrebende Form: in der Ohara-Schule eine Gestaltungsweise von ↑Moribana bzw. Heika (↑Nageire). Sie verlangt besonders gerade und hochgewachsenes Material. Standardmaße werden etwas überschritten (Betonung der Höhe), so daß ↑Shu etwa zwei- bis dreifach die Summe von Höhe und Durchmesser des Gefäßes mißt. ↑Fuku mißt etwa die Hälfte von Shu (↑Fußposition vor Shu, Neigung 30° nach links oder rechts, etwas nach vorn). ↑Kyaku erreicht ein Drittel der Länge von Shu und neigt sich 80° nach vorn. Der Einstellpunkt des Kenzan wird bei der H. F. zentral ausgewählt. Alle Elemente werden in der Fußposition streng hintereinander angeordnet, so daß ähnlich der Gestaltungsweise beim Shoka alle Pflanzenteile aus einem Stamm hervorgewachsen scheinen. Die H. F. des Heika betont durch die Verwendung von schlanken Vasen noch mehr als das entsprechende

Rißdarstellung der Himmelstrebenden Form (Ohara-Schule, Moribana)

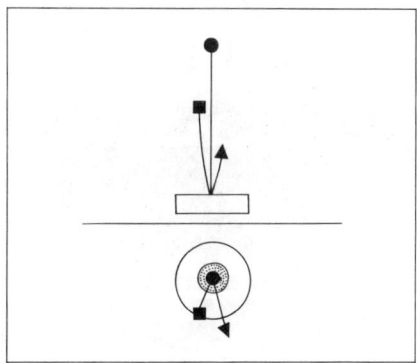

Moribana die Vertikale. Die Ausführung wirkt sehr hoch und tief und besonders schmal. ↑Shu steigt senkrecht in die Höhe und erreicht das eineinhalb- bis zweifache der Vasenhöhe. Fuku mißt die Hälfte von Shu und neigt sich etwas zur Seite und nach vorn. Kyaku weist eine starke Bewegung nach vorn auf (80°). Zur Befestigung wird ein ↑Kubari in Kreuzform angewandt. Shu sollte mit dem Kubari fest verbunden sein und gleichzeitig am Boden der Vase Halt finden.

Hirokuchi: breites und flaches schalenförmiges ↑Gefäß mit weiter Öffnung, das für die Gestaltung von ↑Shoka geeignet ist.

Hitokabu-ike-Rikka: eine Form des Rikka, die dem ↑Suna-no-mono-Rikka zugerechnet wird. Sie wird in breiten und flachen Gefäßen geordnet, die den traditionellen Forderungen an das Arrangieren in einer Sandwanne nahe kommen. Die Richtung der Linien entspricht im allgemeinen einem Rikka mit bewegtem Shin (↑Noki-jin-Rikka), wobei die Dynamik durch sehr breite und schwungvolle Gestaltung allerdings noch erhöht wird.

Hogata: Teil von Arrangements in Schiffform (↑San-ga-no-Fune), der die Segel des Bootes symbolisiert. Er wird vorwiegend durch die Elemente Shin und Soe

Himmelstrebende Form (nach Wittig, Ikebana)

gebildet, doch auch Tai kann mit einfließen. Die Art der Ausführung ist davon abhängig, ob ein ankerndes und ruhendes
Schiff (↑Tomaribune), ein abfahrendes
Schiff (↑Defune) oder ein ankommendes
Schiff (↑Irifune) dargestellt wird. Neben
dem verwendeten Gefäß und H. geht
auch das Element ↑Ro (Ruder) in ein
Schiffarrangement ein.
Hongatte ↑Gyakugatte
horizontale Form: Gestaltung eines
Ikebana ohne vertikale Ausdehnung. Alle
Elemente sind außerordentlich stark geneigt, flach liegend bzw. schwimmend
angeordnet. Als Gefäße werden sehr flache Schalen und Pokale, oft aus Glas, benutzt. Die Ausführung erfolgt als ↑Uki-
bana, ↑Shikibana oder wie in der Abb.
dargestellt. Die h. F. ist zur Verwendung
als ↑Moribana shimentai geeignet.

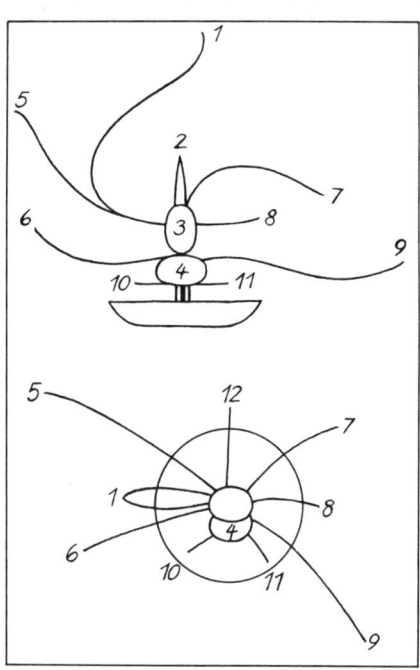

Elemente des Hitokabu-ike-Rikka;
1 Shin, *2* Shoshin, *3* Do, *4* Mae-oki, *5* Soe,
6 Hikae, *7* Mikoshi, *8* Uke, *9* Nagashi,
10 Yo-dome, *11* In-dome, *12* Ushiro-gakoi.
In der unteren Darstellung (Aufsicht) stehen
2 und *3* im Zentrum übereinander

Ichiju-giri: Gefäß für Ikebana, das aus
Bambus gefertigt wird und mit einem
Fenster versehen ist. Es ist für die Gestaltung von Ichiju-ike, einer Form des
Shoka, zu verwenden. Die Bezeichnung
Ryoso wird analog gebraucht.
Ichiju-ike: Ausführung eines ↑Shoka in
einer speziellen Vase (↑Ichiju-giri), in die
ein Fenster eingeschnitten ist. Shin und
Soe verlaufen etwas anders als allgemein
für Shoka üblich ist. In der Grundform des
I. verläßt Shin das Fenster nach vorn in
seitlicher Richtung (↑Yo), kreuzt eine der
seitlichen Säulen der Vase und bewegt
sich mit der Spitze zu einem Punkt vor
und über der Vase. Soe zeigt im Gegensatz zu der üblichen Form nicht seitlich
nach hinten, sondern seitlich nach vorn
(Yo-Seite). Tai wird wie für Shoka üblich
angeordnet. Die Reihenfolge der Fußpositionen im ↑Matagi bleibt aber, wie in allen Shoka-Formen, von vorn beginnend
Tai, Shin, Soe.

Horizontale Form der Sogetsu-Schule

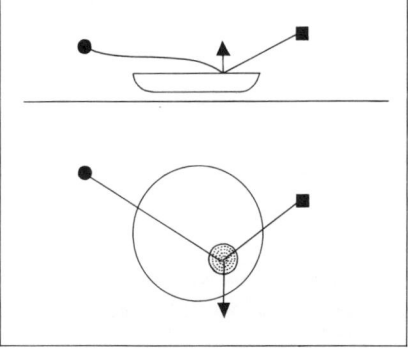

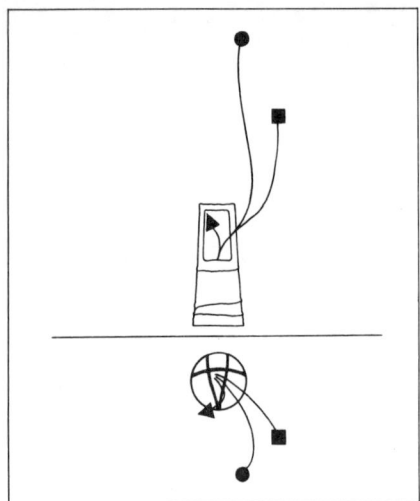

Ichiju-ike

Als Gefäße dienen ausschließlich ↑ Ichi-ju-giri, zur Befestigung Matagi mit To-megi.

Ichimonji ↑ Gefäße

Ikebana. Das japanische Wort I. wird durch zwei Schriftzeichen (Kanji) gebildet. Das erste Zeichen steht für drei Verben ikeru »stellen, hineinstellen«, ikasu »vorteilhaft sein lassen, wieder beleben« und ikiru »leben«.

Das zweite Zeichen heißt hana »Blume, Pflanze« und wird in der Zusammensetzung als bana gesprochen. Die allgemein für I. gebrauchte Bezeichnung „japanische Blumenkunst" ist nur aus europäischer Sicht berechtigt, aber keine Übersetzung des inhaltlich sehr tiefgreifenden japanischen Wortes, das nur mit einem vollständigen Satz richtig zu übersetzen wäre:

»Blumen und Pflanzenteile so anordnen, daß ihr Wesen und ihre Gestalt sichtbar werden und ihrer Lebendigkeit Ausdruck verliehen wird«.

Die beiden Zeichen können, wie in der japanischen Sprache oft üblich, in zwei weitere Varianten gelesen werden:

Shoka und Seika. Diese beiden Wörter wurden in der ↑ Geschichte des Ikebana ebenfalls als allgemeine Bezeichnung für Blumenarrangements verwendet. Erst im 18. Jh. nahm das Wort I. ihren Platz ein. Die Begriffe Shoka und Seika werden heute mit eingeschränkter Bedeutung als Bezeichnung für eine der ↑ Formen des Ikebana gebraucht.

Im modernen europäischen Sprachgebrauch wird I. in unterschiedlicher Bedeutung angewendet.

1. Bezeichnung für ein einzelnes Blumenarrangement, das nach den Lehren der ↑ Ikebana-Schulen gestaltet wurde.

2. Bezeichnung für die traditionelle und heute noch aktiv ausgeübte japanische Blumenkunst.

3. Begriff für eine international verbreitete Freizeitbeschäftigung, die sich auf die Lehren der Ikebana-Schulen stützt.

Welcher der drei inhaltlichen Aspekte des Wortes angesprochen werden soll, muß aus dem Kontext hervorgehen.

Neben I. ist in Japan auch die Verwendung von „Ohana" üblich. Da o- als Präfix eine besondere Verehrung und große Hochachtung ausdrückt, ist dieses Wort mit »die verehrungswürdigen Blumen« oder »die schönen Blumen« zu übersetzen. Wird im Zusammenhang mit der Anordnung von Blumen besonderer Wert auf das innere Verhältnis des Gestalters zu seiner Tätigkeit gelegt, so spricht man von ↑ Kado Ⓐ, dem »Weg der Blumen«, der vom ↑ Zen-Buddhismus Ⓐ beeinflußt ist.

Für die verschiedenen Formen des I. haben sich einige eigene Bezeichnungen mit besonderen Bedeutungen herausgebildet (↑ Jiyu-ka, ↑ Moribana, ↑ Nageire, ↑ Rikka und ↑ Shoka).

Ikebana-Schere: Schneidwerkzeug zum Schneiden von Blättern, Blumenstielen sowie dünnen und mittelstarken Ästen. Die I. ist im Gegensatz zu üblichen Gartenscheren zweischneidig und zer-

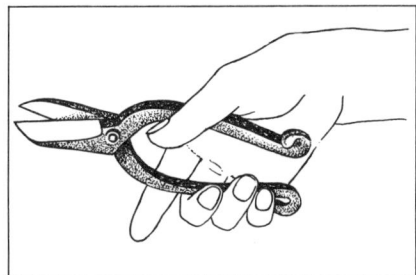

Die richtige Handhabung der Ikebana-Schere

drückt deshalb auch beim Schneiden zarter Blumenstiele die Wasserleitgefäße nicht, was die Wasserversorgung und damit Haltbarkeit der Blüten verbessert. Die I. trägt eine Prägung, die auf die Werkstatt hinweist, in der sie hergestellt wurde.

Ikebana-Schulen. Die Anhänger der Ikebana-Kunst erhalten ihre Ausbildung in I. Es gibt etwa 3000 Schulen in Japan, von denen die Ikenobo-Schule, die Sogetsu-Schule und die Ohara-Schule die zahlenmäßig größten sind. Vielen japanischen I. stehen eigene Akademien zur Ausbildung ihrer Lehrkräfte zur Verfügung, die dann in vielfältigen Kursen die Fähigkeiten zum Umgang mit Blumen weiter vermitteln. Auch ausländische Zweigstellen bedeutender Schulen vermitteln Ikebana-Kenntnisse in vielen Ländern der Welt. Möglichkeiten zum Erwerb entsprechender Fähigkeiten bestehen auch in der DDR und BRD, beispielsweise in Berlin, Leipzig, Schwerin, Frankfurt/Main, München, Stuttgart und Köln.

Der Charakter einer I. wird wesentlich durch die Tradition des Hauses und den Leiter der Schule bestimmt. So hat sich beispielsweise die Ikenobo-Schule besonders um die Pflege traditioneller Formen (↑ Rikka, ↑ Shoka), auch in der modernen Zeit, verdient gemacht. Die Ohara-Schule trug wesentlich zur Entwicklung von ↑ Moribana und ↑ Keshikiike bei, wohingegen die avantgardistisch

orientierte Sogetsu-Schule besonders ↑ Jiyu-ka und ↑ Zenei-bana fördert. Allen Schulen gemeinsam ist aber eine einheitliche Auffassung zu Grundfragen. So wird die Bedeutung der Berührung zwischen Menschen und Blumen bzw. Menschen und Natur als zentrale Frage herausgestellt. Ein wichtiges Anliegen ist auch das Erleben der Gemeinsamkeit alles Lebendigen und eine damit verbundene hoffnungsvolle Zukunftshaltung, die dem Ikebana innewohnt. Ikebana wird als elegante Art der Entspannung (furyu no asobi) verstanden. Ikebana-Arbeiten sollen im allgemeinen in kurzer Zeit geschaffen werden können und zeichnen sich durch ↑ Schlichtheit Ⓐ, ↑ Natürlichkeit Ⓐ und ↑ Asymmetrie Ⓐ aus.

Ikenobo-Schule: mit etwa 1,5 Millionen Schülern die beliebteste, traditionsreichste und größte der ↑ Ikebana-Schulen. Nach der Überlieferung geht ihre Gründung auf Ono no Imoko zurück, der im 7. Jh. das Blumenopfer für Buddha aus China nach Japan mitbrachte. Er war der erste Japaner, der die Kunst des Blumenstellens in seiner »Klause am Teich« (Ike-no-bo) in Kyoto weitergab. Er nahm den Namen Senmu an. Auch alle nachfolgenden Leiter behielten das Präfix Sen in ihrem Namen bei. Der gegenwärtige Leiter der Ikenobo-Einrichtung, Ikenobo Sen'ei, wird als 45. Nachfolger in der Begründerfamilie benannt. Der Stammsitz der I., der Rokkakudo-Tempel in Kyoto war im Mittelalter eine Hochburg der Ikebana-Kunst und ist noch heute in das geistige und organisatorische Zentrum der über 300 Niederlassungen in Japan einbezogen. Unterrichtszentren der I. in 15 Ländern auf vier Kontinenten dienen der internationalen Verbreitung des Ikebana. Neben dem traditionellen Tempel stehen heute als Sitz des Leiters der Schule das 1977 erbaute „Ikenobo-Gebäude" und ein Unterkunftsgebäude für Gaststudenten zur Verfügung.

Noch heute geht die geistige Grundlage

des Ikenobo-Ikebana auf den Leiter der Schule Senno (1482–1543) zurück, der in seinem Vorwort zu „Senno Kuden", einem Lehrbuch von 1542, schrieb: „Unsere überlieferte Art verwendet sowohl Blätter als auch Blüten, um ein ideales Abbild der inneren Schönheit der Pflanzen zu geben. Ein Abbild, das auf den natürlichen Formen der Pflanzen und Bäume der Felder, Berge und Seen basiert. Das ist der Weg der Würdigung der Blumen, der sich über das ganze Land verbreitet hat." Im Unterschied zu anderen Arten von Blumenarrangements wird hier die gleichberechtigte Verwendung von Zweigen (Blätter) besonders herausgestellt. Die I. ist aufgrund ihrer jahrhundertelangen Traditionen sehr um die weitere Pflege der klassischen Formen bemüht. Darüberhinaus werden modernen Tendenzen entsprechende Formen entwickelt. So wurden 1954 bzw. 1958 aus dem klassischen ↑Shoka bzw. ↑Rikka heraus neue moderne Gestaltungsweisen für Shoka und Rikka in das Regelwerk aufgenommen. Gegenwärtige Entwicklungen sind durch die zunehmende Bedeutung von ↑Shin-Pu-Tai und ↑Jiyuka gekennzeichnet. ↑Moribana, ↑Nageire, Shoka, Rikka und Jiyu-ka werden als Grundformen betrachtet.

Die Ausbildung an der I. erfolgt in Studienabschnitten mit entsprechenden Prüfungen. Nacheinander werden erworben bzw. verliehen: Shoden (Anfängergraduierung); Chuden (mittlerer Grad) und Kaiden (Kenntnis aller traditionellen Formen). Es folgen unter anderem Kasho (Assistent), Junkakyo (Instrukteur) und weitere Lehrer- und Professorengraduierungen; insgesamt können vom Eintritt in die Schule bis zum höchsten Lehramt 17 Ausbildungsstufen absolviert werden. Mit der Graduierung sind Lehrbefugnisse außerhalb Japans ab Kaiden verbunden. Die Beteiligung an Ausstellungen ist ebenfalls ab Kaiden möglich.

Besonders großer Wert wird in der I. auf Verhalten und Gesamteinstellung der Schüler und Mitglieder gelegt. Der »Weg der Blumen« (↑Kado Ⓐ) soll den Geist des Unterrichtes durchdringen.

In: eines der beiden Grundprinzipien (↑Yo Ⓐ), die nach alten asiatischen Auffassungen den Gang der Welt bewirken.
1. Im Ikebana wird die Orientierung einer ↑Tokonoma Ⓐ und damit auch des Arrangements durch den Lichteinfall bestimmt. Als In-Seite wird dabei die Hälfte einer Anordnung bezeichnet, die zur Seite des Lichteinfalls weist und sich demzufolge in der schattigen Hälfte der Nische erstreckt (↑Abb. Gyakugatte).
2. Auch jeder Trieb und jede Pflanze weist eine Yo- und eine In-Seite auf. Bei einem Blatt mit asymmetrischer Spreite ist die schmale Seite In; ist es jedoch in sich verdreht, wird der untere Teil als In bezeichnet. Bezüglich der Blattfläche ist die Blattunterseite In.
3. In zweiteiligen Arrangements (↑Futakabu-ike) wird In durch das Element ↑Mekabu vertreten. Der zweite Teil der Anordnung wird dann als ↑Okabu bezeichnet.

In-dome: eine verschönernde Linie am Fuß des ↑Rikka. Sie hat rein ästhetische Funktionen und beinhaltet keine Symbolik. I. wird am oberen Abschluß des Fußes seitlich nach vorn arrangiert (In-Seite). I. kann auch entfallen.

Irifune,»*Ankommendes Schiff*«: Shoka, die in ↑So-Form als ↑Gyakugatte gestellt werden. I. werden nach den allgemein für Schiffarrangements gültigen Regeln (↑San-ga-no-Fune) angeordnet.

Isshu-ike: ein Ikebana, das unter Verwendung nur einer Pflanzenart gestaltet wird und die Eigenheiten und Charakterzüge dieser Art sehr augenscheinlich demonstriert. I. sind als ↑Moribana, ↑Nageire und Shoka (↑Shoka Isshu-ike) möglich. Arrangements unter Verwendung von zwei bzw. drei Pflanzenarten werden als ↑Nishu-ike und ↑Sanshu-ike bezeichnet.

Irifune (nach Ikenobo-gyoji no hana)

Izutsu-Kubari

Izutsu-Kubari: Befestigungstechnik in Form eines ↑ Kubari, der aus vier Einzelhölzchen besteht. Sie wir besonders für die Gestaltung von Sho-chiku-bai verwendet. Es wird nur das mittlere Feld der Gefäßunterteilung mit pflanzlichem Material gefüllt.

J

Jiyu-ka, »*Freier Stil*«: eine Form des Ikebana, die mehr als jede andere die individuellen Gefühle, Gedanken und Anschauungen des Gestalters ausdrücken kann. Deshalb ist es erforderlich, daß gerade für die Gestaltung von J. vor der Ausführung eine klare gedankliche Konzeption vorliegt.

Avantgardistische Arbeiten, die eine direkte Verbindung zur bildenden Kunst herstellen, werden als ↑ Zenei-bana bezeichnet. Anordnungen, die sich als Ziel die Wiedergabe umfangreicher Themen in mehreren Bildern stellen, werden ↑ Erzählendes Ikebana genannt.

Geschichte. J. entstand in den dreißiger Jahren und verbreitete sich im wesentlichen nach dem Ende des zweiten Weltkrieges. Maßgeblich dafür war das Entstehen eines neuen Lebensstils und das

Wirken vieler außerjapanischer Einflüsse u.a. Kunstrichtungen auf das Ikebana. Wechselwirkungen zu ↑ Contemporary-Ikebana, ↑ Floristik und ↑ floralem Design sind zu beobachten.

Grundstruktur. Vorschriften zu Maßen, Winkeln und Materialien sind nicht gegeben, sogar nichtpflanzliche Werkstoffe können Verwendung finden. Besondere Beachtung muß dem jeweiligen Gefäß gewidmet werden. Es bildet im J. ein eigenständiges und sehr bedeutendes Gestaltungselement der Anordnung. Für die Wahl der Gefäße sind keine Regeln bezüglich Form und Farbe gegeben, lediglich die Wechselwirkung mit den anderen Teilen der Anordnung ist zu beachten.

Jiyu-ka; strukturelles Designarrangement

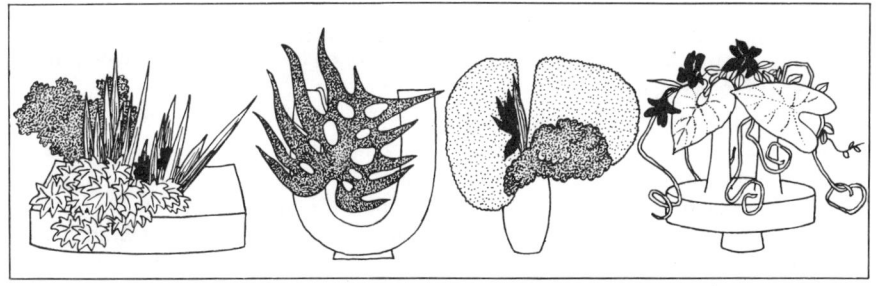

oben Gestaltungsformen des Jiyu-ka, Freier Stil;
(von links nach rechts) Naturalistisches bzw. realistisches Arrangement – Aussage der Pflanzen zu ihrem Leben; Symbolisches Arrangement – Ein Titel soll die Symbolik verdeutlichen; Abstraktes Arrangement – Verfremdetes Material stellt einzelne Aspekte des Lebens vor; Charakter- bzw. träumerisches Arrangement – Ein individuelles Erlebnis des Gestalters wird verarbeitet;
unten Prinzipien des Arrangierens von Jiyu-ka;
obere Reihe von links nach rechts parallel, asymmetrisch, symmetrisch; *untere Reihe* konzentriert, ausstrahlend, strukturell; Kombinationen der Arrangierprinzipien sind möglich (nach Ikenobo)

Der Gestaltung sollte in der Regel ein einheitliches Arrangierprinzip zugrundeliegen. Es ist z.B. möglich, besondere Betonung auf Parallelität, Asymmetrie, Symmetrie, Konzentration, Ausstrahlung oder Struktur zu legen (Abb.). Der Charakter der Landesregion, das Lokalkolorit, die Jahreszeit und die Grundzüge einer Ikebana-Schule bestimmen J. mit. Je nach Art der Aussage des J. unterscheidet man realistisches (naturalistisches), symbolisches, abstraktes, Charakter-(träumerisches, persönliches) und Designarrangement.

Die *Befestigung* kann beliebig nach den Erfordernissen des Gefäßes und der pflanzlichen Materialien gewählt werden.

Jo-Dan Nagashi ↑ Nagashi
Jodan-no-Rikka ↑ Noki-jin-Rikka
Jushi ↑ Ashirai

K

Kaburogata ↑ Gefäße
Kadai, *»Blumenständer, Untersetzer«*: häufig eingesetztes Mittel, um die ↑ Gesamtwirkung eines Ikebana zu erhöhen. K. setzen das Arrangement durch farbliche oder formbedingte ↑ Kontraste deutlich von seiner Umgebung ab und betonen die Eigenarten der Anordnung. Solche Untersetzer können geschnittene Scheiben von Wurzelholz, wolkenförmig zugeschnittene Holzplatten oder kleine Lackbrettchen sein. Aus Holz gefertigte Untersetzer sind im allgemeinen lackiert. Es ist auch möglich, Matten aus Reisstroh oder feinen Bambusstäbchen als Unterlage zu benutzen. Neben den eigentlichen Untersetzern finden auch kleine lackierte Tischchen Verwendung. In jedem Fall ist darauf zu achten, daß sich die Ergänzungen dem Ikebana unterordnen.
Kaskadenform: von der Sogetsu-Schule als Synonym für ↑ hängende Form gebraucht.

Kaden-sho, *»Buch des Ikebana«*: Bezeichnung für Ikebana-Lehrbücher. Viele Leiter von ↑ Ikebana-Schulen geben ein Lehrbuch heraus, das dem aktuellen Kenntnisstand entsprechend die Ausbildung der Schüler ermöglicht. Einige historische Lehrbücher waren so bedeutsam, daß sie noch heute als Grundwerke gelten. Für die ↑ Ikenobo-Schule sind das unter vielen anderen Lehrbüchern „Senno-Kuden – Mündliche Unterweisungen des Ikenobo Senno" von Ikenobo Senno (1542), „Kaden-sho" über Rikka von Ikenobo Sen'ei (1545), „Buch der Blumen" von Ikenobo Senjun zu Nageire und Shoka (1741), „Einhundert Arten des Blumenarrangements" (Shoka) von Ikenobo Senjo (1820). Die Unterweisung erfolgt gegenwärtig nach „Ikenobo Kaden-sho" von Ikenobo Sen'ei, dem derzeitigen Leiter der Schule.
Kaiser ↑ Shin
Kakebana: ein hängendes Ikebana, das an einer Wand befestigt wird. Es kann zur Ansicht von vorn (↑ Muko-gake) oder von der Seite (↑ Yoko-gake) vorgesehen sein. Die Ausführung erfolgt als Shoka.
Kauf von Blumen: ebenso wie beim Schneiden von Blumen im eigenen Garten hat auch die Vorauswahl der Blüten in einer Verkaufseinrichtung Einfluß auf den Erfolg der späteren Gestaltung. Zunächst wählt man aus dem Sortiment die für den vorgesehenen Zweck geeignete Art aus, sollte sich aber schon vorher überlegen, ob eine andere Art oder Sorte den gleichen Zweck erfüllen kann, wenn das Gewünschte zufällig nicht im Angebot ist. Anregend ist es aber auch, eine beliebige Blumenart zu erwerben und sich von den Eigenschaften des pflanzlichen Materials zu einer Gastaltungsform inspirieren zu lassen. Sehr wichtig ist die Auswahl geeigneter Blüten; vor allem die Stiele müssen der vorgesehenen Form entsprechen. Das gilt besonders für Schnittmaterial, das beim eventuellen späteren Bie-

gen leicht bricht (z.B. *Gerbera*). Dabei soll man sich durchaus nicht auf kerzengerade gewachsenes Material beschränken; Blumen mit geschwungenen Stielen werden bei Ikebana sehr oft benötigt. Um Material zur Auswahl zur Verfügung zu haben (Verluste, Linienführung), ist zu empfehlen, etwa 20 % Blüten (wenigstens aber einen Stengel) mehr zu erwerben, als man voraussichtlich benötigt. Zu beachten ist auch, daß man möglichst Triebe mit knospigen Blüten auswählt, die sich im warmen Wohnraum ohnehin sehr schnell öffnen.

Trotz aller Aufmerksamkeit bleibt Blumenkauf immer eine Vertrauenssache, da die Schnittblumen bereits vor dem Verkauf eine Vielzahl von Arbeitsgängen durchlaufen haben. Auf alle Fälle sollte man auf eine geeignete Verpackung für den ↑ Transport nach Hause achten. Dort werden den Blumen sofort alle Maßnahmen zuteil, die für eine Verbesserung der Haltbarkeit sorgen können (↑ Schneiden, ↑ Regenerieren).

Keishin: Bezeichnung der Sogetsu-Schule für den geneigten Grundstil (↑ Moribana shatai; ↑ Nageire shatai).

Kenzan, *Nadelblumenhalter, Blumenigel*: Hilfsmittel zur Arretierung von Blumen und Pflanzenteilen. Der K. besteht aus einer metallischen Grundplatte (Blei, Antimon), die aufgrund ihres hohen Gewichtes ein Umstürzen der gesteckten Anordnung verhindert, und vielen darin eingelassenen Nadelstiften (Messing), die die Pflanzenteile im vorgegebenen Winkel zueinander halten. Die Stiele der Pflanzen werden senkrecht von oben in die Nadeln eingesteckt und erst dann in die gewünschte Neigung gedrückt. Verholzte Triebe werden schräg geschnitten oder wie ein Bleistift gespitzt; weichere Triebe sind gerade anzuschneiden. Sehr dünne Stiele (z.B. von Gräsern) können straff mit einem Streifen Papier umwickelt oder in ein kurzes Aststück (z.B. von Holunder) eingesteckt werden und damit

den notwendigen Halt zwischen den Nadeln finden. Starke Schräglagen von Zweigen können durch eine Befestigung erreicht werden, die der Halterung von Angelruten entspricht. Zum Gewichtsausgleich wird ein zweiter K. mit den Nadeln nach unten auf den ersten aufgelegt. Im Gefäß setzt man den K. auf eine Gummiunterlage, behelfsweise auch ein passend zugeschnittenes Stück Papier, und verhindert damit ein Verrutschen. Der gleiche Effekt kann auch durch Befesti-

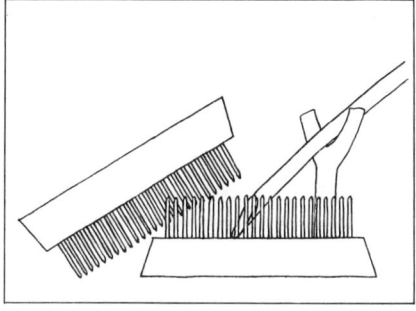

Befestigung stark geneigter Gestaltungselemente mittels Kenzan

Der Kenzan dient als Steckbasis; die Stiele werden ihren Materialeigenschaften entsprechend vorbereitet; *von links nach rechts* weiche (Blumen), verholzte (Zweige) und dünne Stiele (Gräser)

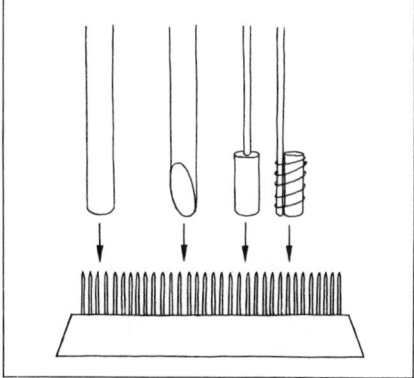

gen mit Plastilina (vor dem Einfüllen des Wassers!) erreicht werden. Ist das Gefäß hoch und schmal, können unter den K. kleine Kieselsteine eingebracht werden; er wird dadurch leichter zugänglich. Der Wasserspiegel im Gefäß muß stets die Nadelspitzen überdecken, um eine optimale Wasserversorgung der Blumen zu erreichen. Der K. findet Anwendung für Moribana, modernes Shoka, modernes Rikka sowie im Freien Stil. Die Reinigung des K. erfolgt mittels K.-Naoshi (↑ Arbeitsgeräte).

Kenzan-Naoshi ↑ Arbeitsgeräte

Kero: Gefäß für Ikebana. Ursprünglich als Opfergefäße für buddhistische Zeremonien geflochtene Körbchen, die heute allgemein zur Gestaltung von Blumenanordnungen verwendet werden.

Keshiki-ike, *Shakei:* Darstellung von Landschaften. Diese Form des Ikebana wird von einigen Schulen als eigenständig angesehen, von anderen als Abart des ↑ Moribana aufgefaßt. Die einfachste Form des K., in runden Schalen und unter Berücksichtigung von drei hauptsächlichen Elementen, lehnt sich auch sehr stark an Moribana an. Neben den allgemeinen Grundsätzen des Ikebana, wie ↑ Asymmetrie Ⓐ, ↑ Natürlichkeit Ⓐ, ↑ Schlichtheit Ⓐ und dem bewußten Berücksichtigen der jahreszeitlichen Flora, sind einige Besonderheiten zu beachten:
– zur Gestaltung von Ausschnitten der

Natur werden insgesamt mehr füllende Linien (Hilfslinien) angeordnet;
– ein Großteil des Gefäßbodens wird mit pflanzlichem Material, Moos u.ä., bedeckt;
– weitere Gestaltungselemente, wie die Wasserfläche, Steine, Holzstücken u.a., erhalten ein besonderes Gewicht. Die gegebenen Hinweise entsprechen den Regeln der Ohara-Schule.

Es werden „Traditionelle Landschaften" (Yoshiki shakei), „Realistische Landschaften" (Shakei shajitsu) und „Nichtrealistische Landschaften" (Shakei jokei) unterschieden. Für die Gestaltung traditioneller Landschaften gibt es in Japan feste Regeln für den Aufbau des Arrangements und die zu verwendenden Materialien. Insbesondere die Auswahl der traditionellen Blumen ist in Europa nicht möglich. Einige Regeln sind aber auch für das Gestalten realistischer Landschaften wichtig und werden deshalb angegeben. Man unterscheidet Nahblick (Kinkei), Mittelblick (Chukei) und Fernblick (Enkei). Der Nahblick bringt jede einzelne Blüte deutlich zur Geltung. Der Mittelblick bietet eine größere Übersicht, z.B. einen kleinen Gartenausschnitt oder den Blick auf den Winkel eines Teiches. Der Fernblick schließlich will die Atmosphäre einer ganzen Landschaft, eines Seeufers, eines Höhenzuges im Gebirge oder ähnliches vermitteln. Für diese Form müssen ausschließlich kleinblütige Blumen Verwendung finden. Das eingesetzte Zweigmaterial symbolisiert Bäume und nähert sich in seinem Aussehen fast ↑ Bonsai Ⓑ an. Sehr wichtig ist die deutliche Darstellung der jahreszeitlichen Stimmung, indem nur Blüten und Zweige der jeweiligen Jahreszeit benutzt werden. Die Bedeckung der Wasseroberfläche richtet sich ebenfalls nach der Jahreszeit und findet in vorgegebenen Richtwerten ihren Niederschlag.

Die Darstellung eignet sich hervorragend zur Wiedergabe und Verarbeitung per-

Tab. 1 Land- und See-Einteilung bei traditionellen Landschaftsarrangements (nach H. Wittig)

Jahreszeit	„Land" (Moos, kleine Farne o. ä.)	„Wasser" (freie Wasserfläche)
Frühling	2/3	1/3
Sommer	1/4	3/4
Herbst	1/2	1/2
Winter	3/4	1/4

Tab. 2 Materialien für realistische Landschaftsarrangements (Beispiele)

Jahreszeit	„Bäume" und „Sträucher"	„Krautpflanzen"	Bodenbedeckung
Winter	Kirsche, Pflaume, Apfel, Eiche, Heidekraut, Kiefer, andere Nadelgehölze	Winterling, Christrose, Schneeglöckchen	Heidekraut, Besenheide
Frühjahr	Kirsche, Pflaume, Apfel (alle mit Knospen und Blüten), Haselnuß, Forsythie, Nadelgehölze	Krokus, Wildtulpe Waldgoldstern	Moos
Sommer	Kastanie, Eiche, Eberesche, Ahorn, Nadelgehölze	Iris, Lilien, kleinblütige Rosen	Moos, Farn
Herbst	Laubgehölze in Herbstfärbung Nadelgehölze, Triebe mit kleinbleibenden Früchten	Herbstaster, kleinblütige Chrysanthemen, Herbstzeitlose	Moos, Farn

sönlicher Naturerlebnisse, zumal an das pflanzliche Material nur die Anforderung gestellt wird, tatsächlich zur gestalteten Landschaft zu gehören. Maße und Winkel können, wie überhaupt im K., vernachlässigt werden. Wichtig ist es, freies Wachsen und Werden darzustellen. Die Beachtung der Hinweise für Wasser-Land-Verteilung auch in realistischen Darstellungen ist für den Gesamteindruck förderlich, jedoch nicht zwingend notwendig. Grundsätzliche Aspekte der Natur, wie die Tatsache, daß die Bäume höher als Sträucher und Blumen wachsen, müssen berücksichtigt werden. Der Eindruck der Jahreszeiten wird durch den allgemeinen Charakter vermittelt: Frühling – kraftvolle, einfache Linien, Sommer – volle Entfaltung von Blüten und Blättern oder kühlende Teich- und Seeatmosphäre, Herbst – Schwinden von Kraft oder fruchtende Fülle, Winter – Verlassenheit, Einsamkeit, wenige Zweige und einzelne Winterblumen (Christrose, Schneeglöckchen, Winterling u.a.). Die Verwendung verschiedener Grundrisse gestattet die Darstellung beliebiger Landschaften.

Freies künstlerisches Empfinden und das Erleben von Formen und Farben in der Natur regen zum Gestalten aus der Phantasie geborener, nichtrealistischer Land-

schaften an. Spannungen und Dissonanzen können z.B. durch Zweigverbiegungen und -verschlingungen gestaltet werden. Doch sollte der Bezug zum Bild einer, wenn auch emotional erlebten Landschaft und Natur nicht verloren gehen. *Grundform des K.* Der Aufbau eines Landschaftsarrangements kann auf der Grundlage von drei oder fünf Hauptelementen durchgeführt werden. Bei der Dreiteilung ist die Anordnung mit Shin, Soe und Tai vorzunehmen. Es ist möglich, alle Elemente auf einem Kenzan zu befestigen und dann zur Entfaltung zu bringen. Auch Anordnungen, bei denen ein Element herausgelöst wird und einen anderen Platz einnimmt, sind möglich. Die besondere Bedeutung der Gefäßoberfläche, die mitgestaltet wird (Moos, Farn, Wasserfläche u.ä.), kann im Gesamtarrangement die Rolle eines Elementes einnehmen, so daß scheinbar nur noch zwei Linien aufgebaut werden. In anderen Schulen ist eine Anordnung unter Verwendung von fünf Elementen (Shin, Soe, Gyo, Do und Hikae) möglich. Shin bildet in diesem Fall die Dominante der Anordnung. Soe ist die Zweitlinie und Gyo das dritte Element. Hikae unterstützt Gyo, Do bildet den Schwerpunkt der Anordnung. Da gerade beim Landschaftsarrangement der Hintergrund eine bedeutende Rolle spielt, kann ein Hilfselement hinter Shin die besondere Bezeichnung Oku tragen. Die Ausführung des K. kann in aufrechter, geneigter oder hängender Form bzw. unter anderen Gesichtspunkten als Shin-, Gyo- und So-Form erfolgen.

Ausführung. Entsprechend der vorgegebenen Thematik bzw. der vorhandenen Pflanzen wird der geeignete Grundriß ausgesucht (Abb.) und die Verteilung der Elemente im Arrangement festgelegt (Hinweise für Jahreszeiten beachten!). Nach Wahl der Einstellpunkte für die Kenzan werden die Elemente, im allgemeinen mit Shin beginnend, angeordnet. Abschließend erfolgt die Bedeckung der Gefäßoberfläche mit Moosen, Farnen

u.a. kleinblättrigen Pflanzen. In diese „Landfläche" können weitere ergänzende Materialien (kleine Blüten, zarte Triebe) eingebracht werden.

Der *Befestigung* dient meist ein Kenzan; auch die Verwendung von ↑ Shippo ist möglich. Kleinere Pflanzenteile steckt man direkt in die Landbedeckung ein.

Kiku, »*Regel, Richtschnur*: summarische Bezeichnung für die Regeln der Anordnung, insbesondere bei traditionellen Formen.

Kimono ↑ Kombinationen der Pflanzen

Kiri-dame ↑ Biegen

Kleine Form: eine moderne Entwicklung der Ohara-Schule, die ihren Ursprung im ↑ Moribana hat, und den beengten Platzverhältnissen moderner Wohnbauten angepaßt ist. Die Verkleinerung des Arrangements wird durch den Wegfall der ↑ Fuku-Linie erreicht. Das Arrangement besteht somit nur noch aus den Linien ↑ Shu und ↑ Kyaku und wird durch füllende Hilfslinien ergänzt. Die Füller können frei innerhalb eines gedachten Rahmens, dem ↑ Dom, angeordnet werden. Vier K. F. sind bekannt (Tab.).

Die K. F. A betont durch die große Ausdehnung von Shu besonders die Senkrechte. Sie lehnt sich damit in ihrem Cha-

Keshiki-ike; Variante „Fluß" unter Verwendung von drei Elementen

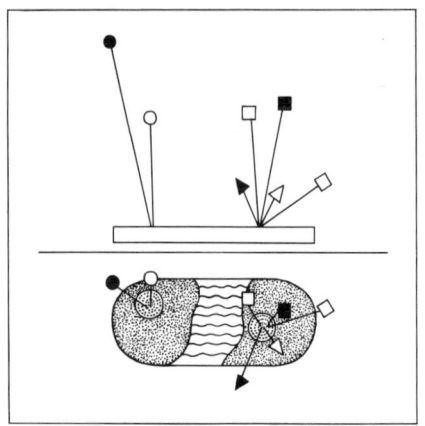

Keshiki-ike; Beispiele für Grundrißgestaltung und Wahl der Einstellpunkte im realistischen Landschaftsarrangement

 „Land" „Wasser"

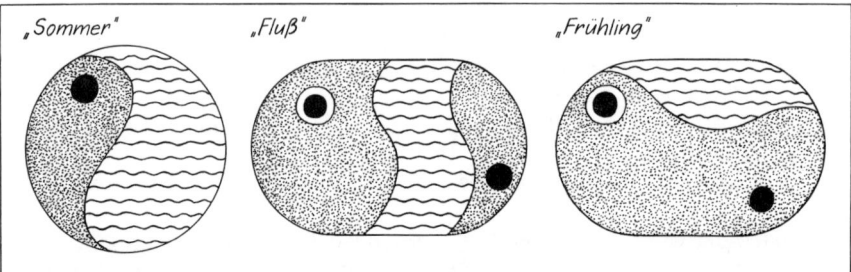

Kleine Form

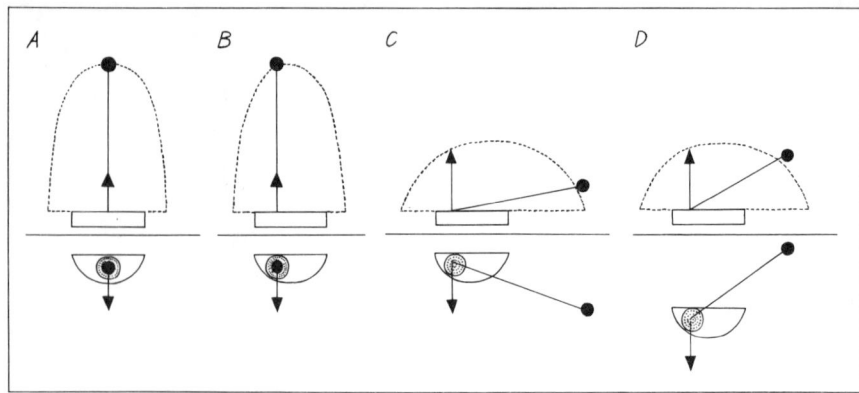

Kleine Form; A, B aufrecht, C, D geneigt
(Erklärung in der Tabelle)

rakter an die ↑Himmelstrebende Form
an. Der Einstellpunkt des Kenzan ist zentral. Die K. F. B unterscheidet sich von der
Form A durch den asymmetrischen Einstellpunkt des Kenzan. Die Asymmetrie
wird durch die Form des Domes unterstrichen. Bei der K.F. C wird der Kenzan
ebenfalls auf einer der beiden Seiten angeordnet. Shu wird dabei jeweils über die
Schale hinweggeführt (Herstellung eines
harmonischen Gleichgewichts des Gesamtarrangements). Die K.F. D. betont
besonders die Tiefe der Anordnung (Shu
führt schräg nach hinten) und stellt deshalb eine Form dar, die vom Gestalter besondere Beachtung der Ausbildung der
Räumlichkeit verlangt. Dem Charakter
und Zweck der K.F. angemessen, werden dezente Gefäße verwendet. Beson-

ders gut geeignet sind Schalen mit halbkreisförmigem Grundriß. Bei allen K. F. ist
eine spiegelbildliche Anordnung möglich.

Kleinzweige ↑ Hikae

Kombinationen der Pflanzen. Im Ikebana-Arrangement werden Kombinationen durch viele Aspekte beeinflußt. Einen Rahmen setzen auch die Jahreszeiten mit ihrem unterschiedlichen Materialangebot. Um gewünschte Wirkungen zu
erzielen, ist es wichtig, die Grundregeln
der ↑ Farbenlehre und der Formenlehre
(↑ geometrische Grundelemente) zu beachten. Auch die Einflüsse der ↑ Symbolik wirken auf den Betrachter. Die Möglichkeiten der Kombination verschiedener Pflanzenarten reichen von völlig freier
Wahl im ↑ Jiyu-ka und ↑ Shin-Pu-Tai bis
zu strengen Beziehungen im klassischen
↑ Shoka. Besonders detaillierte Vorgaben bezüglich der Materialkombination
sind für das klassische Rikka zu beachten.
Die Verwendung der Arten für bestimmte
Elemente ist in 29 überlieferten Lektionen festgelegt. Für Moribana und Nageire
sind Anordnungen nur einer Pflanzenart
(↑ Isshu-ike), Kombinationen von zwei
Arten (↑ Nishu-ike) und Kombinationen
von drei Arten (↑ Sanshu-ike) möglich.
Auch Gegenüberstellungen zwischen
Wasser- und Landpflanzen sind möglich
(↑ Suiriku-ike).

Kleine Form	Shu	Kyaku
A	aufrecht	ein Drittel
	$2 \times (d + h)$	von Shu
B	aufrecht	ein Drittel
	$1,5 \times (d + h)$	von Shu
C und D	geneigt	ein Drittel
	$1,5 \times (d + h)$	von Shu

Beispiele für jahreszeitlich bedingte Pflanzenkombinationen in verschiedenen Formen des Ikebana

Moribana und Nageire

Isshu-ike	Nishu-ike	Sanshu-ike
Frühling		
Tulpen	Birkenzweige/Anemonen	Kirschzweige/Tulpen/Freesien
Narzissen	Lärchenzweige/Freesien	Zweige mit jungen Blättern/Tulpen/Narzissen
Osterglocken	Lupinen/Pfingstrosen	Magnolientriebe/Akazienzweige/Tulpen
Sommer		
Gladiolen	kleine Sonnenblumen/Rosen	Farn/Funkienblätter/Rosen
Cosmea	Prachtscharte/Nachtkerze	Gräser/Glockenblumen/Cosmea
Rosen	Bienenfreund/Pelargonien	Salomonsiegel/Kalla/Nelken
Herbst		
Chrysan-	Sanddornzweige/Astern	Herbstlaubzweige/Lampionblume/Silberlinge
themen	Rhizinus/Chrysanthemen	Kiefernzweige/Rosen/kleinblütige
Dahlien	Rohrkolben/Kalla	Chrysanthemen
Herbstlaubzweige		Schilf/Kiefernzweige/Chrysanthemen
Winter		
Chrysanthemen	kahle Zweige/Kamelien	Knospenzweige/Kiefernzweige/Kamelien
Dahlien	kahle Zweige/Chrysan-	kahle Zweige/Wacholder/Christrose
vorgetriebene	themen	Rosen/*Gloriosa*/Begonien (*Begonia-semper-*
Forsythien	Kiefernzweige/Azaleen	*florens*-Hybriden)

Shoka

Isshu-ike	Nishu-ike	Sanshu-ike
Frühling		
Narzissen	Weidenzweige/Tulpen	Haselnußzweige/Ritterstern/Azaleen
Forsythien	blühende Quittenzweige/	Forsythien/Weidenzweige/Alpenveilchen
Kirschzweige	Kamelien	Pflaumenzweige/Spierstrauch/Rapsblüte
	junge Kieferntriebe/Nar-	
	zissen	
Sommer		
Iris	Spierstrauch/Lilien	Tamariskenzweige/Rosen/Nelken
Lilien	Iris/Disteln	Iris/*Canna*/Kalla
Gräser	Gräser/Glockenblumen	Chinaschilf/Sonnenblumen/Glockenblumen
Herbst		
Chrysanthemen	Montbretien/Lampionblume	Chinaschilf/Spierstrauch/Rosen
Herbstlaub-	Chinaschilf/Schafgarbe	Rizinus/Gräser/Chrysanthemen
zweige	Vogelbeeren/Chrysanthemen	Stachelschweingras/Feuerdornzweige/Chry-
Strelitzien		santhemen
Winter		
Schusterpalme	Forsythien/Kamelien	Kiefernzweige/Pflaumenzweige/Kamelien
kahle Haselnuß-	Kiefernzweige/Chrysan-	Bambus/Kiefernzweige/Pflaumentriebe
zweige	themen	Anthurien/weiße Orchideen/Wacholder
Ritterstern	Palmenwedel/Strelitzien	

Rikka

Sugu-shin-Rikka	Noki-jin-Rikka
Frühling	
Narzissen/Tulpen	Kirschblütenzweige/Weidenzweige/ Kiefernzweige/Kamelien
Sommer	
Königskerze/Irisblätter/Flockenblumen/Hirse/Vogelbeere/Sonnenblumen	Spierstrauch/Rizinus/Maisblüten/Lilien/Nelken/Wacholder/Weigelienzweige/Sonnenblumen
Herbst	
Chrysanthemen	Kiefernzweige/Weidenzweige/Tarmariskenzweige/ Irisblätter/Chrysanthemen
Winter	
Bambus/Kiefernzweige/kahle Zweige Kamelien	Haselnußzweige/Kiefernzweige/getrocknete Gräser/Hartriegelzweige/Rosen

Für klassisches Shoka ist die traditionelle Einteilung der Pflanzen nach japanischer Art zu beachten.

Erstes Einteilungsprinzip: Material von Bäumen „Kimono", Gräser und Blumen „Kusamono" und Material, das Eigenschaften der beiden Gruppen vereint „Tsuyomono". Kimono und Kusamono werden, wenn sie gemeinsam in einem Arrangement erscheinen, unterschiedlich angeordnet; sie werden in ihren Fußpositionen nicht vermischt, die Kimono-Gruppe steht hinter der Kusamono-Gruppe. Tsuyomono, zu denen Bambus, blühende Kamelie, Azaleen und Blauregen gehören, übernehmen in Kombination mit Kimono die Kusamono-Funktion, in Kombination mit Kusamono die Kimono-Funktion. Im Nishu-ike wird Tai im allgemeinen durch die niedriger wachsenden Kusamono bzw., wenn Shin und Soe aus Kimono gebildet werden, durch Tsuyomono gestaltet. Die Kombination Kusamono als Shin und Kimono als Tai widerspricht der Natur und wird deshalb nicht verwendet.

Zweites Einteilungsprinzip: Landpflanzen „Rikumono", Wasserpflanzen „Mizumono" und Pflanzen, die sowohl im Wasser als auf dem Land wachsen „Suiriku tsuyomono". Die Wasserpflanzen

vermitteln einen Eindruck der Reinheit und Ruhe, sie sind meist feingliedriger als die Landpflanzen. Die Beachtung dieses Einteilungsprinzips ist wichtig für die Gestaltung von ↑ Suiriku-ike, ↑ Gyodo-ike und ↑ Keshiki-ike. In Ikebana-Anordnungen wird sehr oft die in Japan wachsende Iris *(Iris ensata)* verwendet. Sie gilt als Suiriku tsuyomono. Im klassischen Shoka können höchstens zwei Pflanzenarten miteinander kombiniert werden; modernes Shoka wird auch mit mehr als zwei Pflanzenarten gestaltet. Die für klassisches Shoka geltenden Grundprinzipien für die Verwendung von Kimono, Kusamono und Tsuyomono gelten analog. Modernes Rikka unterscheidet zwischen der aufrechten Form des ↑ Sugushin Rikka und dem bewegten ↑ Noki-jin Rikka. Entsprechend der natürlichen Wuchsform von Gräsern werden diese bevorzugt als Shin für das Sugu-shin Rikka, Zweige higegen als Shin für das Noki-jin Rikka eingesetzt. Im Rikka ist es im Gegensatz zum Shoka möglich, Kimono in untergeordneten Elementen zu verwenden, auch wenn Kusamono-Materialien als Shin fungieren (Tab).

Besondere Materialgruppen. In der japanischen Art der Betrachtung der Natur, speziell im Ikebana, wurden charakteristi-

Sugu-shin-Rikka; spätsommerliche Atmosphäre

oben links Noki-jin-Rikka; Das geneigte Element Shin vermittelt Dynamik · *rechts* Futatsu-shin-Rikka; Der Kontrast der beiden Shin-Materialien trägt die Spannung · *unten links* Noki-jin-Rikka Die Materialien vermitteln winterliche Stimmung · *rechts* Kreative Gestaltung (nach Rikka)

Sugu-shin-Rikka; Herbststimmung

Noki-jin-Rikka; In modernen Gestaltungen wird gern exotisches Material verwendet

Modernes Rikka; Die Blütenfülle des Frühherbstes vermittelt die Wärme der letzten Sonnen-strahlen

Noki-jin-Rikka; Winter im Garten

oben links Gyodo-ike · *rechts* Shoka Isshu-ike; Der Charakter einer Pflanzenart wird vorgestellt · *unten links* Nageire sugutai. Azaleen vermitteln in Europa Winterstimmung und
stehen in Japan für das Frühjahr · *rechts* Shoka Nishu-ike, Symbole des Herbstes

oben Shoka Nishu-ike (Shin-Form). Unterschiedliche Stimmungen – Frühling *(rechts)* und Herbst *(links)* – bei gleicher Form · *unten* Shoka Isshu-ike; Vollmondnacht

sche Gruppen von Pflanzen zusammengefaßt, die entweder durch ihr jahreszeitliches Erscheinen oder besondere Wuchseigenschaften ausgezeichnet sind. Zu den „Sieben Gräsern im Frühling" (Gräser ist hier nicht im botanischen Sinn zu verstehen, sondern bezeichnet allgemein „keine Bäume") gehören beispielsweise Rebendolde (*Oenanthe javanica*), japanisch Seri; Hirtentäschel *(Capsella bursa-pastoris)*, japanisch Nazuna; Vogelmiere (*Stellaria media*), japanisch Hakobe, und Taubnessel *(Lamium)*, japanisch Hotokenoza. Berühmt geworden sind die attraktiveren „Sieben Gräser des Herbstes" (Aki-no-Nanakusa), die unter anderen in die Poesie eingegangen sind und ihren Niederschlag in Verzierungen auf Schwertern gefunden haben.

Chinaschilf	(Miscanthus sinensis)	Susuki
Hagi-Strauch, Buschklee	(Lespedeza)	Hagi
Wasserdost	(Eupatorium)	Fujibakama
„Knabenkraut"	(Pueraria lobata)	Kuzu
Goldbaldrian	(Patrinia)	Ominaesshi
Breitglocke, Ballonblume	(Platycodon grandiflorum)	Kikyo
Nelke	(Dianthus superbus)	Nadeshiko

Andere Kombinationen sind bekannt, z. B. Chinaschilf, Buschklee, Wasserdost, Goldbaldrian, Chrysantheme, Winde, Ballonblume.

Die Gruppierung ↑Taremono, zu der in Japan unter anderem die Forsythie *(Forsythia intermedia)*, japanisch Rengyo, sowie der Kanton-Spierstrauch (*Spirea cantonensis*), japanisch Kodemari, gehören, trägt dem rankenden bzw. hängenden Wachstum Rechnung.
Eine besondere Stellung nehmen auch die ↑Tsuyomono ein, von denen drei Sortimente bekannt sind:

Für alle Jahreszeiten geeignet		
Bambus	(Phyllostachis)	Take
Blauregen	(Wisteria floribunda)	Fuji
Strauchpaonie	(Paeonia suffruticosa)	Botan
Frühling		
Besenginster	(Cyticus)	Enishida
Forsythie	(Forsythia intermedia)	Rengyo
Schneeweide, Spierstrauch	(Spirea)	Yukiyanagi
Sommer		
Hortensie	(Hydrangea)	Ajisai

Die aufgeführten Materialgruppen sind nicht oder nur bedingt auf europäische Verhältnisse übertragbar. In den europäischen Ikebana-Schulen bildet sich deshalb zunehmend eine eigene Zusammenstellung heraus. Bodenständige Traditionen, japanische Erfahrungen und Ergebnisse des internationalen Artenaustausches im Gartenbau bilden dabei die Grundlage intensiver Betrachtung der Natur, der Parks und Gärten aus einer neuen Sicht, die erst im Entstehen ist. So werden beispielsweise Tulpe und Dahlie längst nicht mehr als eingeführte Pflanzen betrachtet. Die Rose büßte aufgrund ihrer Gewächshauskultur und beliebten ganzjährigen Verwendung trotz des Schwerpunktes der Blüte im Freiland im Juli und August bereits viel vom ausschließlich sommerlichen Charakter ein, wohingegen der zunehmende Angebotszeitraum für Chrysanthemen im Frühjahr vom Käufer bisher kaum akzeptiert wurde.
In Gärten und Parks haben vielfach eingeführte Pflanzen ihres eindrucksvollen Habitus wegen einheimische Arten verdrängt und bestimmen heute das Bild der gestalteten Landschaften wesentlich; die Gräser sind ein eindrucksvolles Beispiel.

Unter Berücksichtigung der Einschränkungen, die der noch andauernde Prozeß mit sich bringt, zeichnen sich gegenwärtig folgende Gruppierungen im europäischen Ikebana ab:

Frühling	*Sommer*
Krokus	Funkie
Weidenkätzchen	Gartenmargerite
Forsythie	Wildrosen
Tulpe	Schafgarbe
Narcissus	Glockenblume
Birkengrün	*Clematis*
Iris	Gladiole
Herbst	*Winter*
Sonnenbraut	kahle Zweige
Getreide	Nadelholzgrün
Chinaschilf	Christrose
Silberfahnengras	Winterling
Aster	Schneeglöckchen
Chrysanthemen	Winterjasmin
Herbstlaub	Märzbecher

Komiwara: Bündel aus Stroh, die nur an einer Seite gebunden sind und als Befestigungshilfen für Rikka dienen. Sie werden mit der nicht gebundenen Seite nach oben straff in Gefäße mit relativ kleiner Öffnung eingesteckt. Zur Herstellung von K. werden immer nur wenige Halme zu kleinen Bündeln zusammengefaßt, diese werden dann zu größeren gebunden und so weiter, bis das gewünschte Maß erreicht ist. Zum Schluß sind alle Halme auf eine Länge zu schneiden.

Komposition: 1. wesentlicher Abschnitt des Gestaltungsprozesses. Dabei werden im Sinne eines schöpferischen oder künstlerischen Gestaltens K.prinzipien angewendet, die schließlich in die K. des Arrangements einmünden. −**2.** das Endprodukt des K.prozesses. Die K. umreißt eine bestimmte ästhetische Form, die die verwendeten Materialien in neuer, von der Natur abweichender Zusammenstellung und Anordnung darbietet. Sowohl für das ↑ Blumenbinden europäischer Art als auch für ↑ Ikebana gilt, daß das Aus-

gangsmaterial bereits eine eigene ästhetische Wirkung mitbringt. Die Erarbeitung einer K. muß unter Beachtung der K.prinzipien erfolgen. Diese betreffen die Ausbildung von ↑ Harmonie und ↑ Kontrast, die Beachtung der Ordnungsprinzipien sowie die Entwicklung der ↑ Proportionen und ↑ Gruppierungen. Die K. wird wesentlich durch die Anordnung ↑ geometrischer Grundelemente beeinflußt. Besondere Aufmerksamkeit ist der Farb.-K. zu widmen (↑ Farbenlehre). Im Ikebana werden allgemeine Erfahrungen zum Wirken der K.prinzipien gesammelt und immer wieder reproduziert. In den heute lebendigen ↑ Formen des Ikebana sind diese Prinzipien als Erfahrungswerte umgesetzt, obwohl die Formenlehre des Ikebana einen anderen historischen Ursprung hat als das Blumenbinden europäischer Art. Der Unterschied beruht nicht auf dem Wirken grundsätzlich anderer ästhetischer Prinzipien, sondern auf der unterschiedlichen Dominanz einzelner Seiten (z. B. Asymmetrie − Symmetrie). Auf diese Weise werden Ikebana-Arbeiten trotz ihrer eigenen Art der K. auch in Europa verständlich. Zusätzlich ist jedoch, insbesondere bei traditionellen Anordnungen, der über den rein optischen Wert hinausgehende Aspekt des ↑ Kado Ⓐ zu beachten. Auch religiösphilosophisches Gedankengut des ↑ Zen-Buddhismus Ⓐ, Buddhismus und ↑ Shintoismus Ⓐ hat die K.weisen des Ikebana unmittelbar beeinflußt.

Konditionieren: Maßnahme zur Verbesserung der Haltbarkeit von Schnittblumen. Sofort nach dem Schnitt werden die Triebe in einen wassergefüllten Eimer gestellt. Das ermöglicht eine kaum unterbrochene Wasseraufnahme und ist für alle Arten zu empfehlen, für einige Blumen wie Rudbeckien und *Heliopsis* aber unumgänglich.

Konservieren: alle Maßnahmen zum Erhalten von Form und Farbe von Pflanzenteilen, die selbst nicht mehr lebendig sind. Dazu gehört beispielsweise das ↑ Trocknen von Blumen sowie die Behandlung mit Schwefeldämpfen. Im weiteren Sinne wird auch das ↑ Präparieren als K. bezeichnet. Da die Demonstration von Lebendigkeit und Natürlichkeit wesentliche Ziele der Gestaltung von Ikebana sind, hat die künstliche Trocknung von Blumen in diesem Zusammenhang keine Bedeutung. Lediglich getrocknete Blüten, Fruchtstände und Gräser, die der natürlichen Trocknung an der Luft unterliegen, finden der Jahreszeit und gestalterischen Aussage entsprechend Verwendung.

Konstruktives Ikebana: Ausführung von Ikebana-Anordnungen, bei denen von den genau festgelegten Maßen und Winkeln der ↑ Formen des Ikebana ausgegangen wird. Es stellt einen Weg zum Erlernen des Ikebana dar.

Kontrast: eine auf entgegengesetzten Eigenschaften beruhende Spannung. Durch K. wird die Wahrnehmbarkeit ein-

oben links Größenkontrast, *rechts* Formkontrast, *unten links* Mengenkontrast, *rechts* Richtungskontrast

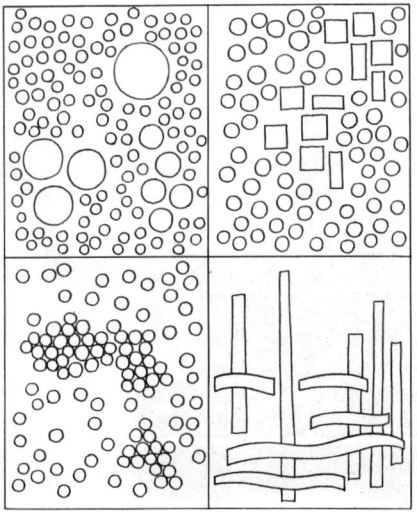

zelner Objekte innerhalb eines Ganzen verbessert oder überhaupt erst ermöglicht. Es ist deshalb ein wichtiges Gestaltungsprinzip, das im Rahmen der ↑ Komposition eines Arrangements bewußt verwendet wird. K. können unterschiedlich stark ausgeprägt sein. Für die Arbeit mit Blumen und Pflanzen sind fünf unterschiedliche Arten des K. von Bedeutung.

– *Größen-K.* Große Formen heben sich aus einer Umgebung von kleinen Formen ab, was insbesondere bei ↑ Gruppierungen zu beachten ist.

– *Form-K.* Eckige Formen werden inmitten runder zum optischen Schwerpunkt.

– *Mengen-K.* Dicht gefüllte Flächen bilden gegenüber einer lockeren Umgebung einen Schwerpunkt.

– *Richtungs-K.* Senkrechte Formen dominieren gegenüber waagerechten.

– *Farben-K.* (↑ Farbenlehre).

Von besonderer Bedeutung für Ikebana ist der Gegensatz zwischen den vorhandenen pflanzlichen Materialien und dem umgebenden freien Luftraum. Dieser Gegensatz wird durch sparsame Materialverwendung und gestalterische ↑ Schlichtheit Ⓐ besonders gefördert. Er ermöglicht dem Betrachter, sich mit den vorhandenen Freiräumen auseinanderzusetzen (↑ Kado Ⓐ).

Kontrastform: in der Ohara-Schule eine Ausführung von ↑ Moribana und Heika (↑ Nageire). Vorrangig werden unter besonderer Beachtung von Farb- und Formenkontrasten pflanzliche Materialien mit zart bewegten Linien und solche mit großen Flächen in Beziehung zueinander gebracht. Bei Moribana soll ↑ Shu eineinhalbmal die Summe von Durchmesser und Höhe des Gefäßes erreichen; es wird im ↑ Kenzan vorn rechts mit deutlicher Neigung nach links und geringer Bewegung zum Betrachter hin arrangiert. ↑ Fuku wird etwas länger als die Hälfte von Shu geschnitten, links im Kenzan angeordnet und nach rechts geneigt (Kreuzung mit Shu). ↑ Kyaku erreicht ein Drittel

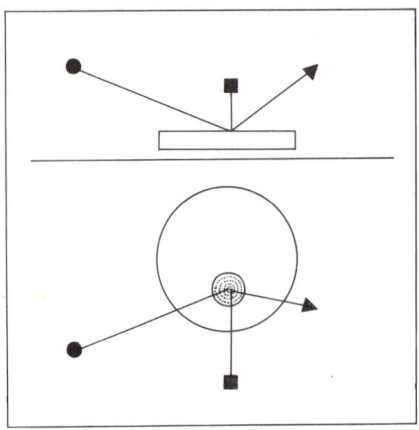

Rißdarstellung der Kontrastform
(Ohara-Schule, Moribana)

Eineinhalbfache der Vasenhöhe. Fuku ist etwa halb so lang wie Shu. Beide Linien sind Gegenpole und neigen sich mit unterschiedlichen Winkeln nach rechts bzw. links. Kyaku hingegen weist mit einer Neigung von 80° und einer Länge, die ein Drittel von Shu mißt, direkt auf den Betrachter. Füllende Hilfslinien ergänzen das Gesamtbild. Ein wirkungsvoller Kontrast entsteht, wenn für Shu und Fuku geschwungene Zweige, für Kyaku aber farblich aktiv wirkende großflächige Blüten verwendet werden. Zur Befestigung werden ↑ Kubari fest an Shu und Fuku angebunden.

Körper ↑ geometrische Grundelemente, ↑ Tai

Koshi: der untere Abschnitt von Shin im Shoka. K. wird bis zu dem Punkt gerechnet, an dem die Shin-Kurve am weitesten ausschwingt und sollte etwas weniger als die Hälfte der Gesamthöhe von Shin ausmachen.

Koten-Rikka: klassische Gestaltungsweise des Rikka, bei der strenge Vorschriften zur Wahl des Gefäßes und der Pflanzen – beide müssen japanischen Ursprungs sein – zu beachten sind. Zur

der Länge von Shu, ist im allgemeinen großflächiger, bildet einen farblichen Schwerpunkt und neigt sich mit 80° zum Betrachter. Füllende Hilfslinien geben den Anordnungen Tiefe. Der Kenzan wird unmittelbar vor der Mitte des Gefäßes plaziert. Eine spiegelbildliche Anordnung ist möglich.
Bei Heika beträgt die Länge von Shu das

Kontrastform (nach Wittig, Ikebana)

Gestaltung von K. können traditionelle, seit langer Zeit überlieferte Anordnungen nachempfunden werden. Die klassische Gestaltungsweise des Rikka sollte Meistern nach langjährigen Übungen vorbehalten bleiben. K. wird nach 29 historischen Lektionen erlernt.

Kreatives Rikka: eine Ausführungsweise des Rikka, die sich an den Gestaltungen des modernen Rikka (Gendai-Rikka) orientiert, aber noch wesentlich freier in Materialauswahl und Linienführung ist. Das K.R. ist hervorragend geeignet, individuelle Stimmungen und Empfindungen in einer sehr eleganten und dekorativen Art und Weise auszudrücken.

Kranz: im Ikebana nicht übliche Form des Blumenbindens europäischer Art.

Kubari: ein kleines Holzstück, gegebenenfalls auch aus einer Astgabel geschnitten, das in ein becher- oder vasenförmiges Gefäß eingestellt oder eingeklemmt wird. Am K. wird der Haupttrieb der jeweiligen Anordnung angelehnt oder angebunden. Weitere Zweige und Stiele werden in die entstehenden Lücken eingesteckt. Durch dieses Hilfsmittel wird eine freie und natürliche Linienführung bereits einzelner Zweige möglich. Die Länge der eintauchenden Blumenstiele kann verringert werden, so daß weniger Fäulnissubstanz gebildet wird. Da sich die Blumenstiele am Vasenrand nicht gegenseitig abquetschen, sind Wasserversorgung und Haltbarkeit der Pflanzen verbessert. Die Ausführung der K.-Technik kann in unterschiedlicher Art und Weise erfolgen. Bei senkrecht und schräg eingestelltem K. wird dieser mit

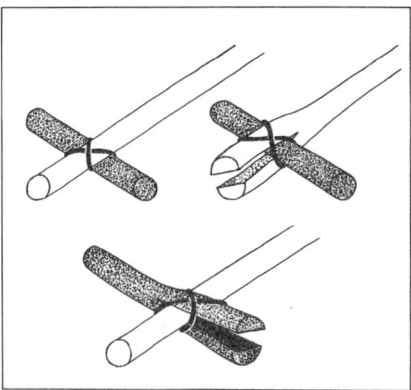

Zum Herstellen einer festen Verbindung zwischen Hilfs- und Hauptzweig kann einer von beiden eingeschnitten werden, zusätzlich wird Bindematerial verwendet

Kubari können senkrecht, schräg oder waagerecht in das Gefäß eingebracht werden; die Hauptzweige werden im Winkel abgeschnitten und erhalten damit eine weitere gerade Auflagefläche an der Gefäßwand

Der waagerechte Kubari ist in vielfältigen Variationen möglich
(Blick von oben in die Gefäße hinein)

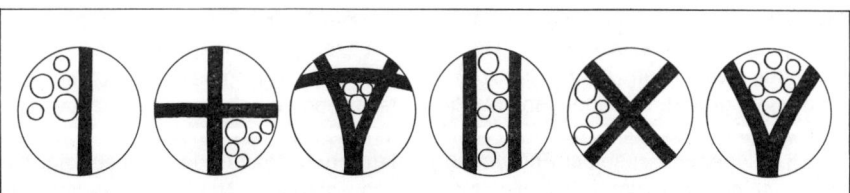

dem Hauptzweig so aneinander gebunden, daß sie nach dem Einstellen ins Gefäß unter Spannung stehen. Bei waagerechtem K. können auch mehrere Aststückchen miteinander zu Kreuz- und Gitterformen kombiniert werden. Durch Einstecken der floralen Materialien in nur einen Teil der entstehenden Öffnungen wirkt die Anordnung besonders elegant. Zum Herstellen einer festen Verbindung zwischen K. und Zweig sind verschiedene Bindetechniken möglich (Abb.). Besondere Vorsicht ist beim Einpassen von K. in Glasgefäße geboten. Die Enden des K. werden zum Verhindern von Kratzern und Sprüngen mit Stoff umwickelt. Zur Verwendung in Vasen vorgesehene Blumen und Zweige werden schräg geschnitten, so daß ihre Schnittfläche am Gefäß anliegt und einen zusätzlichen Halt gewährt. Die K.-Technik wird für Nageire und im Freien Stil angewandt.

Kusabi-dame ↑ Biegen
Kusamono ↑ Kombinationen der Pflanzen
Kyaku, Kyakushi: Bezeichnung der ↑ Ohara-Schule für das kleinste Element in ↑ Moribana und Heika (↑ Nageire).

L

Landschaftsarrangement ↑ Keshiki-ike
Linie ↑ geometrische Grundelemente

M

Mae-Ashirai ↑ Ashirai
Mae-oki, »das nach vorn gelegte«, Vorderteil: ein Element des Rikka, das zu den neun Hauptlinien (↑ Yakueda) im Arrangement gehört. Es bildet den unteren und vorderen Abschluß der über dem Gefäß gelegenen Achse der Anordnung. Durch seine Lage unterstreicht dieses

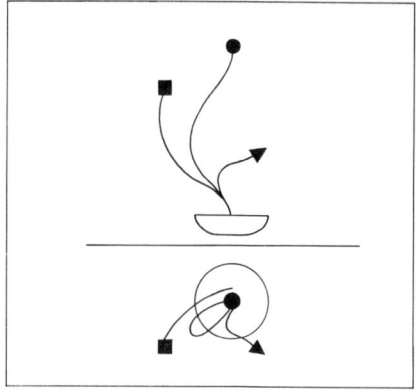

Mae-zoe (nach vorn gezogenes Soe)

Element das optisch attraktiv ausgeführte Zentrum des Rikka, ↑ Do, mit dem es in besonderen Fällen auch gemischt arrangiert werden kann. Bei der Ausführung von M. ist zu beachten, daß der freistehende Fuß des Rikka (↑ Mizugiwa) nicht verdeckt wird. Die Wirkung von M. wird durch ↑ In-dome und ↑ Yo-dome unterstrichen.

Mae-zoe »nach vorn gezogenes Soe«: Bezeichnung für ein ↑ Shoka-Betsuden, bei dem sich Soe, abweichend von seiner üblichen Richtung, auf den Betrachter zu bewegt. Diese Form wird angewandt, wenn die besondere Wuchsform der Zweige dies erfordert oder hinter dem Gefäß nicht mehr genügend Platz für Soe ist. Ein Hilfszweig, Za, nimmt die Stelle von Soe ein.

Mangetsu ↑ Tsuki
Marukanmimi ↑ Gefäße
Maße. Für die Gestaltung der verschiedenen ↑ Formen des Ikebana werden bestimmte Maßverhältnisse für die einzelnen Elemente angegeben. Sie sind jedoch nicht als Dogma zu betrachten, sondern geben einen gewissen Richtwert für die Proportion an, die nach der Erfahrung den Eigenschaften der Pflanzen am besten entspricht. Neben der Angabe der

Zahlenverhältnisse ist in vielen Lehrbüchern auch die Wiedergabe der M. in Form von ↑ Fotografien, ↑ Zeichnungen oder ↑ Rißdarstellungen der Arrangements üblich.

Völlig ohne vorgegebene Maßverhältnisse kommt der Freie Stil (↑ Jiyu-ka) aus.

Matagi, »*Gegabelter Baum*«: ein Hilfsmittel zur Befestigung von Blumen und Pflanzen in becher-, kelch- und vasenförmigen Gefäßen. Die M.-Technik ermöglicht die Gestaltung des für Shoka notwendigen gemeinsamen Fußes aller Linien und Elemente.

Der M. ist eine Astgabel, die in die Gefäßöffnung waagerecht von oben eingeklemmt wird. Zwischen den beiden Schenkeln der Gabel werden die Elemente hintereinander von vorn beginnend eingestellt. Der Abschluß auf der dem Betrachter abgewandten Seite wird durch Einklemmen eines Schlußholzes, Tomegi oder Yokogi genannt, erreicht. Die Spitze der Astgabel weist bei Anordnungen, die senkrecht aus dem Gefäß herauswachsen (Ikenobo- und Saga-Schule), nach vorn. Bei bereits im Fuß geneigten Anordnungen (Koryu-, Saga-

Maze-ike

u. a. Schulen) ist die Spitze der Astgabel leicht zur Seite gedreht. Ersatzweise kann statt der Astgabel auch ein kurzes Holzstück gespalten werden, das aber vorher durch Bindematerial auf einer Seite zu umwickeln ist. Soll klassisches Shoka in flachen Schalen gestaltet werden, so ist der M. ungeeignet. In diesem Fall ist ein ↑ Shippo zu benutzen.

Maze-ike, »*Gemischtes Arrangement*«: eine besondere Form des ↑ Shoka Nishu-ike, bei dem zwei Materialien gemischt werden. Sowohl im Gesamtarrangement als auch innerhalb eines jeden Elementes übernimmt eine Pflanzenart die dominierende Rolle. M. werden ausschließlich zur Gestaltung von Sommer- und Herbstaspekten herangezogen.

Zur Befestigung dient ↑ Matagi mit Tomegi, wobei im Matagi eine Art vorn angeordnet, die andere vollständig im hinteren Teil eingebracht wird. Mögliche Kom-

Matagi *(schwarz)* in ein Gefäß eingeklemmt; von hinten werden die Stiele durch einen Tomegi (Schlußholz; *gerastert*) gehalten

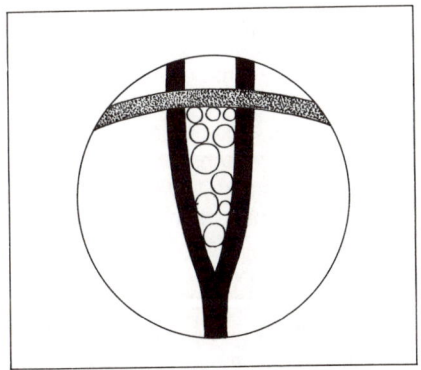

binationen sind Chinaschilf mit Cosmea (Cosmea vorn), Chinaschilf mit Schafgarbe (Schafgarbe vorn), Schafgarbe mit Glockenblume (Glockenblume vorn) u. ä.

Mekabu: ein Element zweiteiliger Ikebana-Anordnungen in ↑Futakabu-ike-Form. In diesen Anordnungen werden die beiden Grundprinzipien In und ↑Yo Ⓐ in ihrer Wechselwirkung wiedergegeben. M. symbolisiert das weibliche, passive und feuchte Prinzip und wird deshalb im Wasser-Land-Arrangement (↑Suriku-ike) durch die Wasserpflanzen dargestellt. Bei der Kombination von Zweigen und Blumen finden die weicheren und zarteren Elemente für M. Verwendung. Der zweite Partner, ↑Okabu, erhält die Dominanz. Beide Teile des Futakabu-ike können als vollständige Arrangements, die durch Materialwahl oder Form zueinander in Beziehung stehen, realisiert werden. Es ist jedoch auch möglich, daß Shin und Soe in Okabu und Tai in M. einfließen.

Mensch ↑Shin; ↑Soe

Mikoshi: ein Element des Rikka. Wie bereits der Name sagt, der sich von mikosu »hinübersehen« ableitet und mit Fernblick zu übersetzen ist, weist diese Hauptlinie (↑Yakueda) schräg nach hinten und bildet mit ↑Uke den Übergang zwischen dem dominierenden Element Shin und dem weit ausgebreiteten Nagashi.

Mizuage, Mizugiri↑Haltbarkeit

Mizugiwa: Bezeichnung für das Fußstück eines Rikka bzw. Shoka, das auch bei kleineren Arrangements deutlich sichtbar sein muß. Der gemeinsame Stamm aller Elemente der Anordnung erstreckt sich dabei vom Gefäßrand bis zu dem Punkt, an dem die einzelnen Linien abzweigen. Die Länge von M. ergibt sich aus der Gesamthöhe der Anordnung.

Mizugiwa-no-Rikka ↑Noki-jin-Rikka

Mizumono ↑Kombination der Pflanzen

Mondarrangement ↑Tsuki

Mondgefäß ↑Tsuki, ↑Gefäße

Moos: zusätzliches Gestaltungselement für in Schalen gestaltete Anordnungen (↑Moribana, ↑Keshiki-ike). Eine wichtige Verwendungsmöglichkeit ist das Abdecken des ↑Kenzan, der natürliche Eindruck der Anordnung verstärkt sich auf diese Weise. Anstelle von M. können auch ↑Steine zum Abdecken verwendet werden. Das Abdecken des Kenzan wird von einigen Ikebana-Schulen befürwortet, von anderen abgelehnt. Besondere Bedeutung haben M. bzw. ähnlich flächig und niedrig wachsende Pflanzen im Keshiki-ike, wo sie die Funktion des Landteils übernehmen, aus dem sich die anderen Elemente erheben. Die M.ballen werden erst nach dem Stecken aller in die Höhe ragender Elemente aufgebracht. Beim Sammeln des M. (Naturschutzbestimmungen einhalten!) ist darauf zu achten, daß möglichst wenig Erde an den Wurzelhärchen haftet. Trotzdem ist nach dem Einlegen in die Schale meist nochmals ein ↑Wasserwechsel notwendig.

Moospolster. Als ↑Steckbasis ist am besten Plattenmoos *(Leucobryum glaucum)* zu verwenden. Ein entsprechendes Stück wird mit der Hand unter leichtem Druck halbkugelig geformt und mit Bindedraht umwickelt. Dabei ist eine Größenreduzierung des Ballens um ein Drittel zu erreichen. Auf diese Weise bleibt die Fähigkeit zur Wasserspeicherung erhalten und die notwendige Festigkeit wird erzielt. M. sind in das vorgesehene Gefäß straff einzupassen oder mittels Draht bzw. ↑Pinholder am Behältnis zu befestigen. Beim Einstecken der Triebe in das Polster ist mit einem Steckholz vorzubohren. Die frisch angeschnittenen Triebe sind bis zum Gefäßboden in das feuchte M. einzustecken und dann leicht anzudrücken.

Die Verwendung von M. ist keine traditionelle Technik des Ikebana, sondern hat ihren Ursprung im europäischen Blumenbinden. Es kann aber für einige For-

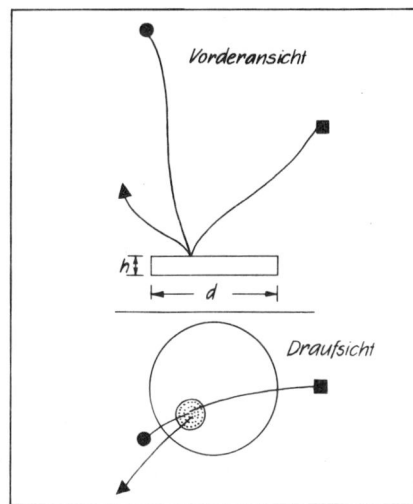

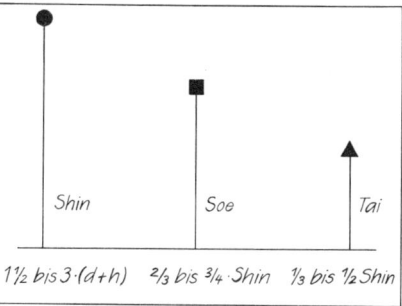

Faustregel für die Länge der Hauptlinien im Moribana (Bezeichnung der Elemente nach der Ikenobo-Schule)

men des Ikebana, z. B. Keshiki-ike, Moribana shimentai und Jiyu-ka, benutzt werden.

Moribana: eine der fünf grundlegenden Formen des Ikebana. Der Begriff M. setzt sich aus zwei japanischen Wörtern zusammen. Das Wort m o r u würde in der deutschen Sprache »anhäufen, aufhäufen« bedeuten. Der Wortteil b a n a ist eine Ausspracheform des japanischen h a n a, die in Zusammensetzungen verwendet wird. Hier bedeutet es – wie bei der Verwendung in Ikebana – »Blumen oder Pflanzen« im allgemeinen Sinn. M. wird also am besten mit »aufgehäuften

Blumen« oder »Blumenbusch« übersetzt. *Geschichte.* Moribana wurde Ende des 19. Jh. nach intensiven Naturstudien und Anregungen aus anderen Stilrichtungen (z. B. ↑ Suna-no-mono) entwickelt. Die Entstehung des M. ist eng mit der Erfindung des ↑ Kenzan verbunden.
Grundstruktur: Das M. ist eine großzügige und sehr eng an natürliche Formen angelehnte, deutlich asymmetrische Ikebana-Form, die immer eine gewisse Bewegung ausdrückt. Es ist durch einfache und klare Regeln gekennzeichnet und kann deshalb auch von Anfängern gut erschlossen werden. Der freie Raum ,zwischen den Elementen und die Wasserfläche werden bewußt in die Gestaltung einbezogen. M. ist nur für die Ansicht von vorn vorgesehen (Ausnahme ↑ Moribana shimentai) und wird deshalb vor einer Wand oder in einer Ecke bzw. Nische aufgestellt. Der Charakter des Arrangments wird durch Richtung und Länge der drei Hauptlinien bestimmt, die in den bekanntesten Schulen unterschiedliche Bezeichnungen tragen (Tab.)
Zur Betonung des Zentrums des Arrangements wird in manchen Schulen auch im M. das Element ↑ Do verwendet. Für die Bestimmung der Maße der Elemente gilt die in der Abbildung dargestellte Faustregel.

Elemente des Moribana in verschiedenen Ikebana-Schulen

	Ikenobo-Schule	Ohara-Schule	Sogetsu-Schule
längstes Element	Shin	Shu	Shin
mittleres Element	Soe	Fuku	Soe
kleinstes Element	Tai	Kyaku	Hikae

Shin ist eineinhalb bis dreimal so lang wie die Summe aus Höhe und Durchmesser des verwendeten Gefäßes. Soe und Tai richten sich in ihrer Länge nach Shin (Abb.). Damit die verarbeiteten Pflanzen einen harmonischen, dem Anliegen des M. entprechenden Eindruck hervorrufen, müssen die Endpunkte der drei Hauptlinien ein schräg im Raum stehendes ungleichseitiges Dreieck bilden.

Als Gefäße dienen flache Schalen oder Pokale (↑ Moribana suitai). Die Befestigung der Blumen und Pflanzen (↑ Hanadome) erfolgt mittels ↑ Kenzan. Selten wird der ↑ Shippo benutzt. M. hat bis heute aufgrund seiner vergleichsweise einfachen Technik und Form weite Verbreitung gefunden und wird in Ikebana-Kursen oft als erste Form unterrichtet.

Formen des M. Das M. der Ikenobo-Schule unterscheidet ↑ aufrechte, ↑ geneigte und ↑ hängende Gestaltung (↑ Moribana chokutai, ↑ Moribana shatai und Moribana suitai). Diese Bezeichnung richtet sich nach dem Winkel, mit dem Shin von der Senkrechten abweicht. Jede dieser Gestaltungsweisen kann in drei möglichen Varianten ausgeführt werden, so daß neun Basisformen des M. bekannt sind. Die Sogetsu-Schule unter-

scheidet im M. eine aufrechte (10 bis 15°), eine geneigte (etwa 45°), eine ↑ ausgebreitete (etwa 75°) und eine ↑ kaskadenförmige (90 bis 180°) sowie eine ↑ horizontale Form. Die ausgebreitete Form kann aber auch als Variation der geneigten Form betrachtet werden. Die Ohara-Schule teilt neben den sog. ↑ Kleinen Formen M. in aufrechte, geneigte und ↑ Himmelstrebende Form sowie in ↑ Wasserfallform, ↑ Konstrastform und ↑ Einreihenform ein.

Auch Bezeichnungen wie Nah- und Fernansichtform werden von einzelnen Schulen verwendet.

Zusätzlich zu den Basisformen der Schulen werden besondere Varianten des M. gepflegt. Dazu gehören das ↑ Moribana shimentai (Tischarrangement) und das ↑ Morimono, eine Anordnung von Obst u. a. Früchten in ästhetisch anspruchsvoller Art und Weise. Unter Anwendung der Grundsätze des M. sind zweiteilige Arrangements (↑ Moribana Futakabu-ike) ebenso wie eine Komination von M. und ↑ Nageire möglich (↑ Futakabu-ike). Als besondere Form des M. muß das Landschaftsarrangement (↑ Keshiki-ike) ausgewiesen werden. Die Ohara-Schule führt es als eigenständige Grundform neben M., Heika (↑ Nageire) und ↑ Jiyu-ka ein. In modernen Lehrsystemen werden neue, den Grundstil nicht verändernde Aspekte in das M. eingebracht. So ist beispielsweise eine Zweiteilung des Shin möglich (Anregung durch eine Form des Rikka, ↑ Futatsu-shin-Rikka). Es entsteht ein ↑ Doppel-Shin-Moribana.

Die Stimmung eines M. unterliegt wesentlich dem Einstellpunkt der Blumen in das Gefäß. Im allgemeinen wird der Kenzan deshalb nicht in der Mitte und auch nicht direkt am Rand des Gefäßes plaziert.

Je nach Wahl des Einstellpunktes wird ein mehr oder weniger großer Teil der Wasserfläche sichtbar, die somit als Ge-

Die Fußpositionen der Hauptelemente des Moribana bilden auf dem Kenzan ein Dreieck; damit wird die freie Entfaltung der Elemente in die vorgesehene Richtung ermöglicht

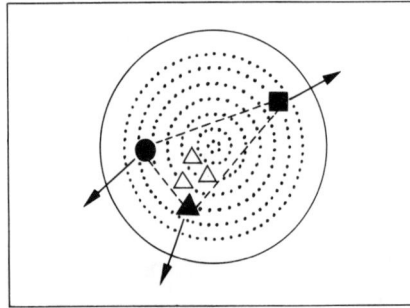

staltungselement in die ↑ Gesamtwirkung des Ikebana einbezogen ist. Einige Gefäße erfordern auch für das M. einen zentralen Ursprung aller Hauptlinien. Um eine günstige räumliche Entfaltung der Elemente des M. zu erreichen, sind bestimmte ↑ Fußpositionen für Shin, Soe und Tai zu wählen. Die Enden der Blumenstiele und Zweige bilden deshalb auf dem Kenzan ein ungleichseitiges Dreieck. Damit der natürliche, leichte Eindruck des M. erhalten bleibt, dürfen Zweige, Blumen oder Blätter weder den Rand der Schale noch die Wasseroberfläche berühren (Ausnahme ↑ Ukibana). Der Kenzan kann durch pflanzliche Elemente verdeckt werden oder bei einer sehr sauberen Steckweise, die man anstreben soll, auch sichtbar bleiben (Ikenobo-Schule). Das Abdecken des Kenzan mit Stein, Holz, Moos oder anderen zusätzlichen Gestaltungselementen wird von einigen Schulen abgelehnt, von anderen befürwortet. Entscheidend ist der optische Eindruck des Gesamtarrangements und die Einhaltung der Prinzipien der Schule, der man beim Studium folgt.
Moribana chokutai: aufrechte Form des Moribana, die besonders gut Kraft, Entfal-

Moribana chokutai; Aufrechte Formen des Moribana in der Gestaltungsweise der Ikenobo-Schule *(a)*, der Sogetsu-Schule, Grundform *(b)* und der Ohara-Schule *(c)*

tung und Freude auszudrücken vermag. Ihre klare Gestaltung bringt solche Kategorien des Ikebana wie Schlichtheit und Einfachheit besonders zum Tragen. Die Ikenobo-Schule lehrt drei Arten des M. c., die durch die unterschiedlichen Richtungen der drei Elemente Shin, Soe und Tai im Raum gekennzeichnet sind. Als Richtwerte für die Elemente gelten: Länge: Shin = 1,5 bis 3 × (d + h); Soe zwei Drittel Shin; Tai = ein Drittel Shin. Neigungswinkel: Shin 0 bis 30°; Soe etwa 45°; Tai etwa 75°. Maße und Winkel werden von der Sogetsu-Schule ähnlich angegeben. Man unterscheidet für die Länge von Shin „kleines Maß" = 1 × (d + h); „mittleres Maß" = 1,5 × (d + h) und „großes Maß" = 2 × (d + h). Soe soll Dreiviertel von Shin messen, und das dritte Element (↑ Hikae) erreicht die Hälfte bis Dreiviertel von Soe (etwa ein Drittel bis die Hälfte von Shin). Neben der Grundform des M. c. werden fünf Varianten gelehrt. Die Hauptlinien werden durch Hilfselemente (↑ Jushi) unterstützt.
Die Ohara-Schule orientiert bei den Hauptelementen auf folgende Werte: ↑ Shu = d + h (oder mehr); ↑ Fuku = zwei Drittel Shu; Kyaku = die Hälfte von Shu. ↑ Ashirai bzw. Füller ergänzen die drei Hauptlinien und geben der Anordnung zusätzliche Dynamik und Spannung.
Der Kenzan wird beim M. c. meist nicht zentral und nicht unmittelbar am Gefäßrand eingestellt (↑ Moribana). Um die

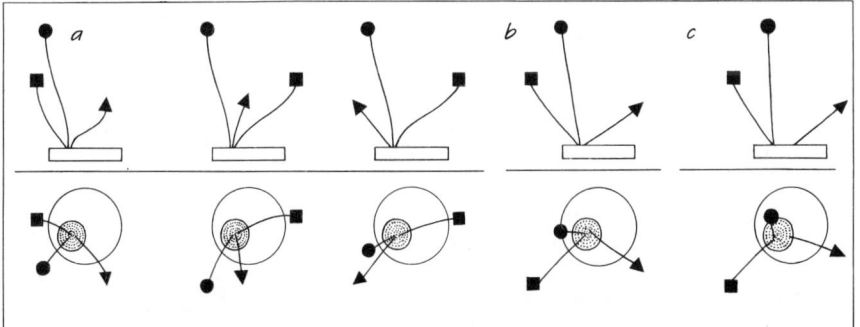

Moribana chokutai; aufrechte Gestaltung vermittelt das kraftvolle Bild sommerlichen Pflanzenwachstums

kann, andererseits aber beispielsweise durch Zweige in Herbstfärbung und verblühende Blumen verdeutlicht, daß der Höhepunkt der Kraftentfaltung vorüber ist. Gebogen gewachsene Zweige und Triebe fordern zum Gestalten des M. s. auf.

Die Ikenobo-Schule gibt in ihren Regeln drei Möglichkeiten der Gestaltung vor, wobei ↑ Shin in allen Fällen eine Neigung von 30 bis 90° zur Senkrechten erhält. Die Neigungswinkel von ↑ Soe und ↑ Tai passen sich Shin an (Abb.)

Moribana Futakabu-ike; Beispiele für die Anordnung der Elemente in einem Gefäß (a) und in zwei Gefäßen (b)

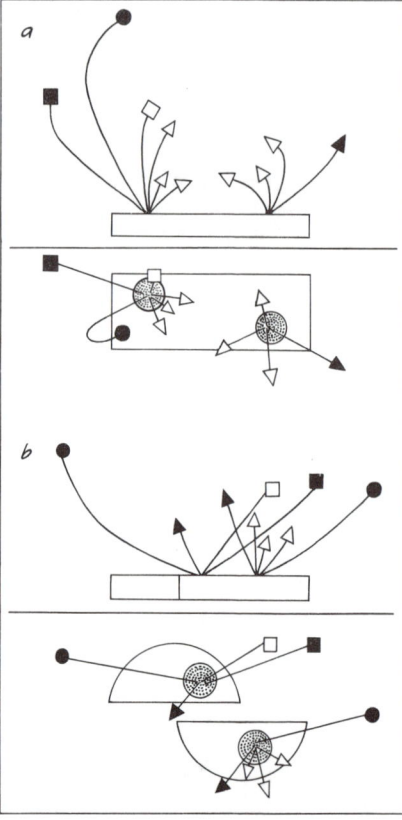

räumliche Entfaltung der Elemente zu gewährleisten, sind die angegebenen ↑ Fußpositionen im Kenzan zu beachten. Als Gefäße finden flache Schalen Verwendung.

Moribana Futakabu-ike: zweiteiliges Arrangement (↑ Futakabu-ike), das als Moribana angeordnet wird. Dabei können beide Teilarrangements komplett mit Shin, Soe und Tai ausgeführt sein oder jeweils nur ein oder zwei Elemente enthalten. Das M.F. kann in einer großen Schale oder in einer Zusammenstellung von zwei getrennten aber zueinander passenden Schalen angeordnet werden. Wie alle Futakabu-ike ist diese Form gut für die Darstellung von dialektischen Aussagen geeignet.

Moribana shatai: geneigte Form des Moribana mit im Vergleich zum ↑ Moribana chokutai bewegterem, nicht so strengem Charakter, die einerseits Vorfreude und Erwartung verdeutlichen

Die Längenmaße entsprechen den für Moribana chokutai gegebenen.

Die Grundform der Sogetsu-Schule beinhaltet Arrangements, bei denen Shin 30 bis 60° von der Senkrechten abweicht. Bei einem Winkel von 60 bis 90° wird die Anordnung als ↑ ausgebreitete Form bezeichnet und kann als Variante der geneigten Form angesehen werden. Insgesamt bietet die Sogetsu-Schule neben der Grundform sechs Varianten als Arrangiervorschriften für M.s. an. Die Längenmaße entsprechen den für Moribana chokutai gegebenen.

Die geneigte Form der Ohara-Schule nennt als Richtmaß: Länge: ↑ Shu = d + h (oder mehr); ↑ Fuku = eine Hälfte von Shu; ↑ Kyaku = eine Hälfte von Shu. Neigungswinkel: Shu etwa 70°; Fuku geringe Neigung in die Tiefe des Raumes; Kyaku etwa 50°.

Dem jeweils verwendetem Material entsprechend werden in allen Schulen ↑ Ashirai eingesetzt, die das Arrangement beleben und optisch dichter gestalten. Die Fußposition der Elemente im Kenzan gestatten eine freie Entfaltung ohne Kreuzung der Triebe. Die Regeln für den ↑ Einstellpunkt des Kenzan im Gefäß entsprechen denen des Moribana im allgemeinen. Alle angegebenen Formen können auch spiegelbildlich gestaltet werden. Als Gefäße werden flache Schalen verwendet.

Moribana shimentai: eine als Tischarrangement ausgebildete Sonderform des Moribana. Es wurde nach Anregungen des europäischen und amerikanischen Blumenstellens in den Grundstock der Ikebana-Regeln aufgenommen. Im Gegensatz zu allen anderen Formen des Ikebana kann M.s. von allen Seiten betrachtet werden. Da das Tischarrangement die Versammelten nicht beim Ge-

Moribana shatai

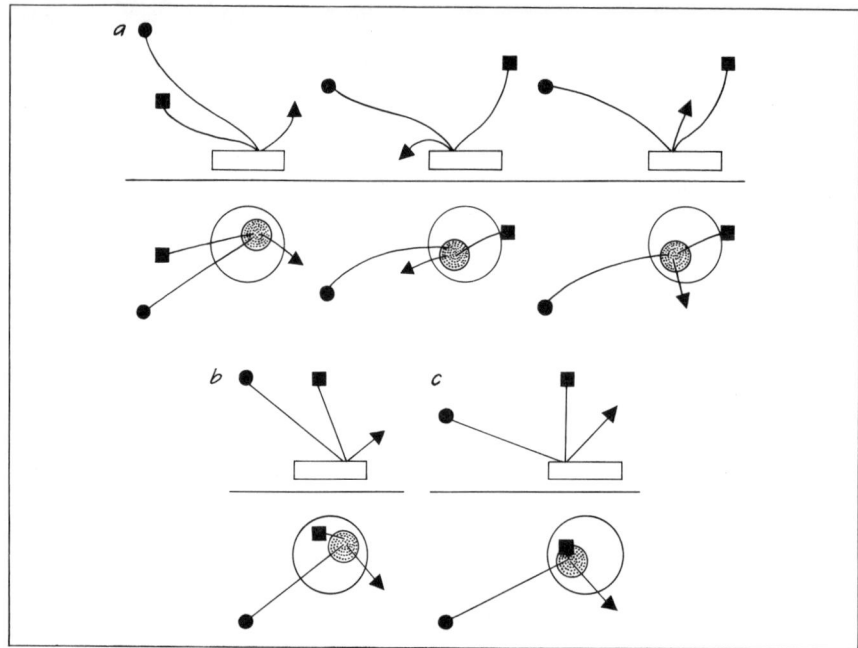

Moribana shatai; Geneigte Formen des Moribana in der Gestaltungsweise der Ikenobo-Schule *(a)*, der Sogetsu-Schule, Grundform *(b)* und der Ohara-Schule *(c)*

spräch behindern soll, wird es flach in niedrigen Schalen ausgeführt. Die geneigte Form (↑ Moribana shatai) und die horizontale Form des Moribana sind dafür besonders geeignet. Im M. s. wird die Verwendung stark duftender und pollenabsondernder Blüten vermieden. Peinliche Sauberkeit von Pflanzen und Wasserfläche sind Voraussetzung für die Verwendung auf dem Tisch.

Moribana suitai: hängende Form des Moribana. Auch die Bezeichnungen Kaskadenform und Wasserfallform sind üblich. M. s. verlangt die Verwendung von Trieben und Zweigen, deren natürlicher Wuchs den Linien dieser Form bereits sehr nahe kommt. Besonders geeignet sind deshalb Pflanzen mit hängenden

Ranken, wie Wein, Efeu, Geißblatt, Waldrebe *(Clematis)* u. a.

Die Ikenobo-Schule zeigt drei Varianten, bei denen das Element Shin bis zur Gefäßoberkante herunter geführt wird oder sogar unterhalb des Gefäßes endet (Neigungswinkel von Shin 90 bis 180°). Soe und Tai werden so angeordnet, daß sie einerseits die kraftvoll aussschwingende Shin-Linie unterstützen, andererseits aber ein Gegengewicht zu ihr aufbauen, das M. s. immer ausbalanciert erscheinen läßt. Die Längenmaße entsprechen den für ↑ Moribana chokutai gegebenen Werten, wobei aber Shin bei unbelaubten oder spärlich beblätterten Trieben über das übliche Maß hinaus reichen kann.

Die Sogetsu-Schule lehrt M. s. nur für weit Fortgeschrittene. Es gilt allgemein der Neigungswinkel von 90 bis 180° für Shin.

Als Gefäße werden Schalen mit Fuß oder Pokale bevorzugt. Einfache flache Schalen können benutzt werden, wenn das

Arrangement am Rand eines Tisches oder ähnlichem steht und Shin sich nach unten ausdehnen kann, oder aber wenn Shin nur bis auf die Höhe der Gefäßoberkante (Neigungswinkel 90°) geführt wird. Der Charakter eines M. s. wird sehr stark durch die Biegung der Linien (Shin, Soe und Tai) am äußeren Ende beeinflußt. Ist eine Aufwärtsbewegung vorhanden, entsteht ein froher und optimistischer Eindruck. Neigen sich die Triebspitzen nach unten, wird eine traurige und bedrückte Stimmung vermittelt. Alle angegebenen Formen können auch spiegelbildlich gestaltet werden.

Morimono: eine Sonderform des Moribana. Der Begriff M. setzt sich aus zwei japanischen Wörtern zusammen. Das Wort moru bedeutet in der deutschen Sprache »anhäufen, aufhäufen«. Mit mono werden Dinge im allgemeinen Sinn bezeichnet. M. heißt demnach »aufgehäufte Dinge«.

Beim M. werden in ästhetisch ansprechender Kombination, die z. B. durch geeignete Farben und interessante Formverbindungen entstehen kann, Gemüse und Obst mit oder ohne Blumen in flachen Schalen oder Körben angeordnet.

Moribana suitai; Hängende Formen des Moribana in der Gestaltungsweise der Ikenobo-Schule *(a)* und der Ohara-Schule *(b)*

Muko-gake: Ausführung einer Shoka-Anordnung als ↑ Kakebana, die zur Ansicht von vorn vorgesehen ist. Dieses Arrangement wurde traditionell in der ↑ Tokonoma Ⓐ in der Mitte angeordnet. In modernen Wohnräumen ist es möglich, dieses Ikebana an einer Wand anzubringen. Die Ausführung erfolgt wie der obere Teil eines ↑ Niju-ike, da die Bewegung der Linien nach hinten nicht möglich ist (Wand). Die Anordnung wird als Sono-So ausgeführt (Erläuterung ↑ Shoka). Shin bewegt sich diagonal nach vorn zu einer Seite. Soe folgt anfangs Shin und richtet sich dann nach oben. Tai bewegt sich etwas nach vorn und zu der Shin entgegengesetzten Seite. Shin wird im allgemeinen nach unten gezogen. Als Gefäß eignen sich beispielsweise Körbchen mit Einsatz, die an einem Brett angebracht sind. Der Befestigung dient ↑ Matagi mit Tomegi.

N

Nadelblumenhalter ↑ Kenzan
Nagaha-mono: Ikebana-Anordnung in Form eines Shoka unter besonderer Berücksichtigung der langen und schmalen Blattform der verwendeten Pflanze (↑ Hamono). Die Grundstruktur entspricht im wesentlichen dem ↑ Shoka Isshu-ike.

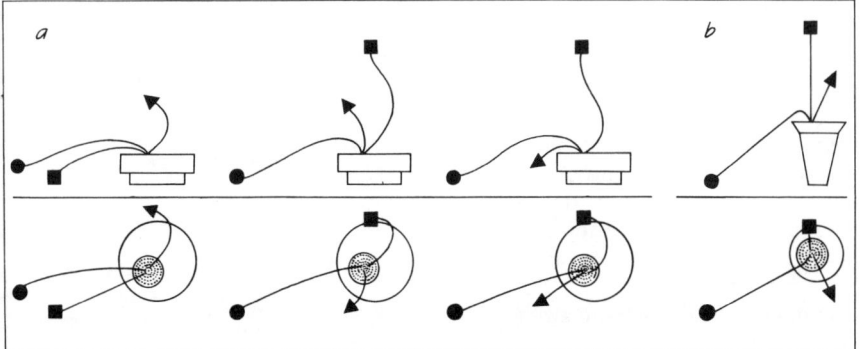

Dabei müssen nicht in jedem Fall die Blätter der Pflanzen getrennt und wieder neu arrangiert werden. Es können auch Pflanzen oder Pflanzenteile im kompletten Verband genutzt werden. Als Gefäß werden Vasen mit weiter Öffnung verwendet, zur Befestigung ↑ Kenzan, ↑ Shippo oder ↑ Matagi mit Tomegi. Bevorzugte Pflanzen sind Montbretien und Irisarten.

Nagashi: 1. Bezeichnung für ein Shoka, das eine zusätzliche fließende Linie unter Beachtung von Eigenheiten des verwendeten Materials erhält. N.-Arrangements sind eine Form des ↑ Shoka-Betsuden. Je nach der Höhe, in der der zusätzliche Zweig das insgesamt als ↑ Shoka Isshu-ike oder ↑ Shoka Nishu-ike gestaltete Arrangement verläßt, spricht man von Jo-Dan N. (oberer Abzweig), Chu-Dan N. (mittlerer Abzweig) und Ge-Dan N. (unterer Abzweig). Meist wird eine zusätzliche Linie nur in einer Position, selten in zwei, aber niemals in allen drei Ebenen angeordnet. Die N.-Linie kann als Hilfslinie (↑ Ashirai) zu Shin, Soe oder Tai fungieren oder die Funktion einer dieser Hauptlinien (↑ Yakueda) selbst übernehmen.

– *Jo-Dan N.* Wenn ein Shin-Ashirai als N. geformt wird, so bewegt sich dieses üblicherweise zur ↑ In-Seite, es ist jedoch in Abhängigkeit vom verwendeten Material auch in Richtung ↑ Yo möglich. Wird Shin durch die N.-Linie ersetzt, so nimmt zumindest ein kleiner Hilfszweig, Za, den eigentlichen Platz von Shin ein. Tai wird etwas reduziert.

– Der *Chu-Dan N.* kann als Seitenzweig von Shin abzweigen; dann wird Soe etwas reduziert. Eine Verkleinerung von Tai unterstreicht N. Ist der Chu-Dan N. ein veränderter Soe-Zweig, so wird er entweder steil nach oben gezogen, von wo er seitlich nach unten fließt, oder er setzt bereits etwas tiefer mit einer Bewegung nach außen ein. Ein kleiner Hilfszweig, Za, nimmt den eigentlichen Soe-Platz ein, im ersten Fall unter, im zweiten Fall über dem N.

– *Ge-Dan N.* Entweder wird ein Mae-Ashirai von Shin nach vorn gezogen, wobei Tai sehr stark schrumpft, oder Tai selbst wird als N. besonders betont, muß dann aber eine interessante Linie aufweisen. Ein unauffälliges Soe unterstreicht die Wirkung des N.

2. Bezeichnung für ein zusätzliches Element in einem Arrangement, das als Linie in einer Anordnung gleichen Namens, der es durch sein Vorhandensein einen

Nagashi-Arrangements in verschiedenen Varianten

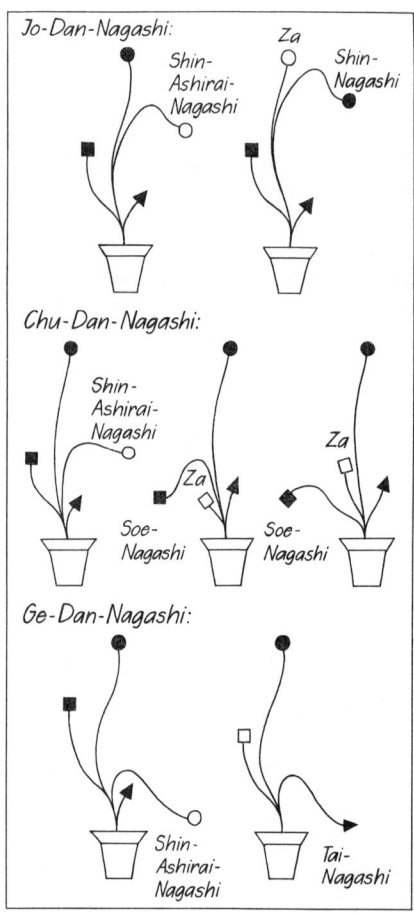

Muko-gake (nach Ikenobo-gyoji no hana)

Ausführung von Soe
als Nagashi

besonderen Charakter verleiht, eingefügt wird. N. ist im allgemeinen sehr fließend und weich und setzt eine interessante Linienführung voraus.

3. Ein Element des ↑ Rikka, das sich vom Zentrum der Anordnung in einer besonders interessant gestalteten Linie schräg nach vorn fließend entfaltet. Es trägt in vielen Fällen entscheidend zum Charakter einer Anordnung bei. N. und Shin stecken oft ein großes ungleichseitiges Dreieck ab, das einen wichtigen Rahmen für das Arrangement bildet.

Nageire: eine der fünf grundlegenden ↑ Formen des Ikebana. Der Begriff N. setzt sich aus zwei japanischen Wörtern zusammen. Das Wort nageru heißt in der deutschen Sprache »werfen«. Der Wortteil ire leitet sich von ireru, d.h. »hinstellen«, ab. Als deutsche Übersetzung wird deshalb »Einwurfarrangement« verwendet. Auch die Bezeichnung Heika (↑ Ohara-Schule u.a.) ist üblich.

Geschichte. Das N. der Gegenwart läßt sich auf das Nageirebana des 17. bis 19. Jh. zurückführen, das sich seinerseits vom ↑ Chabana des 16. Jh. herleitet. Ausgehend von diesen »Blumen für die Teezeremonie« wurde N. ursprünglich stark vom Gedankengut des ↑ Zen-Buddhismus Ⓐ beeinflußt, was sich noch heute in vielen Gestaltungskriterien zeigt.

Grundstruktur. Das N. ist ein Vasenarrangement, unterscheidet sich jedoch völlig vom Strauß des europäischen ↑ Blumenbindens. N. wird durch asymmetrische Gestaltung gekennzeichnet und besticht

Elemente des Nageire in verschiedenen Ikebana-Schulen

Elemente	Ikenobo-Schule	Ohara-Schule	Sogetsu-Schule
größtes	Shin	Shu	Shin
mittleres	Soe	Fuku	Soe
kleinstes	Tai	Kyaku	Hikae

durch seine ↑ Schlichtheit Ⓐ. Wenige Blüten oder Zweige wachsen in scheinbar natürlicher Art aus dem Gefäß heraus. Um diesen Eindruck zu erreichen, werden besondere Befestigungstechniken, ↑ Kubari, ↑ Ori-dome und ↑ T-ji-dome, angewandt. N. wird nur von vorn betrachtet. Ähnlich wie beim ↑ Moribana sind drei Hauptlinien bekannt (Tab.). Als Richtlinie für ihre Maße außerhalb der Vase gilt: Shin ist eineinhalb- bis dreimal so lang wie die Summe von Höhe und Durchmesser des verwendeten Gefäßes. Soe und Tai richten sich in der Länge nach Shin. Die Endpunkte der drei Hauptlinien bilden ein schräg im Raum stehendes ungleichseitiges Dreieck.

Als Gefäße werden Vasen oder vasenähnliche Körper (z. B. aus Bambusmaterial) benutzt. Die Befestigung der Pflanzen (↑ Hana-dome) wird bevorzugt mit einem Kubari ausgeführt. Für hohe Gefäße ist die Anwendung anderer Hilfsmittel, wie Kiesfüllung, Drahtspirale oder spezieller Kenzan möglich.

Formen des N. Die Ikenobo-Schule gestaltet aufrechte, geneigte und hängende

Nageire chokutei; Aufrechte Form des Nageire in der Gestaltungsweise der Ikenobo-Schule *(a)*, der Sogetsu-Schule, Grundform *(b)* und der Ohara-Schule *(c)*

Formen (↑ Nageire chokutai, ↑ Nageire shatai und ↑ Nageire suitai). Die Bezeichnung richtet sich nach dem Winkel, mit dem Shin von der Senkrechten abweicht (↑ Moribana). Jede dieser Gestaltungsweisen kann in drei möglichen Varianten ausgeführt werden, so daß neun Basisformen des N. bekannt sind. Die Sogetsu-Schule gestaltet N. analog dem Moribana; Maße und Winkel von Grundformen und Varianten sind von dort zu übernehmen. Besonders zu Beginn der Beschäftigung mit N. empfiehlt diese Schule die aufrechte und geneigte Form. Die Ohara-Schule teilt N. in aufrechte, geneigte, Himmelstrebende, Wasserfall- und Kontrastform ein. Besonders interessant ist die Kombination von N. mit Moribana in einem zweiteiligen Arrangement (↑ Futakabu-ike), wobei ein Teil die Rolle des ↑ Yo Ⓐ und ein Teil die Bedeutung von In übernehmen kann.

Nageire chokutai: aufrechte Form des Nageire, die eine kräftig-freudige Stimmung vermitteln kann, wobei insbesondere bei sehr gestrecktem Shin ein eleganter, aber strenger Eindruck entsteht. Der Vasenrand soll durch die Pflanzen nur zum Teil überdeckt werden.

Die ↑ Ikenobo-Schule lehrt drei Varianten des N. c., die durch die unterschiedlichen Richtungen der drei Elemente Shin, Soe und Tai im Raum gekennzeichnet sind.

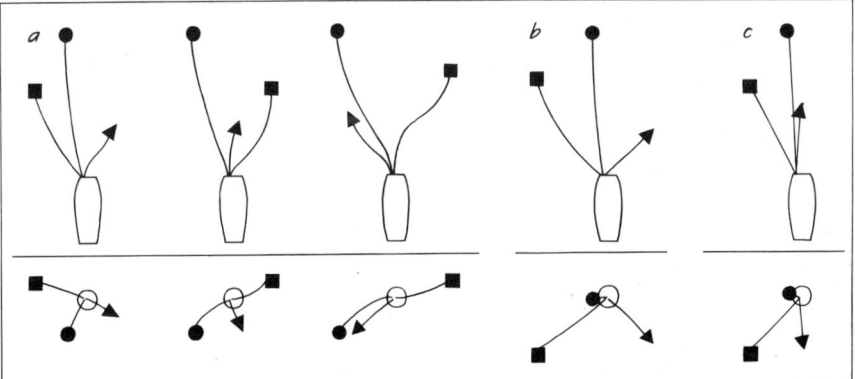

Nageire chokutai

entsprechend gewählt. Die Ohara-Schule orientiert bei den Hauptelementen auf folgende Werte: Länge: ↑ Shu = eineinhalbmal die Summe aus Durchmesser und Höhe des Gefäßes; ↑ Fuku = zwei Drittel Shu; ↑ Kyaku = einhalbmal Shu. Shu und Fuku sind bezüglich ihrer Darstellung eng verbunden. Sie sollen im gleichen Material gestaltet werden und wie aus einer Pflanze gewachsen erscheinen. Die Ohara-Schule empfiehlt als Einstellpunkt eines der vorderen Viertel der Vasenöffnung.

Alle angegebenen Formen können auch spiegelbildlich gestaltet werden. Als Gefäße werden die für Nageire üblichen Vasen verwendet.

Nageire shatai: geneigte Form des Nageire; sie ist besonders geeignet, die Schönheit und Eleganz leicht ausschwingender Zweige darzustellen. Durch die schlanke Gestalt der Vasen wird dabei der Eindruck besonderer Anmut und Zartheit erreicht.

Die Ikenobo-Schule lehrt drei Möglichkeiten der Gestaltung, wobei Shin in allen Fällen eine Neigung von 30 bis 90° erhält. Die Neigungswinkel von Soe und Tai passen sich Shin an (Abb.). Die Längenmaße entsprechen den für ↑ Nageire chokutai gegebenen.

In der Sogetsu-Schule sind eine Grundform und sechs Varianten der geneigten Form üblich. Sie entsprechen in ihrem Aufbau den für ↑ Moribana shatai gegebenen Vorlagen.

Als Richtwerte für die Elemente gilt: Länge: Shin = eineinhalb- bis dreimal so lang wie die Summe aus Durchmesser und Höhe des Gefäßes; Soe = zwei Drittel Shin; Tai = ein Drittel Shin. Neigungswinkel: Shin 0 bis 30°; Soe um 45°; Tai um 75°.

Maße und Winkel werden von der Sogetsu-Schule ihrem Moribana chokutai

Nageire shatai; Geneigte Form des Nageire in der Gestaltungsweise der Ikenobo-Schule *(a)*, der Sogetsu-Schule *(b)* und der Ohara-Schule *(c)*

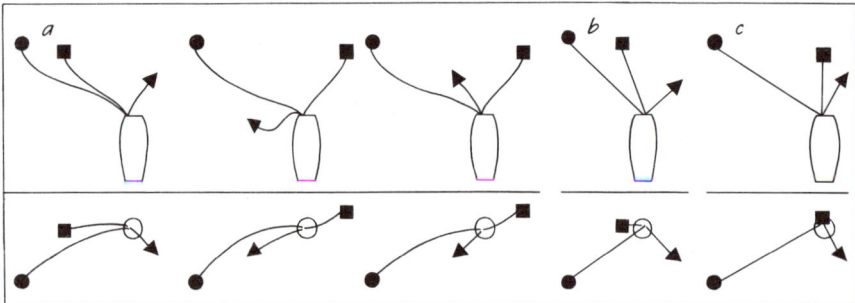

Die geneigte Form der Ohara-Schule legt fest: ↑ Shu = eineinhalbmal die Höhe des Gefäßes; ↑ Fuku = die Hälfte von Shu; ↑ Kyaku = die Hälfte von Shu; Neigungswinkel: Shu um 70°, Fuku nahezu aufrecht, Kyaku um 60°.

Zusätzlich werden in allen Schulen zur Gestaltung ↑ Ashirai eingesetzt, die die Hauptlinien besser zueinander in Beziehung bringen. Alle angegebenen Formen können auch spiegelbildlich gestaltet werden. Als Gefäße finden die für Nageire üblichen Vasen Verwendung.

Nageire suitai: hängende Form des Nageire, für deren Ausführung rankende und in ihrer Bewegung nach unten weisende Triebe unbedingte Voraussetzung sind (↑ Moribana suitai). Sie werden in jedem Fall für das dominierende Element eingesetzt und können zur Betonung der fließenden Linie zum Teil länger geschnitten werden als das Standardmaß vorschreibt.

In der ↑ Ikenobo-Schule sind drei Varianten des N. s. üblich. Shin schließt mit der Senkrechten immer einen Winkel von 90 bis 180° ein. Dieses Element, dessen Länge das zwei- bis dreifache der Summe aus Höhe und Durchmesser der Vase beträgt, wird sehr weit ausschwingend gestaltet. Soe erreicht etwa zwei Drittel und Tai ein Drittel der Länge von Shin. In den einzelnen Varianten sind die Richtungen der drei Elemente im Raum unterschiedlich gewählt. Sie unterstützen einerseits den Charakter des hängenden Hauptzweiges und schaffen andererseits eine Balance dazu.

Die ↑ Ohara-Schule bezeichnet die hängende Form als Heika in Wasserfallform.

Nejime: Bezeichnung für das Element Tai in ↑ Nishu-ike, um seine kontrastie-

Nageire suitai

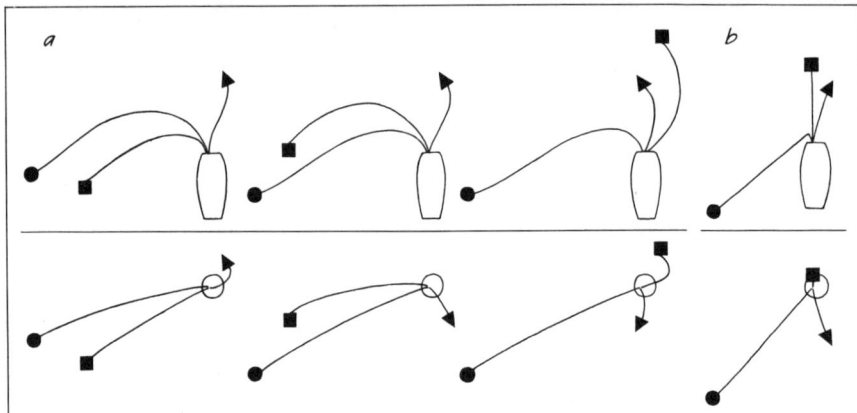

Nageire suitai; Hängende Form des Nageire in der Gestaltungsweise der Ikenobo-Schule *(a)* und der Ohara-Schule *(b)*

rende Gestaltung zu Shin und Soe zu verdeutlichen.

Nejiri-dame ↑ Biegen

Niju-giri: zweietagiges Gefäß für Ikebana, das aus Bambus gefertigt wird. Es ist für die Gestaltung von ↑ Ichiju-ike, ↑ Niju-ike und ↑ Tachi-no-bori-ike, alles Formen des Shoka, zu verwenden.

Niju-ike: Ausführung von ↑ Shoka in zwei übereinander angeordneten Ebenen einer speziellen Vase (↑ Niju-giri). Der Schwerpunkt der Anordnung kann im unteren Teil liegen, dann spricht man von einem ↑ Tachi-no-bori-ike, oder im oberen Teil, dann handelt es sich um ein N. im engeren Sinn, bei dem der untere Teil als Ergänzung zum oberen fungiert. Das untere Teilarrangement kann in Form eines ↑ Ichiju-ike, aber relativ klein ausgeführt werden. Sowohl Shin und Soe verlassen jedoch noch den Bereich der Fensteröffnung. Es ist auch möglich, die untere Anordnung so klein zu gestalten, daß Shin und Soe innerhalb des Fensters bleiben. Tai verläßt in keinem Fall den Fensterbereich. Als dritte Variante kann der untere Gefäßraum auch nur mit Was-

ser gefüllt werden; Pflanzen werden nicht arrangiert. Der obere Teil ist komplett als ↑ Shoka Isshu-ike bzw. ↑ Shoka Nishu-ike auszuführen. Dabei wird die ↑ So-Form bevorzugt. Shin kann sogar einen Winkel von 90 bis 180° mit der Senkrechten einschließen, also sich am Gefäß herabbewegen. Als Gefäße dienen ausschließlich Niju-giri, zur Befestigung ↑ Matagi mit Tomegi. N. dienen der Dar-

Niju-ike; Variante

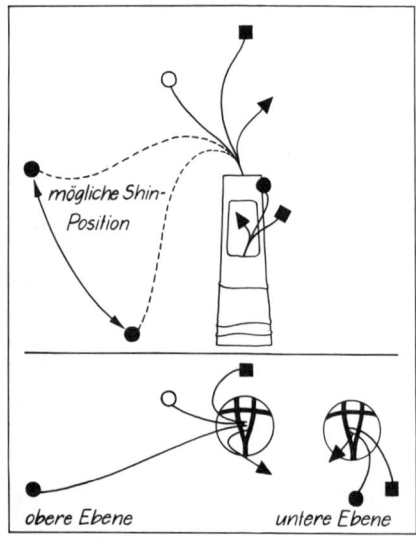

stellung der Wuchseigenschaften von Pflanzen, die übereinander an einer Felswand wachsen.

Nishu-ike: ein Ikebana, das unter Verwendung von zwei Pflanzenarten gestaltet wird. Es ist möglich, Pflanzen mit unterschiedlichen Eigenschaften zueinander in Kontrast zu setzen (↑ Kontrastform, ↑ Farbenkontrast). Sehr oft werden dabei zwei Elemente der Anordnung, meist Shin und Soe, in einer Pflanzenart und das dritte Element, Tai, in der anderen Pflanzenart ausgeführt (↑ Kombinationen der Pflanzen). N. sind als ↑ Moribana, ↑ Nageire und Shoka (↑ Shoka Nishu-ike) möglich. Für ↑ Jiyu-ka ist die Bezeichnung N. nicht üblich. Arrangements unter Verwendung von einer bzw. drei Pflanzenarten werden als ↑ Isshu-ike und ↑ Sanshu-ike bezeichnet.

Noki-jin-Rikka

Noki-jin-Rikka: Form des Rikka, bei der das dominierende Element Shin nicht gerade aufsteigt, sondern in einer bewegten Linie nach oben verläuft. Shin verläßt, wie für alle Elemente beim Rikka typisch, die Mittelachse mit einem scharfen Knick und schwingt seitwärts aus oder kann nach einer eleganten Seitenbewegung zu einem Punkt über dem Fuß der Anordnung zurückkehren.

Die Dynamik und Lebendigkeit des N. wird wesentlich von der Lage des Punktes bestimmt, an dem Shin seitwärts von der Mittelachse abzweigt. Erfolgt der Abzweig in einer oberen Position, spricht man von Jodan-no-Rikka (Abb. *1*), in der sog. Normalposition *(2)* von Tsune-no-Rikka, in der mittleren Position *(3)* von Chudan-no-Rikka, in der unteren Position *(4)* von Gedan-no-Rikka und unmittelbar am untersten Entfaltungspunkt der Anordnung, Höhe Mae-oki *(5)*, von Mizugiwa-no-Rikka.

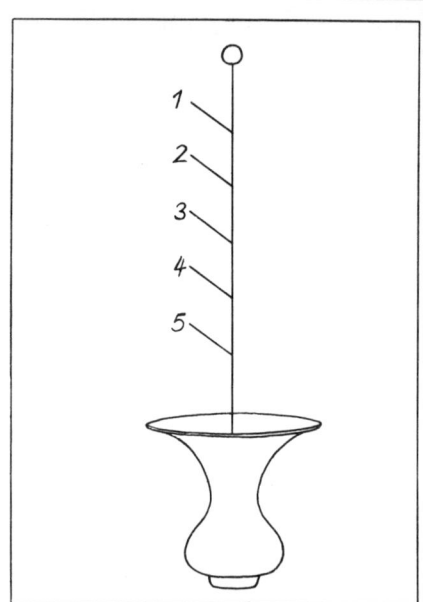

Noki-jin-Rikka; Abgangspunkte von Shin

O

Ogencho ↑ Gefäße

Oha-mono: Anordnung in Form eines ↑ Shoka unter besonderer Berücksichtigung der langen und breiten Blattform der verwendeten Pflanze (↑ Hamono).

Grundstruktur. Die drei Hauptelemente Shin, Soe und Tai werden ähnlich dem ↑ Shoka Isshu-ike angeordnet. Jedoch ist der Abstand zwischen Shin und Soe bezogen auf die Längendifferenz von Soe und Tai vergrößert. Die Spitze der für Shin eingesetzten Blüten erreicht etwa die fünffache Höhe von Tai bzw. das Zweifache des üblichen Maßes für Shin. Die Anzahl der Blätter liegt bei fünf, sieben oder neun. Werden fünf Blätter verwendet, so zeigen drei die Rückseite und zwei die Vorderseite – entsprechend bei sieben oder neun. Als Shin wird im allgemeinen ein Blütenstand genutzt. Ein zweiter Blütenstand wird auf der ↑ Yo-Seite als Shin-↑ Ashirai zugeordnet. Blätter können Shin ebenfalls ergänzen. Soe und Tai bestehen ausschließlich aus Blättern und werden sehr weit unten im Gesamtarrangement angeordnet. Als *Gefäß* dienen Vasen mit sehr weiten Öffnungen und gewölbte Schalen, als *Befestigung* ↑ Kenzan oder ↑ Shippo. Bevorzugte Pflanzen sind Funkien und einige Laucharten.

Ohana ↑ Ikebana

Ohara-Schule: eine der führenden ↑ Ikebana-Schulen Japans (etwa 1 Mill. Schüler) mit Stamm- und Hauptsitz in der Hafenstadt Kobe. Neben 150 Zweigschulen in Japan bestehen weitere 40 Vertretungen im Ausland, von denen die bedeutendsten in New York und Sao Paulo angesiedelt sind. Die Geschichte der O. reicht bis in das Jahr 1898 zurück. Der Gründer und erste Leiter, Unshin Ohara, führte damals die erste Ausstellung nach Art der Ohara-Bewegung im Museum

von Osaka durch, mit der neue Gedan-
kenmodelle und Gestaltungsabsichten in
die bestehende Reihe der Ikebana-Formen eingebracht wurden. Besondere
Betonung erfuhr die ↑ Natürlichkeit Ⓐ,
was vor allem in der Gestaltung von
Landschaftsarrangements (↑ Keshiki-ike)
deutlich wird. Auch die besondere Berücksichtigung der Farbigkeit außerjapanischer Blumen ist ein wichtiges Kenn-
zeichen. Der zweite Leiter, Koun Ohara,
führte die O. sehr stark in die Öffentlich-
keit und hat sich um die Ausstellungsar-
beit verdient gemacht. Ihm ist auch die
Entwicklung des ↑ Bunjin-bana zu ver-
danken. Der nachfolgende Sohn Houn
Ohara wandte sich nach dem zweiten
Weltkrieg verstärkt der Entwicklung eines
avantgardistischen Ikebana zu. Er griff die
künstlerischen Anregungen der europäischen Surrealisten auf und setzte sie in
die Sprache der Blumen und Pflanzen
um. Natsuki Ohara führt die O. in der Gegenwart. Neben der Pflege des Ohara-
Erbes hat er sich besonders der Gestaltung von abstraktem und zum Teil auch

Oha-mono; Ikebana zum Vorstellen schöner
Blattstrukturen

monumentalem Ikebana verschrieben.
Die Ausbildung in der O. erfolgt in mehreren Etappen. An einen Anfänger- und
Fortgeschrittenenkurs schließen sich As-
sistenten- und Lehrerkurse an. Die höchste Qualifikation, der Meistergrad (in verschiedenen Stufen) wird nach weiteren
Unterweisungen erreicht. Die Meister der
ersten und zweiten Stufe werden durch
den Leiter der O. selbst berufen. An Formen lehrt die O. ↑ Moribana und Heika
(↑ Nageire) in aufrechter, geneigter und
himmelstrebender Gestaltungsweise sowie als ↑ Wasserfallform und ↑ Kontrastform. Die ↑ Einreihenform wird nur als
Moribana gestellt. Als eigenständige Art
der Gestaltung werden Landschafts-Ike-
bana (Shakei; ↑ Keshiki-ike) ausgeführt.
Die O. vermittelt außerdem ↑ Rinpa und
Bunjin-bana sowie den Freien Stil (↑ Jiyu-
ka). Nicht als eigenständiger Gestal-
tungsstil ist die außerdem gelehrte ↑ Gekreuzte Form zu betrachten. Für Anfänger sind ↑ Kleine Formen geeignet.

Okabu: ein Element zweiteiliger Ikebana-Anordnungen in ↑ Futakabu-ike-
Form. In diesen Anordnungen werden
die beiden Grundprinzipien In und ↑ Yo
Ⓐ in ihrer Wechselwirkung wiedergegeben. O. symbolisiert dabei das männliche, aktive und trockene Prinzip und wird
deshalb bei der Gegenüberstellung von
Wasser- und Landpflanzen durch die
Landpflanzen, bei einer Kombination von
Zweigen und Blumen durch die Zweige
dargestellt. O. wird größer und als optischer Schwerpunkt ausgeführt, ohne daß
der zweite Partner ↑ Mekabu völlig zu-
rücktritt. Werden die Elemente Shin, Soe
und Tai nicht alle an jedem der beiden
Einstellpunkten realisiert, so bildet O. die
Elemente Shin und Soe, während sich
Mekabu meist auf Tai beschränkt.

Okifune ↑ Tomaribune

Ordnungsprinzipien: Grundsätze, nach
denen im Sinne der ästhetischen Wirkung der ↑ Komposition eine Anordnung
gegliedert wird. O. kann z.B. eine Rei-

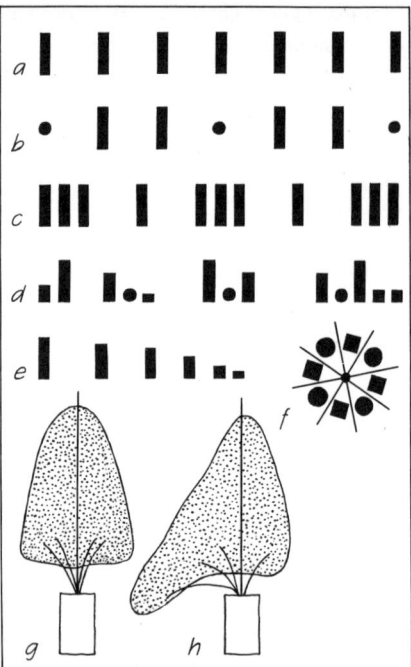

Wichtige Ordnungsprinzipien bei der Gestaltung mit Blumen; a) einfache Reihe,
b) und c) rhythmische Reihe, d) unregelmäßige Reihe, e) mathematische Reihe,
f) Punktsymmetrie, g) Achsensymmetrie,
h) Asymmetrie

oder Größe der Elemente um eine
mathematische Größe verändert, hat bisher bei Blumenarbeiten weniger Bedeutung (e).
Symmetrische O. werden beim Arrangieren von Pflanzen und Blumen als Punktsymmetrie (f) wirksam (Blick auf den Biedermeierstrauß von oben) oder häufiger
als Achsensymmetrie (g), bei der sich die
Teile rechts oder links einer gedachten
Linie spiegelbildlich zueinander verhalten. Dieses O. hat für das ↑ Blumenbinden europäischer Art große Bedeutung,
wird aber im Ikebana nicht angewendet,
da dessen vorherrschendes O. die
↑ Asymmetrie Ⓐ (h) ist.

Ori-dome: eine Befestigungstechnik,
mit deren Hilfe Zweige und Stiele in Vasen und becherförmigen Gefäßen gehalten werden. Mehrfach geknickte Zweige
werden in das Gefäß eingedrückt und bilden auf diese Weise ein Gitter, in dem die
pflanzlichen Elemente Halt finden. Ein
Drahtgitter wird ähnlich verwendet. Man
kann auch den für das Arrangement vorgesehenen Zweig selbst knicken, damit
er ausreichend Halt im Gefäß findet.

Oshi-dame ↑ Biegen

P

hung sein, wie sie im Ikebana in der sog.
↑ Einreihenform oder im ↑ Jiyu-ka angewendet wird. Bei der gleichmäßigen oder
einfachen Reihe werden gleiche Elemente in gleichen Abständen angeordnet
(Abb. a), bei der rhythmischen Reihe sind
gleiche oder unterschiedliche Elemente
in sich wiederholender Folge plaziert (b).
Auch die Abstände selbst können einem
Rhythmus unterworfen werden (c). Die
unregelmäßige Reihe, bei der völlig verschiedene Elemente in gleichen oder
unregelmäßigen Abständen angeordnet
werden, wirkt besonders urwüchsig und
dynamisch (d). Die mathematische
Reihe, bei der sich Abstand und bzw.

Pinholder [engl., Nadelhalter]: technisches Hilfsmittel zur Befestigung von
Moospolstern oder Blumensteckmasse
in flachen Schalen. Der P. wird aus Plast-
material gefertigt und besteht aus einer
selbsthaftenden Grundplatte und wenigen nach oben gerichteten Stiften, in die
das Moospolster oder die Blumensteckmasse eingedrückt werden kann.

Präparieren: gleichzeitiges Konservieren und Färben durch Anwendung bestimmter chemischer Substanzen. Da die
Verwendung gefärbter Materialien im Ikebana nur sehr beschränkt erfolgt, hat als
Präpariertechnik lediglich das P. von

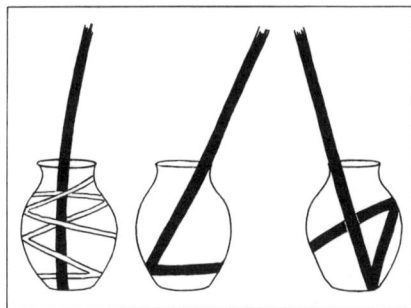

Befestigung von pflanzlichem Material im
Gefäß mittels Ori-dome; *links* Hilfszweige,
Mitte einfacher Knick im Hauptzweig,
rechts doppelter Knick im Hauptzweig

Herbstlaub Bedeutung. Es verstärkt das
Bild der Herbstfärbung, ohne unnatürliche Farben hervorzubringen. Dazu werden entweder Zweige mit noch grünen
Blättern oder bereits leicht herbstlich gefärbte Zweige für mehrere Tage in eine
Mischung von zwei Drittel Wasser und einem Drittel Glycerin eingestellt. Entweder erhält man Blätter mit Brauntönen
oder die bereits vorhandene Färbung
(gelb, rot, braun) wird verstärkt. Die Behandlung ist abgeschlossen, wenn an
den Blättern ein seidiger Glanz auftritt.
Auf diese Weise wird für längere Zeit das
Abfallen der Blätter verhindert.
Proportion: Größenverhältnisse von
Teilen eines Ganzen untereinander sowie deren Maßverhältnisse zum Ganzen.
Das Erzielen bestimmter P. bei der Gestaltung von Blumenanordnungen ist
sehr wesentlich für die ↑ Gesamtwirkung
eines Arrangements. Werden optimale
ästhetische Verhältnisse erreicht, spricht
man von Proportionalität des Objektes. In
der europäischen Blumenbinderei ist das
seit der Antike bekannte Maßverhältnis
des Goldenen Schnittes von grundlegen-
der Bedeutung. Um einen Goldenen
Schnitt zu erreichen, ist eine Gesamtstrecke so in zwei ungleiche Teilstrecken
zu zerlegen, daß die Länge der größeren

Teilstrecke zur Länge der kleineren im
gleichen Maßverhältnis steht, wie die
Länge der Gesamtstrecke zur größeren
Teilstrecke. In der praktischen Verwendung werden für den Goldenen Schnitt
die gerundeten Zahlenverhältnisse für
$a{:}b = b{:}c$ mit $2{:}3 = 3{:}5$ bzw. $3{:}5 = 5{:}8$
oder noch genauer mit $5{:}8 = 8{:}13$ angegeben. Beispielsweise kommt bei der Va-
sengestaltung der Höhe der Vase die
kleinere Strecke zu (3 Teile). Die sichtbare Vasenfüllung stellt die größere Teilstrecke dar (5 Teile) und die Gesamthöhe
der Anordnung entspricht der Gesamtstrecke (8 Teile). Auch anderen Gestaltungen des Blumenbindens europäischer Art, wie Weihnachtsgestecken,
Steckschalen und Kranzgestaltungen,
wird dieses Verhältnis zugrunde gelegt.

Teilung einer Strecke im Maßverhältnis des
Goldenen Schnittes *(a)* und Anwendung
für die Gestaltung einer Vasenfüllung *(b)*

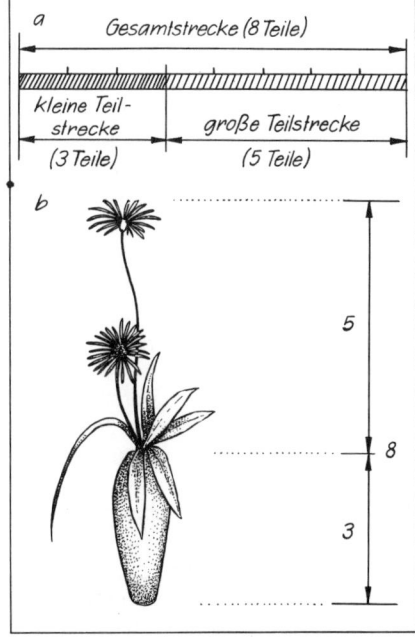

Im Ikebana werden die P. der einzelnen Elemente zueinander für die verschiedenen Formen sehr unterschiedlich festgesetzt und auch von den Ikebana-Schulen differenziert angegeben. Sie weichen zum Teil von den Maßverhältnissen des Goldenen Schnittes ab. Abweichungen werden immer dann wirksam, wenn besondere Eigenschaften der Blumen zu demonstrieren sind. So wird beispielsweise das Maßverhältnis für die Shin-Form des Shoka mit 1 (Gefäß):2 bis 3 (Blumen) angegeben. Das Verhältnis des Goldenen Schnittes würde 1 (Gefäß):1,6 (Blumen) betragen. Solche Formen des Ikebana sind für das „europäisch" geschulte Auge ungewohnt und müssen über das Verständnis der Zielstellung dieser besonderen Form erschlossen werden. Die Wahl der richtigen, dem natürlichen Material entsprechenden P. ist ein wesentlicher Teil der Komposition.

Punkt ↑ geometrische Grundelemente

R

Regenerieren: Maßnahme zur Verbesserung der ↑ Haltbarkeit von Blumen und Zweigen. Sie wird durchgeführt, wenn das zu verwendende Material durch Transport oder Aufbewahrung leicht angewelkt und schlaff ist. In vielen Fällen kann durch das völlige Untertauchen der Triebe über eine Zeit von zwei bis drei Stunden in Wasser (Erholungsbad) eine Verbesserung des Aussehens erreicht werden. Günstig ist es, abgekochtes und wieder auf Zimmertemperatur abgekühltes Wasser zu verwenden. Die zu behandelnden Blumen sind unter Wasser schräg anzuschneiden.

Reinigung. Sowohl die verwendeten Arbeitsgeräte als auch die zu arrangierenden Pflanzenteile müssen peinlich sauber sein. Verschmutzte Arbeitsgeräte, insbesondere aber ein mit alten Pflanzen-

resten behafteter Kenzan, werden zum Überträger von Fäulniserregern und beschleunigen die Fäulnis der im Wasser stehenden Stiele. Auch nicht ausreichend gereinigte Schneidwerkzeuge oder Gefäße können Bakterien übertragen. Vor dem Gestalten längere Zeit in Wasser aufbewahrte Triebe sind möglichst so einzukürzen, daß das bereits schleimig gewordene Stielstück entfernt wird. Ist das aufgrund der benötigten Stiellänge nicht möglich, werden die betreffenden Stellen unter fließendem Wasser zwischen den Fingern abgerieben. Auch verschmutzte Blätter sind vorsichtig unter leicht fließendem Wasser oder mit einem Schwamm bzw. einem weichen Lappen zu reinigen. Haften den Blättern Kalkverkrustungen an, die in einigen Gegenden durch das Gieß- und Sprühwasser hervorgerufen werden, so werden wenige Tropfen Essig auf den Reinigungslappen gegeben. Vernachlässigung der notwendigen Reinigungsarbeiten beeinflußt die Haltbarkeit der Arrangements negativ.

Rikka: die älteste und komplizierteste der fünf Grundformen des Ikebana. Sie wirkt fülliger und reichhaltiger als die anderen Arten der Ikebana-Gestaltung. Der exakte Verlauf der einzelnen Elemente, die in scharfem Winkel von einem gemeinsamen Mittelstamm abbiegen, verleiht dem R.-Arrangement die herbe Eleganz einer in der Bewegung erstarrten Schönheit.

Die japanischen Schriftzeichen für Rikka können auch „Tatebana" gelesen werden. In der deutschen Übersetzung bedeutet R. soviel wie »stehende Blumen« oder »aufgebaute Blumenpracht«.

Geschichte. R. entstand aus Blumenopfern buddhistischer Mönche und hat im Verlauf der ↑ Geschichte des Ikebana vielfältige Wandlungen erfahren. Nach verschiedenen Vorstufen entstand im 14. bis 16. Jh. das R. in seiner traditionellen Form. Die religiösen Inhalte, die viele

Jahrhunderte sehr bedeutungsvoll waren, traten immer mehr zurück. Zeitweilig wurden zur Demonstration von Macht und Reichtum riesige R.-Arbeiten ausgeführt. Nach einer gewissen Zeit der Erstarrung in bestehenden Regeln erfuhr das R. im 20. Jh. eine neue Belebung. Neben der klassischen Art sind moderne (Regelwerk dazu 1958) und kreative Gestaltungsweisen üblich.

Rikka – Elemente des Noki-jin-Rikka;
1 Shin, *2* Shoshin, *3* Do, *4* Mae-oki, *5* Soe, *6* Hikae, *7* Mikoshi, *8* Uke, *9* Nagashi, *10* Yo-dome, *11* In-dome, *12* Ushiro-gakoi.
In der unteren Darstellung (Aufsicht) stehen *2, 3* und *4* im Zentrum übereinander

Arten des R. R. kann in klassischer Art (↑ Koten-Rikka), in moderner Form (↑ Gendai-Rikka) oder als ↑ Kreatives Rikka gestaltet werden. Sowohl für die klassische als auch die moderne Ausführung sind bestimmte Arten der Gestaltung üblich, deren traditionelle Vorbilder nach 29 überlieferten Lektionen gelehrt werden. Zwei Hauptgruppen von R. sind bekannt: ↑ Sugu-shin-Rikka und ↑ Noki-jin-Rikka. Die dritte Gruppe, ↑ Suna-no-mono-Rikka, ist eine Abart von Noki-jin-Rikka.

Aufgrund sehr strenger Regeln für Gefäß- und Pflanzenwahl (ausschließlich traditionelle japanische Gefäße und in Japan heimische Pflanzen) wird der Blumenfreund in Europa moderne Formen mit freieren Vorgaben ausführen.

Grundstruktur. R. besteht aus neun Elementen, die alle gemeinsam, scheinbar in einem Stamm, aus dem Gefäß herauswachsen. In verschiedenen Höhen streben sie in festgelegten Richtungen mit einem scharfen Knick von dieser gemeinsamen Mittelachse weg. Die Strecke gemeinsamen Stammes zwischen Gefäßrand und Entfaltungspunkt wird ↑ Mizugiwa genannt.

Shin reicht am weitesten nach oben. Mit einer mehr oder weniger ausholenden seitlichen Bewegung kehrt es zur Mittelachse zurück oder strebt gänzlich nach außen. Shin ist die Dominante der Anordnung und bestimmt den Charakter des R. *Shoshin* steht senkrecht über dem Fuß der Anordnung und erreicht etwa die halbe Höhe von Shin. Dieses Element stellt das Zentrum des gesamten Arrangements dar; es sollte attraktiv gestaltet werden. *Do*, das als geschlossene Masse arrangiert wird, weist nach vorn und steht somit vor Shoshin. Das Element Do wird im klassischen Rikka durch aussagekräftige innere Strukturen gegliedert. Auch *Mae-oki* bewegt sich nach vorn, aber unterhalb von Do. *Soe* schwingt nach links hinten, *Hikae* füllt ebenfalls die linke

Seite. Beide unterstützen Shin und sind deshalb zurückhaltend und bescheiden. Wird Shin sehr kräftig aufgebaut, können Hikae oder Soe oder beide entfallen. In einer Höhenstaffelung von der Mitte des Arrangements bis zu seinem unteren Ende richten sich *Mikoshi* nach rechts hinten, *Uke* nach rechts und *Nagashi*

Rikka – Elemente des Sugu-shin-Rikka;
1 Shin, *2* Shoshin, *3* Do, *4* Mae-oki, *5* Soe, *6* Hikae, *7* Mikoshi, *8* Uke, *9* Nagashi, *10* Yo-dome, *11* In-dome, *12* Ushiro-gakoi. In der unteren Darstellung (Aufsicht) stehen *1, 2, 3* und *4* im Zentrum übereinander

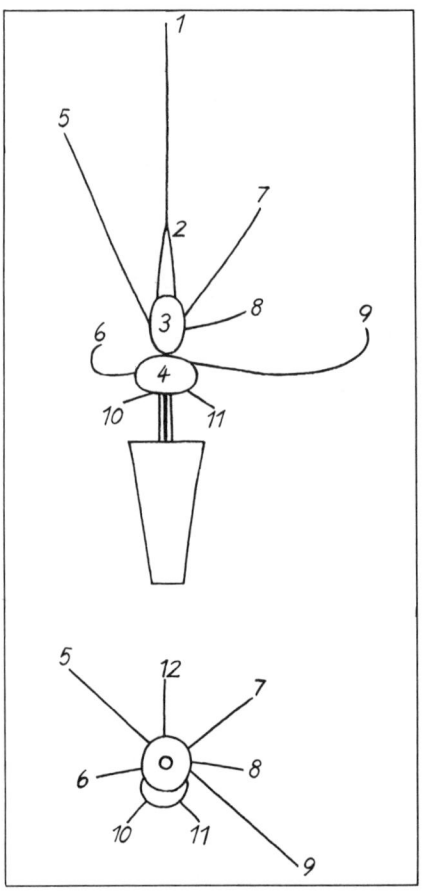

nach rechts vorn, wobei Uke meist länger als Mikoshi und Nagashi länger als Uke ist. Nagashi ist dabei eine außerordentlich feine und fließende Linie, was bei der Wahl des Materials beachtet werden muß. Uke und Mikoshi haben auf der rechten Seite eine ähnlich unterstützende Funktion wie Hikae und Soe auf der linken Seite. Auch Uke und Mikoshi können je nach Material, das eine Verbindung zwischen Shin und Nagashi schafft, einzeln oder ganz entfallen. An der Rückseite der Anordnung kann noch eine zusätzliche verschönernde Linie, Ushiro-gakoi, angebracht werden.

Es ist möglich, das Arrangement an der Vorderseite des Fußes durch zwei kleine Seitenlinien (seitlich nach vorn) abzuschließen. Sie werden als In-dome und Yo-dome bezeichnet. Die dargestellte Grundstruktur kann spiegelbildlich gestaltet werden und erhält durch vielerlei Variationen in jeder Anordnung ein neues Gesicht.

Der Charakter einer R.-Gestaltung wird maßgeblich durch die Form und Bewegung von Shin beeinflußt. Um die Entfaltung der R.-Anordnung im Raum zu ermöglichen, werden den Elementen bestimmte Fußpositionen zugewiesen. Die Triebenden der Pflanzenteile bilden auf diese Weise gemeinsam den fast kreisrunden Stamm des R.

Zur *Befestigung* wird bei modernen Gestaltungen ausschließlich der Kenzan verwendet. Da R.-Arrangements groß und mit einzelnen Elementen weit ausladend gestaltet werden können, wird der Kenzan bei Bedarf noch durch einen Bleiring beschwert oder eine Fußstütze in Form eines Blechringes aufgesteckt. Der „Stamm" des R. steht dann innerhalb dieses Ringes. Ist das vorgesehene Gefäß sehr hoch, werden kleine Steine eingefüllt und der Kenzan auf diese Weise weiter oben eingelegt; er ist dann beim Einstecken der Elemente gut zu erreichen. Zuerst wird Shin als dominierendes

Element hinter die Mitte des Kenzan gesteckt. Der weitere Ablauf richtet sich
nach der Stärke der Aussage der einzelnen Elemente. Meist wird als zweite Linie
Nagashi gestaltet. Ist dieses umspan-
nende Dreieck (Shin, Stammfuß, Nagashi) entfaltet, kann die Mittelachse von
oben nach unten (Shoshin, Do und Mae-
oki) vervollständigt werden. Es folgen die
noch fehlenden Elemente. Auch die Rei-
henfolgen Shin, Shoshin, Do, Mae-oki,
Soe, Hikae, Mikoshi, Uke, Nagashi oder
Shin, Uke, Shoshin, Do, Soe, Hikae, Mikoshi, Nagashi, Mae-oki haben sich bewährt. Letztere ist besonders dann sinnvoll, wenn Arrangierhilfsmittel (Draht
u. ä.) zu verbergen sind. Um einen gleichmäßigen „Stamm" zu erzielen, können
Triebstückchen ergänzt werden, die hinter Mae-oki verdeckt blind enden. Traditionelle Befestigungshilfen des R. sind
Strohbündel (↑ Komiwara). Auch das Anordnen in sandgefüllten Holzgefäßen
oder Bronzewannen wird angewandt.
Die durch historische Literatur stark beeinflußte Gestaltung von traditionellem R.
orientiert sich oft an berühmten Arrangements, die mit ihren Materialkombinatio-
nen das Typische der japanischen Landschaften und Jahreszeiten aufgreifen.
Die verwendeten Materialien erhalten
aufgrund ihrer charakteristischen Wirkung oft Eigennamen wie „Kado San-
boku" (»Drei Pflanzenmaterialien von
Bäumen für Blumenarrangements« —
Kiefer, Japanische Zypresse, Chinesischer Wacholder; mit weiteren Materialien zu kombinieren). Traditionelle R. unter Verwendung von einer Pflanzenart
sind bekannt von Chrysantheme, Iris,
Kiefer, Lotus, Narzisse und Zierkirsche.
Ebenfalls einzeln wird Ahorn, bevorzugt
mit der Herbstfärbung der Blätter (Momiji), verwendet.
Rikumono ↑ Kombinationen der Pflanzen
Rinpa: ein Ikebana, dessen Gestaltung
durch eine japanische Wandschirmmale-

rei (Byobu), ein Rollbild (↑ Kakemono Ⓐ),
ein Fächerbild oder ähnliches angeregt
wurde. Es gilt dabei nicht, das Bild nachzugestalten, sondern ein neues, einheitliches Kunstwerk zu schaffen, das aus
dem Ikebana und dem Bild gemeinsam
besteht.
R. kann mit drei oder fünf Pflanzenarten
gestaltet werden. Die Anordnung wird
ohne Tiefenwirkung ausgeführt. Die zwischen den Elementen freien Räume haben dabei eine besondere Bedeutung.
Sie treten mit den freien Räumen des Bil-
des in Wechselwirkung. Es werden im
Vergleich zu anderen Formen des Ikebana weniger Knospen, aber mehr Blüten
verwendet. Längenmaße sind nicht vor-
geschrieben. Bestimmte Malschulen
(Korin-Schule, Shijo-Schule u. a.), die
vorwiegend Motive aus der Natur (Pflanzen und Blumen) darstellten, werden bevorzugt als Anregungen für R. benutzt. R.
wird von der Ohara-Schule gestaltet und
ist stark an Gegebenheiten in Japan gebunden.

Rikka – auch im Winter eine attraktive Form
des Ikebana

Rißdarstellung: Skizze zur Verdeutlichung der einzelnen ↑ Elemente eines Ikebana und deren Lage im Raum. Sie wird nach den Regeln der darstellenden Geometrie ausgeführt, und benutzt verschiedene Symbole zur Wiedergabe der Hauptlinien (Elemente, Yakueda) und Hilfslinien (Ashirai). Die Symbole sind in den Hinweisen zur Benutzung nachzuschlagen. Eine R. für Ikebana besteht im allgemeinen aus Grundriß und Aufriß. Der Grundriß zeigt den schematischen Anblick eines Arrangements senkrecht von oben, wobei die dem Betrachter des Arrangements zugewandte Seite auch in der Abbildung nach vorn zum Betrachter weist. Der Aufriß zeigt den schematischen Anblick des Arrangements von vorn, gibt also das übliche Bild des Ikebana, nämlich die Ansicht der Vorderseite, wieder. Nur in Einzelfällen wird zusätzlich die Wiedergabe einer Seitenansicht notwendig.

Grundriß und Aufriß werden bei der Darstellung übereinander angeordnet. Es ist möglich, gleiche Elemente, die in beiden Ansichten wiedergegeben sind, durch dünne Hilfslinien miteinander zu verbinden.

R. sind eine sinnvolle Ergänzung zu ↑ Zeichnungen und ↑ Fotografien eigener Arrangements. Sie ermöglichen es, das im Bild nur zweidimensional festgehaltene Objekt dreidimensional nachzugestalten und sind deshalb für die Vermittlung der ↑ Formen des Ikebana von großer Bedeutung.

Risshin: Bezeichnung der Sogetsu-Schule für den aufrechten Grundstil (↑ Moribana chokutai, ↑ Nageire chokutai).

Ro, *»Ruder«:* Bezeichnung für ein Element in Schiffarrangements (↑ San-ga-no-Fune). Ro symbolisiert neben »geschwellten Segeln« das bewegte Boot und wird deshalb im »abfahrenden Schiff« (↑ Defune) und im »ankommenden Schiff« (↑ Irifune), nicht aber im »ruhenden Schiff« (↑ Tomaribune) angeordnet. Durch seine Richtung zeigt Ro in Verbindung mit der „Segelstellung" an, ob eine Ankunft oder Abfahrt dargestellt wird. Beim abfahrenden Schiff weist das Ruder nach rechts, beim ankommenden ist es nach links zu arrangieren. Der auch als Rogata bezeichnete Ruderteil wird dem Teil des Arrangements, der die Segel (↑ Hogata) symbolisiert, gegenübergestellt. Die Ausführung von Ro erfolgt als ↑ Nagashi oder als besonders herabführender und lang ausgezogener Teil von Tai.

Dem Charakter des Elementes »Ruder« entsprechend werden leicht nach unten gewachsene Zweige verwendet.

Rogata: Bezeichnung für den »Ruderteil« in einem Schiffarrangement (↑ San-ga-no-Fune), der dem »Segelteil«, ↑ Hogata, gegenübergestellt wird. Für das R. bildende Element ist die Bezeichnung ↑ Ro üblich.

Ruder ↑ Ro
Rumpf ↑ Do
Ryoso ↑ Ichiju-giri

Beispiel für die Ausführung einer Rißdarstellung mit zwei Ansichten

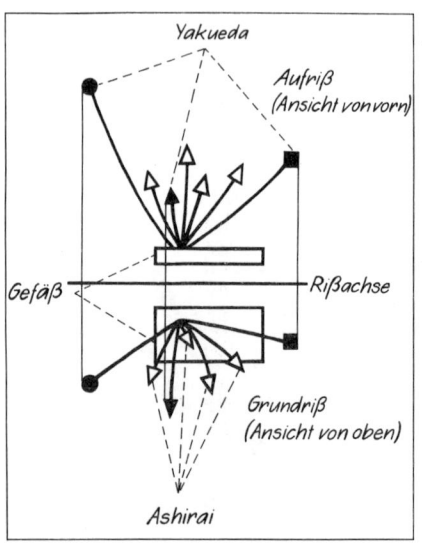

S

Sabaku: eine Technik des ↑ Biegens von Blättern und Zweigen. Sie formt strenge Linien in leicht geschwungene und umgekehrt.

Sandwannen. Mit Sand gefüllte wannenförmige Gefäße (↑ Sunabachi) sind als Basis zum Arrangieren bereits aus dem 16. Jh. nachgewiesen, werden heute jedoch nur noch selten verwendet. Bei Anwendung dieser Technik ist auf einen hohen Reinheitsgrad des Sandes und das ständige Feuchthalten zu achten. Blumenanordnungen in S. werden als ↑ Suna-no-mono bezeichnet.

San-ga-no-fune: Bezeichnung für Ikebana-Anordnungen in Gefäßen mit schiffähnlicher Form. Blumengestaltungen mit Schiffsymbolik sind in drei Formen möglich, als abfahrendes Schiff (↑ Defune), als heimkehrendes Schiff (↑ Irifune) oder als ankerndes Schiff (↑ Tomaribune). S. sind ↑ Shoka-Anordnungen in ↑ So-Form. Defune und Irifune bestehen aus zwei Teilen, dem Ruder (↑ Rogata) und dem Segel (Hogata). Rogata ist ein zusätzliches Element, das nur bei Schiffarrangements üblich ist. Tomaribune wird durch ein ruhendes aufrechtes Segel gekennzeichnet. Der Befestigung dient ↑ Matagi mit Tomegi. Als Gefäße werden schiffförmige hängende Bambusgefäße oder Schiffe, die auf den Boden der ↑ Tokonoma gestellt werden und traditionell aus Holz, modern als flache längliche Keramikschalen, geformt sind, verwendet.
In der Tradition Japans (Inselland) spiegeln sich Schiffahrt und Fischfang auch im kulturellen Leben wider. Durch das abfahrende Schiff (Bug nach links) wird eine gute Reise und viel Erfolg bei Geschäften gewünscht. Das ankomme Boot (Bug nach rechts) begrüßt den Gast und Heim-

gekehrten oder bittet den gerade Abreisenden um eine baldige Rückkehr. Tomaribune vermittelt eine ruhige und entspannte Grundstimmung und wünscht gleichzeitig einen angenehmen Aufenthalt.
Durch Verdecken der Hauptelemente mit kleinen fiedrigen Blüten wird ein „Boot in der Ferne" dargestellt. Derselbe Effekt kann durch starkes Ausdünnen der Linien erreicht werden.

Sanshu-ike: ein Ikebana, das unter Verwendung von drei Pflanzenarten gestaltet wird. Die Verwendung mehrerer pflanzlicher Materialien war, von Ausnahmen abgesehen, traditionell nur im Rikka üblich, erst seit jüngerer Zeit wird auch ↑ Shoka Sanshu-ike gestellt. S. sind auch als ↑ Moribana und ↑ Nageire möglich. Bestimmte Arten werden bevorzugt miteinander arrangiert (↑ Kombinationen der Pflanzen). Für ↑ Jiyu-ka ist die Bezeichnung S. nicht üblich. Arrangements unter Verwendung von einer bzw. zwei Pflanzenarten werden als ↑ Isshu-ike und ↑ Nishu-ike bezeichnet.

Sansui ↑ Gefäße

Sashibana: historische Form des Ikebana; ↑ Geschichte des Ikebana

Schiffarrangement ↑ San-ga-no-fune

Schneiden: eine wesentliche Technik zur ↑ Formgebung der verwendeten pflanzlichen Materialien. Bei der Ausführung von Schnitttechniken ist zu unterscheiden zwischen der Trennung einer Blume oder eines Zweiges von der Pflanze, dem Schnitt an der Basis des Triebes unmittelbar bei Ausführung des Arrangements und dem S. zur Verbesserung der Form des verwendeten Sprosses. Für die Verbesserung der ↑ Haltbarkeit der Schnittblumen und Zweige sind folgende Grundsätze zu beachten:
– Gewinnung des Schnittmaterials möglichst früh oder abends, keinesfalls bei voller Sonneneinstrahlung;
– frisch gewonnenes Schnittmaterial wird schnellstens in ein mitgeführtes

Wassergefäß gestellt (↑ Konditionierung) oder so schnell als möglich wieder mit Wasser versorgt (lauwarmes Wasser wird am besten von den Pflanzen aufgenommen);

– die Schnittzeitpunkte sind entsprechend der Blütenentwicklungsstadien zu wählen (Tab.).

Schnittzeitpunkte zur Erzielung optimaler Haltbarkeit des pflanzlichen Materials (verändert nach Deutschmann, K.-H., Hempel, H., 1984)

Blütenstadium	Beispiele
knospig	Tulpen, Narzissen, Gladiolen, Forsythien, Rosen, Zierkirschen, Pfingstrosen, Schwertlilien
halbgeöffnet	Anemonen, Akelei, *Clematis*, Glockenblumen, Lilien, Flieder
halb- bis vollgeöffnet	Feuerlilien, Fingerhut, Kaiserkronen, Rudbeckien, Schafgarbe, Wicken
vollgeöffnet	Christrosen, Chrysanthemen, Cosmea, *Erigeron*, Sonnenbraut, Sommerastern, Zinnien, Ringelblumen, Dahlien (bevor welke Zungenblüten auf der Rückseite auftreten)
zwei bis drei erblühte Röhrenblütenkreise	alle Korbblütler
ein Drittel der Einzelblüten im Blütenstand voll geöffnet	alle Blütenrispen und -trauben (Lupine, Rittersporn, *Eremurus*)

Beim S. unmittelbar während der Ausführung des Arrangements sind neben den Methoden zur Verbesserung der Haltbarkeit die Besonderheiten der gewählten ↑ Befestigungstechnik zu beachten. Durch

sie wird eventuell eine bestimmte Art der Ausführung des Schnittes erforderlich.

Die Trieblänge beeinflußt die Form des künftigen Arrangements wesentlich, deshalb sollte man bei eigener Unsicherheit diesen Schnitt mit Bedacht und nach wiederholtem Anhalten an Gefäß und bereits gestaltete Teile der Anordnung in mehreren kleinen Stufen bis zum Erreichen der endgültigen Länge ausführen.

An Zweigen und Blumenstielen können Korrekturen vorgenommen werden, die die Formen und Eigenheiten der jeweiligen Pflanzenart noch deutlicher zur Geltung bringen (Shoryaku). Die Ausführung der Schnitte ist individuell vom Charakter eines jeden Zweiges abhängig und sollte mit Bedachtsamkeit und Einfühlungsvermögen geschehen. Auch für Blumen gilt, daß verwelkte und unschöne Pflanzenteile sowie Blätter, Blüten (!) und Seitentriebe, die die Linie des Blumentriebes stören, entfernt werden. Bei einigen Blumenarten, z. B. klein- und mehrblütigen Chrysanthemen, können gegebenenfalls

Ein schräger Schnitt zu der dem Betrachter abgewandten Seite verhindert, daß die Schnittfläche gesehen werden kann; *links* Schnittführung, *rechts* Anordnung des Zweiges

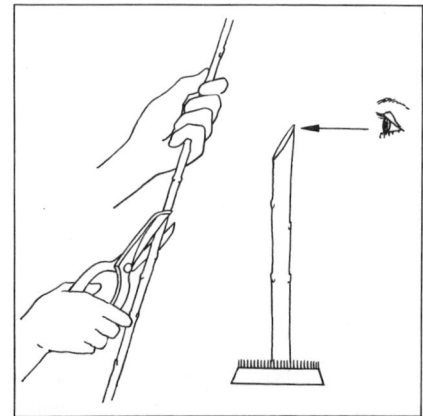

die Triebe so geschnitten werden, daß mehrere Blüten stehenbleiben. Das Entfernen einzelner Linien der Sprosse erfolgt zielgerichtet. Dabei kann ein unerwünschter Trieb entweder so entfernt werden, daß der Zweigstumpf restlos abgeschnitten wird oder durch einen ziehenden Schnitt mit einem scharfen Messer oder teilweises Einschneiden mit der Schere mit nachfolgendem Abziehen ein deutlicher Stumpf verbleibt. Vermieden wird das Belassen eines durch unsaubere Schnittführung entstandenen kurzen Zweigstückes. Besondere Beachtung muß das S. von Blättern finden. Einzelne größere Blätter, beispielsweise von Gladiole, Tulpe u. ä., sind immer mit einem Stück Stiel zu schneiden. Sind Blätter für ein Arrangement zu groß, hängen die Spitzen der Blätter kraftlos herab oder soll die verdunstende Fläche verringert werden, so sind die Blätter kleiner zu schneiden; das trifft zu für Strelitzie, Gladiole, Iris, Tulpe und Pflanzen mit ähnlichen Blattformen. Dazu benutzt man entweder eine sehr scharfe Klinge oder eine Ikebana-Schere. Der ziehende Schnitt führt vom Stielansatz zur Blattspitze. Bei festeren Blättern (z. B. Strelitzie) ist es auch möglich, das Blatt auf eine Holzunterlage aufzulegen und den Schnitt mit einer scharfen Messerspitze auszuführen. Sind nicht besondere Formen zur Erzielung eines bestimmten Ausdruckes gewünscht, wird immer die natürliche Form nachgestaltet.

Schneidwerkzeuge: die wichtigsten Arbeitsgeräte bei der Gestaltung von Ikebana. Sie werden zum Schneiden von Blättern, Blumenstielen, dünnen und mittelstarken Ästen sowie verschiedenen Arrangierhilfen verwendet. Bevorzugt werden sollte eine ↑ Ikebana-Schere, aber auch eine zweischneidige Rosenschere kann recht gute Dienste leisten. Eine einschneidige Gartenschere ist nur für festere Blumenstiele und Äste geeignet. Sehr dünne oder weiche

Triebe, z. B. von Schneeglöckchen, Märzenbecher oder Blaustern, werden mit der Ikebana-Schere, einem sehr scharfen Messer oder einer Rasierklinge, die gerade für solche zarten Blumen hervorragend geeignet ist, geschnitten. Um Verletzungen zu vermeiden, wird die Rasierklinge längs gebrochen und auf der einen Seite mit einem Pflaster geschützt. Auch medizinische Scheren, Okuliermesser und viele andere S. können sinnvoll verwendet werden. Durch verschmutzte S. können verstärkt Fäulniserreger übertragen werden, deshalb sind sie nach jedem Gebrauch gründlich zu reinigen (Vorsicht, Verletzungsgefahr!). Einölen nach der Reinigung verbessert den leichten Gang der Scheren und verhindert das Anrosten. Vor der nächsten Benutzung sind die Schneiden kräftig abzuwischen, damit die Pflanzen nicht mit dem Ölfilm in Berührung kommen.

Schnittausführung ↑ Schneiden
Schwimmende Blumen ↑ Ukibana
Seika: eine Aussprachemöglichkeit der Schriftzeichen für Shoka.
Setsugekka: eine Form von hängenden Blumenanordnungen (↑ Tsuribana). Der Name des Arrangements setzt sich aus drei Wörtern, setsu (Schnee), getsu (Mond) und ka (Blumen) zusammen und symbolisiert in seiner Einheit als poetisches Ideal die sich ständig wandelnde Schönheit der Natur.

Grundstruktur. S. können auf drei verschiedene Weisen gestaltet werden: analog dem Mondarrangement (↑ Tsuki), wobei einzelne Zweige den Raum, den das Gefäß umschließt, verlassen, als ↑ Hitokabu-ike oder als ↑ Futakabu-ike, (letzteres in Form eines ↑ Gyodo-ike oder ↑ Suiriku-ike), wobei die Pflanzen den Raum, den das Gefäß mit seiner Aufhängung umschließt, nicht verlassen. Als Gefäß dient ein rundes Kupferbecken, das durch vier Metallbögen hängend getragen wird.

Shakei ↑ Keshiki-ike

Setsugekka in der Ausführung eines Gyodo-ike (nach Ikenobo for beginners)

Shigoki-dame ↑ Biegen
Shikainami ↑ Gefäße
Shikiri-dome: eine ↑ Befestigungstechnik, mit deren Hilfe Zweige und Stiele in Vasen u.ä. Gefäßen gehalten werden. Ähnlich dem waagerechten ↑ Kubari werden unterteilte Ringe in die Gefäßöffnung eingesetzt.
Shimentai ↑ Moribana shimentai
Shin: Bezeichnung für das dominierende und meist auch größte ↑ Element in der Mehrzahl aller Formen des Ikebana. Es ist eines der Hauptelemente (↑ Yakueda) der Ikebana-Arrangements und bestimmt durch seine Linienführung wesentlich den Charakter der Arrangements. Je nach dem Winkel, den Shin mit der Senkrechten einschließt, werden aufrechte, geneigte und hängende Anordnungen im Moribana und Nageire unter-

schieden. Strenge bzw. mehr oder weniger bewegte Ausführungen von Shin unterscheiden Shoka-Anordnungen in ↑ Shin-Form, ↑ Gyo-Form und ↑ So-Form sowie beim Rikka das ↑ Sugu-shin-Rikka mit aufrechtem Shin und das ↑ Noki-jin-Rikka mit bewegtem Shin. In der Geschichte des Ikebana tritt die Shin-Linie als erste mit einer eigenen Charakteristik und Bedeutung im Sinne von »Wahrheit« hervor. Auch heute noch stehen beide Begriffe in unmittelbarem Zusammenhang. In der ↑ Ikenobo-Schule wird Shin im Sinne von Mensch verstanden, eines Menschen, der durch eigene Kraft zur Erleuchtung oder, wie man es heute nennen müßte, zur Erkenntnis gekommen ist und deshalb einen Platz über ↑ Soe, in diesem Fall Himmel, und ↑ Tai, Erde, erhalten hat. In anderen Ikebana-Schulen, so z.B. der ↑ Sogetsu-Schule, wird Shin jedoch als Symbol für „Himmel" in der Dreiheit Himmel-Mensch-Erde benutzt. Auch als direktes Symbol für den Kaiser kann Shin stehen, von weiteren Schulen wird „Formbestimmung" synonym benutzt. Die ↑ Ohara-Schule bezeichnet das dominierende Element als ↑ Shu. Früher waren noch die Bedeutungen Gott (Buddha) und Glaube für Shin üblich.
Shin-Form: schlanke, aufrechte Form im Ikebana (Ausnahme ↑ Sho-chiku-bai). Die Ausführung erfolgt als ↑ Shoka (Abb.) oder ↑ Keshiki-ike.
Shin-Pu-Tai, »Das Neue Aussehen«: eine dem Shoka verbundene Form des Ikebana, die aber wesentlich freier in Materialwahl und Gestaltung arrangiert wird. Sie steht damit neben dem als klassisch zu bezeichnenden ↑ Sho-Fu-Tai, das als ↑ Shoka Isshu-ike, ↑ Shoka Nishu-ike und modern als ↑ Shoka Sanshu-ike ausgeführt wird.
Der Aufbau des S. leitet sich trotz seiner äußeren Ähnlichkeit mit dem modernen Shoka Sanshu-ike von einer aus zwei Linien bestehenden historischen Vorform

des Shoka ab. Die beiden Linien symbolisierten In und ↑ Yo Ⓐ. Diese Zweiteilung ist in die Grundanordnung des S. eingeflossen. Der dominierende Hauptteil, ↑ Shu, wird mit dem zweiten Element ↑ Yo kombiniert. Wichtig ist die Erzielung eines Kontrastes.

Sind die beiden Elemente einander zugewandt, spricht man von Hiomote, sind sie voneinander abgewandt, werden sie als Hiura bezeichnet. Der dritte Bestandteil der Anordnung, ↑ Ashirai, »wandelt das Unvollkommene zum Vollkommenen« um, indem er die Gestalt ausbalanciert und eine Verbindung zur Umgebung der Anordnung herstellt. Besondere Maßverhältnisse sind nicht vorgegeben.

Während Sho-Fu-Tai die Wachstumseigenschaften der Pflanzen als Ganzes darstellt und dabei besonders auf ihre natürliche Existenz in den Jahreszeiten eingeht, werden im S. die lebendigen Eigenschaften von Teilen der Pflanzen dargestellt (Tab.).Überraschende und uner-

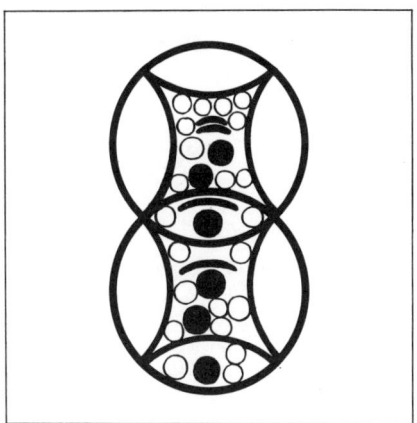

In den Shippo werden Stiele und Blätter des Arrangements *(schwarz)* eingesteckt und zusätzlich durch kleine Aststückchen *(weiße Kreise)*, die nicht höher als der Wasserstand im Gefäß sein dürfen, arretiert

wartete Aspekte mit starken Kontrastwirkungen präsentieren sich dabei als Zeugnisse des Lebens.

Shippo: ein Blumenhalter ohne Nadeln. Er besteht aus einem oder mehreren ineinander verschlungenen Ringen aus Blei. Die Blumenstiele und Zweige werden in die Zwischenräume eingeklemmt. Gegebenenfalls kann der Halt durch kleine Holzstäbchen oder Schnittstücken von Trieben, die zusätzlich einzustecken sind, verbessert werden.

Der S. findet für die Gestaltung von klassischem Shoka in flachen Schalen Verwendung. Für becher-, kelch- oder vasenförmige Gefäße ist der ↑ Matagi als Befestigungshilfe leichter anzuwenden. Einige der Ikebana-Schulen gestatten neuerdings auch die Verwendung des ↑ Kenzan anstelle von S. für klassisches Shoka.

Shishi-guchi: 1. »Löwenmaulgefäß«; Bezeichnung für ein Gefäß aus Bambus, das sehr flach gehalten und mit einer Öffnung nach vorn versehen ist. Es wird für

---

Unterschiede zwischen Sho-Fu-Tai und Shin-Pu-Tai

Kriterium	Sho-Fu-Tai	Shin-Pu-Tai
Aufstellungsort	↑ Tokonoma Ⓐ	an beliebigen geeigneten Orten im Raum
Elemente	Shin, Soe, Tai	Shu, Yo, Ashirai
Struktur	festgelegte Formen	keine festgelegten Formen
	Schönheit der Form	Schönheit des Inhalts
Materialwahl	ein, zwei oder drei Pflanzenarten; Material und Form bilden eine Einheit	beliebige Pflanzenwahl, besonders unter dem Aspekt des Kontrastreichtums
Bedeutung der Ashirai	lediglich Hilfslinien für die Hauptelemente	starker Einfluß auf die gesamte Gestalt als drittes Element

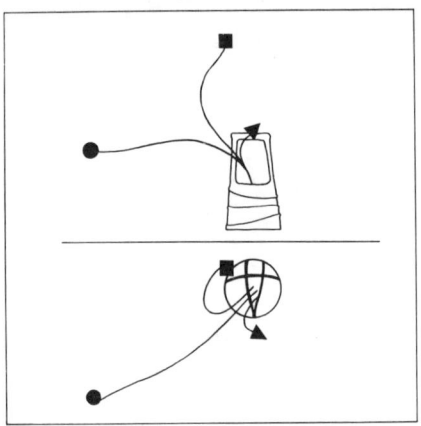

Shishi-guchi

Shoka-Anordnungen gleichen Namens verwendet.

2. Ausführung eines Shoka in einer speziellen Vase. Die Anordnung kann hängend montiert sein (↑Kakebana) oder sehr gut in einer freien Regalseite aufgestellt werden. Die beschränkte Gefäßöffnung verlangt folgende Linienführung: Shin zeigt vorwärts seitlich zur Yo-Seite. Soe bewegt sich zuerst in dieselbe Richtung, steigt aber dann nach oben und weist mit der Spitze in Richtung Vase. Tai zeigt leicht nach vorn und zur In-Seite. Als Gefäß dient ausschließlich S., als Befestigung Matagi mit Tomegi.

Shinsho-soka: Ikebana-Arrangements nach bildlichen (↑Rinpa) oder literarischen (↑Bunjin-bana) Vorlagen.

Shita-kuchi: die untere Öffnung des ↑Niju-giri.

Sho-chiku-bai: eine besondere Form des ↑Shoka aus drei Materialien (Kiefer, Bambus, Japanische Pflaume), die für freudige Anlässe, besonders zum Neujahrsfest, gestellt wird. Diese Anordnung geht gedanklich auf ein poetisches Ideal zurück (↑Symbolik).

Da in anderen traditionellen Arrangements (↑Shoka-Denka) die Verwendung von drei Materialien nicht üblich war, stellt

diese Form eine Ausnahme dar. Ähnliches gilt für die Bezeichnung der Dynamik des Arrangements. Im Unterschied zur sonstigen Verwendung der Begriffe ↑Shin-Form, ↑Gyo-Form und ↑So-Form wird im S. die Bezeichnung Shin-Form benutzt, wenn Shin mit junger Kiefer gestellt wird. Von der So-Form spricht man, wenn ↑Nejime mit Bambus gestaltet ist. Alle anderen Variationen gelten als Gyo-Form. Zusätzlich zu den drei üblichen Elementen des Shoka wird an der Vorderseite das vom Rikka entlehnte Element Do angeordnet. Als besondere Befestigung wird der ↑Izutsu-Kubari eingesetzt.

Sho-Fu-Tai, »das richtige (reine, natürliche) Aussehen«: Bezeichnung für die althergebrachte Gestaltungsweise des klassischen ↑Shoka. Der Begriff wird zur Unterscheidung dieser überlieferten Anordnungsweise von einer jüngeren, ebenfalls dem Shoka verbundenen, aber in Materialwahl und Form freieren Gestaltung, dem ↑Shin-Pu-Tai, gebraucht.

Shoka: eine der fünf grundlegenden ↑Formen des Ikebana. Die japanischen Schriftzeichen für das Wort S. sind mit denen für den Begriff Ikebana identisch. Die Bezeichnung S. wurde früher auch in der heute für Ikebana üblichen allgemeinen Bedeutung gebraucht, ist jedoch gegenwärtig auf eine bestimmte Form des Ikebana festgelegt und kann in diesem Sinne als »gestellte und lebendige Blumen« übersetzt werden. Eine andere Lesart der Schriftzeichen ergibt das Wort Seika, das inhaltlich mit dem Begriff S. übereinstimmt.

Geschichte. S. hat wie auch das ↑Nageire seine Wurzeln im ↑Chabana. Etwa ab 17. Jh. entstanden Formen des S., die bis heute fortleben (unter anderem Mond- und Schiffgefäße). Im Jahre 1820 wurden unter Ikenobo Senjo die heute noch gültigen Regeln für das klassische S. festgeschrieben. Auch im 20. Jh. wird klassisches S. weiter gepflegt. Neue ge-

sellschaftliche Strömungen brachten auch ein neues, modernes S. hervor, für das 1954 die Erfahrungen als Regeln festgelegt wurden.
Formen des S. Heute ist S. in einer Anzahl traditioneller und moderner Formen lebendig. Die moderne Art der S.-Gestaltung (Gendai-Shoka) erfolgt als ↑ Shoka Sanshu-ike (Verwendung von drei verschiedenen pflanzlichen Materialien). Traditionelle Formen werden als ↑ Shoka Isshu-ike (Verwendung einer Pflanzenart) oder als ↑ Shoka Nishu-ike (Verwendung von zwei verschiedenen pflanzlichen Materialien) ausgeführt (Ausnahme ↑ Sho-chiku-bai). Eine ganze Reihe von Gestaltungen mit besonderen Ausdrucksmöglichkeiten werden ebenfalls dem S. zugeordnet. Dazu gehören Arrangements für freudige Anlässe, z. B. Neujahrsfest (Sho-chiku-bai), solche unter Verwendung von Schiffgefäßen (↑ Sanga-no-Fune) oder frei hängenden Gefäßen (↑ Tsuribana mit ↑ Setsugekka und ↑ Tsuki), Anordnungen in Gefäßen mit einem „Fenster" (↑ Ichiju-ike, ↑ Shishi-guchi) oder zwei übereinanderliegenden Gestaltungsebenen (↑ Niju-ike), S., die an einer Wand aufgehangen werden (↑ Kakebana), zweiteilige S. (↑ Shoka Futakabu-ike) und auch Anordnungen mit besonderer Betonung eines Elements (↑ Shoka-Betsuden) oder des Charakters der Blätter (↑ Hamono).
Grundstruktur. S. ist das ursprünglich speziell für die ↑ Tokonoma Ⓐ vorgesehene Arrangement. Seine Struktur wird deshalb durch diese bauliche Besonderheit des japanischen Hauses mitbestimmt. Der Lichteinfall in die Tokonoma erfolgt meist durch ein kleines seitliches Fenster. Ist dieses Fenster links, so wird das Element Soe nach rechts geordnet. Diese Form wird als ↑ Gyakugatte bezeichnet. Erfolgt der Lichteinfall auf das Arrangement von rechts, so wird Soe nach links ausgerichtet und man spricht von ↑ Hongatte.

Die beleuchtete Seite (nicht die Lichtquelle!) wird als ↑ Yo, die Schattenseite als In bezeichnet. Das traditionelle S. besteht aus drei Elementen: Shin, Soe und Tai, die in ihrer Einheit den gesamten Kosmos widerspiegeln und im einzelnen Mensch–Himmel–Erde darstellten. Shin ist das bestimmende Element. Es erreicht die zweieinhalb- bis dreifache Höhe bzw. Weite des Gefäßes. Soe wirkt unterstützend und mißt zwei Drittel von Shin. Tai bildet die Basis der Anordnung und er-

Shoka (traditionell); Variante mit drei Linien für jedes Element (Beispiel Shin-Form).
Tai-Gruppe: 1 Tai, *2* Tai-Ashirai, *3* Tai-Ashirai (= Tai-Shin). *Shin-Gruppe: 4* Shin-Mae-Ashirai, *5* Shin, *6* Shin-Ushiro-Ashirai. *Soe-Gruppe: 7* Soe-Mae-Ashirai, *8* Soe, *9* Soe-Ushiro-Ashirai

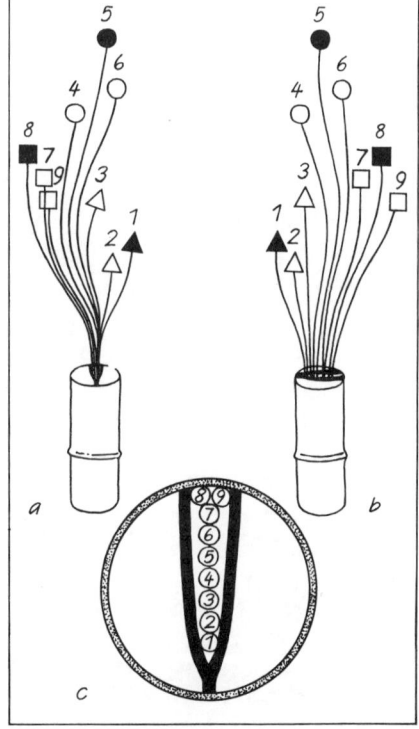

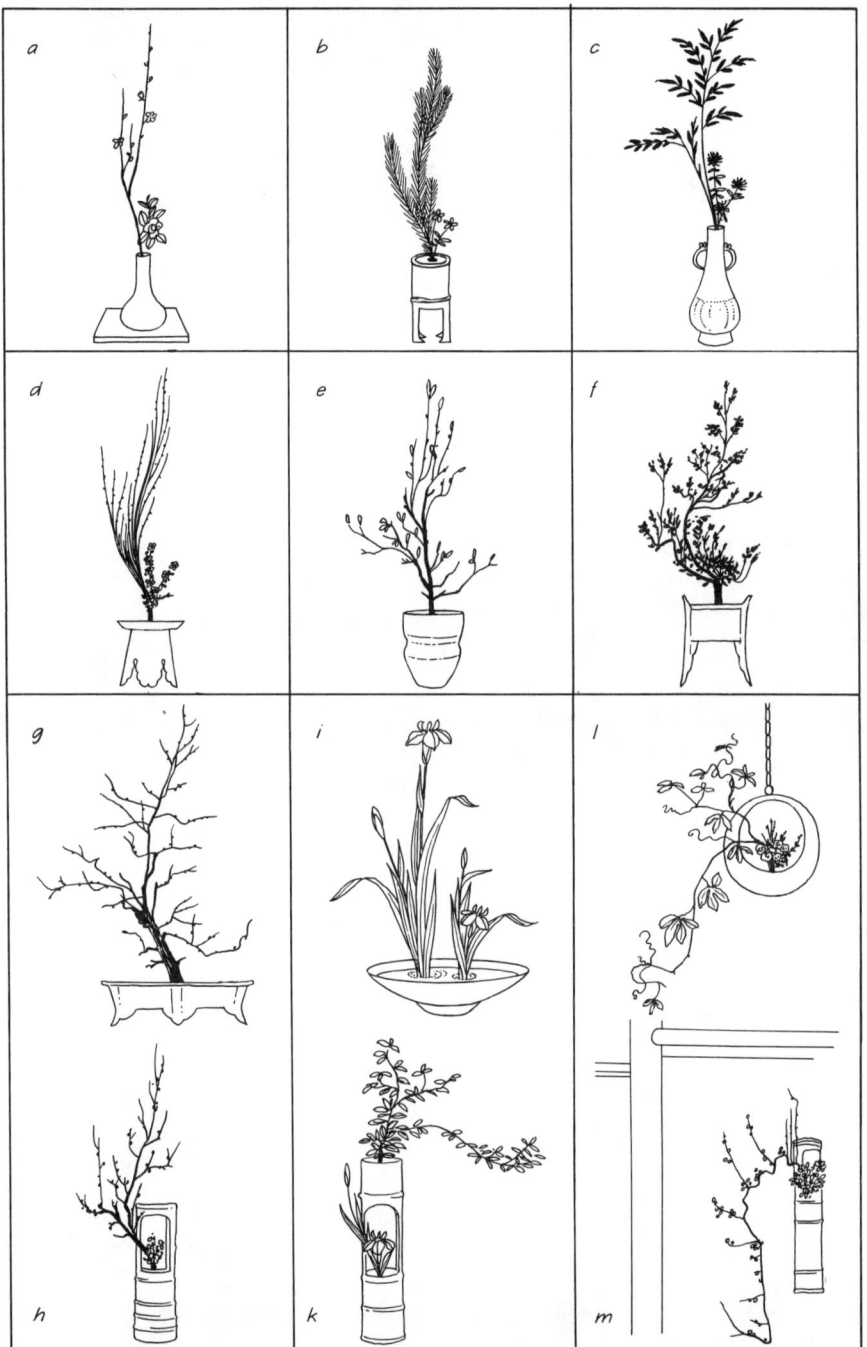

reicht ein Drittel von Shin. Typisch für S. ist, daß sich alle Haupt- und Hilfselemente eine bestimmte Strecke, deren Länge von der Gesamthöhe der Anordnung abhängt, mit einem gemeinsamen Fuß aus dem Gefäß erheben. Um diesen Effekt zu erreichen, werden alle Zweige und Stiele in einer Reihe hintereinander angeordnet. Shin schwingt nach einer Seite mehr oder weniger stark aus. Soe folgt dieser Bewegung in dieselbe Richtung, zeigt aber gleichzeitig nach hinten, während Tai nach vor und etwas in die Soe entgegengesetzte Richtung weist. Grundsätzlich werden drei Formen unterschieden: ↑ Shin-Form, ↑ Gyo-Form und ↑ So-Form. Die Shin-Form erweckt einen ruhigen und würdigen Eindruck, der durch elegante aufrechte Linienführung entsteht. Geeignet dafür sind schlanke Kelche oder fast vasenförmige Gefäße. Die Gyo-Form schafft das Bild einer sanften und feinen Bewegung. Für die Ausführung solcher Arrangements werden Gefäße verwendet, die einen deutlich lastenden Charakter haben. Breite und Höhe sind fast gleich. Innere Spannkraft und lebendige Bewegung vermittelt die So-Form, für die Vasen mit weiter Öffnung bis hin zu Gefäßen mit schalenförmigem Charakter, aber auch weite Behälter (↑ Fune, ↑ Tsuki) Verwendung finden. Jede der drei genannten Formen kann mit Pflanzen gestaltet werden, die Shin-, Gyo- oder So-Charakter haben. Es gibt also eine Shin-Form mit Shin-Pflanzen (Shin-no-Shin), eine Shin-Form mit Gyo-Pflanzen (Gyo-no-Shin), eine Shin-Form mit So-Pflanzen (So-no-Shin), eine Gyo-Form mit Shin-Pflanzen (Shin-no-Gyo) usw. Insgesamt sind somit neun Kombinationen möglich. Beim traditionellen S. sind zu verwendende Gefäß- und Pflanzenkombinationen vorgegeben. Es muß auch beachtet werden, daß an jedem Blatt und jedem Trieb in mehrfacher Hinsicht eine Yo- und eine In-Seite unterschieden werden. Es gilt einmal, daß die in der freien Natur dem Licht zugewandte Seite mit Yo, die Schattenseite mit In bezeichnet wird, zum anderen erfolgt eine Teilung der pflanzlichen Elemente bezüglich der Blattspreite von der Mittelachse aus und auch bezüglich der Höhenteilung (z. B. bei in ihrer Achse verdrehten Blättern). Beim Arrangieren gilt die Grundregel: Shin zeigt dem Betrachter die In-Seite, Soe die Yo-Seite und Tai wiederum die In-Seite, wobei jeweils an den Spitzen von Shin und Tai kurze Abschnitte der Yo-Seite sichtbar werden. Zeitweilig wurden zusätzlich zu den drei Elementen des traditionellen S. die Elemente ↑ Do und ↑ Sugata-Naoshi eingeführt. Jetzt sind jedoch moderne S. mit nur drei Elementen üblich. Das moderne S. wird als ↑ Shoka Sanshu-ike unter Berücksichtigung von zwei Tendenzen ausgeführt. Auf der einen Seite wird die Darstellung der den verschiedenen Materialien innewohnenden Kontraste und Harmonien betont. Andererseits erstrebt man dekorative Effekte, die durch Schönheit von Farben und Formen erzielt werden. Viele Regeln der Gestaltung, z. B. der gemeinsame Fuß aller Elemente, die Grundmaße und Richtungen der Hauptlinien, die Ausführung in Shin-, Gyo- und So-Form, sind vom traditionellen S. übernommen. Die Wahl der Gefäße und Pflanzenarten erfolgt jedoch wesentlich freier. Das moderne S. ist aufgrund seines Charakters und der farbigen Lebendigkeit besonders gut als Schmuck in modernen Wohnräumen geeignet. Alle hier dargestellten Shoka-Varianten werden als ↑ Sho-Fu-Tai dem ↑ Shin-Pu-Tai, einer äußerlich dem S. ähnlichen Form, gegenübergestellt.

Formen des Shoka (nach Ikenobo, Ikebana, Shoka, its Origin and Basic Styles); a) Shin no Shin, b) Gyo no Shin, c) So no Shin, d) Shin no Gyo, e) Gyo no Gyo, f) So no Gyo, g, h) Shin no So, i, k) Gyo no So, l, m) So no So

Als *Befestigung* für das traditionelle S. dient ein gespaltenes Aststück oder eine Astgabel (↑Matagi) gemeinsam mit einem Schlußholz (Tomegi). Die geschlossene Seite der Astgabel zeigt dabei zum Betrachter. Die Triebe und Stiele werden dadurch gezwungenermaßen hintereinander angeordnet. Für modernes S. kann auch ein ↑Kenzan Verwendung finden. Dabei ist jedoch zu beachten, daß beim Stecken nicht die ganze Kenzanbreite genutzt wird, sondern die vorgeschriebenen Fußpositionen genau eingehalten werden. Ähnlich kann auch der ↑Shippo benutzt werden.

Shoka-Betsuden: Name eines traditionellen Lehrbuches. Davon abgeleitet ist die Bezeichnung von Shoka-Arrangements unter zusätzlicher Anordnung einer fließenden Linie (↑Nagashi) oder Veränderung der Grundstruktur des Shoka. Abweichungen treten dabei am Element Soe (↑Mae-zoe) oder am Element Tai (↑Hidari-tai) auf.

Shoka-Denka, »*Überlieferte Blumenarrangements*«: traditionelle Blumenarrangements in Shoka-Form. Die Ausführung erfolgt z. B. als ↑Sho-chiku-bai, ↑Sanga-no-Fune und ↑Shoka-Betsuden.

Shoka Futakabu-ike: wie alle ↑Futakabu-ike ein Arrangement, das aus zwei getrennten Anordnungen besteht. Der größere Teil (↑Okabu) setzt sich aus Shin und Soe zusammen. Der kleinere Teil (↑Mekabu) wird durch Tai gebildet. S. F. kann als Wasser-Land-Arrangement (↑Suiriku-ike), Fischweg-Arrangement (↑Gyodo-ike) oder in einer hängenden Shoka-Form (↑Setsugekka) ausgeführt werden. In gewisser Weise ist auch das Doppelarrangement (↑Niju-ike) ein S. F.

Shoka-Henka-Kei ↑Henka-Kei

Shoka Isshu-ike: traditionelle Gestaltungsweise des Shoka unter Verwendung von nur einer einzigen Pflanzenart. Die Grundstruktur des S. I. hat, wie unter Shoka erläutert, Ähnlichkeiten zum ↑Shoka Nisshu-ike. Es werden ↑Shin-

Form, ↑So-Form und ↑Gyo-Form als ↑Hongatte und ↑Gyakugatte gestellt, auch ↑Hamono-Anordnungen sind möglich. Hauptelemente sind Shin, Soe und Tai, denen in vielen Fällen Hilfslinien als ↑Mae-Ashirai oder ↑Ushiro-Ashirai zugeordnet werden.

Als Gefäße werden Keramiken benutzt, die je nach verwendetem Pflanzenmaterial flaschen-, kelch-, kübel- oder schalenförmig sein können. Auch traditionelle japanische Gefäße, wie Ichimonji, Ogencho, Shikainami und Zundo, werden gern verwendet. In der Regel werden schlanke, hohe Gefäße für die Shin-Form, breite, flache für die So-Form und Behältnisse mit ausgewogenen Höhen-Breiten-Verhältnissen wie Ogencho für die Gyo-Form genommen.

Zur Befestigung der pflanzlichen Elemente im Gefäß finden ↑Matagi und Tomegi sowie ↑Kenzan Verwendung, letzterer allerdings erst in jüngster Zeit. Beim Matagi ist zu beachten, daß die Öffnung der Astgabel vom Betrachter weg zeigt.

Die Ausführung eines S. I. beginnt mit dem Einbringen der Befestigungselemente in das Gefäß. Beim Arrangieren der Pflanzen wird von vorn beginnend, hintereinander angeordnet, um den Eindruck des Wuchses aus einem Fuß zu gewährleisten. Begonnen wird mit Tai, es folgt Shin und zuletzt wird Soe befestigt. Sind einem Hauptelement ein oder mehrere Hilfslinien zugeordnet, wird immer in der Reihenfolge Mae-Ashirai, ↑Yakueda, Ushiro-Ashirai arrangiert. Für jeden Trieb ist die Wahl der vom Betrachter aus sichtbaren Pflanzenseite (In- oder Yo-Seite) sorgfältig vorzunehmen (↑Shoka).

Als pflanzliches Material können unter anderem Gladiolen, Iris, Chrysanthemen, Ritterstern, Prachtscharte und Strelitzie (jeweils Blätter und Blüten); Schusterpalme (nur Blätter); Kirsche, Pflaume, Forsythie, Ahorn und Buche (jeweils Triebe mit oder ohne Blüten) verwendet werden.

Shoka Nishu-ike: eine traditionelle Gestaltungsweise von Shoka unter Verwendung von zwei Pflanzenarten. Gräser bzw. Zweige ohne Blüten werden oft mit Blumen der Jahreszeit kombiniert, so daß ein lebendiger und farbenfroher Eindruck entsteht. Die Grundstruktur des S. N. entspricht den Grundsätzen für traditionelles Shoka. Es werden Shin-, So- und Gyo-Form als Hongatte und ↑ Gyakugatte gestellt. Hauptelemente sind Shin, Soe und Tai, die durch Ashirai Unterstützung erhalten. Shin und Soe werden meist aus dem gleichen pflanzlichen Material gestaltet, während für Tai eine zweite Pflanzenart Verwendung findet. Dem daraus entstehenden Kontrast in Form und Farbe ist besondere Aufmerksamkeit zu widmen. Als Gefäße werden die für ↑ Shoka Isshu-ike angegebenen benutzt. Auch die Befestigungstechnik entspricht der für Isshu-ike erläuterten. Die Ausführung eines S. N. beginnt mit dem Einbringen der Befestigungselemente in das Gefäß. Danach wird mit dem vorderen Element, Tai, begonnen, so daß die beiden Materialien im Matagi bzw. auf dem Kenzan hintereinander stehen. Die weiteren bei Shoka Isshu-ike gegebenen Ausführungshinweise gelten für S. N. entsprechend (Tab.).

Die Kombination von Gräsern als Shin und Soe mit Zweigen als Tai ist nicht möglich; sie wirkt, im Widerspruch zur Zielstellung des Shoka, unnatürlich.

Shoka Sanshu-ike: eine Gestaltungsweise des Shoka, die im Gegensatz zum ↑ Shoka Isshu-ike und ↑ Shoka Nishu-ike

Shoka Nishu-ike

Kombinationen pflanzlicher Materialien im Shoka Nishu-ike

Shin und Soe	Tai
Zweige einer Art	Zweige einer anderen Art
eine Grasart	eine andere Grasart
Zweige einer Art	eine Grasart
blütenlose Zweige, etwas unscheinbare Zweige oder Gräser	Blumen in kräftigen Farben in größerer Blatt- und Blütenfülle
attraktive kräftige Zweige	kleinblütige Blumen

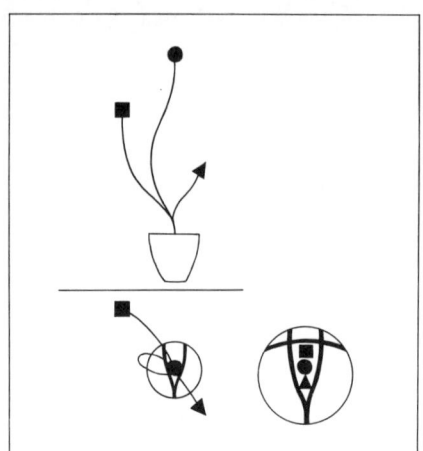

Shoka Nishu-ike (Beispiel Gyo-Form); Vorderansicht, Aufsicht und Fußpositionen

unter Verwendung von drei Materialien ausgeführt wird und im Gesamteindruck lebendiger und voller scheint. Schwerpunkte bei der Gestaltung sind das Herausarbeiten der Charakteristik der verwendeten Pflanzen, die Demonstration der Linienführung und die farbliche Kombination. S. S. hat eine gewisse Ähnlichkeit mit dem ↑ Shin-Pu-Tai, wird jedoch bevorzugt für die Tokonoma ausgeführt. S. S. wird aus drei Linien arrangiert. Shin ist das dominierende Element, seine Länge sollte das zwei- bis dreifache der Summe aus Durchmesser und Höhe des Gefäßes betragen. Nach einer mehr oder weniger stark seitlich ausschwingenden Bewegung ist es über die Mitte des Gefäßes zurückzuführen. Soe mißt etwa zwei Drittel der Länge von Shin, strebt gleichmäßig zur Seite und nach hinten und unterstützt die Bewegung von Shin. Tai zeigt nach vorn und entfaltet sich nach der Soe gegenüberliegenden Seite (je Element eine Pflanzenart). Alle Triebe wachsen scheinbar aus einem Fuß heraus und entfalten sich erst etwa 10 cm über dem Gefäßrand. Die Ausführung in

Shin-, Gyo- und So-Form ist je nach verwendetem Pflanzenmaterial möglich. Die Wahl der zu verwendenden Gefäße unterliegt keinen festgeschriebenen Regeln. Sie müssen sich jedoch in die Gesamtanordnung einfügen. Als Befestigung wird im allgemeinen der Kenzan in verschiedensten Ausführungen bevorzugt. Wer lieber mit Matagi oder Shippo arbeitet, kann jedoch auch diese benutzen.

Ausführung. Nach Vorbereitung der gewählten Befestigungstechnik werden die pflanzlichen Elemente von vorn beginnend angeordnet, zuerst Tai, es folgen Shin und Soe. Besteht ein Element aus mehreren Zweigen oder Trieben, ist jeweils mit dem vorderen Teil zu beginnen (z. B. Soe-Gruppe: Soe-Mae-↑ Ashirai, Soe, Soe-Ushiro-Ashirai). Wird der Kenzan als Befestigungshilfe verwendet, können zuerst alle ↑ Yakueda angeordnet werden. In jedem Fall werden die Fußpunkte in einer Linie, einer hinter den anderen, gesetzt, um das kraftvolle Entfalten aus einem Stamm zu erreichen.

Shonshiki ↑ Gefäße

Shoryaku, *»Abkürzung«*: Bezeichnung für das Entfernen von Blättern und Zweigen, die die eigentlichen Wuchslinien der Pflanzen durch große Fülle verdecken. Voraussetzung für die erfolgreiche Anwendung ist genaues Beobachten des pflanzlichen Wachstums in der Natur. S. wird mit den Techniken des ↑ Schneidens ausgeführt.

Shoshin, *»wirklicher Shin«, »eigentlicher Shin«*: ein Element des ↑ Rikka, das zu den neun Hauptlinien (↑ Yakueda) im Arrangement gehört. S. nimmt unter ↑ Shin und über ↑ Do einen bedeutenden Platz in der sich senkrecht über dem Gefäß erhebenden Achse ein. Zentral gelegen, wird es oftmals in farbliche Beziehung zu dem mehr flächenmäßig ausgeführten Do gesetzt, leitet aber durch seine Form bereits zu Shin über. S. wird senkrecht angeordnet und weist somit

auf alle Fälle nach oben, während Shin neben der senkrechten Ausführung im ↑Sugu-shin-Rikka auch seitlich ausschwingen kann. Für den Charakter dieser sog. ↑Noki-jin-Rikka ist die Höhe des Punktes bedeutsam, an dem Shin die nunmehr durch S. markierte Senkrechte verläßt.
Shu: 1. ein ↑Element des ↑Shin-Pu-Tai und damit Bestandteil einer dem Shoka verwandten Form des Ikebana. In der Übersetzung bedeutet Shu »Hausherr« bzw. »Subjekt« und wird als Linie des »Wirtes« verstanden, die der dem Gast bestimmten Linie, ↑Yo – hier »Leistung« oder »Funktion« – gegenübergestellt wird. In der Kombination von Shu und Yo nimmt Shu die führende Position ein.
2. in der Ohara-Schule das dominierende Element des ↑Moribana und Nageire, auch als Shushi bezeichnet. In diesem Sinne ist es ein Synonym zum Begriff ↑Shin der Ikenobo-Schule.
Shushi: Bezeichnung der ↑Ohara-Schule für das größte Element in ↑Moribana und Heika (↑Nageire). Synonym dazu wird auch ↑Shu gebraucht. Es unterscheidet sich aber inhaltlich vom Hauptelement des ↑Shin-Pu-Tai, das ebenfalls Shu genannt wird.
Soe, »*Unterstützung*«, nach Shin im allgemeinen das zweitgrößte ↑Element in den durch Regeln gebundenen Formen des Ikebana. Es ist eines der Hauptelemente (↑Yakueda) der Ikebana-Arrangements. Der Begriff Soe wird in der Ikenobo-Schule und der Sogetsu-Schule verwendet; die Ohara-Schule bezeichnet dieses Element mit ↑Fuku. Soe unterstreicht in vielen Gestaltungen die Linienführung des überragenden Shin (↑Shoka, ↑Rikka, ↑Nageire, ↑Moribana). Es ist aber auch möglich, daß Soe Shin nicht begleitet, sondern ihm als ausbalancierendes Gegengewicht gegenübergestellt wird. Aufgrund seiner Funktion wird Soe daher von einigen Ikebana-Schulen als Hilfe, Unterstützung oder

Formunterstützung bezeichnet. Viele Ikebana-Schulen verstehen Soe als Symbol für den Menschen, der zwischen Himmel (↑Shin) und Erde (↑Tai) seinen Platz in der Welt findet. In der Ikenobo-Schule wird Soe als „Himmel" interpretiert.
Soe-shita ↑Sugata-Naoshi
So-Form: breite und stark bewegte Form des Ikebana (Ausnahme ↑Sho-chiku-bai). Die Ausführung erfolgt als ↑Shoka (Abb.) oder ↑Keshiki-ike.
Sogetsu-Schule: eine der führenden ↑Ikebana-Schulen Japans mit etwa 1 Mill. Schülern. Sie zeichnet sich durch lebendige und dynamische Darstellungsweisen aus, wobei Ziel der Arrangements weniger die Demonstration von Stimmung und Charakter der freien Natur, als vielmehr die Verdeutlichung allgemeiner Lebensprinzipien ist. Die S. wurde 1926 durch Teshigahara Sofu gegründet. Dem Anliegen dieser Schule entsprechend, hat Teshigahara Sofu besonders das Avantgarde-Ikebana (↑Zenei-bana) gefördert. Der Unterricht vermittelt in seinen Kursen den Grundstil Moribana und danach das Nageire, wobei zunächst aufrechte und geneigte Formen (↑Moribana chokutai, ↑Moribana shatai, ↑Nageire chokutai, ↑Nageire shatai) ausgiebig studiert und erst später horizontale und hängende Formen breiter vorgestellt werden. Auf der Basis der Kenntnis der beiden Grundstile werden dann Möglichkeiten eigener Expression geübt, die schließlich in ein Ikebana mit freier Material- und Größenwahl münden.
Steckarbeiten ↑Gesteck
Steckbasis: im Blumenbinden Bezeichnung für alle die technischen Hilfsmittel, die bei Steckarbeiten den Pflanzenteilen in der gewünschten Richtung Halt geben. Im Ikebana wird die Technik der Befestigung von Pflanzenteilen mit ↑Hanadome bezeichnet.
Steckdraht ↑Arbeitsgeräte
Steine. Ihre einfachste Funktion im Ike-

bana, in der sie unsichtbar bleiben und eine rein technische Hilfe geben, ist das Auffüllen eines sehr hohen Gefäßes. Dadurch liegt der Kenzan dicht unter der Gefäßöffnung, was die Anwendung der entsprechenden Befestigungstechnik vereinfacht. Das Verdecken sichtbarer Kenzanteile gibt S. jedoch auch eine gestalterische Funktion. Dieses Abdecken von Befestigungshilfen wird von einigen Ikebana-Schulen (z. B. Ikenobo-Schule) ganz abgelehnt, andere verwenden neben S. auch Moos. Am bedeutsamsten ist aber die inhaltliche Funktion, die S. in einem Ikebana haben können. Im Extremfall ist es möglich, das Element »Erde« (Tai) ausschließlich unter Verwendung von besonders geformten S. zu gestalten. Wichtig ist die Anwendung von S. auch im ↑ Gyodo-ike und ↑ Suiriku-ike. Werden vom Wasser rundgeschliffene Kiesel verwendet, so betonen sie die Symbolik der „Wasserseite". Andererseits bedeuten wenig vom Wasser ge-

Sugu-shin-Rikka

formte Steine „Land". Auf diese Weise kann bereits mit ein oder zwei S. die die Steckposition umgebende ↑ Wasserfläche symbolisch in festes Land verwandelt werden. Gleichzeitig wird durch die Verwendung der S. der Eindruck einer festen und soliden Basis geschaffen, auf der die Pflanzen mit eigener Kraft stehen. Neben den bereits genannten Beispielen finden S. auch im ↑ Keshiki-ike ein breites Anwendungsgebiet. Sie können dort für Felsen zur Darstellung eines Flußufers oder allgemein als „Land" benutzt werden. Vom Keshiki-ike ergibt sich eine enge gedankliche Verbindung zur Verwendung von S. in der ↑ japanischen Gartenkunst Ⓐ. Sowohl im Ikebana wie auch in der Gartenkunst sind die S. nach Form und Farbe zu wählen und ganz bewußt an den gerade für sie naturgemäß erscheinenden Platz zu legen. Es ist dabei zu beachten, daß S. immer Boten der Landschaft sind, aus der sie stammen. Beispielsweise steht ein Feuerstein von der Meeresküste in keiner Beziehung zu einem Flußtal. S., Blumen und Aussage müssen eine Einheit bilden.

Strauß: im Ikebana nicht übliche Form des Blumenbindens europäischer Art.

Stützen ↑ Drahten

Sugata-Naoshi, *Soe-shita, »die Gestalt verschönernd«*: Bezeichnung für ein Element der zeitweilig üblich gewesenen Gestaltung von modernem ↑ Shoka mit fünf Elementen, das die hinterste Fußposition einnimmt und sich seitlich zur Unterstützung des Elementes Soe entfaltet. Es nimmt eine ergänzende Stellung ein.

Sugu-shin-Rikka: Form des ↑ Rikka, bei der Shin gerade aufsteigt und den oberen Teil der senkrechten Mittelachse des Arrangements darstellt. Sie wird bei der Ansicht von vorn durch die Elemente Maeoki, Do, Shoshin und Shin (von unten nach oben) gebildet.

Suibachi: aus Geflecht gefertigtes Gefäß für die Gestaltung von Ikebana.

Suiban: aus Bronze oder Kupfer gefer-

tigtes wannenförmiges Gefäß für Ikebana.
Suiriku-ike *»Wasser-Land-Arrangement«*: eine Art des ↑Shoka Futakabu-
ike. Es besteht aus zwei Einzelanordnun-
gen, die in einem Gefäß diagonal gestellt
werden. Der größere Teil wird als ↑Oka-
bu bezeichnet. Er beinhaltet die Elemente Shin und Soe und symbolisiert das
Land. Für Okabu werden deshalb Landpflanzen verwendet. Die Symbolik wird
durch einen oder mehrere Steine, die an
Okabu angelegt werden, unterstützt. Die
Farbe der Steine kann sich nach der Jahreszeit richten: blau im Frühling, schwarz
im Sommer, rot im Herbst und weiß im
Winter. Durch diese Steine wird der Wasserfläche um Okabu ebenfalls die Funktion des Landes zugeordnet, während die
Wasserfläche um den anderen Teil des
Arrangements, ↑Mekabu genannt, auch
in seiner Symbolik als Wasser zu verstehen ist. Für Mekabu, das die Wasserseite
des dargestellten Ufers symbolisiert,
werden ausschließlich Wasser- und Uferpflanzen verwendet. Zur Gestaltung der
räumlichen Tiefe werden Okabu und Mekabu diagonal versetzt in der Schale aufgestellt. Sowohl Okabu als auch Mekabu
werden auf den Schnittpunkten der Geraden, die das Gefäß dritteln, mit den Diagonalen plaziert. Okabu befindet sich jeweils in der vom Betrachter entfernteren
Position (das gilt analog für runde Gefäße).
Als Gefäße eignen sich Schalen in ver-

Suiriku-ike

schiedenen Formen, als Pflanzen für
Okabu vorzugsweise Triebe von Laubge-
hölzen (besonders deutlicher Kontrast zu
den Wasserpflanzen), aber auch andere
Landpflanzen, für Mekabu alle für
↑Gyodo-ike geeigneten Pflanzen. Zur
Befestigung dienen ↑Shippo oder
↑Kenzan.
Suiriku-tsuyomono ↑Kombinationen
der Pflanzen
Sunabachi: aus Bronze oder Kupfer ge-
fertigtes wannenförmiges Gefäß für Ike-
bana.
Suna-no-mono, *»Dinge im Sand«*: Be-
zeichnung für eine besondere Art der
Gestaltung von Arrangements, die histo-
risch sehr alt ist (Suna-no-mono-Lehr-
buch von 1678). Beim S.-Arrangement
werden die pflanzlichen Elemente zur
Befestigung in flache wannenförmige
Gefäße (↑Sandwannen), die mit feinstem
Kies gefüllt sind, eingesteckt. Verwen-
dung finden traditionelle Bronzegefäße
(Suiban). Noch heute werden moderne
S.-Formen (wie ↑Suna-no-mono-Rikka,

Einstellpunkte im Suiriku-ike;
links Hongatte, *rechts* Gyakugatte

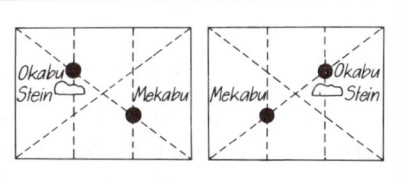

↑ Futakabu-ike-Rikka und ↑ Hitokabu-ike-Rikka) arrangiert. Dabei wird jedoch meist mit dem Kenzan gearbeitet und erst danach Kies oder auch nur Wasser in die Schale gegeben. S.-Anordnungen gehören zu den Vorläufern des heutigen Ikebana.

Suna-no-mono-Rikka, *»Rikka in einer sandgefüllten Wanne«*: ursprünglich Arrangements, die in mit Sand bzw. feinstem Kies gefüllten flachen, breiten Schalen (historische Befestigungstechnik) gestellt wurden. Im modernen Rikka erfolgt das Arrangieren von S. mit Hilfe des Kenzan. Die Gefäße werden nach dem Anordnen mit Wasser oder Sand gefüllt. Das S. ist immer durch die Betonung der Horizontalen gekennzeichnet. Das kann sowohl durch die Gestaltung eines sehr schwungvollen und breiten Einzelarrangements (↑ Hitokabu-ike-Rikka) als auch durch ein Doppelarrangement (↑ Futakabu-ike-Rikka) geschehen. Die Anordnung von Blumen in sandgefüllten Wannen ist bereits für das 17. Jh. belegt (↑ Geschichte des Ikebana).

Symbolik der Blumen. Die Wurzeln der Blumensymbolik sind in *Europa* vermutlich in den Fruchtbarkeitskulten und -symbolen prähistorischer Zeiten zu suchen. Seit der Entstehung der alten Kulturzentren erfolgte eine aktive Auseinandersetzung mit Blumen als Objekt der gestaltenden Kunst, wie Darstellungen aus Kreta (2. Jt. v. u. Z.) belegen. Erste literarische Überlieferungen stammen von Daldianos (2. Jh. u. Z.), der die symbolische Bedeutung von Kränzen verschiedener Blumen angibt. Andere Bedeutungen von Blumen entstammen ebenfalls der reichen Götterwelt Griechenlands und Roms. Die Rose ist beispielsweise bereits in der Antike ein Symbol der Göttin Aphrodite, der Göttin der Liebe. Derartige Kenntnisse sind nach den Völkerwanderungen im frühen Mittelalter nicht mehr lebendig.

Aus eigenen Quellen schöpfte die Blumensprache des Nahen und Mittleren Ostens, die sich sehr frühzeitig entwickelte und später die europäische Blumensymbolik bereicherte. Erste Kenntnisse über die „Blumensprache" wurden dabei sicher von den Kreuzfahrern nach Europa gebracht. Nach vereinzelten Berichten über die Sitte der Haremsdamen Selams (Blumensträuße mit Bedeutungen) auszutauschen, verbreitete sich diese Mode im 18. Jh. sehr schnell in Deutschland, England und Frankreich und führte zum Entstehen entsprechender Spezialliteratur, z. B. dem „Taschenbuch der Blumensprache oder Deutscher Selam" von J. M. Braun (1843). Jede Blumenart ist darin mit inhaltlichen Aussagen aus dem Leben identifiziert (Beispiel: Gänseblümchen bedeutet „Du bist außerordentlich niedlich"). Die Symbolik in dieser weitgefächerten Form ist heute nicht mehr lebendig. Es ist aber zu beachten, daß sich von wenigen Ausnahmen abgesehen die Bedeutung der Blumen im Verlauf der Geschichte und auch von Ort zu Ort wandelt. Eine allgemeine „Sprache" hat sich trotz reicher historischer Ansätze nicht herausgebildet.

Die *Blumensymbolik Japans* entwickelte sich, zumindest bis zum zweiten Drittel des vorigen Jahrhunderts, ohne jegliche Beziehung zu symbolischen Bedeutungen in Europa. Jedoch geht auch in Japan die Symbolik in ihren Anfängen auf religiöse Bräuche zurück. Blumenopfer der buddhistischen Mönche des 7. und 8. Jh. legten die Grundlage für die spätere reichhaltige Ikebana-Entwicklung (↑ Geschichte des Ikebana). Blüten von Lotos wurden dabei als Symbol für Buddha selbst und die Reinheit Buddhas verwendet. Bereits in den ältesten Lehrbüchern des Rikka zeigt sich eine japanische Besonderheit: Einzelne Linien der Anordnung erhalten, auf religiösen Vorstellungen eines heiligen Berges begründet, symbolische Bedeutung. So trägt die dominante Linie die Bezeichnung »Wahr-

Nageire shatai

oben links Moribana chokutai; Sanshu-ike · *oben rechts und unten links* Moribana chokutai; Nishu-ike · *unten rechts* Moribana shatai; Sanshu-ike

Moribana Futakabu-ike

Gärtchentechnik; Steckarbeit auf Kenzan. Ikebana beeinflußt die internationalen Entwicklungen des Blumenbindens und -steckens. Blumenbinderprüfung Leipzig

Gebundener Rundstrauß, hier als Brautstrauß; typische Form des europäischen Blumenbindens. Blumenbinderprüfung Leipzig

oben Für das Arrangieren vorbereiteter Arbeitsplatz · *unten* Heller einfarbiger Hintergrund und schlichte Umgebung sind für die Wirkung von Arrangements wichtig

Keshiki-ike; Landschaftsarrangement (Fernblick)

»Wahre Blume und vergängliche Blume«. Eine „Tokonoma" kann auch im europäisch eingerichteten Zimmer zum Blickfang werden

heit« (Shin). Es gab außerdem die Linien »Ehre«, »Fernblick«, »Opfer«, »Fluß« u.a. von denen einige noch heute verwendet werden. Im 17. Jh. entwickelten sich mit der Entstehung der verschiedenen Formen des Shoka auch im Ikebana die Symbolik des Mondes (↑ Tsuki) und des Schiffes (↑ San-ga-no-Fune). Im Verlauf der Geschichte des Ikebana bildeten sich feste symbolische Bedeutungen einzelner Pflanzen heraus, die immer wieder einheitlich oder zumindest ähnlich verwendet werden und oft eine enge Beziehung zu traditionellen Festlichkeiten zeigen.

Die *Anwendung der Symbolik* in Japan ist eng mit traditionellen Festen verbunden. So werden zum Neujahrsfest, dem bedeutendsten Fest im buddhistischen Jahresgang, die Hauseingänge mit Kiefer und Bambus geschmückt. Das Neujahrsarrangement bringt Wünsche für das folgende Jahr zum Ausdruck, wobei Bambus als Symbol für Beständigkeit und Tugend sowie die Kiefer als Zeichen für Stärke und langes Leben gelten. Die Form des Neujahrsarrangements kann von den sonst üblichen ↑ Formen des Ikebana abweichen (↑ Sho-chiku-bai). Zum 3. März, dem Mädchenfest, wird eine Anordnung aus Pfirsichblüten gestellt. Die Pfirsichblüte steht für das Glück in der Ehe und ist darüberhinaus zum Sinnbild solcher weiblicher Tugenden wie Zärtlichkeit, Milde und Friedfertigkeit geworden. Der 5. Mai, an dem das Knabenfest begangen wird, (früher „Fest der Schwertlilie"), ist sehr eng mit der Iris verbunden. Außerdem kann sie in ↑ Gyodo-ike oder ↑ Suiriku-ike sowohl Symbol für „Land-" als auch für „Wasserpflanzen" sein. Das ist möglich, weil die Iris in Japan zwar Landpflanze ist, aber gerade während der Blüte oft überstaut wird, also „aus dem Wasser heraus" blüht. Die Chrysantheme ist die Nationalblume Japans und auserwähltes Zeichen des

Kaiserhauses. Ihrer Blütezeit gemäß ist sie auch ein Symbol des Herbstes.

Die Narzisse blüht sehr zeitig im Jahr und ist deshalb, wie bei uns das Schneeglöckchen, ein Frühlingsbote. Außerdem wird ein Arrangement, das nur aus Narzissen besteht, gern für freudige Anlässe verwendet. Auch die Zeit der japanischen Pflaumenblüte liegt sehr früh im Jahr. Sie gilt deshalb als Symbol für Leben, das Kälte und Tod überwindet. Blütenzweige der Pflaume sind auch Bestandteil des ↑ Sho-chiku-bai.

Nelken sind das Zeichen der Mutter; rote Nelken stehen für die lebenden Mütter, weiße hingegen für die Verstorbenen.

Die Strelitzie gibt freudigen Anlässen aller Art Ausdruck.

Die Pfingstrose gilt als Symbol für junges Leben und Reinheit.

Die Kamelie, die aus voller Blütenpracht beim Verwelken alle Blütenblätter verliert, steht für ein wundervolles Dasein, das ein plötzliches Ende findet.

Die Trichterwinde ist ein Symbol der Sterblichkeit.

Ahornlaub steht für das scheidende Jahr.

Wichtiger als die Bedeutung einzelner Blütensymbole ist aber die Einhaltung von Randbedingungen, die für jede Anordnung gelten. Für die Vergangenheit stehen volle Blüten, alte Fruchtstände oder vertrocknete Blätter. Die Gegenwart wird durch frisches Blattgrün und halboffene Blätter vermittelt. Knospen schließlich sind Symbol der Zukunft. Auch die Beziehung zwischen dargestellten Jahreszeiten und gewählten Formen ist zu beachten. Im Frühling werden lebendige und kräftige Kurven gestaltet, der Sommer verlangt ein volles und weitausladendes Arrangement, im Herbst gestaltet man je nach Stimmung spärlich und dürr oder fruchtbeladen. Das Winterarrangement schließlich wirkt schlafend und düster. Symbolische Bedeutungen einzelner Linien der Anordnungen sind bei den

verschiedenen ↑ Formen des Ikebana bzw. als ↑ Elemente erläutert.
Auch der ↑ Zen-Buddhismus Ⓐ hat Symbole in das Ikebana eingebracht. So gilt die gerade im Aufbrechen befindliche Pflaumenblüte als Zeichen der Erleuchtung und die in Japan sehr kurz blühende Zierkirsche neben ihrer Frühlingsbedeutung als Zeichen der Vergänglichkeit.

In der *traditionellen einheimischen Blumensymbolik* sind nach der bereits erwähnten Zeit der Selams nur wenige Symbolbedeutungen von Blumen lebendig geblieben. So gilt nach wie vor die Rose als Symbol der Liebe und die Myrthe symbolisiert das Eheglück. Bei Geburten wählt man Blumen passender Farbe, rosa Blüten für ein Mädchen und blaue für einen Jungen. Der *Adonis* ist Zeichen für kurze Schönheit und Vergänglichkeit. Die Lilie ist wegen der Eleganz ihrer Formen als Bote von Unnahbarkeit, Reinheit und Kostbarkeit erwählt worden. Immergrüne Nadelgehölze stehen als Sinnbild für Lebensbewahrung und Leben, das den Tod überdauert. Das Vergißmeinnicht spricht bereits mit seinem Namen. Zusätzlich zu den Bedeutungen einzelner Blüten haben sich durch das Erlebnis der Natur auch bei uns Symbole für Jahreszeiten und verschiedene Landschaften herausgebildet; man sollte sie bewußt in die Anordnungen einbeziehen (Tab.).

Bei der Gestaltung von Ikebana in Europa muß eine sinnvolle Verbindung eigener Traditionen mit den Symbolen des Fernen Ostens gefunden werden. Gegenseitige Anregung ist besonders notwendig. Es ist aber zu beachten, daß durchaus nicht jede Gestaltung eines Ikebana von „symbolischer Tiefe" überquellen muß. Auch Anordnungen, die einfach die Schönheit der Blüten und Zweige (z. B. ↑ Isshu-ike) zeigen, sind möglich!

Symmetrie: im Ikebana im Gegensatz zur ↑ Asymmetrie Ⓐ unbedeutendes ↑ Ordnungsprinzip.

Auswahl von Symbolen der Jahreszeiten und Landschaften in Mitteleuropa

---

Jahreszeiten
Frühling
Pfingstrose, Narzisse, Tulpe, Osterglocke, Hyazinthe, Krokus, Flieder, Anemone, Zweige mit Knospen oder jungen Blättern, im Frühjahr blühende Zweige

Sommer
Rittersporn, Margeriten, Lilien, Sommerblumen, Mohn, Gladiolen, Lupinen, belaubte Zweige

Herbst
Chrysanthemen, Herbstastern, Dahlien, Rohrkolben, Fruchtstände, Zweige mit angewelktem Laub

Winter
Pflaumenblüten, Christrose, Schneeglöckchen, im Gewächshaus gezogene Winterblüten (Alpenveilchen, Anthurien), kahle Zweige von Laubgehölzen

Landschaften
Wälder
Laubzweige, Zweige forstlicher Nadelgehölze, Fingerhut, Aronstab, Farn

Gebirge
wie unter Wälder angegeben, zusätzlich felsartige Steinbrocken (insbesondere für ↑ Keshiki-ike)

Wiesen
Wiesenknopf, Gräser, Herbstzeitlose, Narzisse

Gewässer
Wasserschwertlilie, Schilf, Binsen, Weidenzweige

Meeresküste
Strandgerste, Strandhafer, Sanddorn

Kulturflächen
Getreide, Mohn, Kornblumen

Stadtparks
Magnolien, Ginkgo, Rhododendron

Fabriken und Häuser
verfremdete Pflanzen, z. B. abgeschnittenes Schilfrohr, gebogene Weidenzweige, gefärbte Pflanzenteile in Verbindung mit künstlichen Materialien

---

T

Tachi-no-bori-ike: Ausführung eines Doppelarrangements (↑ Niju-ike), wobei der dominante Teil in der unteren Ebene liegt. Das untere Teilarrangement ist in technischer Hinsicht ein ↑ Ichiju-ike. Das obere Teilarrangement ist sehr klein und dient als Ergänzung zum unteren. Trotzdem besteht es aus den drei Elementen Shin, Soe und Tai. Es kann aber auch vollständig wegfallen, der obere Teil des Behältnisses ist dann nur mit Wasser zu füllen.

Als Gefäß wird ausschließlich ↑ Niju-giri verwendet, zur Befestigung dienen ↑ Matagi mit Tomegi.

Tai, »*Körper*«: in vielen Formen des Ikebana, die durch eine Dreizahl der Hauptlinien (↑ Yakueda) gekennzeichnet sind, das kleinste ↑ Element. Neben einer gewissen Balance, die mit Tai gegenüber den beiden größeren Elementen ↑ Shin und ↑ Soe gestaltet werden kann, wirkt es oft auch farblich attraktiver und durch seine im Vergleich geringe Längenausdehnung gedrungener. Ein mehr flächiger Eindruck (↑ geometrische Grundelemente) ist die Folge. In insgesamt sehr linienhaft gestalteten Anordnungen, z.B. ↑ Shin-Form des ↑ Shoka Isshu-ike, wird auch Tai ausschließlich als Linie ausgeführt. Anstelle des Tai der Ikenobo-Schule wird von der Ohara-Schule der Begriff ↑ Kyaku synonym verwendet, während in der Sogetsu-Schule die Bezeichnung ↑ Hikae üblich ist. Aufgrund seiner Position gegenüber Shin und Soe wird Tai auch als Formabschluß verstan-

Tachi-no-bori-ike in einer traditionellen zweietagigen Bambusvase (Niju-giri; nach einem Arrangement der Ikenobo-Schule)

den. Symbolisch steht Tai meist für Erde oder »Körper«.

Tai-saki: der vorderste Stengel im Element Tai im Shoka. T. bestimmt im Bereich von ↑ Mizugiwa den Gesamteindruck des Arrangements. Sollen in diesem Bereich Blätter am T. verbleiben, müssen sie sehr gleichmäßig nach vorn und nach beiden Seiten des Arrangements gerichtet sein.

Tamekata, Tameru ↑ Biegen

Taremono: pflanzliches Material (Zweige) mit leicht fließenden Linien.

Ten-Chi-Jin: Bezeichnung für die Dreiheit Himmel−Erde−Mensch. Diese Gruppierung steht symbolisch für den gesamten Kosmos und findet ihren Ausdruck in der häufig verwendeten Dreiheit von Elementen in einem Ikebana, z.B. ↑ Shin, ↑ Soe und ↑ Tai.

Tischarrangement ↑ Moribana shimentai

T-ji-dome, *Choji-dome*: eine Befestigungstechnik, mit deren Hilfe Zweige und Stiele in Vasen u.ä. Gefäßen gehalten werden. Ein unterstützender Hilfszweig und der eigentliche Trieb werden in Form eines T. miteinander verbunden.

Tomaribune; Dem »Ankernden Schiff«
ist nur der Mast verblieben
(nach Ikenobo for beginners)

Tomaribune, *»Ankerndes Schiff«*: Shoka, die in ↑ Shin-Form gestellt werden. Für die Gestaltung von T. werden Gefäße in Schifform (↑ Fune) verwendet, die man auf den Boden stellt. Gegenüber

den »fahrenden Schiffen« (↑ Defune, ↑ Irifune) ist T. durch das Fehlen des Elementes Ruder (↑ Ro) gekennzeichnet. Die Grundstruktur entspricht der für Schiffarrangements (↑ San-ga-no-Fune). Durch besonders ruhige Linienführung wird dem Thema der Anordnung Rechnung getragen.

Tomegi ↑ Matagi

Tome-kata: Sammelbezeichnung für alle Techniken, mit denen Pflanzen in Gefäßen gehalten werden. Analog wird ↑ Hana-dome verwendet.

Transport. Der T. vom Fachgeschäft oder Garten nach Hause soll möglichst schnell geschehen. Umwickeln mit feuchtem Papier oder Tuch, möglichst um die ganzen Triebe, aber auf alle Fälle um die Schnittstellen, verhindert ein zu starkes Austrocknen. Die Transpiration kann auch durch Umhüllen mit Folie verringert werden. Auf keinen Fall wird an der Schnittstelle trockenes Papier verwendet, das den abgeschnittenen Pflanzen zusätzlich Feuchte entzieht. Blüten und Stiele dürfen beim T. nicht gedrückt werden; die Blüten sind nach unten zu halten, um ein allzu schnelles Abbrechen zu verhindern.

Treiben: Technik, um künstlich herbeigeführten und gegenüber dem natürlichen Zeitpunkt vorverlegten Blattaustrieb oder Blüte an Gehölzen zu erreichen. Das T. wird angewandt, um Blütenzweige für Neujahrsarrangements (↑ Shoka) oder Gestaltungen der Frühlingsatmosphäre auszuführen. Im europäischen ↑ Blumenbinden werden Zweige gern für das Weihnachtsfest vorgetrieben. Zuerst können Forsythien (Anfang Dezember) geschnitten werden. Alle anderen Gehölze treiben sicher, wenn man sie ab 15. Januar schneidet. Je früher der Schnittzeitpunkt im Winter liegt, desto länger benötigen die Zweige zum Austreiben. Geschnitten wird kräftiges Holz mit vielen Blütenknospen und Kurztrieben. Die Trieblänge sollte etwa 1 m betra-

gen. Erfolgt der Schnitt bei Frost, so wird in mäßig warmen Räumen zunächst aufgetaut. Ansonsten wird die Winterruhe unmittelbar nach dem Schnitt günstigerweise durch ein warmes Bad (40 min bei 40°C) gebrochen. Die Zweige werden danach nochmals unter Wasser angeschnitten und bei 20°C und etwa 85 % relativer Luftfeuchte in einem großen Gefäß zum Treiben aufgestellt. Zur Verbesserung der Ernährung der Zweige und um Fäulnis zu verhindern, können verschiedene Chemikalienkombinationen in das Wasser gegeben werden (Angaben nach Deutschmann, K.-H.; Hempel, H.):

– 30 g Zucker und 1 Teelöffel Essig je Liter Wasser;

– wie oben, zusätzlich 0,3 g Silbernitrat ($AgNO_3$) und 0,25 g 2,4-Dinitrorhodanbenzoen auf einen Wassereimer (10 l);

– 13 g Zucker und Mimosa-Chrysal[B] (Holland) je Liter Wasser;

– 300 g Zucker, 6 bis 8 g Alaun ($K_2SO_4 \cdot Al_2(SO_4)_3$), 3 g Kaliumchlorid (KCl) und 2 g Natriumchlorid (NaCl, Speisesalz) auf einen Wassereimer (10 l).

Trocknen: Methode zum Konservieren von Blüten u. a. Pflanzenteilen. Sie verlängert die Haltbarkeit der verwendeten Materialien. Für Ikebana sind lediglich solche Blüten, Fruchtstände und Gräser als Trockenmaterial interessant, die natürlich an der Luft trocknen. Solches Trockenmaterial findet einen der Jahreszeit und der gestalterischen Absicht entsprechenden Platz in der Anordnung. Die ausschließliche Verwendung von Trockenmaterial in einem Arrangement ist im Ikebana im Gegensatz zum europäischen ↑ Blumenbinden (Trockensträuße) unüblich. Als Trockenmaterial werden Fruchtstände geschnitten, wenn sie auf dem Halm leicht angetrocknet sind. Das gilt beispielsweise für die Fruchtstände von Mohn, Kuhschelle und einigen Laucharten sowie die sog. Silberlinge (Mondviolen) und Lampionblumen. Trockenblumen sind bereits im Zustand der

Knospenentfaltung an trockenen Tagen zu schneiden und anschließend ebenso wie gewonnene Fruchtstände in einem trockenen und möglichst warmen Raum auszutrocknen. Sie werden dazu in Bündeln zusammengebunden und mit den Blüten nach unten hängend befestigt. Gegebenenfalls müssen die nach dem T. sehr brüchigen Stiele durch Draht ersetzt werden. Als Trockenblumen sind unter anderem geeignet: Strohblumen, Kugelamarant, Sonnenflügel, Statice und Schleierkraut. Auch Gräser eignen sich für eine naturgemäße Verwendung als Trockenmaterial. Sie sind je nach gewünschtem Effekt vor der Entfaltung des voll ausgebildeten Blütenstandes bzw. nach leichtem Antrocknen der Fruchtstände zu ernten und wie für Blumen beschrieben weiter zu behandeln. Interessante Formen liefern sehr viele Süß- und Riedgräser. Als Beispiel seien genannt: Hasenschwanzgras, Federborstengräser, Silberährengras, Mähnengerste, Pampasgras, Morgensternsegge und Chinaschilf. Trockenmaterial ist im allgemeinen sehr empfindlich gegen mechanische Einwirkungen.

Tsuki, *»Mond«*: **1.** Bezeichnung für ein ↑ Gefäß in Mondform, das für Mondarrangements benutzt wird. Es ist traditionell aus Metall gefertigt; besonders in europäischen Schulen sind auch Gefäße aus Keramik und lackiertem Holz gebräuchlich. Die Ausführung kann als Halbmondgefäß (Hangetsu) oder Vollmondgefäß (Mangetsu) erfolgen. Halbmondgefäße werden ausschließlich hängend (↑ Tsuri-Tsuki) verwendet. Vollmondgefäße können zum Aufhängen oder Hinstellen gearbeitet sein. Bestimmte Schulen bevorzugen die einzelnen Gefäßformen unterschiedlich, z.B. die Saga-Schule das Halbmondgefäß und die Ikenobo-Schule das Vollmondgefäß.
2. Bezeichnung für eine Gestaltungsform des Shoka (↑ So-Form), die unter Berücksichtigung der Versinnbildlichung

von In (↑ Yo Ⓐ) durch den Mond entstand. Der Mond genießt besondere Verehrung, da er in den Herbstnächten des September besonders klar und rein am Himmel steht und damit das Ende des heißen schwülen Sommers – im Gegensatz zu unseren klimatischen Verhältnissen ein Anlaß zur Freude – verkündet. T. wurde mit einem dazugehörigen ↑ Kakemono Ⓐ ursprünglich in der ↑ Tokonoma Ⓐ verwendet. Die Aufhängung bei der ↑ Tsuri-Tsuki-Form soll in Augenhöhe erfolgen. Da das Mondarrangement aufgehängt werden kann, ist es in modernen Wohnungen gut für kleine Räume (Vorräume, Flure) geeignet. Als Behälter für die Blumen werden Gefäße gleichen Namens in Mondform verwendet. Eine weitgehende Symbolik gestattet die Gestaltung von Mondphasen und damit bestimmter Stimmungen. Bei „Zunehmendem Mond" (hängende Ausführung) reichen schwungvolle Zweige über den Gefäßumriß hinaus und einige knospende oder gerade erblühte Blumen werden als Sinnbild für das Wachsen des Mondes verwendet. »Vollmond« wird durch ruhige Gestaltung und leuchtende voll erblühte Blumen (meist drei) symbolisiert, die nicht über den Rand des hängenden oder stehenden Gefäßes hinaus ragen. Bei „Abnehmendem Mond" (hängende Ausführung) ziehen die Ranken in weicher Bewegung weit nach unten. Ein oder zwei blasse Blüten (bevorzugt Winde) zeigen das Bild des täglich kraftloser werdenden Mondes im erwachenden Morgenlicht des neuen Tages an.
Besonders geeignete Pflanzen für die Zweige sind Winde, *Clematis*, Kletterrosen, Efeu, Zierspargel, Birke, Trauerweide, Wilder Wein. Günstige Blüten für „Vollmond" sind *Gerbera*, Rosen Chrysanthemen, Dahlien, *Clematis* – jeweils in leuchtender Farbe und für „Zu- und Abnehmenden Mond" *Clematis*, Winde, Bartnelken, Karthäusernelken, Lilien – jeweils in blassen Farben.

Tsuki (nach Ikenobo)

Tsune-no-Rikka ↑ Noki-jin-Rikka
Tsuribana, *»Hängende Blumen«*: Bezeichnung für frei im Raum hängende Arrangements. Die Ausführung derartiger Anordnungen erfolgt als Shoka in So-Form. Übliche Gestaltungen sind ↑ Tsuki (Mondarrangements), die dann als ↑ Tsuri-Tsuki (»Hängender Mond«) bezeichnet werden. Auch die Ausführung als »Hängendes Schiff« (↑ Tsuribune) oder ↑ Setsugekka ist möglich.
Tsuribune, *»Hängendes Schiff«*: Ausführung einer Blumenanordnung als Shoka in einem schiffähnlichen Gefäß (↑ Fune), das aus Bambus gefertigt ist. Das Arrangement wird traditionell in der ↑ Tokonoma Ⓐ aufgehängt (↑ Tsuribana). Die Blumen symbolisieren entweder ein »abfahrendes Schiff« (↑ Defune) oder ein »heimkehrendes Schiff« (Irifune).
Tsuri-Tsuki, *»Hängender Mond«*: Arrangement unter Verwendung eines aufgehängten Mondgefäßes (↑ Tsuki). Die Gestaltung erfolgt als Mondarrangement.
Tsuyomono ↑ Kombinationen der Pflanzen

U

Uke: ein Element des Rikka, das einen »empfangenden Teil« bezeichnet, der auf Gestalt und Eigenart des dominierenden Shin anspricht. Uke weist, zwischen ↑ Mikoshi und ↑ Nagashi angeordnet, zur Seite und umrahmt als mittlere Stufe dieser Dreierkombination den aus ↑ Shoshin, ↑ Do und ↑ Mae-oki bestehenden attraktiven Mittelbereich des Rikka.
Ukibana, *»Schwimmende Blumen«*: eine ↑ horizontale Form des Moribana. Blüten und Blätter – bevorzugt Wasser- und Uferpflanzen – werden schwimmend in einem flachen Gefäß unter Berücksichtigung der Prinzipien von ↑ Asymmetrie Ⓐ und ↑ Schlichtheit Ⓐ so angeordnet,

daß eine ausdrucksvolle Kombination entsteht. Es ist auch möglich, die freie Wasserfläche als dominierendes Element (↑ Shin) zu betrachten. Die anderen Elemente werden dann als farbliche Akzente auf einer Fläche arrangiert (Verwandtschaft zum ↑ Morimono und ↑ Shikibana). Bevorzugt werden dabei eine Blüte mit Blättern oder zwei Blüten (groß und klein) mit Blatt oder drei Blüten (groß, mittelgroß und klein). Als Gefäße werden sehr flache Schalen oder sogar Teller verwendet. Eine Befestigung durch technische Hilfsmittel ist nicht möglich, da die Schale voll eingesehen werden kann. Blüten und Blätter werden nur durch leichte Bodenberührung am Ort gehalten. Eine Verbindung von Blatt und Blüte kann hergestellt werden, indem der Blütenstiel durch die Blattfläche hindurch gesteckt wird.
Unterstützung ↑ Soe
Ushiro-Ashirai ↑ Ashirai
Ushiro-gakoi: im ↑ Rikka verwendete eigenständige Linie, die keinem der Hauptelemente (↑ Yakueda) als Hilfslinie (↑ Ashirai) zugeordnet werden kann. U. verschönt lediglich die Rückseite der Anordnung und kommt damit bei der von vorn vorgesehenen Betrachtung nicht oder nur wenig zur Ansicht. Deshalb ist U. weder als Yakueda noch als Ashirai zu bezeichnen.
Uwa-kuchi: die obere Öffnung des ↑ Niju-giri.

V

Vortreiben ↑ Treiben

W

Wahrheit ↑ Shin
Wasser: Hauptbestandteil aller Lebewe-

sen (↑Wasser ⑧). Um auch nach dem Abtrennen der Blumen und Zweige von ihrer natürlichen W.zufuhr das lebendige Aussehen der Pflanzen zu erhalten, ist ein großer Teil der Maßnahmen zur Verbesserung der ↑Haltbarkeit von Arrangements auf eine verbesserte W.aufnahme und verringerte W.abgabe gerichtet. W.mangel in den Zellen von Blättern und Blüten ist die Ursache für welkes Aussehen (verringerter Zellinnendruck). Regelmäßiger ↑Wasserwechsel gewährleistet auch beim vollendeten Arrangement eine gute W.versorgung.

Die im Gefäß frei sichtbare ↑Wasserfläche hat großen Einfluß auf die Gesamtwirkung des Ikebana.

Wasserfallform: in der Ohara-Schule eine Ausführung von ↑Moribana oder Heika (↑Nageire). Eine analoge Bezeichnung in anderen Ikebana-Schulen ist ↑Kaskadenform. Vom Anliegen ist die W. dem ↑Moribana suitai (bzw. ↑Nageire suitai) der Ikenobo-Schule und der ↑kaskadenförmigen Gestaltung der Sogetsu-Schule verwandt. Verwendung findet pflanzliches Material mit hängenden und fließenden Linien.

Im Moribana kann ↑Shu je nach verwendetem Material eineinhalb- bis zweimal so lang (in Einzelfällen auch noch mehr) wie die Summe von Durchmesser und Höhe des Gefäßes sein. ↑Fuku und ↑Kyaku erreichen etwa die Hälfte der Länge von Shu. Dieses wird hängend nach links vorn arrangiert; Fuku mit leichter Neigung nach links hinten; Kyaku neigt sich etwa 45° nach rechts vorn. Eine spiegelbildliche Gestaltung ist möglich. Der Einstellpunkt des Kenzan ist rechts oder links vorn bzw. hinten. Die Fußpositionen im Kenzan entsprechen den Richtungen der Hauptlinien. Füllende Hilfslinien unterstützen die drei Hauptlinien.

Bei Heika vermittelt eine starke Betonung von Shu (zwei- bis dreifache Länge bezogen auf die Vasenhöhe) besondere Dynamik. Diese Linie weist schräg nach vorn unten. Fuku führt die durch das Gefäß gegebene Richtung weiter, neigt sich aber auch etwas zu Shu hin und fließt in dessen Bewegung ein. Kyaku hat eine Neigung von etwa 45° und stellt die Balance gegenüber dem dominierenden Element Shu her. Zur Befestigung werden ↑Kubari in waagerechter Anordnung benutzt.

Wasserfläche. Neben der Bedeutung für die Haltbarkeit der Arrangements geht die freie Oberfläche des Wassers in die ↑Gesamtwirkung eines Ikebana ein. Die W. vermittelt Frische und Kühle. Sie ist deshalb durch die Wahl eines hinteren Einstellpunktes für den Kenzan im Moribana-Arrangement im Sommer deutlich zu zeigen. Im Winter wird dagegen meist ein vorderer Einstellpunkt gewählt, so daß die Pflanzen einen Teil der W. abdekken. Durch die freie Oberfläche des Wassers wird zudem die räumliche Tiefe der Anordnung verstärkt. Das ist insbesondere für zweiteilige Anordnungen (↑Fu-

Rißdarstellung der Wasserfallform (Ohara-Schule, Moribana)

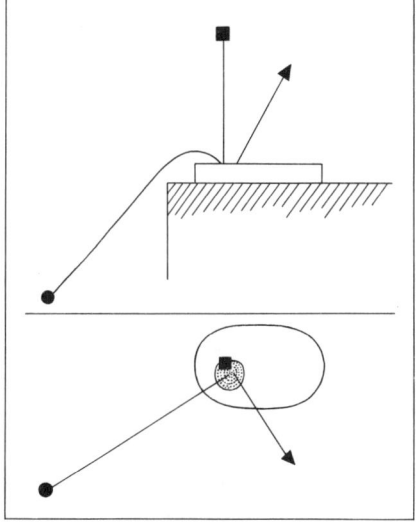

takabu-ike) und hier speziell für ↑ Gyodo-ike und ↑ Suriku-ike von Bedeutung. Das Wasser trennt die einzelnen Elemente. Bei Anordnungen von Wasser- oder Uferpflanzen symbolisiert die W. sich

Wasserwechsel mit Gummischlauch; der Schlauch wird gefüllt und mit den Fingern verschlossen; nach dem Eintauchen werden die Finger geöffnet und das Wasser fließt ab (vorausgesetzt, der Ablauf liegt tiefer als der Zulauf) und kann durch frisches ergänzt werden

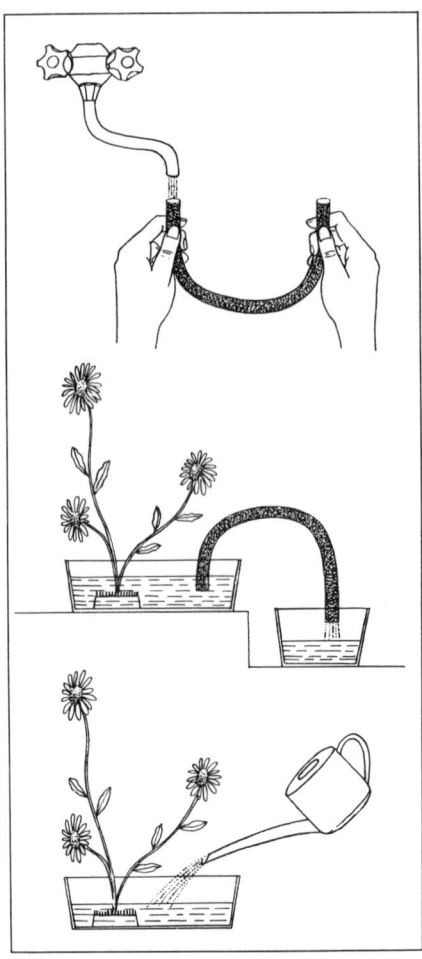

selbst. Durch Einlegen von symbolischen ↑ Steinen an den „Land"-Teil eines Suriku-ike wird auch die diesen Teil umgebende W. symbolisch zum Land. Besonders wichtig ist der Anteil der freien Oberfläche des Wassers im ↑ Keshiki-ike. Für die Vermittlung bestimmter jahreszeitlicher Aspekte in den Keshiki-ike wird ein festgelegter Anteil des Gefäßbodens mit Moos abgedeckt. Nur der Rest verbleibt als freie W. In Rikka- und Shoka-Anordnungen wird das Wasser bis kurz unter den Gefäßrand aufgefüllt, so daß auch in den oft kelch-, schalen- oder becherförmigen Gefäßen die freie W. ihre wohltuende Wirkung entfalten kann. Damit die Oberfläche des Wassers einen positiven Beitrag zum Gesamteindruck der Anordnung leisten kann, muß sie ständig sauber gehalten werden. Das geschieht durch täglichen Wasserwechsel und Ablesen aller schwimmenden Teilchen.

Wassergefäß ↑ Arbeitsgeräte

Wasser-Land-Arrangement ↑ Suriku-ike

Wasserwechsel: Maßnahme zur Verbesserung der ↑ Haltbarkeit fertiger Arrangements. Dazu ist täglich das alte Wasser mittels Gummischlauch oder einer kleinen Handpumpe abzuziehen und abgekochtes lauwarmes Wasser zuzugeben. Enthält das Blumenwasser Frischhaltemittel, wird das vorhandene Wasser nicht abgezogen, sondern nur nachgefüllt. Regelmäßiger W. verringert die Bildung von Fäulniserregern und erhält die Wasseroberfläche in Schalen sauber und ansehnlich.

Werkzeuge ↑ Arbeitsgeräte

Winkel. Um die Lage der ↑ Elemente eines Ikebana im Raum beschreiben zu können, sind W.angaben erforderlich. Als Bezugslinie dient die vom Gefäß nach oben gerichtete Senkrechte. Beispiele: Ein senkrecht nach oben gerichtetes Element hat den Neigungswinkel 0°, ein waagerecht zur Seite gerichtetes 90°, ein senkrecht nach unten gerichtetes Element 180°. Neben den Zahlenangaben für W. ist auch die ↑ Rißdarstellung eine übliche Form der Vermittlung des räumlichen Aufbaus von Ikebana.

Y

Yakueda: Bezeichnung für die bestimmenden ↑ Elemente, die Hauptlinien, eines Ikebana. Ihre Anordnung und Gestaltung wird durch das vorgegebene pflanzliche Material und die dementsprechend ausgewählte Form des Ikebana beeinflußt. Für die verschiedenen ↑ Formen des Ikebana ist jeweils eine festgelegte Anzahl von Y. üblich. Dem Prinzip der ↑ Asymmetrie Ⓐ folgend, dominiert jeweils eine Hauptlinie über alle anderen und beeinflußt den Gesamteindruck des Arrangements wesentlich. Diese Hauptlinie wird als ↑ Shin (Ikenobo- und Sogetsu-Schule) oder ↑ Shu (Ohara-Schule) bezeichnet und kommt in nahezu allen traditionellen Arten der Ikebana-Gestaltung vor. Als Y. werden gestellt: im ↑ Moribana, ↑ Nageire und im ↑ Shoka die Hauptlinien Shin, ↑ Soe und ↑ Tai sowie im Rikka Shin, ↑ Shoshin, Soe, Do, ↑ Mae-oki, ↑ Uke, ↑ Mikoshi, ↑ Hikae und ↑ Nagashi sowie im ↑ Shin-Pu-Tai Shu und ↑ Yo.
Es ist möglich, daß für ein bestimmtes Element die Aussagekraft und optische Stärke einer einzelnen Hauptlinie nicht ausreichend ist. In einem solchen Fall sind der jeweilige Zweig bzw. die Blüte durch weitere Hilfslinien, ↑ Ashirai, zu unterstützen.
Viele der Y. haben eine symbolische Bedeutung, die sich aus ihrem religiös-philosophischen Ursprung herleitet. Am Anfang der ↑ Geschichte des Ikebana stand das buddhistische Blumenopfer, das bereits einzelnen Linien bestimmte Aussagen zuordnete, die zum Teil bis heute überliefert wurden. Diese Art der Symbo-

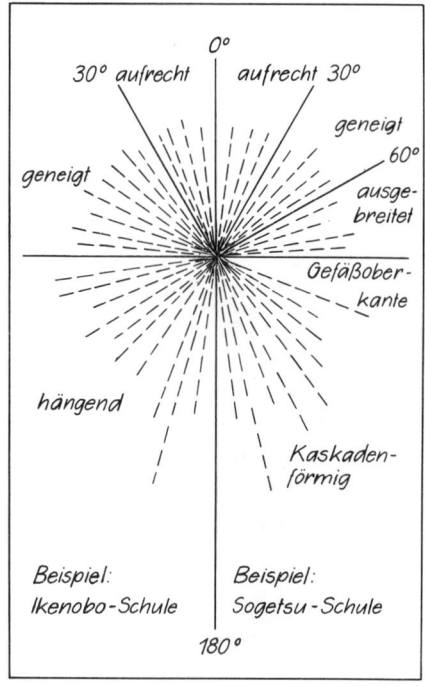

Der Neigungswinkel der längsten Hauptlinie bestimmt die nähere Bezeichnung des Moribana und Nageire

lik ist unabhängig von der ↑ Symbolik der Blumen. Für die modernen Ikebana-Formen des ↑ Jiyu-ka ist die Festlegung von bestimmten Linien nicht üblich. Es wird dabei ausschließlich von der gestalterischen Absicht und den Materialeigenschaften ausgegangen.
Yo: eines der beiden Grundprinzipien (In, ↑ Yo Ⓐ), die nach alten asiatischen Auffassungen den Gang der Welt bewirken.
1. Im Ikebana wird die Orientierung einer ↑ Tokonoma Ⓐ und damit auch des Arrangements durch den Lichteinfall bestimmt. Als Yo-Seite wird dabei die Hälfte einer Anordnung bezeichnet, die zur hell beschienenen Wandseite zeigt und damit selbst in Licht getaucht ist (↑ Abb. Gyaku-gatte).

Yoko-gake (nach Ikenobo)

3. In zweiteiligen Arrangements (Fu-takabu-ike) wird Yo durch das Element ↑ Okabu dargestellt. Der zweite Teil der Anordnung wird dann als ↑ Mekabu bezeichnet.

4. Das kleinere der beiden Hauptelemente des ↑ Shin-Pu-Tai wird ebenfalls als Yo bezeichnet. Es bildet einen deutlichen Kontrast zum dominierenden Element Shu (»Herr, Hausherr«) und symbolisiert die Linie des Gastes.

Yo-dome: eine verschönernde Linie am Fuß des ↑ Rikka. Sie hat rein ästhetische Funktionen und beinhaltet keine Symbolik. Y. wird am oberen Abschluß des Fußes seitlich nach vorn arrangiert (Yo-Seite). Y. kann auch entfallen.

2. Auch jeder Trieb und jede Pflanze weist eine Yo- und eine In-Seite auf. Bei einem Blatt mit asymmetrischer Spreite ist die breite Hälfte Yo, ist es in sich verdreht, wird der obere Teil als Yo bezeichnet. Bezüglich der Blattfläche ist die Blattoberseite Yo.

Yoko-gake: Ausführung einer Shoka-Anordnung als ↑ Kakebana, das zur Ansicht von der Seite vorgesehen ist. Dieses Arrangement wurde traditionell in der ↑ Tokonoma Ⓐ auf der beleuchteten Seitenwand angebracht. Die Linienführung entspricht etwa dem oberen Teil eines ↑ Niju-ike, wobei sich jedoch Shin und Soe eher etwas nach hinten als nach vorn bewegen. Pflanzliches Material wird insgesamt sparsam eingesetzt. Bevorzugt werden Arten mit weich fließender oder hängender Linienführung. Als Gefäß dient ↑ Shishi-guchi an einem Holzbrettchen befestigt u.ä., zur Befestigung ↑ Matagi mit Tomegi.

Yokogi ↑ Matagi
Yoshiki-ike ↑ Keshiki-ike

Z

Za: Bezeichnung für eine Hilfslinie, die an die Stelle eines reduzierten bzw. veränderten ↑ Elementes tritt. Wäre in der entsprechenden Anordnung das Element in seiner vollen Größe und am regulären Platz ausgeführt, würden aufgrund der besonderen Wuchsmerkmale der Pflanzen Disproportionen entstehen. Das dem normalen Arrangement entsprechende Element kann entweder einen anderen Platz einnehmen (↑ Hidari-tai, ↑ Mae-zoe und ↑ Nagashi), wobei Za den ursprünglichen Platz markiert, oder in regulärer Position zu einer kleinen Hilfslinie, die dann ebenfalls als Za bezeichnet wird, reduziert sein (↑ Gyodo-ike).

Zeichnung. Beim Zeichnen abgeschlossener Ikebana-Anordnungen steht die künstlerische Qualität nicht im Mittelpunkt. Solche Erinnerungsskizzen können deshalb auch von maltechnisch weniger Begabten ausgeführt werden. Sie dienen dem nochmaligen Erleben des Prozesses der Auseinandersetzung mit den Blüten und Zweigen. Vielfach werden Besonderheiten, die trotz intensiven Betrachtens übersehen wurden, nachträglich durch die aktive Wiedergabe erfaßt. Die Darstellung des vollendeten Blumengebildes bildet deshalb im Sinne des ↑ Kado Ⓐ den richtigen Abschluß für die Beschäftigung mit den Pflanzen. Die Besonderheiten des Materials, insbesondere die pflanzliche Eigenart der Linienführung, der Zusammenklang von Gefäß und Arrangement sowie die Harmonie der Farben und Formen werden festgehalten. Fehler bei der Ausführung des Ikebana können auf diese Weise selbst erkannt werden. Für später zu gestaltende Anordnungen dienen die angefertigten Zeichnungen als Richtschnur und Handlungsanleitung. Im Lauf der Zeit entsteht so eine umfangreiche Sammlung von Skizzen und Gestaltungsvorschriften.

Beispiel für die Anlage einer Dokumentation (Tagebuchseite)

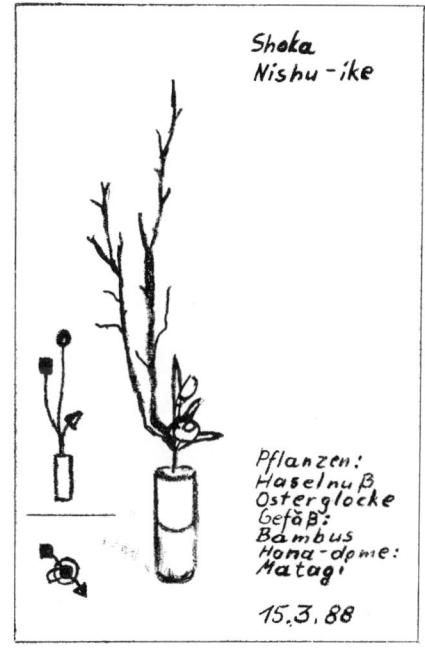

Shoka
Nishu-ike

Pflanzen:
Haselnuß
Osterglocke
Gefäß:
Bambus
Hana-dome:
Matagi

15.3.88

Für die Ausführung der Z. empfiehlt sich das Format A4 und die Verwendung von weichen Bleistiften. Steht genügend Zeit zur Verfügung, kann zum Festhalten der Farbgebung zusätzlich mit Buntstiften (nicht nur Grundfarbtöne!) oder Wasserfarben koloriert werden. Beschriftet wird am besten mit mittelhartem Bleistift. Man beginnt mit der skizzenartigen Wiedergabe der Komposition aus der Betrachtungsrichtung, also von vorn. Diese Darstellung des optischen Gesamteindruckes nimmt den größten und zentralen Teil des Blattes ein. Sie wird ergänzt durch einen wesentlich kleineren Grund- und Aufriß in einer Bildecke. Der Grundriß zeigt die schematische Führung der Hauptlinien, so wie man sie beim Blick von oben sieht. Der Aufriß gibt den Anblick von vorn wieder. Um die Ergänzungsskizzen übersichtlicher zu gestalten, werden die allgemeinen Symbole der verschiedenen Elemente verwendet. Die ↑ Rißdarstellungen sind nach dem Arrangement und nicht nach der eventuell als Vorlage benutzten Zeichnung in einem Buch anzufertigen. Auf diese Weise ermöglicht der Vergleich der eigenen Skizzen mit der Buchvorlage das Auffinden von Fehlern. Neben dem Datum und der ↑ Form des Ikebana werden einige allgemeine Angaben über das verwendete Gefäß, die benutzten Pflanzen und Hinweise zum ↑ Hana-dome notiert. Man kann auch einen Titel beifügen, der eine eventuell beabsichtigte Aussage der Gestaltung unterstreicht (↑ Symbolik). Die ↑ Fotografie von Ikebana-Anordnungen hat zwar dokumentarischen Wert, ist aber für das aktive Nacherleben und geistige Aufbereiten des Gestaltungsprozesses wesentlich weniger geeignet.

Zenei-bana. Bezeichnung für avantgardistisches Ikebana, bei dem sich freie Ausdrucksmöglichkeiten (↑ Jiyu-ka) mit völlig freier Materialwahl (nichtflorale Materialien) verbinden. Z. ist ein Anknüpfungspunkt zwischen Ikebana und bildender Kunst.

Zundo ↑ Gefäße

Ausgewählte Ikebana-Materialien

Die unter Verwendung genannten, besonders interessanten Möglichkeiten entsprechen dem Charakter der jeweiligen Pflanzen, ohne weitere Einsatzmöglichkeiten auszuschließen. Spezielle Methoden zur Verbesserung der Haltbarkeit werden für solche Gattungen oder Arten angegeben, für die eine besondere Behandlung unbedingt notwendig ist oder angezeigt erscheint. Für alle Pflanzen gelten die allgemeinen Hinweise zur Verbesserung der ↑ Haltbarkeit. Sorten und Hybriden werden nicht berücksichtigt.

deutscher Name (lateinischer Name)	japanischer Name	spezielle Methoden zur Verbesserung der Haltbarkeit
O Ahorn *(Acer)*	Kaede	vor einem mehrstündigen Erholungsbad in Wasser wird die mit einem Tuch getrocknete Schnittstelle kurz in Alkohol getaucht

Verwendung: Fächerahorn *(Acer palmatum)* wird wegen seiner Kleinblättrigkeit bevorzugt verwendet;
Anwendung in Rikka, Shoka und Jiyu-ka;
Rikka ausschließlich aus herbstlich gefärbten Ahornblättern hat Tradition;
typisches Material des Herbstes (rote Färbung) – dann als Momiji bezeichnet

O Akazie *(Acacia)*	Akashiya	vor mehrstündigem Erholungsbad in Wasser wird die mit einem Tuch getrocknete Schnittstelle kurz in Alkohol getaucht

Verwendung: vielfältig, wenn ausreichend ausgelichtet wird

O Alpenrose ↑ Azalee

O Anemone *(Anemone)*	Anemone	

O Anthurie ↑ Flamingoblume

O Aprikose (Wilde) ↑ Pflaume

O Asparagus ↑ Zierspargel

O Aster *(Aster, Kalimeris)*	Yomena	Abschaben der Rinde; Ansengen der Stielenden, anschließend Erholungsbad

Verwendung: als Tai im Shoka;
als „Feld- und Bergblume" im Moribana und Keshiki-ike

O Azaleen *(Rhododendron)*	Tsutsuji	nach dem Schnitt kurzzeitig in vergällten Alkohol tauchen

Verwendung: im Shoka und Nageire als Tai (in Japan Freilandpflanze);
im Jiyu-ka wegen der Farbigkeit beliebt

deutscher Name (lateinischer Name)	japanischer Name	spezielle Methoden zur Verbesserung der Haltbarkeit
○ Ballonglocke *(Platycodon grandiflorum)*	Kikyo	weichgeklopfte und angefeuchtete Schnittstelle des Triebes mit Kochsalz einreiben; anschließendes mehrstündiges Wasserbad vor der Verarbeitung

Verwendung: in Japan als Ballonglocke *(Platycodon)* beliebte Blume für klassisches Shoka (Maze-ike);
Ballonglocke ist eines der „Sieben Gräser des Herbstes";
in Europa können ersatzweise Glockenblumenarten verwendet werden

○ Bambus *(Sasa, Phyllostachis)*	Sasa, Take	Besprühen mit Haarspray verhindert schnelles Austrocknen; frische Schnittstelle einige Minuten in Speiseessig oder Essigsäure tauchen; starke Triebe: Schnittstelle 15 min in Salzwasser (2 gehäufte Teelöffel auf 1/4 l Wasser) kochen (Trieb schützen!); Durchstoßen aller Knoten bis auf den untersten; siedende Salzlösung von oben einfüllen; Konditionierung anwenden

Verwendung: wichtiges Material für alle Ikebana-Formen;
Anwendung in sehr vielen Festarrangements;
im Sho-Chiku-Bai mit Pflaume und Kiefer kombiniert („Drei Freunde des Winters")
(Arrangements für das Neujahrsfest);
Symbol für Beständigkeit und Tugend;
typische Tsuyomono-Pflanze

○ Blauregen, Glycine *(Wisteria floribunda)*	Fuji	angefeuchtete Schnittstelle mit Alaunpulver einreiben

Verwendung: typische Tsuyomono-Pflanze

○ Buchsbaum *(Buxus)*	Tsuge	

Verwendung: als Mae-oki für Rikka

○ Chinaschilf *(Miscanthus sinensis)*	Susuki	frischen Schnitt einige Minuten in Speiseessig oder Essigsäure tauchen

Verwendung: im Shoka für Shin und Soe; als Ersatz Silberfahnengras *(M. sacchariflorus)*
zur Gratulation keine Blätter mit braunen Spitzen verwenden;
eines der „Sieben Gräser des Herbstes"

○ Chrysanthemen *(Chrysanthemum)*	Kiku	Abbrechen des verholzten Stieles unter Wasser (Schneiden ist ungünstiger – Metallunverträglichkeit); Auskochen des Stielendes; Abschaben der Rinde; Klopfen des Stielendes (5 ... 7 cm)

Verwendung: im Rikka und Shoka traditionell allein oder in Kombination mit anderen Arten;
als Tai von Nageire und Moribana geeignet;
Symbolik: Nationalblume Japans; Symbol des Kaiserhauses; traditionelle Blume für Fest
und Gratulation; Blume des späten Herbstes

deutscher Name (lateinischer Name)	japanischer Name	spezielle Methoden zur Verbesserung der Haltbarkeit
○ Chrysanthemen, kleinblütige *(Chrysanthemum)*	Kogiku	↑ Chrysantheme

Verwendung: als Tai in Shoka Nishu-ike und Shoka Sanshu-ike

○ Cosmea *(Cosmos bipinnatus)* Kosumosu
Verwendung: beliebte Sommerblüte für Nageire, Shoka und Jiyu-ka

○ Dahlie *(Dahlia)*	Daria	Einlegen von Eiswürfeln in das Blumenwasser; angefeuchtete Schnittstelle mit Alaunpulver bestreichen

Verwendung: sehr unterschiedlich

○ Eberesche *(Sorbus)* Nanakamado/ Raidenboku
Verwendung: Sprosse im Frühjahr und vergilbte Blätter mit roten Früchten im Herbst gelten als Symbole für die Jahreszeiten

○ Efeu *(Hedera)* Kizuta
Verwendung: für Shoka in So-Form und hängende Formen besonders geeignet; für Herrschergunst und gute Regierung

○ Enziane, langstielig Rindo *(Gentiana)*
Verwendung: als Tai im Shoka und für Jiyu-ka; in Japan als Feldblume im Herbst (blaublühende bevorzugt)

○ Fächerahorn ↑ Ahorn

○ Flamingoblume *(Anthurium)*	Anturiumu	Empfindlichkeit gegenüber Frischhaltemitteln, z. B. Zwetin, möglich; Wasserenthärtung zu empfehlen

Verwendung: Blumen mit eleganter Form; für modernes Shoka und Rikka gut geeignet; im Jiyu-ka Wirkung der großen Farbfläche nutzen

○ Forsythie, Goldglöckchen *(Forsythia)*	Rengyo	Spalten der Zweige oder Klopfen der Stielenden; Treiben ist bereits ab Dezember möglich, Warmwasserbad und Nährstoffgabe zu empfehlen

Verwendung: als Taremono; Tsuyomono-Charakter; besonders geeignet für Nagashi-Anordnungen; Frühlingsmaterial

○ Freesien *(Freesia)* Furijia in der Nacht kühl stellen
Verwendung: mit längeren Stielen für Jiyu-ka und Shoka Isshu-ike; zarter Duft, für den Eingangsbereich der Wohnung günstig

○ Funkie *(Hosta)* Giboshi
Verwendung: für Shoka Isshu-ike, besonders Oha-mono; große Blätter günstig für Mae-oki im Rikka

deutscher Name (lateinischer Name)	japanischer Name	spezielle Methoden zur Verbesserung der Haltbarkeit
○ Gerbera *(Gerbera)*		Wasserenthärtung des Blumenwassers zu empfehlen; vor mehrstündigem Erholungsbad im Wasser die mit einem Tuch abgetrocknete frische Schnittstelle kurz in Alkohol tauchen; den hohlen Stiel oben, evtl. auch unten, anstechen

Verwendung: besonders geeignet für Nageire und Jiyu-ka

○ Getreide   Mugi

Verwendung: Ausdruck der Lebenskraft des Sommers;
in Kombination mit Blumen auffallender Farbe;
getrocknete Ähren stehen für Herbst

○ Ginster *(Cytisus)*   Enishida

Verwendung: durch Biegen gut zu gestalten;
als Tsuyomono

○ Gladiolen *(Gladiolus)*   Gradiorasu   Entfernen der obersten Knospen

Verwendung: günstig für Shin-Formen, auch als Isshu-ike attraktiv;
Nutzung der Blätter ist wichtig

○ Glycine ↑ Blauregen

○ Goldglöckchen ↑ Forsythie

○ Hartriegel *(Cornus)*   Sanshuyu

Verwendung: Biegsamkeit für Shoka genutzt (Isshu-ike);
mit Kamelie, kleinen Chrysanthemen u. ä. für Nishu-ike;
in Japan *Cornus officinalis* üblich, ersatzweise in Europa *Cornus mas*

○ Himbeeren, rötlichblühend   Kiichiga
(Rubus)

Verwendung: für Nishu-ike im Shoka;
abstrakte Verwendung der Triebstruktur in Jiyu-ka

○ Hortensie *(Hydrangea)*	Ajisai	nach dem Schnitt kurzzeitig in vergällten Alkohol tauchen; vor dem Verarbeiten mehrere Stunden in kühlem Wasser untertauchen

Verwendung: besondere Beachtung des Farbspieles;
in Japan Blume der Regenzeit;
Tsuyomono-Charakter

○ Iris *(I. ensata)*   Hanashobu
  (I. sanguinea)   Hanaayame
  (I. laevigata)   Kakitsubata

Verwendung: Symbol für Männlichkeit, zum Knabenfest arrangiert;
im Shoka Isshu-ike zum Ausdruck von Stärke und Kraft nur gerade Triebe verwenden;
traditionelle Rikka nur aus Iris sind überliefert;
Blüte in Japan zu Beginn der Regenzeit

deutscher Name (lateinischer Name)	japanischer Name	spezielle Methoden zur Verbesserung der Haltbarkeit
○ Kalla *(Zantedeschia aethiopica)*	Orandakaiu	Schnittstelle kurzzeitig (2 ... 3 s) in *Pfefferminzöl tauchen*

Verwendung: für Isshu-ike, aber auch im Jiyu-ka beliebt;
gilt in Japan sowohl als Wasser- als auch als Landpflanze

○ Kamelie *(Camellia japonica)*   Tsubaki

Verwendung: traditionelles Material: nur wenige Blätter und eine Blüte im Isshu-ike;
bereits enthalten in „Hichishu-denka", einem alten Lehrbuch mit sieben klassischen
Shoka-Arrangements;
günstig für Tai im Shoka Nishu-ike und als Mae-oki im Rikka;
für spezielle Feste gemieden (böses Omen, da ihre Knospe noch völlig intakt abfällt),
trotzdem in Neujahrsarrangements verwendet, immergrünes Laub ist Symbol für kraft-
volles langes Leben

○ Kiefer *(Pinus)*   Matsu

Verwendung: Symbol für langes Leben;
vielfältig eingesetzt, speziell im Sho-Chiku-Bai;
traditionelle Rikka nur aus Kiefer sind bekannt;
gehört zu den „Drei Freunden des Winters"

| ○ Kirsche (Zierkirschen) *(Prunus)* | Sakura | Treiben ab Mitte Dezember möglich, Warm-wasserbad und Zusatzernährung erforder-lich |

Verwendung: beliebteste Blüte im japanischen Frühjahr, dessen Symbol sie ist;
als Shoka Isshu-ike bereits von Senyo Ikenobo im 17. Jh. vorgestellt;
Rikka nur aus Kirschblütenzweigen setzt verschiedene Arten in Kombinationen ein

| ○ Kornblume *(Centaurea cyanea)* | Yaguruma Kiku | Einlegen von Eiswürfeln in das Blumen-wasser verlangsamt das Welken |

Verwendung: bei der Verwendung als Isshu-ike Triebe gut auslichten

| ○ Lilie *(Lilium)* | Yuri | Ausbluten in Wasser (40 °C); Verhindern des Pollenaustritts durch Besprühen der Staubbeutel mit Haarlack |

Verwendung: die zarten Linien als Shin und Soe im Shoka;
Blüten im Nishu-ike als Tai;
im Rikka bevorzugt Shoshin und Do;
zusätzlich zu den aufgeführten und weiteren *Lilium*-Arten wird in Japan unter „Yuri"
auch Naruko Yuri (↑ Salomonsiegel) verstanden

Elegant-Lilie *(L. macu-latum)*	Sukashi Yuri
Goldband-Lilie (L. auratum)	Yama Yuri
Japanische Prachtlilie *(L. speciosum)*	Kanoko Yuri
Sternlilie *(L. concolor)*	Hime Yuri

deutscher Name (lateinischer Name)	japanischer Name	spezielle Methoden zur Verbesserung der Haltbarkeit
○ Lotos *(Nelumbo nucifera)*	Hasu	Auffüllen des hohlen Stieles mit einer Spezial- oder Fahrradpumpe

Verwendung: erste in Japan zu Blumenarrangements verwendete Blume (Blumenopfer für Buddha);
Symbol für Buddha und Reinheit, drückt Vergangenheit, Gegenwart und Zukunft der Menschen aus;
vielfältig in traditionellen Arrangements (besonders Rikka), allein oder in Kombination verwendet;
in traditionellem Shoka-Lehrbuch „Hichishu-Den" enthalten

○ Mahonie *(Mahonia)*	Hiiragi Nanten	

Verwendung: für Neujahr und andere Glückwünsche (Nanten heißt wörtlich: Umkehrung des Unheils in Glück;)
grüne Blätter: Ausdruck des heiteren Gefühls im Winter

○ Mandelbäumchen *(Prunus triloba)*	Amondo	Treiben ab Mitte Februar möglich, Zusatzernährung notwendig

Verwendung: klassisches Shoka in Shin-Form

○ Margerite *(Chrysanthemum maximum* und *C. vulgare)*	Margarito	Schnittstellen kurzzeitig (2…3 s) in Pfefferminzöl tauchen

Verwendung: Symbol der sommerlichen Wiesen;
in allen Formen gut einzusetzen

○ Nachtkerze *(Oenothera tetragona)*	Tsukimiso	unmittelbar nach dem Schneiden ins Wasser bringen

Verwendung: Nachtblüte des Juli;
ursprünglich in trockengefallenen Flußbetten

○ Narzisse *(Narzissus)* in Japan: *(N. tazetta)*	Suisen	Absonderung von Giftstoffen im Wasser, deshalb vor dem Arrangieren einen Tag getrennt ins Wasser bringen oder bei 40°C ausbluten; nur straffe Blätter mit guter Saftspannung wählen

Verwendung: traditionelles Material für berühmte Shoka Isshu-ike (17. Jh.) – Lehrbuch „Hichishu-Den"; auch traditionelle Rikka nur aus Nelken sind überliefert;
allein und in Kombination mit anderen Materialien für Glückwünsche verwendet, auch Blüte des Neujahrs;
Blätter und Blüten gemeinsam verwenden

○ Nelke *(Dianthus)*	Nadeshiko	Februar bis April Brüchigkeit der Blattenden beachten; Schnitt zwischen den Knoten führen

Verwendung: in der japanischen Natur als eines der „Sieben Gräser des Herbstes" bekannt;
in Japan werden mit Nadeshiko neben *Dianthus*-Arten (z. B. *D. superbus*) auch Lichtnelken *(Lychnis senno, L. coronata)* bezeichnet

○ Nierenfarn *(Nephrolepis)*	Tamashida	

Verwendung: als Ashirai;
im Jiyu-ka unter Nutzung der besonderen Form

deutscher Name (lateinischer Name)	japanischer Name	spezielle Methoden zur Verbesserung der Haltbarkeit
○ Orchideen *(Orchidaceae)*	Ran	je nach Art sehr differenziert zu behandeln, um optimale Haltbarkeit zu erreichen. Beispiele: *Cattleya:* Schutz vor Ethylengas (Herbstlaub, Obst, Stadtgas) und Tabakrauch; Druckempfindlichkeit hoch *Cymbidium:* Beschädigung der Staubbeutel vermeiden; nicht unter 9°C aufbewahren *Paphiopedilum:* hohe Druckempfindlichkeit *Phalenopsis:* erschlaffte Blüten unter Wasser (25°C) regenerieren; lang anschneiden; Einschieben eines Drahtes in die Markhöhle, unter Wasser herausziehen

Verwendung: besondere Beachtung der für Jiyu-ka bestens geeigneten individuellen Farben und Formen

○ Osterglocke *(Narcissus pseudo-narcissus)*	Rappa Suisen	

Verwendung: Blätter und Blüten können im Gegensatz zur ↑ Narzisse auch getrennt arrangiert werden

○ Paradiesvogelblume
↑ Strelitzie

○ Pfingstrose, Päonie
(Paeonia)

P. suffruticosa	Botan	angefeuchtete Schnittstelle in Alaunpulver tauchen

Verwendung: traditionell für Rikka (Element Do; Botan-do) sowie für traditionelles Shoka (Lehrbuch: „Hichishu-Den"); Tsuyomono-Charakter, auch Strauchpäonie genannt; Symbol für sinnenhafte Schönheit voll erblühter Weiblichkeit

P. lactiflora	Shakuyaku	möglichst knospig verarbeiten, die Blüten entfalten sich im Gefäß schnell; eventuell Ausbluten lassen, kurzzeitig bei 50°C ins Wasser; angefeuchtete Schnittstellen in Alaunpulver tauchen

Verwendung: Shoka Isshu-ike oder Nishu-ike; Blüten im Gegensatz zur natürlichen Gestalt in Tai angeordnet; auch im Jiyu-ka und Moribana gut verwendbar; diese Art in Europa üblich

○ Pfirsich *(Prunus persica)*	Momo	Treiben nicht vor Februar und nur mit Zusatzernährung möglich

Verwendung: Blume des Mädchenfestes; symbolisiert weibliche Eigenschaften und Eheglück

deutscher Name (lateinischer Name)	japanischer Name	spezielle Methoden zur Verbesserung der Haltbarkeit
○ Pflaume, richtiger: Japanische Aprikose *(Prunus mume)*	Ume	

Verwendung: rot- und weißblütig zum Neujahrsfest;
traditionell auch im Sho-Chiku-Bai;
männlich und kräftig arrangieren;
besondere Berücksichtigung junger Triebe;
die Bezeichnung Pflaumenblüte wird oft fälschlich für Ume gebraucht;
Pflaume im europäischen Sinn meint *Prunus domestica*

○ Prachtscharte *(Liatris)*	Riatorisu	Schnittstellen kurzzeitig in Pfefferminzöl tauchen

Verwendung: klare schlanke Gestalt fordert Shin-Form

○ Raps *(Brassica napus)*　　　Nanohana

Verwendung: zum Mädchenfest mit Pfirsichzweigen arrangiert;
als Tai im Nishu-ike;
bei Isshu-ike besondere Beachtung der Blätter

○ Ringelblume *(Calendula)*	Kinsenka	Ausbluten im Wasser (40°C); Einlegen von Eiswürfeln in das Blumenwasser verlangsamt das Welken

Verwendung: Blumen für Fest und Gratulation;
traditionell als Nejime eingesetzt, heute im Jiyu-ka beliebt

○ Ritterstern *(Hippeastrum)*	Amaririsu	Anstechen des Stieles am oberen Ende, damit die Luft aus der Markhöhle entweicht; Verhindern des Pollenaustritts durch Besprühen der Staubbeutel mit Haarlack

Verwendung: Blume des Vorfrühlings (Gewächshauszucht);
bevorzugt mit Blättern für Shoka Isshu-ike

○ Rizinus, Wunderbaum *(Ricinus)*	Togoma	Zerbrechen des Schnittendes und kurz in Alkohol tauchen

Verwendung: beliebt für Jiyu-ka

○ Rose *(Rosa)*	Bara	langer schräger Anschnitt bzw. Spalten oder Aufklopfen des Stieles; Regenerieren zeigt gute Wirkung bei erschlafften Trieben; geklopfte und kurz getauchte Stiele mit Kochsalz einreiben; anschließendes mehrstündiges Wasserbad vor der Verarbeitung

Verwendung: Teehybriden sehr gut für moderne Isshu-ike (Moribana, Nageire geeignet);
im modernen Rikka für Do und Shoshin, im modernen Shoka für Nejime bevorzugt;
Wildformen ähnliches Material für klassische Anordnungen (z. B. Shoka: Defune, Irifune, Niju-ike) geeignet

○ Salomonsiegel *(Polygonatum)*　Naruko Yuri

Verwendung: in Japan als eine ↑ „Lilie" (Yuri) verstanden;
bevorzugt für geneigte Formen

deutscher Name (lateinischer Name)	japanischer Name	spezielle Methoden zur Verbesserung der Haltbarkeit

○ Schleierkraut *(Gypsophila)* Kasumiso
Verwendung: kleine Blüten zur Geltung bringen, Blätter entfernen;
mit langem Stengel elegant arrangieren;
bevorzugt für Jiyu-ka, Shoka und Shin-Pu-Tai

○ Schmuckkörbchen ↑ Cosmea

○ Schneeweide ↑ Spierstrauch

○ Sonnenblume *(Helianthus)* Himawari
Verwendung: auffallende Farbe und kräftige Gestalt berücksichtigen; Blätter kräftig auslichten;
trockene Fruchtstände gut im Jiyu-ka verwendbar;
Blüte des Hochsommers (August)

○ Sonnenbraut *(Helenium)*   günstigerweise sofort nach dem Schnitt
ins Wasser bringen (Konditionierung)
Verwendung: in Isshu-ike, Nishu-ike und Sanshu-ike;
gut kombinierbar

○ Spargelkraut ↑ Zierspargel

○ Spierstrauch

     Schneeweide *(Spirea thunbergii)*   Yukiyanagi

     Kanton-Spierstrauch *(S. catoniensis)*   Kodemari

Verwendung: Zweige etwas auslichten;
in allen Jahreszeiten zu verwenden: Frühling – Blüten; Sommer – grüne Blätter; Herbst –
gelbe Blätter; Winter – dürre Blätter und kahle Zweige (Einsamkeit im Winter);
Tsuyomono-Charakter;
besonderer Ausdruck der fließenden Linien; im Frühjahr bevorzugt arrangiert

○ Strelitzie, Paradiesvogel-   Strecha   vorsichtiges Herausnehmen der noch im
    blume *(Strelicia reginae)*   Schiffchen verborgenen Blüten
Verwendung: Gratulation zum festlichen Anlaß;
besondere Wirkung im Shoka Sanshu-ike und Shin-Pu-Tai;
Blätter können durch Schneiden für Jiyu-ka gut verwendet werden

○ Tulpe *(Tulipa)*   Chulippu   über Nacht kühl stellen;
regenerieren mit handwarmem Wasser
(30°C), wenn noch geschlossene Blüten
durch den Transport schlaff sind
Verwendung: wichtige Funktion der Blätter beim Gestalten beachten;
Blüte des Frühlings;
Nachstrecken der Blüten beachten

○ Weide *(Salix)*   Yanagi
Verwendung: Weide mit Kätzchen wird als Nako Yanagi bezeichnet;
eigentümliche Schönheit vieler Linien wird zum Füllen des Raumes verwendet;
gutes Material für Anfänger (biegsam, klare Linie);
Trauerweide verkörpert weibliche Anmut

deutscher Name (lateinischer Name)	japanischer Name	spezielle Methoden zur Verbesserung der Haltbarkeit
○ Winde *(Pharbitis)*	Asagao	schwer frisch zu halten, am besten beim Morgengrauen schneiden, sofort ins Wasser bringen

Verwendung: sehr beliebte Blüte und Ranke;
in traditionellen Arrangements Muko-gake, Yoko-gake und Tsuribune;
klassische Vorlagen bereits im Shoka-Lehrbuch „Hichishu-Den")

○ Wunderbaum ↑ Rizinus

○ Zierspargel, Spargel *(Asparagus)*	Tenmonodo	

Verwendung: zartes Grün als Ashirai nutzen

Sokan; Roter Fächerahorn, Acer palmatum
dissectum 'Atropurpureum';
Alter etwa 65 Jahre, Höhe etwa 60 cm;
Bonsai-Zentrum Heidelberg

Bonsai für Anfänger

Was ist Bonsai?

Bonsai ins Deutsche übersetzt, heißt »Pflanze auf dem Tablett (in einer Schale) züchten«. Unsere Blumentopfkultur ist nicht der Zucht von Bonsai gleichzusetzen. Bonsai ist eine alte japanische Kunst, deren Ursprünge in den ersten Jahrhunderten unserer Zeitrechnung im alten China zu vermuten sind. Religion und tiefe Verbundenheit zwischen Mensch und Natur ließen diese Kunst entstehen. In der Regel sind es Bäume, die gestaltet werden; es lassen sich aber auch Sträucher und Blumen verwenden, die mit zunehmendem Alter verholzende Sproßteile bilden. Ein Bonsai ist von der Wurzel bis zur Krone kaum mehr als 70 cm hoch. Er stellt das verkleinerte und zugleich vervollkommnete Abbild eines von Wind und Wetter gezeichneten Baumes dar. Bestimmte Baumarten haben typische Grundformen und entsprechend bildeten sich auch bei der Bonsai-Kultur verschiedene Gestaltungsformen heraus. Techniken und Methoden der Kultur haben sich im Laufe der Jahrhunderte verändert und weiter verbessert.

Übersichtsstichwörter:	Spezielle Informationen:
↑ Bonsai	↑ Zen-Buddhismus Ⓐ
↑ Geschichte des Bonsai	↑ Gestaltungsformen

Warum werden Bonsai gestaltet?

Die Ursprünge der Bonsai-Kultur liegen im asiatischen Raum. Vermutlich wurden in China die ersten natürlich gewachsenen Bonsai aus dem Hochgebirge in flache Schalen gepflanzt. Der Grundstein war gelegt. Mit der Verbreitung des Cha'n-Buddhismus (in Japan Zen-Buddhismus) gewann der Besitz und die Kultur von Bonsai einen hohen Stellenwert in den Riten der chinesischen Priester. Die buddhistischen Pilger sahen in den Bonsai Meditationsobjekte, die sie von ihren Fahrten mit nach Japan brachten. Unter dem Einfluß des Shintoismus, der Urreligion der Japaner, erhielt der Cha'n-Buddhismus eine besondere Prägung. So wurden die Bonsai auch in japanischen Klöstern kultiviert. Anleitungen über Anzucht und Pflege wurden nur mündlich vom Meister an den Schüler weitergegeben. Der Besitz blieb dem japanischen Kaiserhaus und später den Samurai, dem Kriegsadel, vorbehalten. Erst im 19. Jh. verbreitete sich Bonsai unter der Bevölkerung Japans. Religion und Naturverbundenheit haben bis heute die Beschäftigung mit Bonsai als sinnvolle Betätigung in der Freizeit erhalten. Heute, da die Vorgärten weitgehend durch Balkone und Troggärten ersetzt werden, finden die Bonsai auch in Europa immer mehr Liebhaber. Sie vergegenwärtigen ein Stück der Umwelt, stetiges Wachstum, den jährlichen Neubeginn im Frühjahr – kurz gesagt – die Lebenskraft der Natur.

Übersichtsstichwörter:	Spezielle Informationen:
↑ Gestaltung	↑ Shintoismus Ⓐ

Welches Ausgangsmaterial findet Verwendung?

Der alten asiatischen Tradition folgend, wollen wir durch Vermittlung von Bonsai die all-
gegenwärtige, uns täglich umgebende Natur gestalten und uns zur ständigen Zwie-
sprache in den (inneren und äußeren) Wohnbereich holen. Die meisten Bäume und
Sträucher unserer Breiten sind als Ausgangsmaterial geeignet. Der natürliche Standort
von Bonsai heimischer Arten ist ganzjährig das Freiland. Wichtig ist dabei, daß das aus-
gesuchte Material kleine Blätter, einen kompakten Wuchs und eine gute Schnittver-
träglichkeit aufweist. Als Ausgangsmaterial für die Gestaltung zu einem Bonsai können
Baumschulzöglinge, selbst gesammelte Bäumchen oder Sämlinge verwendet werden. Dem Kauf einer Baumschulpflanze bzw. dem Ausgraben (Jamadori) eines Bäumchens sollten einige grundlegende Überlegungen vorangehen. Unbedingt notwendig
ist das Wissen über typische Wuchsformen, über Wachstumsbedingungen, Winter-
härte und das Ziel, das bei der Gestaltung erreicht werden soll. Über geeignete Erdmischungen, Wurzelschnitt und Weiterbehandlung, vor allem beim ersten Einpflanzen
eines ausgegrabenen Baumes, muß man sich vorher informieren. Für das Aufstellen
von Bonsai im Zimmer werden tropische und subtropische Pflanzen verwendet.

Übersichtsstichwörter:

↑ Ausgangsmaterial
↑ Jamadori
↑ Standort
↑ Zimmer-Bonsai

Spezielle Informationen:

↑ Vermehrung
↑ Erden
↑ Pflegearbeiten
↑ Schneiden

Wie wird ein Bonsai gestaltet?

Das typische Erscheinungsbild der jeweiligen Baumart sollte dem Bonsai-Freund vor
Augen stehen, bevor er mit Hilfe gärtnerischer Kniffe und überlieferter Techniken den
Baum zum Bonsai gestaltet. Das Schneiden ist die wichtigste und älteste Technik bei
der Gestaltung. Geschnitten werden die Wurzeln, die Äste, die Triebe und sogar die
Blätter. Mit dem Schneiden wird die Baumform festgelegt; Hauptäste werden herausgearbeitet und Zwischenräume geschaffen. Das Drahten der Äste oder Zweige dient
der Formkorrektur. Diese Maßnahme ist bei den meisten Bonsai einmalig; eine Ausnahme bilden die Nadelgehölze. Im weiteren Sinne gehört zum Gestalten auch das Arrangieren des Bonsai im Gefäß; es wird den Rahmen für den Bonsai bilden. Deshalb
muß es in Größe, Form und Farbe mit dem Baum harmonieren. Ebenso wichtig ist die
Position des Baumes im Gefäß. Symmetrie wird weitgehend vermieden. Moose, kleine
Gräser und winzige Blütenpflanzen, die zwischen den sichtbaren Wurzeln und dem
Stammansatz plaziert werden, erhöhen den Gesamteindruck.

Übersichtsstichwörter:

↑ Ausgangsmaterial
↑ Kompositionsregeln

Spezielle Informationen:

↑ Gestaltungsformen
↑ Schneiden
↑ Drahten
↑ Pflanzgefäße
↑ Unterpflanzung

Welches Ziel soll bei der Gestaltung erreicht werden?

Jede Baumart hat ihr typisches Erscheinungsbild. Sind der Boden und die Witterungs-
verhältnisse optimal, so wird diese Wuchsform während der gesamten Entwicklung
des Baumes angestrebt. Bei extremen Standortverhältnissen oder Witterungseinflüs-
sen wird die Wuchsform mehr oder weniger verändert. Der Baum muß sich anpassen,
um zu überleben (z. B. Hochgebirgsregionen). Voraussetzung für die Gestaltung sind
genaue Kenntnisse über die Wuchsform der verschiedenen Baumarten. Der Bonsai-
Freund wird dadurch angeregt, sich mit der Natur auseinanderzusetzen und sie mit of-
fenen Augen zu sehen. Im Bonsai soll sich das wesentliche der Baumart widerspiegeln. Sein Gesamteindruck muß natürlich bleiben. Sind die ersten Gestaltungsarbeiten
beendet, benötigt der Baum weitere Pflege und tägliche Zuwendung. Er wächst, verändert sich und entfaltet seine typische Eigenart. Sie zu erkennen und herauszuarbeiten,
d. h. den Baum auf diesen Weg zu bringen, macht die Beschäftigung mit Bonsai aus.

Übersichtsstichwörter: Spezielle Informationen:
↑ Bonsai   ↑ Schneiden
↑ Gestaltungsformen   ↑ Drahten
↑ Pflegearbeiten   ↑ künstliches Altern

Welches Beiwerk kann beim Arrangieren des Bonsai verwendet werden?

Das Beiwerk soll die Wirkung des Bonsai unterstreichen, darf jedoch nicht die Aufmerksamkeit vom Bonsai ablenken. In jedem Fall wird es, ganz gleich, ob es sich um
Pflanzenmaterial oder Zierstücke handelt, untergeordnet. An pflanzlichem Beiwerk
werden Moose, Farne und Blütenpflanzen verwendet. Die Bemoosung der Erdoberfläche ist aus vielerlei Gründen vorteilhaft. Zum einen wird eine allzu rasche Austrocknung verhindert, zum anderen kann das Erdreich beim Gießen nicht weggeschwemmt
werden. Moos wird aufgepflanzt oder ausgesät. An halbschattigen, gleichmäßig feuchten Standorten vollzieht sich die Bemoosung selbständig. Sparsam wird dagegen die
Verwendung von Blütenpflanzen vorgenommen. Sie harmonieren besonders mit
Nadelgehölzen. Laubgehölze weisen in der Regel selbst eine schöne Herbstfärbung,
attraktive Blüten oder kleine Früchte auf. Beim Arrangieren von Pun-ching oder Saikei
werden Zierstücke aus Keramik verwendet. Das können Figuren, Brücken, Häuser
u. a. sein. Natürliche Materialien, wie Steine in verschiedenen Größen und Sand, sind
ebenso wichtige Hilfsmittel. Bei der Gestaltung einer Uferlandschaft mit einer Weide
können die Steine z. B. als Böschung dienen, feiner Sand symbolisiert das Wasser.

Übersichtsstichwörter: Spezielle Informationen:
↑ Geschichte des Bonsai   ↑ Bonsai (chinesische)
↑ Gestaltung   ↑ Saikei
↑ Standort   ↑ Moose
↑ Pflanzgefäße   ↑ Unterpflanzung

An welchem Platz wird der Bonsai aufgestellt?

Die Wahl des Standortes ist für den Gesundheitszustand des Bonsai von größter Wichtigkeit! Der natürliche Standort des einheimischen Bonsai ist das Freiland. Je nach Herkunft der verschiedenen Gattungen und Arten reicht die Auswahl des Standortes während der Sommermonate von vollsonnig über halbschattig bis schattig. Einige frostempfindliche Arten werden während der Wintermonate an einem kühlen und hellen Platz im Haus untergebracht. Die übrigen Bonsai werden im Winter ins Erdreich eingesenkt und mit einem Schutz aus Laub und Reisig versehen. Im Frühjahr sind alle Bonsai, möglichst bei trübem Wetter, wieder an den Standort für die Sommermonate zu gewöhnen. Es ist auch möglich, einen Freiland-Bonsai für Stunden bis einige Tage im Zimmer aufzustellen. Dabei darf der Temperaturunterschied zwischen natürlichem Standort und Zimmer nicht zu groß sein. Für entsprechende Luftfeuchtigkeit und ausreichende Lichtverhältnisse muß unbedingt gesorgt werden. Günstiger für den Wohnbereich sind die sog. Zimmer-Bonsai. Verwendung finden hierfür vor allem Pflanzen aus tropischen und subtropischen Gebieten.

Übersichtsstichwörter:	Spezielle Informationen:
↑ Standort	↑ Zimmer-Bonsai
	↑ Überwinterung

Welche Pflegemaßnahmen sind erforderlich?

Der Standort und die flachen Schalen der Bonsai erfordern während der Sommermonate vor allem regelmäßiges Gießen. Das Gießwasser sollte stets abgestanden und kalkarm sein. Dabei ist häufiges Überbrausen des gesamten Bonsai wichtiger als direktes Gießen. Mit dem Überbrausen bzw. Besprühen der Blätter wird zum einen die Luftfeuchtigkeit um den Bonsai erhöht, zum anderen der Staub von den Blättern gewaschen. Wichtig ist auch die Düngung. In zeitlich gestaffelten Abständen werden die Düngergaben in gelöster oder ungelöster Form den Bonsai verabreicht. Die Kombination von organischen und anorganischen Substanzen ist von Vorteil. Gedüngt werden nur Pflanzen, die sich im Wachstum befinden und die nicht kurz zuvor umgetopft wurden. Ebenso wie Gießen und Düngen gehört die Schädlingsbekämpfung zu den notwendigen Pflegemaßnahmen. Einige tierische Schädlinge können manuell abgesammelt werden. Bei Befall mit Blattläusen oder Spinnmilben werden auch bei Bonsai Insektizide eingesetzt. Zur Formerhaltung wird der Form- oder Triebschnitt während der Wachstumsperiode je nach Baumart ein- oder mehrmalig durchgeführt. Ein Umpflanzen ist erforderlich, wenn das Erdsubstrat ausgelaugt oder das Pflanzgefäß zu klein geworden ist. Der günstigste Zeitpunkt für diese Arbeit ist bei den meisten Pflanzen das Frühjahr oder der Herbst. Je nach Pflanzenart und -alter liegt der Zeitraum im allgemeinen zwischen ein und drei Jahren.

Übersichtsstichwörter:	Spezielle Informationen:
↑ Pflegearbeiten	↑ Nährstoffe
↑ Schädlingsbekämpfung	↑ Triebschnitt
↑ Schneiden	↑ Erden
↑ Standort	↑ Umpflanzen

A

Ablaktion: eine Form des ↑ Veredelns von Gehölzen, bei der das zu übertragende Pfropfreis mit der Mutterpflanze so lange verbunden bleibt, bis es mit der Unterlage fest verwachsen ist. Diese Form der Pfropfung bietet bei der Aufzucht von Bonsai die Möglichkeit, einen fehlenden Ast anzufügen, der somit die Formkorrektur an einem schon gestalteten Bonsai zuläßt.

Ableger: bewurzelte Jungpflanzen, die aus in die Erde gelegten Seitentrieben einer Mutterpflanze entstanden sind. Diese Art der vegetativen ↑ Vermehrung läßt sich sehr gut bei Sträuchern und kriechenden Gehölzen anwenden, allerdings müssen die Mutterpflanzen ausgepflanzt sein. Wesentliche Vorteile gegenüber der ↑ Stecklingsvermehrung sind der geringere Pflegeaufwand während der Bewurzelungszeit und die Gewinnung von mehreren Jungpflanzen in einem kürzeren Zeitraum.

Besonders geeignet für die Gewinnung von A. sind:
Zwergmispel *(Cotoneaster)*,
Magnolie *(Magnolia)*,
Blauregen *(Wisteria)*,
Felsenbirne *(Amelanchier)*,
buschige Ahorn-Arten *(Acer)*.

Dazu werden die Vorjahrestriebe einer Mutterpflanze im zeitigen Frühjahr noch vor Triebbeginn in kurzem Bogen zum Boden gebogen und in eine etwa 10 cm tiefe Rille eingelegt. Beim Herunterbiegen darf der Trieb nicht brechen. Damit er nicht in seine ursprüngliche Lage zurückweicht, wird er mit ein oder zwei Holzhaken (am besten eignen sich Astgabeln vom Flieder) festgehalten. Die Rille wird erst mit Erde ausgefüllt, wenn die am Trieb befindlichen Augen (Knospen) zu Neutrieben herangewachsen sind und

Formkorrektur mittels Ablaktion

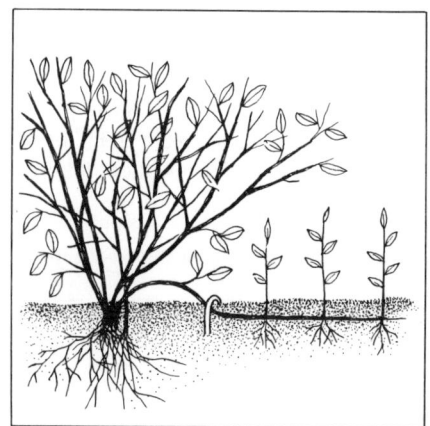

Ableger

über die Erdoberfläche hinausragen. Bei feuchtem Stand erfolgt an der Basis der Neutriebe bis zum Herbst eine gute Bewurzelung. Die Jungpflanzen, die noch durch den Trieb der Mutterpflanze verbunden sind, werden ausgegraben und abgetrennt. Besser ist allerdings, damit bis zum Frühjahr des folgenden Jahres zu warten.

Abmoosen: eine bei allen Bäumen anwendbare Möglichkeit, neue Pflanzen durch vegetative ↑ Vermehrung zu gewinnen. Dabei erfolgt die Bewurzelung nicht wie bei der ↑ Stecklingsvermehrung und bei ↑ Steckhölzern üblich im Erdreich, sondern noch an der Mutterpflanze. Die abzumoosenden Äste sollten jedoch nicht stärker als 4 cm sein. Der günstigste Zeitpunkt für das A. ist das Frühjahr (April/Mai). Vom Beginn des A. bis zum Abtrennen des bewurzelten Astes vergehen je nach Gehölzart ein halbes bis zwei Jahre; manche Nadelgehölze müssen noch länger behandelt werden, deshalb ist eine gelegentliche Kontrolle notwendig.

Soll von Laubgehölzen abgemoost werden, so wird an dem abzumoosenden Ast an der Stelle, an der die Bewurzelung erfolgen soll, die Rinde ringförmig, jedoch nicht über den gesamten Umfang, eingeschnitten. Etwa 2 bis 4 cm unterhalb dieses Schnittes wird ein zweiter Schnitt analog durchgeführt. Die beiden Einschnitte dürfen jedoch nicht zu tief erfolgen, da sonst der Ast leicht durchtrennt

werden kann. Der so eingeschnittene Streifen kann nun abgetrennt werden. Dabei ist unbedingt zu beachten, daß die Rinde in den nicht durchtrennten Bereichen am Ast verbleibt, so daß nach dem Abschälen ein schmaler Rindenstreifen den oberen und unteren Astteil verbindet. Damit ist die Versorgung des oberen Teiles des Astes weitgehend, aber nicht völlig unterbrochen. Der abgeschälte Teil des Astes ist nun mit feuchtem Torfmoos *(Sphagnum)* oder Torf zu umwickeln und mit lichtundurchlässiger Folie unterhalb der Schnittstelle fest und oberhalb etwas lockerer abzubinden. Dadurch wird die Pflanze angeregt, neue Wurzeln zu bilden. Durch Gießen wird das Moos um den Ast feucht gehalten; ansonsten ist die Pflanze normal zu behandeln. Alle notwendigen Schnittmaßnahmen (↑ Schneiden), außer dem Blattschnitt, sind auch am abzumoosenden Ast möglich. So kann schon an der Mutterpflanze mit der Gestaltung des künftigen Bonsai begonnen werden. Hat der Ast genügend Wurzeln gebildet, kann die neue Pflanze direkt unter der Wurzelbildung abgetrennt werden. Zum Einsetzen ins Erdreich kann bereits ein flaches Bonsai-Gefäß (↑ Pflanzgefäße) Verwendung finden, da die neu entstandene Bewurzelung sehr flach ist.

Vegetative Vermehrung durch Abmoosen

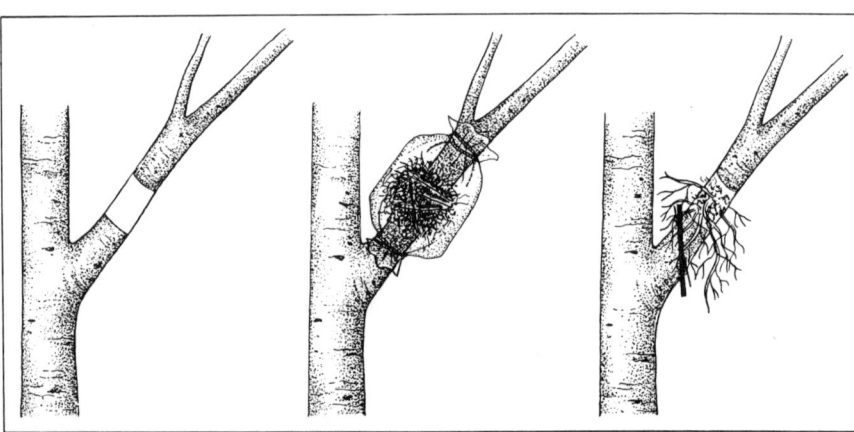

Beim A. muß die Rinde nicht immer ringförmig eingeschnitten und in Streifen herausgeschält werden. Es können auch zungenförmige Einschnitte in die Rinde vorgenommen werden. Dabei ist sehr vorsichtig zu arbeiten, um den Ast nicht zu kappen. Unter die Rindenzungen müssen einige Stückchen Sphagnum geschoben werden, damit sie nicht wieder mit dem Ast verwachsen, sondern zur Wurzelbildung anregen. Die nachfolgenden Arbeitsgänge sind die gleichen, wie beim ringförmigen Einschneiden.

Soll von Nadelgehölzen abgemoost werden, so wird die Rinde nicht eingeschnitten und abgetrennt, sondern mit einem Draht so stark abgebunden, daß der Draht in die Rinde, aber nicht weiter als bis zur Hälfte seiner Stärke, eindringt, da sonst die Rinde den Draht überwallt und es zu keiner neuen Wurzelbildung kommt. Die weitere Behandlung erfolgt wie für Laubgehölze beschrieben.

A. ist ebenso wie Veredeln weit schwieriger als die übrigen vegetativen Vermehrungsarten und erfordert sorgfältige Ausführung. Zum Vertrautmachen mit diesen Techniken sind praktische Vorübungen notwendig. Gute Erfolge lassen sich durch A. bei Gummibaum (Ficus),

Absenken

Kiefer (Pinus) und Fichte (Picea) erzielen.

Absenken: eine Form der vegetativen ↑Vermehrung, bei der durch Umbiegen und Einschneiden eines Seitenastes eine neue Jungpflanze gewonnen wird. Für das A. eignen sich Hartriegel (Cornus), Hainbuche (Carpinus), Haselnuß (Corylus), Stechpalme (Ilex) und Zwergkoniferen. Ähnlich wie bei der Gewinnung von Ablegern werden im zeitigen Frühjahr die Vorjahrestriebe zum Erdboden gebogen und in die Erde eingesenkt. Nach einem kurzen Bogen wird der Trieb wieder senkrecht nach oben geführt. Damit er diese Position behält, wird die Krümmung im Boden mit einem Holzhaken festgehalten. Die wieder aufsteigende Triebspitze wird an einem Stab festgebunden. An der abzusenkenden Stelle des Triebes (an der die Wurzelbildung erfolgen soll) werden, vor dem Absenken ins Erdreich, ein oder zwei von oben nach unten führende Schnitte von 2 bis 3 cm Länge vorgenommen. Sie werden mit einem scharfen Messer ausgeführt und dürfen nicht tiefer als bis zur Mitte des Triebes reichen. Bei gleichmäßig feuchtem Standort erfolgt eine gute Bewurzelung, und die neue Pflanze kann von der Mutterpflanze abgetrennt werden. Der Zeitraum für die Bewurzelung liegt bei den angegebenen Gehölzarten zwischen zwei und drei Jahren.

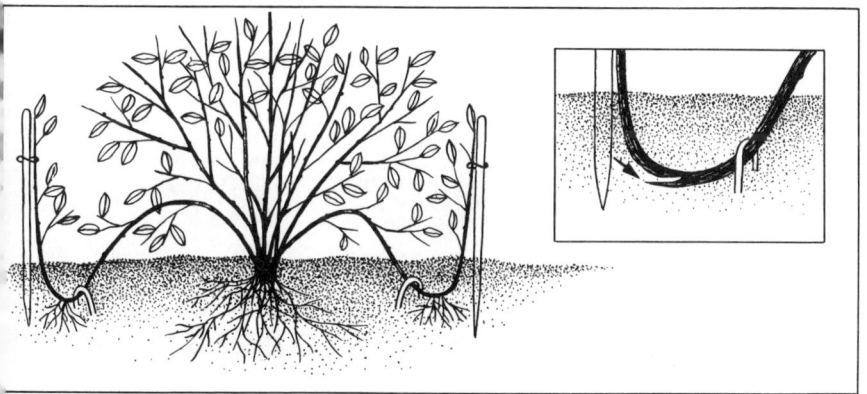

Anhäufeln: ein Verfahren, bei dem durch vegetative ↑ Vermehrung eine Vielzahl von Jungpflanzen gewonnen werden kann. Für das A. eignen sich Mahonie (*Mahonia*), Berberitze oder Sauerdorn (*Berberis*) und Johannisbeere (*Ribes*). Eine noch nicht zu alte Mutterpflanze wird im Frühjahr kurz über dem Boden abgeschnitten und die Wunde mit Baumwachs oder Latexmilch verschlossen. Mit beginnender Wachstumsperiode sprießen aus dem Wurzelstock Bodentriebe. Haben diese eine Höhe von 20 cm erreicht, wird humose Erde so hoch aufgeschüttet (angehäufelt), daß die Triebspitzen nur noch wenige Zentimeter herausschauen. Zwischen den Trieben dürfen keine Hohlräume bestehen bleiben. Das A. kann nach erneutem Triebzuwachs noch ein- oder zweimal wiederholt werden. Bei feuchtem Stand erfolgt innerhalb von ein bis zwei Jahren eine gleichmäßige Bewurzelung und die Sprößlinge können abgetrennt werden.

anorganische Düngung ↑ Düngung

Arbeitskalender: Zusammenstellung von Anhaltspunkten und Richtlinien für die im Jahresablauf anfallenden Arbeiten. *Januar – Februar.* Alle Bonsai haben mehr oder weniger Ruhezeit (Nachruhe). Die Feuchtigkeit des Substrats wird regelmäßig überprüft; es wird nur sparsam

Anhäufeln

gegossen (↑ Gießen). Bei intensiver Sonneneinstrahlung muß unbedingt schattiert und im Kalthaus an frostfreien Tagen gelüftet werden (↑ Lüften). Die Pflanzen erhalten keine Düngung! Eine vorbeugende ↑ Schädlingsbekämpfung kann vorgenommen werden. Ende Februar kann bei frostfreier Witterung mit dem Astschnitt (↑ Gestaltungsschnitt) an Laubgehölzen, die nicht im Frühjahr blühen (↑ Blüten-Bonsai), begonnen werden. ↑ Steckhölzer können geschnitten werden. Ende Februar bis Anfang März – je nach Platz der Überwinterung, setzt die erste Entwicklungsperiode, das Anschwellen der Knospen, ein.

März – April. Die Ruhezeit wird mit steigenden Temperaturen durch das einsetzende Anschwellen und Aufbrechen der Knospen beendet. Im Freiland überwinterte Arten können an frostfreien Tagen aufgedeckt werden. Die Bodenfeuchtigkeit ist sorgfältig zu prüfen, es ist aber mäßig zu gießen; bei Frostgefahr ist abzudecken. Im Kalthaus wird täglich gelüftet und für ausreichend ↑ Luftfeuchtigkeit gesorgt. Mit beginnendem Neutrieb benötigen die Pflanzen mehr Wasser. ↑ Zimmer-Bonsai können erste Düngergaben (↑ Düngung) erhalten. Der Astschnitt sollte während dieser Monate beendet werden. Formkorrekturen durch ↑ Drahten lassen sich im noch unbelaubten Zustand der Laubgehölze gut vornehmen. Falls erforderlich, sollten Laubgehölze in

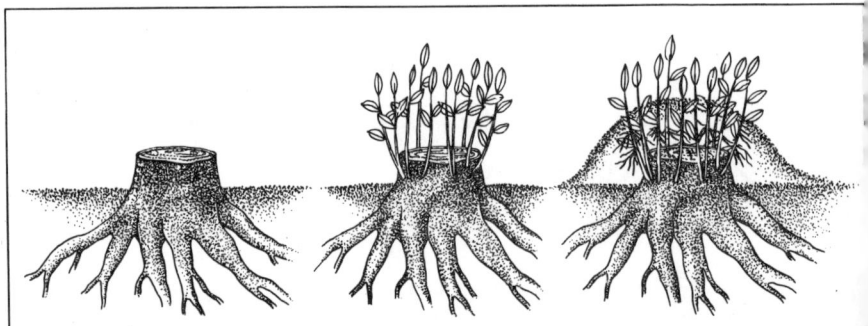

diesen Monaten umgepflanzt werden (↑ Umpflanzen), dabei ist der ↑ Wurzelschnitt durchzuführen. Im Frühjahr blühende Gehölze (*Prunus, Jasminum* u. ä. Blüten-Bonsai) sind erst nach der Blüte umzupflanzen. Nadelgehölze setzt man Ende April bis Mitte Mai oder im Herbst um. Im März sollten die Drähte von den Nadelgehölzen abgenommen werden, damit sie nicht einwachsen. Falls erforderlich, ist im kommenden Herbst neu zu drahten. Die generative Vermehrung (durch ↑ Aussaat) und einige Formen der vegetativen Vermehrung (↑ Anhäufeln, ↑ Absenken, ↑ Wurzelschnittlinge) können begonnen werden. Auch die Gewinnung durch ↑ Jamadori ist schon möglich. Die erste Entwicklungsperiode der Pflanzen erreicht ihren Höhepunkt im Aufbrechen der Knospen und Entfalten der Blätter.

Mai – Juni. Die zweite Entwicklungsperiode der Pflanzen, der beginnende Neutrieb, setzt ein und erreicht seinen Höhepunkt. Die Pflanzen benötigen für ihr Wachstum ausreichend Wasser und Nährstoffe. Alle Bonsai erhalten ihren Sommerplatz. Dabei sind die frostgefährdeten Arten erst nach den letzten Spätfrösten (nach dem 15. Mai) auszuräumen (↑ frostempfindliche Arten). Mit beginnendem Neutrieb erhalten auch die im Freiland und im Kalthaus überwinterten Pflanzen erste Düngergaben, dabei sind verschiedene Düngemittel (↑ Nährstoffe) zu verwenden. Blütengehölze werden nach dem Abblühen zurückgeschnitten (↑ Schneiden) und umgetopft. Auch Nadelgehölze können noch umgepflanzt werden. Pflanzen mit Fruchtansätzen (Blüten-Bonsai) erhalten nur geringe Düngergaben, um kleine Früchte zu erzielen.

Bei zu großen Blättern ist beginnender ↑ Triebschnitt und ↑ Blattschnitt möglich; bei Nadelgehölzen wird der gesamte Neutrieb entfernt (Ausbrechen der Kerzen). Beim Aufbrechen der Kerzen wird ein Triebschnitt vorgenommen (Ende Juni – Juli). Von laubabwerfenden Gehölzen können Stecklinge gewonnen werden (↑ Stecklingsvermehrung). Bei einseitigem Lichteinfall sind die Pflanzen regelmäßig zu drehen. Schädlingsbekämpfung oder die biologische ↑ Schädlingsabwehr gegen stechende und saugende Insekten an den Neutrieben fallen ebenfalls an, desgleichen Saatguternte und Aussaat von im Mai und Juni reifenden Samen (↑ Saatgutlagerung). Gedrahtete Pflanzen sind zu überprüfen, damit der Draht nicht einwächst.

Juli – August. Der Triebabschluß beendet im Juli die zweite Entwicklungsperiode; Ausreifen und Verholzen der krautigen Neutriebe zeigt den Beginn der dritten Entwicklungsperiode an. Die Pflanzen benötigen für den Reifeprozeß sehr viel Licht, müssen aber vor sengender Mittagshitze durch Schattieren geschützt werden. In den Morgen- und späten Nachmittagsstunden ist gut zu wässern und zu überbrausen. Düngegaben sind bei sehr hohen Temperaturen auszulassen, gegen Ende Juli zu reduzieren und Ende August einzustellen. An Laubgehölzen wird der letzte Triebschnitt vorgenommen, an Nadelgehölzen ist ein letztes Zupfen der Neutriebe möglich. Die sich in großer Vielzahl bildenden Kerzen bei Nadelgehölzen, an denen man alle Kerzen im Mai ausgebrochen hatte, werden reduziert. Stecklingsvermehrung von Laubgehölzen ist noch möglich (halbreifes Holz). Falls erforderlich, sind Schädlingsbekämpfung oder biologische Schädlingsabwehr zu beachten. Der Beginn der Knospenentwicklung für die Wachstumsperiode im kommenden Jahr zeigt den Höhepunkt der dritten Entwicklungsperiode an.

September – Oktober. Die Beendigung der dritten und letzten Entwicklungsperiode wird durch die absinkenden Temperaturen bestimmt. Der Triebabschluß und die Ausbildung der Knospen für die neue Entwicklungsperiode im nächsten Frühjahr wird mit der Färbung und dem Fall des Laubes beendet. Die Ruhezeit der Pflanzen wird eingeleitet (Vorruhe). Tropische und subtropische Pflanzen sind ins Winterquartier zu bringen. Je nach Witterung ist das Gießen zu reduzieren. Überbrauste Pflanzen müssen unbedingt bis zum Abend abtrocknen! Eine einmalige schwache Düngung mit erhöhtem Kali- und Phosphoranteil (Herbstdüngung) ist möglich. Nadelgehölze sollten umgepflanzt werden und ↑Wurzelschnitt erhalten. Speziell bei Kiefern können im Oktober die Nadeln des Vorjahres entfernt werden. Formkorrekturen durch Drahten sind bei allen Nadelgehölzen möglich. Von den im Frühjahr gedrahteten Laub-Bonsai ist der Draht abzunehmen, bevor sie ins Winterquartier gebracht werden. An den Blütengehölzen (Blüten-Bonsai) können die Triebe auf vier oder fünf Blütenknospen zurückgeschnitten werden. Vor dem Einbringen der Pflanzen ins Winterquartier (↑Überwinterung) ist eine vorbeugende Schädlingsbekämpfung mit einem Fungizid bzw. die biologische Schädlingsabwehr angezeigt. Schalenböden sind besonders nach Nacktschnecken abzusuchen. Von Nadelgehölzen können Stecklinge geschnitten werden. Frisch gereiftes Saatgut ist zu sammeln und aufzubereiten (↑Stratifizieren). Im September können Pflanzen gesammelt werden.

November – Dezember. Die Hauptruhezeit (Dezember/Januar) löst mit sinkenden Temperaturen und abnehmender Lichtdauer und -intensität die Vorruhe der Pflanzen ab, die jetzt alle ins Winterquartier gebracht werden. Zuvor sind sie nochmals kräftig zu wässern. Während der winterlichen Ruheperiode sind stauende Nässe sowie völlige Trockenheit (außer Sukkulenten) zu vermeiden. Bei Kalthauspflanzen muß in frostfreien Perioden für ausreichend Frischluftzufuhr gesorgt werden. Im Freien überwintern-

de Pflanzen sind gegebenenfalls von schweren Schneelasten zu befreien. Immergrüne Gehölze erhalten einen Sonnenschutz durch Reisigabdeckung. Zimmer-Bonsai sind vor Zugluft zu schützen und erhalten möglichst Zusatzbelichtung.

Astschnitt ↑ Gestaltungsschnitt

Astverdickung: ein typisches Altersmerkmal des Baumes, das beim künstlichen Altern genutzt wird. Grundsätzlich werden an einem Ast, der schnell erstarken soll, alle Triebe, die sich während eines Jahres bilden (eine Wachstumsperiode), belassen; auch ein ↑ Blattschnitt unterbleibt. Je mehr Blattwerk der Ast trägt, um so stärker ist sein Zuwachs an organischer Substanz und um so schneller vergrößert sich sein Umfang. Auch wenn der Ast nach einer Wachstumsperiode die gewünschte Stärke noch nicht erreicht hat, wird der Wildwuchs zurückgeschnitten (↑ Schneiden). Dieser Schnitt muß im zeitigen Frühjahr (↑ Gestaltungsschnitt) vor dem Beginn der neuen Wachstumsperiode vorgenommen werden, damit der Baum nicht völlig aus der Gestaltungsform herauswächst. Zum anderen besteht die Gefahr, daß bei späterem Schnitt große Narben an den Stellen entstehen, an denen sich Wildwuchs zu lange und zu stark entwickeln konnte. Ist der gewünschte Umfang des Astes innerhalb eines Jahres noch nicht erreicht, so wird in der folgenden Wachstumsperiode erneut jeder sich entwickelnde Trieb am Ast belassen.

Ausbringungsverfahren: verschiedene Möglichkeiten, Pflanzenschutz-(PSM) und Düngemittel auszubringen. Hierzu sind die Hinweise der Hersteller zu beachten.

Stäuben. Die Spezialpräparate werden mit Hilfe eines Staubbeutels (z. B. Kunstfaserstrumpf) oder eines Staubgerätes ausgebracht. Auf der Pflanze bildet sich ein dünner Belag des Präparates. Es müssen dabei oft größere Mengen ausgebracht werden, da die PSM nur sehr schlecht an der Pflanze haften bleiben. Bei kurz nach dem Ausbringen folgenden Regenfällen wird die Wirkung stark beeinträchtigt .

Zum Stäuben dürfen nur dafür vorgesehene Präparate verwendet werden; Düngemittel sind nicht geeignet (die Blätter der Pflanzen würden durch die starke Konzentration verbrennen).

Spritzen. Für die Herstellung von Spritzbrühen werden Präparate, die als Spritzpulver oder Emulsionspräparate deutlich gekennzeichnet sind, verwendet. In entsprechender Menge (Herstellerangaben) wird das Präparat im Wasser durch kräftiges Rühren gelöst und die Spritzbrühe in vorgeschriebener Konzentration ausgebracht. Dafür ist eine sehr feine Düse zu verwenden. Auch die Blattunterseite ist mit zu behandeln! Das Präparat setzt sich nach längerem Stand am Boden des Gefäßes ab. Handelsübliche Präparate beinhalten zur besseren Haftung und Regenbeständigkeit Haftmittel. Beim Spritzen wird ein filmartiger Belag auf die zu behandelnden Pflanzenteile aufgebracht. Tropfverluste sind unvermeidbar.

Werden Düngemittel aufgelöst und als Spritzbrühe verabreicht, so wird diese Art der Düngung als Kopfdüngung bezeichnet. Die Nährstoffe werden über die Blätter von der Pflanze aufgenommen.

Gießen. Flüssige PSM oder Brühen (nach Herstelleranleitung aus Konzentraten anzufertigen) werden durch großtropfiges Ausbringen über die Pflanze und den Boden verteilt. Das Gießen kann in breitflächiger Form und auch für die Einzelbehandlung genutzt werden. Besonders systemisch wirkende Insektizide, d. h. Präparate, die sich nach Aufnahme über die Wurzeln oder Blätter in der gesamten Pflanze ausbreiten, werden durch Gießen ausgebracht. Auch Düngemittel können in gelöster Form vergossen werden und sehr schnell von der Pflanze aufgenommen werden.

Ausgangsmaterial: durch vegetative und generative Vermehrung gewonnene Jungpflanzen, in der Natur gesammelte Exemplare (↑ Jamadori) oder ↑ Baumschulpflanzen. Derartiges A. ist einige Jahre herangewachsen und eignet sich für die Gestaltung zu einem Bonsai. Dabei spielen äußere Merkmale, wie kleines Blattwerk, intensive Herbstfärbung, aber auch die Art der Verzweigung der Krone (später beabsichtigte Formen) sowie die Stärke des Stammes eine wesentliche Rolle. Nicht jede Jungpflanze und nicht jeder in der Natur gewachsene Sproß eignen sich für die Gestaltung zu einem Bonsai.

Die Vorkultur selbstgezogener Jungpflanzen zum A. beginnt nach dem ↑ Eintopfen der Sämlinge bzw. der bewurzelten Stecklinge. Etwa sechs bis acht Wochen nach dem Einpflanzen erhalten die Jungpflanzen eine erste leichte ↑ Düngung. Als günstiger Zeitpunkt kann auch der beginnende Neutrieb angesehen werden. Die kleinen Töpfe trocknen durch Wind und Sonne sehr rasch aus. Außerdem werden sie durch Sonnenbestrahlung schnell und stark aufgeheizt, so daß die zarten Wurzelspitzen leicht Schaden nehmen. Es empfiehlt sich deshalb,

Citrus-Jungpflanzen als Ausgangsmaterial, ein, drei und fünf Jahre alt; bei der fünfjährigen Pflanze ist eine erste Gestaltung möglich

sie im Erdreich auf einem Beet einzusenken und mehrmals täglich zu überbrausen bzw. zu gießen. Im Beet verbleiben sie – mit einem leichtem Winterschutz (↑ Überwinterung) versehen – bis zum kommenden Frühjahr. Auf Frosthärte der einzelnen Gehölzarten ist zu achten! Zu den bedingt frostharten Gehölzen in unserer Region zählen während der ersten drei bis vier Kulturjahre z. B. Blauregen *(Wisteria)*, Dreispitzahorn *(Acer buergerianum)*, Zelkowe *(Zelkova)* und Sicheltanne *(Cryptomeria)*; sie sollten während der Wintermonate im kalten Gewächshaus untergebracht werden. Auch in den weiteren Kulturjahren kann es bei strengen Wintern zu Frostschäden kommen. Im März/April werden die Jungpflanzen aus dem Erdreich herausgenommen. Wurzeln, die durch die Wasserabzuglöcher hindurchgewachsen sind, sind abzuschneiden. Nach dem ↑ Umpflanzen werden die Töpfe wieder im Erdreich eingesenkt. Bei manchen Gehölzarten ist es unerläßlich, schon während der ersten zwei Jahre den Haupttrieb einige Male zu stutzen, um eine frühzeitige und reiche Verzweigung zu erreichen, z. B. Ahorn *(Acer)*, Birke *(Betula)*, Weide *(Salix)*, Eiche *(Quercus)*. Nach ein bis zwei Jahren, wenn die Bäumchen 20 bis 30 cm hoch sind und bleistiftstarke Stämmchen haben, können sie als A. verwendet werden.

Auch Baumschulpflanzen und aus der Natur gesammelte Exemplare sollten nach dem ersten kräftigen Wurzel- und Astschnitt (↑ Gestaltungsschnitt) nicht gleich in Bonsai-Gefäße eingesetzt werden. Es ist vorteilhaft, diese Pflanzen noch etwa zwei bis drei Jahre im Beet ausgepflanzt zu kultivieren. So kann der Wurzelballen über mehrere Jahre schrittweise reduziert werden. Die Pflanzen regenerieren sich rascher, bilden schneller neue feine Saugwurzeln und auch der Neutrieb setzt früher ein. Zurückzuführen ist das auf das größere Bodenvolumen,

das auch geringeren Schwankungen, z. B. der Bodenfeuchtigkeit und Temperatur, unterliegt. Wenn diese Pflanzen dann als A. ins Gefäß gesetzt werden sollen, kann durchaus die Beeterde als Pflanzsubstrat dienen. Vor dem Einsetzen in die Bonsai-Schalen wird der Wurzelballen noch einmal zurückgeschnitten.

Ausgraben ↑ Jamadori

Aussaat. Die Aussaat von Saatgut für Bonsai-Aufzucht bedarf verschiedener Vorbereitungen. Die A.erde spielt für die Keimung und die weitere Entwicklung des Sämlings eine wichtige Rolle. Das Substrat soll frei von Krankheitskeimen (↑ Dämpfen) und nährstoffarm sein. Ein Gemisch aus Sand und Torf zu gleichen Teilen hat sich neben der A. in reinem Torf am besten bewährt. Der Keimling hat in diesem Gemisch ausreichend Feuchtigkeit, ohne stauender Nässe ausgesetzt zu sein. Eine gute Durchlüftung ist ebenfalls gewährleistet. Durch die Nährstoffarmut wird die Wurzelbildung gefördert. Ungeeignet sind reiner Kompost bzw. handelsübliche Blumenerde. Sie sind nur zum Umpflanzen gut bewurzelter Pflanzen, aber nicht als Saatbeet gedacht. Der günstigste Zeitpunkt für die A. liegt im Frühjahr und im Frühsommer (März bis Mai). Es kann aber auch im Herbst ausgesät werden. Für kleine Saatgutmengen sind Blumentöpfe am geeignetsten, für größere Mengen bieten sich flache Saatkisten oder die Freiland-A. an. Alle A.gefäße sind ausreichend mit Wasserabzuglöchern zu versehen, die mit kleinen Gazestücken oder Blumentopfscherben abgedeckt werden. Auf eine Kiesschicht auf dem Gefäßboden wird bis etwa 3 cm unterhalb des Randes A.substrat aufgefüllt. Das gleiche Substrat wird nun bis zum Rand aufgesiebt und mit einem Brettchen leicht angedrückt. Auf das so vorbereitete Saatbeet kann das Saatgut ausgebracht werden. Feines Saatgut (z. B. Birke) ist gleichmäßig über die Flä-

che zu verteilen, grobes wird einzeln ausgelegt (z. B. Eiche und Buche). Anschließend werden die Samen mit einem Brettchen leicht angedrückt, wodurch eine feste Bindung zum Substrat entsteht und
das Quellen und Keimen beschleunigt
werden. Feineres Saatgut wird hauch-
dünn mit dem Substrat übersiebt, größerer Samen in etwa anderthalbfacher
Kornstärke mit Substrat abgedeckt.
Bei Nadelholzsamen verwendet man
dazu scharfen Sand. Bei zu starkem Abdecken erstickt der Keimling, noch bevor
er die Oberfläche erreicht, bei zu dünnem
kann er vertrocknen. Das Risiko des Vertrocknens kann ausgeschaltet werden,
wenn das Saatgefäß nach leichtem Überbrausen bzw. Wässern mit einer Glasscheibe abgedeckt wird. Der Standort
des A.gefäßes soll halbschattig sein. Das
A.substrat wird gleichmäßig feucht gehalten.
Je nach Gehölzart zeigen sich nach ein
bis vier Monaten die Sämlinge. Durch
Unterlegen von Hölzern unter die Glasscheibe wird dann gelüftet. Wenn die heranwachsenden Sämlinge an die Abdeck-
scheibe anstoßen, wird diese ganz abgenommen. Bereits vier Wochen nach der
A. kann im monatlichen Rhythmus bis
zum ↑ Pikieren gegen die ↑ Schwarzbeinigkeit der Sämlinge vorbeugend mit einem ↑ Fungizid gegossen werden. Zeigen sich nach zwei bis drei Monaten noch
keine Sämlinge, sollte vorsichtig geprüft
werden, ob die Saat gefault ist oder die
Keimung ausgesetzt hat. Dabei wird mit
einem angespitzten Pikierholz vorsichtig
die obere Schicht der A.erde aufgelok-
kert und vom Gefäß genommen. Werden
die Samenkörner sichtbar, so nimmt man
vorsichtig ein oder zwei Körner heraus.
Sind ihre Schalen noch fest, wiederholt
man die Keimprobe. Sinken die Samen
ab, können sie wieder in das A.gefäß gelegt, bedeckt und leicht angedrückt werden. Anzuraten ist ein Beschriften der
A.gefäße mit A.termin und Gehölzart.

Für die A. besonders geeignet sind:
Ahorn *(Acer),*
Apfel *(Malus),*
Birke *(Betula),*
Eiche *(Quercus),*
Ginkgo,Silberaprikose *(Ginkgo),*
Kiefer *(Pinus),*
Lärche *(Larix).*
Für ↑ Zimmer-Bonsai *geeignetes Saatgut:*
Granatapfel *(Punica granatum),*
Lagerströmie *(Lagerstroemia),*
Orangenraute, Orangenjasmin *(Murraya
paniculata),*
Zitrone u. a. *(Citrus).*

B

Bankan: eine Gestaltungsform, die eigentlich die Kombination mehrerer der
vierzehn Grundformen darstellt. In ihr
wächst die Pflanze über einen Stein
(↑ Sekijoju), dabei dreht und windet sich
der Stamm nach allen Seiten (↑ Moyogi),
neigt sich zur Erde und richtet sich wieder
auf (↑ Han-Kengai). Einzelne Äste können durch die Techniken des ↑ künstlichen Alterns behandelt werden. Alles in
allem stellt B. den sehr rauhen Charakter
eines Baumes auf unwirtlichen Geröll-
hängen dar.
Baumschulpflanzen: bewurzelte Jungpflanzen, die über mehrere Jahre im
Container oder Freiland kultiviert werden,
bevor sie zum Verkauf gelangen. Viele
Arten und vor allem spezielle Sorten werden in den Baumschulen vegetativ ver-
mehrt (↑ Vermehrung). Wurden sie im
Beet kultiviert, so sind sie oft nur als sog.
Ballenware (im Tuch eingeschlagen) zu
erhalten. Das Alter der angebotenen
Pflanzen liegt je nach Gehölzart und Ver-
mehrungsmethode zwischen drei und
fünf Jahren. Aus der Vielzahl der angebotenen B. läßt sich sehr gut ↑ Ausgangsmaterial für die Bonsai-Gestaltung aus-
wählen. Dabei müssen die vorhandenen,

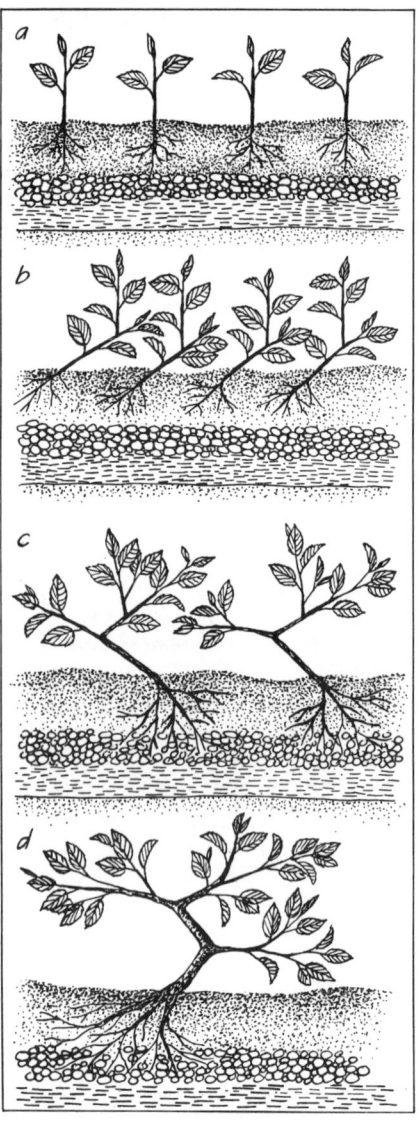

bereits ausgebildeten Astpartien in der künftigen Gestaltung berücksichtigt werden. Containerware ist der Ballenware vorzuziehen, da sie meist schon über einen längeren Zeitraum im Container kultiviert wurde. Bei Ballenware könnten Wurzeln abgestochen sein oder vorübergehende Trockenheit bei längerem Transport zum Verlust führen.

Beetkultur. Heranwachsende Sämlinge können nach dem ↑ Pikieren entweder eingetopft (↑ Eintopfen) oder auf einem Beet ausgepflanzt werden. Wie unter Eintopfen beschrieben, werden die jungen Pflanzen aus dem Pikiergefäß herausgenommen. Das Beet, auf dem die Pflanzen ausgesetzt werden sollen, kann bereits im Herbst des Vorjahres vorbereitet und zwischenzeitlich als Winterquartier genutzt werden (↑ Überwinterung). Die spezielle Vorbereitung des Beetes erfolgt, indem von der gesamten Fläche die Erde etwa 45 cm tief ausgehoben wird. Eingebrachte Ziegelsteine oder eine 3 bis 4 cm dicke Lehmschicht verhindern das Auswachsen der Wurzeln in die Tiefe. Auf diese Schicht folgen eine Kiesschicht von gleicher Stärke und eine Sandschicht von etwa 3 cm Dicke, so daß eine ausreichende Drainageschicht vorhanden ist. Der ausgehobenen Erde kann zur Strukturverbesserung Sand oder Lauberde zugesetzt werden. Die entstehende

Beetkultur; *a)* Auspflanzen der pikierten Jungpflanzen, *b)* schiefes Einsetzen der Jungpflanzen nach Rückschnitt des Wurzelballens, *c, d)* durch wiederholte Änderung der Wuchsrichtung über mehrere Jahre, verbunden mit Gestaltungsschnitten, erzielt man eine frei aufrechte Form (Moyogi), die in eine flache Schale eingesetzt wird *(e)* nahrhafte, humose und durchlässige Mischung wird aufgefüllt und die jungen Pflanzen können eingesetzt werden. Der Reihenabstand ist so zu wählen, daß die Bodenbearbeitung bequem durchgeführt werden kann (etwa 15 cm). Der Abstand innerhalb der Reihe kann etwas geringer sein, ausreichend sind etwa 10 cm. Beim Einpflanzen ist wie beim Eintopfen darauf zu achten, daß der Wurzelballen nicht beschädigt wird und die Pflanzen eine feste Bindung zum Erdreich erhalten. Die ausgesetzten Jungpflanzen werden leicht überbraust und schattiert. Nach etwa vierzehn Tagen bis drei Wochen sind sie angewachsen und die Schattierung kann an einem bewölkten Tag abgenommen werden. Durch das reiche Nährstoffangebot im Boden ist eine zusätzliche ↑ Düngung vorerst nicht erforderlich. Regelmäßiges Auflockern und Unkrautbekämpfung sind dagegen notwendig. Zu rascher Triebzuwachs wird durch Stutzen unterbunden.

Für einheimische Gehölze ist das Auspflanzen zur B. der Jungpflanzenhaltung in kleinen Töpfen vorzuziehen. Die Frosthärte ist bei diesen Arten gewährleistet, und ausgepflanzt entwickeln sich die Gehölze in kürzerer Zeit zu ansehnlichem ↑ Ausgangsmaterial für die Gestaltung zum Bonsai. Der Pflegeaufwand in der B. ist geringer, Trockenperioden können besser überstanden werden und die Überwinterung ist problemloser. Ein großer Nachteil der B. entsteht jedoch aus dem fast unkontrollierten Wurzelwachstum. Durch Umstechen der einzelnen Pflanzen im Frühjahr kann eine allzuweite Ausbreitung der Wurzeln verhindert werden. Dennoch ist der Ballen von im Beet kultivierten Jungpflanzen stets größer als von im Topf gezogenen.

Nach zwei bis drei Jahren müssen die jungen Gehölze im Frühjahr (März/April) unbedingt ausgegraben werden. Ein starker Rückschnitt des Wurzelballens ist dann unumgänglich. Anschließend kann man die Gehölze bei Bedarf schräg einsetzen und so eine Änderung der Wuchsrichtung erzielen. Die Krone kann ebenfalls zu diesem Zeitpunkt geschnitten werden. Wiederholt man diesen Vorgang über mehrere Jahre, so können auch in B. verschiedene Gestaltungsformen (z. B. ↑ Moyogi) ohne ↑ Drahten gezogen werden.

Beiwerk: Bezeichnung für schmückende Elemente, wie sie häufig bei ↑ Bonkei-Arrangements zu finden sind. Dazu zählen kleine Figuren, Brücken, Boote und Häuser, die den Eindruck einer Miniaturlandschaft verstärken sollen. Diese Elemente sind sehr sparsam einzusetzen; sie müssen in Größe und Farbe zum Arrangement passen und sollten nicht hervorstechen. Einzelne Figuren lassen sich auch bei einem Bonsai wirkungsvoll verwenden; Vorrang hat jedoch der Charakter des Baumes. Das Prinzip der Schlichtheit darf nicht verletzt werden. Deshalb Vorsicht vor Kitsch!

Als B. im weitesten Sinne gelten auch die verwendeten ↑ Steine.

Besenform ↑ Hokidachi

Bewurzelungspulver ↑ Wuchshormone

Blattfärbung. Von der herbstlichen, oft sehr attraktiven und erwünschten B. (z. B. bei *Acer buergerianum* oder *A. palmatum*) abgesehen, kann es bei Bonsai vorkommen, daß sich bereits während der Sommermonate die Blattränder braun färben und einrollen oder die Blätter rostig-braune Flecken bekommen bzw. sich gelblich-grün färben und abfallen. Diese Erscheinungen sind als ↑ Schadbilder zu werten. In vielen Fällen sind auftretende Mangelerscheinungen (Chlorosen), die sich durch eine gezielt eingesetzte Düngung mit Spurenelementen (↑ Nährstoffe) beseitigen lassen, die Ursache. Durch eine Bodenanalyse (im Labor) kann genau bestimmt werden, welcher Mangel vorliegt.

Stehen die Bäume zu naß, so daß die Erde nur schlecht durchlüftet wird, können ebenfalls B. und gegebenenfalls Laub- bzw. Nadelfall auftreten, im Extremfall stirbt die Pflanze ab. Die im gesunden Zustand weißen, festen Wurzelspitzen verfärben sich bei Schädigungen dunkel, werden braun bis schwarz, faulen und sterben ab. Die Versorgung der Pflanze mit Wasser und Nährstoffen wird gestört bzw. ganz unterbrochen. Auch extrem trockenheiße Standorte führen zum Aufrollen der Blätter und nachfolgendem Absterben. Hier liegt als Ursache eine extreme Störung des Wasserhaushaltes zugrunde. Meist empfiehlt sich deshalb Standortwechsel als erste Gegenmaßnahme bei B.

Mangelerscheinungen kann am besten durch regelmäßiges ↑ Umpflanzen und eine gezielte Düngung vorgebeugt werden.

Blattläuse ↑ Schadbilder

Blattschnitt: eine an Laubgehölzen vorzunehmende Maßnahme, wenn die Größe der Blätter nicht zum Bonsai-Typ des Baumes paßt. Der B. darf nur an gesunden und kräftigen Pflanzen durchgeführt und muß alljährlich wiederholt werden, da sich die Blätter nur für eine Vegetationsperiode verkleinern lassen. Der richtige Zeitpunkt für den Schnitt liegt vor, wenn sich die Blätter voll entwickelt haben (Ende Mai/Anfang Juni). Einige Tage vor dem B. wird die betreffende Pflanze trockner gehalten, die Blätter können schlaffen, sich sogar schon etwas einrollen.

Der B. kann in drei verschiedenen Varianten ausgeführt werden. Einmal können alle Blätter des Baumes mit einer scharfen Schere weggeschnitten werden, so daß nur noch die Blattstiele an den Zweigen stehen. Nach kurzer Zeit sind diese eingetrocknet und fallen ab. Der Baum ruht kurze Zeit und hat während dieser Periode einen geringeren Wasserbedarf. Neue kleinere, zum Bonsai-Typ passende Blätter entwickeln sich noch in der gleichen Vegetationsperiode; Wasserbe-

darf und Lichtansprüche steigen wieder an. Schonender ist es, die Blätter nur halb abzuschneiden und etwa vierzehn Tage später die andere Hälfte. Dann soll aber der Termin des ersten Schnittes unbedingt noch im Mai liegen, damit der Baum seine neuen Blätter bis zum Beginn der eigentlichen Herbstfärbung noch voll entwickeln kann. Die dritte Variante besteht im fortlaufenden Wegschneiden einiger der größten Blätter, so daß der Baum nie ganz kahl steht. Diese Maßnahme darf sich aber nur über die Monate Mai/Juni erstrecken.

Auch wenn ein Bonsai recht kleine Blätter ausbildet, durch eine Überdosis Dünger (↑ Düngung) jedoch plötzlich große Blätter hervorbringt, können diese weggeschnitten werden. Ist eine Baumkrone sehr dicht geworden, bietet sich ebenfalls ein B. an, damit Luft und Licht an die unteren Astpartien dringen können. Der B. kann aber auch wachstumsfördernd oder -hemmend genutzt werden. Sollen z. B. Äste erstarken, verbleiben an deren Zweigen die Blätter, während alle übrigen weggeschnitten werden. Wirken Äste zu stark dominierend, können aber aus Gründen der Gestaltung nicht weggeschnitten werden, so erhalten deren Zweige einen B.

Bleichen: der Erhaltung bereits abgestorbener Äste oder dem Schutz vor Fäulniserregern an Bruchstellen dienende Methode. Bruchstellen werden bei ↑ Jin, ↑ Shari oder ↑ Sabamiki zum Teil künstlich hervorgerufen. Vor dem B. werden die zu behandelnden Astpartien vorsichtig von der Rinde befreit und, wenn nötig, mit Schmirgelpapier geglättet. Dann kann das Bleichmittel auf die entrindeten Teile aufgebracht werden. Dabei ist sehr sorgfältig zu arbeiten, um wirklich nur die gewünschten Stellen zu bleichen. Nach einem halben Jahr soll die Behandlung wiederholt werden. Anschließend kann das freigelegte und ausgeblichene Holz mit einem Naturharz bestrichen und versiegelt werden. Anderenfalls ist das B. im jährlichen Rhythmus zu wiederholen. Als Bleichmittel finden 10%ige Zitronensäurelösung oder Möbelpolitur für helle Möbel mit bleichendem Effekt Verwendung. Man kann aber auch eine Lösung aus 112 g ungelöschtem Kalk und 225 g Schwefelpuder, die getrennt in je ½ l Wasser aufgelöst und dann gemischt und 50 min gekocht werden, benutzen.

Blumen-Bonsai: von krautigen Pflanzen gebildeter Bonsai. Der Vorteil liegt im jährlichen Neubeginn und Neuprobieren. Legt man sich ein ↑Tagebuch mit den Daten aller durchgeführten Arbeiten an, so sind Schlußfolgerungen aus begangenen Fehlern möglich. Die Anzucht geschieht innerhalb eines Jahres, die Weiterkultur kann fünfzehn bis zwanzig Jahre erfolgreich betrieben werden. Dabei kommt es weniger auf den Wert des gestalteten B. an, als vielmehr auf das „Bonsai-Erlebnis". Die Auswahl der sich eignenden Pflanzenarten ist noch vielfältiger als bei Gehölzen. Die Gestaltung erfolgt hauptsächlich durch ↑Schneiden. Gedrahtet (↑Drahten) wird nur, wenn es unvermeidbar ist. Den ↑Triebschnitt führt man fast während der gesamten Wachstumsperiode durch. Nach der Blüte ist ein kräftiger ↑Rückschnitt erforderlich. Die ↑Überwinterung erfolgt frostfrei bei viel Licht und Frischluft. Die häufigsten Gestaltungsformen sind ↑Moyogi, ↑Shakan, ↑Han-Kengai, ↑Kengai oder ↑Kabudachi. Das Erdsubstrat (↑Erden) besteht allgemein für B. zu gleichen Teilen aus Gartenerde, Torf und Sand.

In Japan erfreuen sich die ↑Chrysanthemen-Bonsai großer Beliebtheit. Die Chrysantheme ist Symbol des japanischen Kaiserhauses.

Gut geeignete Pflanzengattungen sind unter anderem:
Chrysantheme *(Chrysanthemum),*
Fuchsie *(Fuchsia),*
Geranie, Storchschnabel *(Geranium),*
Glockenblume *(Campanula),*

Blüten-Bonsai und fruchtender Bonsai; *Murraya paniculata* mit grünen und roten Früchten; Alter etwa 7 Jahre

Pelargonie *(Pelargonium)* sowie Gräser, Farne und Wildkräuter, deren Wuchsform von Natur aus zwergig ist.

Blüten-Bonsai und fruchtende Bonsai: sie können wie alle anderen Bonsai entweder aus Samen (generative ↑Vermehrung) oder aus ↑Stecklingen, ↑Steckhölzern u. a. (vegetative ↑Vermehrung) gezogen werden. Die Blüten und Früchte haben die gleiche Größe wie die Blüten und Früchte normal entwickelter Büsche und Bäume der freien Natur, denn die Gene (Erbanlagen) der zukünftigen Bonsai werden nicht beeinflußt. Der Miniaturwuchs des Baumes wird lediglich durch Schneiden der Äste, Zweige und Wurzeln und den Stand im entsprechend kleinen und flachen Gefäß (↑Pflanzgefäße) erreicht. Deshalb sollte man bei der Auswahl der Arten für Blüten-Bonsai nicht nur auf kleines Blattwerk, sondern auch auf kleine Blüten und Früchte achten. Es wirkt unproportioniert, wenn an einem kleinen Baum ausnehmend große Früchte hängen.

Zu beachten ist auch, daß die notwendigen Pflege- und Gestaltungsmaßnahmen teilweise von den üblichen Zeitpunkten abweichen; so werden z. B. Blüten-Bonsai nicht vor dem Austrieb geschnitten, weil man sonst Blüten- und Fruchtansätze wegschneiden würde. Erst nach dem Abblühen werden diese auf zwei oder fünf Fruchtansätze je nach Gattung (*Malus* ein oder zwei, *Prunus* bis fünf) zurückgeschnitten. Entwickelt sich der nun beginnende Neutrieb bis zum Herbst zu stark, kann er auf ein oder zwei Blütenknospen zurückgenommen werden.

Bei den Blüten-Bonsai wird der Wert auf die reiche Blüte der Gehölze gelegt und sich bildende Früchte werden teilweise entfernt (z. B. bei *Malus* und *Prunus*). Verbleiben zu viele Früchte am Baum, wird der Bonsai zu stark geschwächt. Andere Gattungen, z. B. *Cotoneaster* und *Pyracantha*, die nur sehr kleine unscheinbare Blüten, aber schöne zum Bonsai-Typ passende Früchte in teilweise großer Zahl bilden, sind als fruchtende Bonsai beliebt. Sie werden im Gegensatz zu den Blüten-Bonsai vor dem Austrieb im zeitigen Frühjahr (März/April) geschnitten, denn die Früchte zieren den Bonsai im Herbst und oft bis in die Wintermonate hinein.

Als Blüten-Bonsai sind geeignet:
Blauregen *(Wisteria sinensis),*
Blütenkirsche *(Prunus subhirtella),*
Forsythie/Goldglöckchen *(Forsythia intermedia),*
Japanische Aprikose *(Prunus mume),*
Japanische Scheinquitte/Zierquitte *(Chaenomeles japonica),*
Lagerströmie *(Lagerstroemia indica),*
Wandelröschen *(Lantana camara),*
Weißdorn *(Crataegus laevigata),*
Winterjasmin *(Jasminum nudiflorum),*
Zierapfel *(Malus halliana).*
Bonsai mit attraktiven Früchten kann man ziehen von:
Felsenmispel *(Cotoneaster microphyllus),*
Feuerdorn *(Pyracantha rogersiana),*
Granatapfel *(Punica granatum),*

Orangenraute, Orangenjasmin *(Murraya paniculata),*
Schlehe *(Prunus spinosa),*
Weichselkirsche, Felsenkirsche *(Prunus mahaleb),*
Zitrone *(Citrus microcarpa).*

Bonkei: eine Naturlandschaft in einer flachen Schale, wie bei ↑ Saikei beschrieben. Der einzige Unterschied liegt in der zusätzlichen Verwendung von kleinen Figuren, Häuschen und Brücken (↑ Beiwerk).

Bonsai. Das japanische Wort B. wird durch zwei Schriftzeichen (Kanji) gebildet: bon heißt wörtlich übersetzt »Tablett, Schale«, sai kommt von saibai und heißt so viel wie »gärtnerische Zucht«. Inhaltlich wäre B. also mit »Pflanze auf dem Tablett« wiederzugeben. Abgeleitet sind die japanischen Schriftzeichen von den chinesischen Zeichen für Pun-sai und Pun-ching, mit denen chinesische Zwergbäume bezeichnet werden. Im Japanischen wird „bonsai" ohne Artikel verwendet. Für den Gebrauch im Deutschen legt der Große Duden (1985) das Neutrum fest, wobei jedoch zunehmend „das B." für die Kunst der B.-Gestaltung (↑ Gestaltungstechniken) verwendet und mit „der B." der B.-Baum bezeichnet wird.

Die Kunst des B. besteht darin, die Individualität eines bestimmten Baumes zu entdecken und zur Entfaltung zu bringen. Vorbild ist immer die Natur mit der für jeden Baum typischen Wuchsform (↑ Natürlichkeit Ⓐ). Durch vollkommene Beherrschung der Gestaltungstechniken und unter Berücksichtigung ästhetischer Gesichtspunkte sollen die Eingriffe des Menschen weitgehend unsichtbar bleiben. Ausgewogen und natürlich sollen die Proportionen von Wurzel und Stamm bzw. Stamm und Ästen wirken.

Merkmale eines B. Der B.-Baum ist nicht einfach nur ein „Baum im Topf". Er ist vielmehr im Sinne des ↑ Do Ⓐ-Begriffes durch einen Prozeß von Aufzucht und

Entwicklung ohne Ende gekennzeichnet. Ein B. ist kein Krüppel, sondern ein gesunder Baum mit jährlichem Triebzuwachs, frischem grünem Laub im Sommer, schöner Herbstfärbung und gut entwickelten Knospen für das kommende Frühjahr. Seine Proportionen sind ausgewogen, der Stamm weist je nach ↑ Gestaltungsform mehr oder minder starke Krümmungen zur Seite und nach hinten auf. Die Hauptäste entfalten sich nach rechts, links und hinten. Lediglich kleine, dekorative Nebenäste dürfen nach vorn wachsen. Die Unterseiten der Äste und Zweige sind frei von Blättern bzw. Nadeln. Der Wurzelhals ist freigelegt und einige Wurzeln sind sichtbar.

Ein starker Stamm mit deutlicher Borkenbildung gehört ebenso zu den Merkmalen eines B. wie eine reich verzweigte Krone. Ausgewogenheit und gute Proportionen runden das Bild ab. Eine bemooste Erdoberfläche und ein fester Stand im Gefäß lassen auf eine gute und gesunde Wurzelbildung schließen. Starke Schnittwunden, wenn überhaupt vorhanden, sollen gut vernarbt sein.

Bei genauer Betrachtung ist B. eigentlich eine Quälitätsbezeichnung. Ein Baum verdient diese erst nach etwa acht bis zehn Jahren, wenn er gut „getrimmt", die Merkmale eines von Wind und Wetter geformten Individuums zeigt.

Formen des B. Im Laufe der geschichtlichen Entwicklung (↑ Geschichte des Bonsai) und Vollendung der Kunst des B. haben sich in Japan viele Arten von B. herausgebildet. Bekannt sind ↑ Mame-Bonsai, ↑ Blüten-Bonsai und fruchtende B., ↑ Blumen-Bonsai, kleine, mittlere und große B. sowie die Gruppe der ↑ Saikei. In jüngerer Zeit kamen die ↑ Zimmer-Bonsai hinzu. Diese ganz verschiedenen B.-Typen lassen sich je nach B.-Schule nach zwölf bis zwanzig verschiedenen Gestaltungsformen erziehen.

Bonkei

Ein alter,
von Wind und Wetter gezeichneter
Chinesischer Blüten-Bonsai

Größeneinteilung von B. Genaue Festlegungen über die Höhe eines B. gibt es nicht. Allgemeine Richtwerte haben sich jedoch herauskristallisiert. So kann man die Bäume vier Kategorien zuordnen: Miniatur-B. »mame« etwa bis 15 cm Höhe, kleine B. »ko« etwa bis 30 cm Höhe, mittlere B. »chu« etwa 60 cm Höhe, große B. »dai« etwa bis 90 cm Höhe.

Japanische B. Vor allem die japanischen B. sind dem Auge des europäischen Betrachters vertraut, denn die Japaner stellten erstmals auf den Weltausstellungen 1878 bzw. 1909 B. in Europa vor. Die Gesamthöhe der japanischen B. liegt in der Regel zwischen 20 und 70 cm, überschreitet jedoch keinesfalls 90 cm. Die Schalenhöhe wird auf die Größe des B. abgestimmt und kann 2 bis 9 cm betragen. Eine Ausnahme bilden die ↑ Kengai und ↑ Han-Kengai, welche bedeutend tiefere Gefäße benötigen. Für die japanischen B. findet Keramik ohne Verzierung und in gedeckten Farben Verwendung.

Chinesische B. Die traditionelle chinesische Kunst, Miniaturbäume und -landschaften zu arrangieren, wird mit Pun-sai und Pun-ching (auch Penjing) bezeichnet. Dabei werden natürliche Landschaften nachgestaltet, in denen der Künstler seine eigenen Ideen und Gefühle ausdrückt. Enge Verbindungen der Kunst des Pun-ching lassen sich zu Malerei, Kalligrafie und Dichtkunst herstellen. Chinesische B. werden sehr urwüchsig oder als Tiermotive (z. B. im Stil des „tanzenden Drachen") gestaltet und entsprechen in ihren Proportionen nicht immer den Vorbildern der Natur, strahlen aber sehr viel Individualität und Wärme aus, da ihre Gestaltung sehr großzügig ist. Sie erfolgt oftmals ohne Drahten und Herunterbinden der Zweige. Die Gestaltungsform wird ausschließlich durch Schneiden und das Wachsenlassen von Ästen und Zweigen erreicht (Lignan-Schule). Auch für die Gesamthöhe gelten nicht so strenge Regeln; Bäume von 100 bis 150 cm Höhe werden durchaus noch als B. angesehen. Großzügigkeit wird auch bei den Gefäßen (↑ Pflanzgefäße) gezeigt. Sie sind tiefer als 9 cm und ähneln eher Blumentöpfen als Schalen. Sie werden durch reiche Verzierungen geschmückt.

Die chinesischen Schriftzeichen für *Pun-sai* ließen sich im Deutschen mit »Baum ohne Landschaft« oder auch, wie im Japanischen mit »Baum im Topf« übersetzen. Zu diesen Pun-sai bilden lediglich kleine Figuren, Häuser und Brücken aus Keramik oder Holz das schmückende ↑ Beiwerk.

Die chinesischen Schriftzeichen für *Punching* übersetzt man als »Baum mit Landschaft«. Diese werden meist auf einem Tablett arrangiert. Dabei können einzelne oder auch mehrere Bäume der gleichen oder verschiedener Art mit Landschaftselementen und Beiwerk auf einem Tablett angeordnet werden. Zunächst begannen chinesische Landschaftsgestalter die berühmten künstlichen Felsengärten Chinas zu verkleinern. Parallelen lassen sich von den chinesischen Pun-ching zu den japanischen ↑ Saikei ziehen.

Bunjingi: Bezeichnung für die sog. Gelehrten- oder Literatenform, eine sehr elegante Wuchsform, die etwas ungewohnt für den europäischen Betrachter wirkt. Bei B. kann das Ausgangsmaterial aus einem oder mehreren schlanken Stämmen bestehen, die aufrecht oder leicht geneigt wachsen. Der Wurzelansatz und einige kräftige Wurzeln sind sichtbar. Bei mehreren Bäumen in einem Gefäß muß ein Baum deutlich dominieren. Das Geäst beginnt erst im oberen Drittel und breitet sich nach allen Seiten – außer nach vorn – aus. Dabei können einige der unteren Äste deutlich herabgezogen werden. Durch eine ↑ Unterpflanzung von Moosen, Gräsern und kleinen Farnen wird die Eleganz der Wuchsform unterstrichen. Auf diese Weise werden vor allem sehr hochstämmige Jungpflanzen, hauptsächlich von Nadelgehölzern, gestaltet.

Bunjingi

Gepflanzt wird ein B. in ein bemerkenswert kleines flaches Gefäß, das nur etwa einem Drittel bis einem Viertel der Baumgröße entspricht. Die Form ist ausschließlich rund und die Glasur hell. Für die Gestaltung eines B. sind besonders geeignet:
Ajanfichte, Yedofichte *(Picea jezoensis),*
Japanische Aprikose *(Prunus mume)* – Blüten-Bonsai,
Japanische Sicheltanne *(Cryptomeria japonica),*
Mädchenkiefer *(Pinus parviflora).*

C

Calcium ↑ Nährstoffe
Chinesische Bonsai ↑ Bonsai

Chlorose ↑ Nährstoffe
Chokkan: streng aufrechte Gestaltungsform, die bei europäischen Bonsai-Züchtern besonders beliebt ist. C. ist die strengste Bonsai-Form; schematisch würde sie einem spitzen bis stumpfen Kegel entsprechen. Der senkrechte Stamm bildet die Hauptachse. Das untere Stammdrittel bleibt frei von Ästen, der Wurzelhals mit einigen oberen Wurzeln sichtbar. Diese sichtbaren Wurzeln im Bereich des Stammansatzes symbolisieren den sicheren Halt des Baumes im Erdreich – das Verankertsein. Die Äste werden in Pyramidenform gleichmäßig nach allen Seiten – außer nach vorn – angeordnet, wobei sie sich aber nicht gegenüber stehen, d.h. gegenständig sein sollen, sondern wechselständig angeordnet werden.

Überflüssiges Astwerk ist zu entfernen; zwischen den einzelnen Astebenen muß genügend Freiraum für die Licht- und Luftzufuhr verbleiben. Für den Gesamteindruck der Gestaltungsform sind die untersten Astebenen von großer Wichtigkeit. Meist bilden kleinere Zweige die Vorstufe für den Hauptast, der mit zwei weiteren Ästen eine Art Dreierbeziehung eingeht. Der Hauptast, der deutlich zur Seite zeigt, ist sichtbar voluminöser und weist die größte Länge und die meiste Blattmasse auf. Der kleinste der drei dominierenden Äste - er ist ein Drittel bis höchstens halb so groß wie der Hauptast – zeigt nach hinten. Zwischen beiden liegt der Ast mittlerer Länge. Er ist richtungsweisend für den weiteren Aufbau des Baumes und stellt den optischen Übergang vom Hauptast zum oberen Teil des Baumes dar. Die unteren Äste werden mittels Draht oder Fäden (↑ Drahten) etwas nach unten gezogen, der Baum wirkt so älter und ehrwürdiger. Außerdem werden bei Nadelgehölzen die Nadeln an der Unterseite der Zweige und Äste ausgezupft.

Die Gestaltung zu einem C. sollte immer aus einem Sämling oder Steckling (↑ Ver-

Chokkan

mehrung) erfolgen. Nur er kann von An-
beginn an beeinflußt werden und so exakt
gestaltet und erzogen werden. Das Vorbild für die Gestaltung eines C. ist ein frei
stehender Baum im flachen Land, der von
allen Seiten dem Einfluß von Wind, Regen und Sonne ausgesetzt ist. Er wirkt in
seinen Proportionen ausgewogen und
strahlt Ruhe und Ehrwürdigkeit aus.
Gepflanzt wird ein C. in ein rechteckiges
Gefäß mittlerer Höhe, mit abgestumpften
Ecken. Die Glasur sollte von dunkler Erd-
farbe sein. Niemals wird der Baum in die
Mitte des Gefäßes gesetzt. Zu beachten
ist außerdem, daß das Gefäß nicht länger
sein darf, als der Baum hoch ist.
Besonders geeignet für die Gestaltung
zum C. sind:
Ahorn *(Acer),*
Ginkgo, Silberaprikose *(Ginkgo biloba),*
Hainbuche *(Carpinus),*
Kiefer *(Pinus),*
Lärche *(Larix).*
Chrysanthemen-Bonsai: ein als ↑ Ken-
gai (Kaskadenform) gestalteter Blumen-
Bonsai. Die Stecklinge für den künftigen
Blumen-Bonsai werden im September/
Oktober oder Februar/März als krautige
Kopfstecklinge oder als Teilstückstecklin-
ge geschnitten und einzeln in 4-cm-Töpfe
in ein Sand-Torf-Gemisch (1:1) gesteckt.
Zur Bewurzelung sind die entweder im
Vermehrungskasten, d.h. im geschlosse-
nen Kasten bei leichter Bodenwärme (etwa
18 °C), aufzustellen oder bei nur wenigen
Stecklingen mit einer Plastetüte oder einem Glas abzudecken. Um die Ansiedlung
von Grauschimmel (↑ Schadbilder) zu verhindern, muß regelmäßig gelüftet werden.
Bei durchgängig mäßig feuchtem Standort
erfolgt eine gute Bewurzelung. Mit Beginn
des Neutriebes benötigen die bewurzelten
Pflanzen viel Licht und ausreichend Nährstoffe. Wöchentlich wird einmal mit einer
schwachen Düngelösung gegossen. Ist
die Erde im 4-cm-Topf durchwurzelt, wird
in 7-cm-Töpfe umgepflanzt. Die Erde wird
nahrhaft, aber durchlässig aus folgenden

Teilen gemischt: Lauberde (oder Kompost), Lehm, Sand, Holzkohle und Hornspäne im Verhältnis 3:1:1:^{1}/2:^{1}/2. Beim
Umsetzen in die größeren Töpfe wird der
Wurzelballen der Pflanze so wenig wie
möglich auseinandergerissen, deshalb
sollte er vor dem Umpflanzen mäßig
feucht sein. Etwa zwei Wochen nach dem
Umsetzen wird erneut mit dem Düngen
begonnen; dabei kann mit jedem Gießen
eine geringe Düngergabe verabreicht
werden. Reichliches Lüften und ein sehr
heller Stand bewirken ein kräftiges und
kompaktes Wachstum. Mitte März sind
die Pflanzen etwa 15 cm hoch und beginnen Seitentriebe zu bilden. Erneut wird in
nahrhafte Erde und einen größeren Topf
(etwa 18 bis 20 cm) umgesetzt, um ein
ungehindertes Wachstum zu gewährleisten. Weitere Düngergaben erfolgen
etwa zwei Wochen nach dem Umsetzen.
Sind die Pflanzen etwa 25 cm hoch, beginnt die Gestaltung zum Blumen-Bonsai. Die erste Maßnahme ist das Zurück-
schneiden aller Seitentriebe bis auf das
vierte Blatt. Hat sich beim Heranwachsen
einer der oberen Seitentriebe als kräftig-
ster Trieb herausgebildet, wird er als Leittrieb weitergeführt.
Um die Kaskadenform zu erreichen, muß
die Chrysantheme aufgefächert und über
den Topfrand hinausgezogen werden. Das
ist auf zwei Wegen möglich. Bringt man
den Leittrieb durch ↑ Drahten in die gewünschte Form, so sollte die fertige Kaskade nicht größer als 1,20 m sein. Beim
Drahten ist unbedingt der Wurzelhals mit
einzubinden, wobei das Drahtende im Topf
verankert wird. Das Drahten selbst darf
nicht zu fest erfolgen, da sich der Stengel-
umfang im Laufe der Wachstumsperiode
noch vergrößert. Bis zum September werden die Seitentriebe fächerförmig ausgebreitet. Zur Förderung dieser Wuchsform
werden sie jeweils nach dem zweiten oder
dritten Blatt gekappt. Dabei zeigt das obere
schlafende Auge in der Blattachsel, wel-
ches nach dem Schnitt zum Austrieb ge-

bracht werden soll, immer nach außen. Der Leittrieb wird durch Drahten weiterhin nach unten geführt. Die Wasser- und Düngergaben sind dem Wachstum der Pflanze anzugleichen. Der Standort ist sonnig und vor Wind und Unwetter geschützt zu wählen. Es ist auch möglich, die Kaskadenform auf einem Gitter aus dünnen Holzleisten zu ziehen. Auf diese Weise können Kaskaden mit einer Größe bis zu 2,50 m erreicht werden. Dazu sind aus dünnen, aber festen Holzleisten (eventuell Bambus) und Bast Gitter in der gewünschten Form vorzubereiten, auf denen die Triebe entlanggeführt werden können. Sie werden nicht durch das Gitter geflochten, sondern nur leicht angebunden, um in die gewünschte Richtung wachsen zu können. Das Gitter stabilisiert die Pflanze, es wird nicht wieder entfernt. Auch wenn die Pflanze in vollem Blütenflor zur Dekoration aufgestellt wird, verbleibt das Gitter am C. Es sollte deshalb nicht in zu großen Ausmaßen angefertigt werden, damit die Chrysantheme es voll bewachsen kann. Auch bei dieser Art der Ausbreitung werden die Seitentriebe der Chrysantheme, wie bei der Gestaltung durch Drahten, gestutzt. Bei solch großen Exemplaren sollte das letzte Stutzen vor dem Blütenbeginn jedoch in Etappen erfolgen, um einen gleichmäßigen Blütenflor zu erreichen. Zuerst wird Ende August das untere Drittel geschnitten. Nach etwa zehn Tagen folgt der sich anschließende mittlere Teil und nach weiteren fünf Tagen der äußere Teil. Diese Angaben sind als Richtwerte anzusehen und können sich durchaus um einige Tage verschieben. Erfolgt das letzte Stutzen zu früh, so treibt die Pflanze noch einmal durch und die Blüten werden vom nun gewachsenen Blattwerk verdeckt. Erfolgt der Schnitt zu spät, können sich kaum noch Blütenknospen entwickeln. Da C. jährlich neu gezogen werden können, eröffnet sich ein interessantes Betätigungsfeld. Bei der vorbereitenden An-

zucht und im Verlauf der Wachstumsperiode bietet es sich an, mehrere Pflanzen heranwachsen zu lassen und die Schnittmaßnahmen zeitlich zu staffeln. Es empfiehlt sich, vom ersten Schnitt bzw. dem Stutzen des Stecklings an bis zum Beginn der Blüte alle Maßnahmen mit Datum zu notieren. So läßt sich der unter den jeweiligen Bedingungen günstigste Zeitpunkt für den letzten Schnitt ermitteln.
Für Kaskaden eignen sich besonders die weiß blühende Strauchmargarite *(Chrysanthemum frutescens)* und die gelb blühende Zuchtform *(C. frutescens cv. Etoile el'or)*. Verwendet werden können auch die Sorten 'Golden Cascade', 'White Daphne', 'Anna', 'Cherry Blossom'.

D

Dämpfen: Verfahren zum Entseuchen des zu verwendenden Substrates. Durch D. der Erde werden tierische Schädlinge sowie Pilze (↑ Schadbilder) abgetötet, auch Unkrautsamen lassen sich auf diese Weise vernichten. Für das D. von Erde gibt es zwei Möglichkeiten. Einmal kann die feuchte Erde etwa 15 min auf 120 bis 150 °C erhitzt und nach dem Erkalten ohne weitere Behandlung sofort für Aussaaten genutzt werden. Die zweite Möglichkeit besteht darin, die zu dämpfende Erde etwa 10 bis 20 min heißem Wasserdampf (90 bis 95 °C) auszusetzen. Nach dem Erkalten muß diese Erde oft nachgetrocknet werden, ehe sie für Aussaaten genutzt werden kann. Für das Umpflanzen vorgesehene Erde soll nach dem D. acht bis zehn Tage abgelagert werden, um das Bakterienleben zu aktivieren. Gedämpfte Erde ist getrennt von ungedämpfter Erde aufzubewahren!
Doppelstamm ↑ Kabudachi
Drahten: eine Gestaltungstechnik, die angewandt wird, um Korrekturen an ei-

nem Bonsai vorzunehmen. So können Stamm, Äste und Zweige in einer für den jeweiligen Bonsai-Typ passenden Stellung fixiert werden, bis sie in der gewünschten Form verbleiben. Der Draht muß spätestens dann gelöst werden, wenn er in die Rinde einzuwachsen beginnt. Wird dieser Zeitpunkt überschritten, kann der Draht entweder nicht oder nur teilweise entfernt werden. Am gedrahteten Teil verbleiben Narben, die oft erst nach vielen Jahren verwachsen sind. Wie lange der Draht am Baum verbleiben muß, hängt von vielen Faktoren ab. Bei Laubgehölzen reicht es oft schon aus, Äste oder Zweige einen Monat bis höchstens ein halbes Jahr zu drahten. Eine regelmäßige Kontrolle verhindert das Einwachsen des Drahtes in die Rinde. Ein möglicher Zeitpunkt für das D. liegt bei den Laubgehölzen im zeitigen Frühjahr (etwa März) vor dem Austrieb. Dann ist die Struktur des Baumes am deutlichsten zu erkennen. Eine weitere Möglichkeit wäre, bei beginnender Verholzung der

Triebe (etwa Juli) zu drahten. Bei letztgenannter Variante ist größere Fingerfertigkeit notwendig, da der Baum belaubt ist und der neue Trieb nicht zu fest gedrahtet werden darf. Bei der Drahtung im Frühjahr kann der Draht im Herbst, wiederum im unbelaubten Zustand, abgenommen werden. Auf diese Weise kann kein Draht übersehen werden und es werden auch keine Knospen oder jungen Triebe beschädigt.

Nadelgehölze werden Ende Oktober gedrahtet und der Draht kann bis zum zeitigen Frühjahr des kommenden Jahres am Baum verbleiben. Dann sollte er gelöst und abgenommen werden, da er durch zunehmendes Dickenwachstum während des Sommers einwachsen kann. Oft macht es sich deshalb erforderlich, das D. zu wiederholen, da Äste und Zweige in ihre ursprüngliche Lage zurückkehren. Der Draht selbst muß sich leicht biegen lassen und doch fest genug sein, den Ast oder Zweig in der gewünschten Stellung zu halten. Er darf nicht rosten und soll am Baum möglichst unauffällig sein. Die Drahtstärke beträgt etwa ein Drittel des Durchmessers, den der zu drahtende Ast oder Zweig an seiner stärksten Stelle aufweist. Die Länge der zu verwendenden

Drahten; *links* geschnittener Baum vor dem Drahten, *rechts* gestalteter Baum in einer zum Bonsai-Typ passenden Form

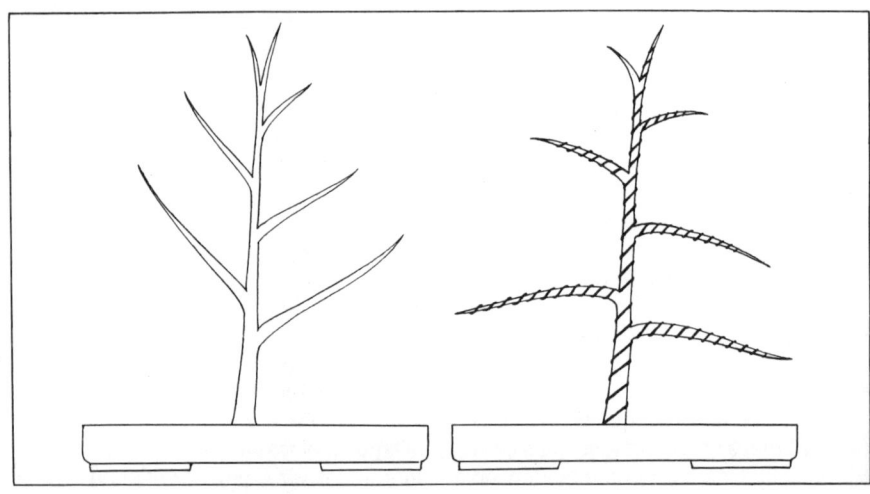

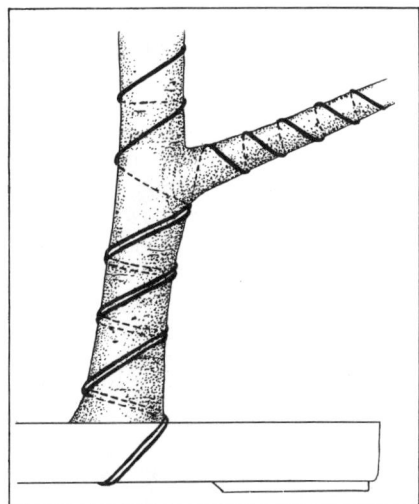

Drahten des Stammes mit zwei Drähten, von denen einer im oberen Bereich zum Drahten eines Astes genutzt wird

Drahtstücke muß so bemessen sein, daß sie etwa ein Drittel länger sind, als der zu drahtende Ast oder Zweig. Reicht die einfache Drahtstärke nicht aus, so werden zwei starke Drähte parallel geführt, von denen einer bei Verringerung des Stammdurchmessers für die weitere Korrektur eines in der Nähe befindlichen Astes genutzt werden kann.

Der Draht wird in einem Winkel von 45° um Stamm und Äste geführt, so wird gewährleistet, daß eine gleichmäßige, nicht zu enge oder zu weite Drahtung entsteht. Gedrahtet wird immer in der Reihenfolge: Stamm, stärkere Äste, dünnere Zweige (jeweils am stärksten Teil des zu drahtenden Teils beginnend). Zum D. des Stammes steckt man das eine Ende des Drahtes in einem Winkel von 45° direkt neben den Stamm in den Boden ein oder führt es gerade durch das Substrat des Gefäßes und das Abzugloch und kantet es dort rechtwinklig zum Schalenboden ab. Ist das eine Ende so befestigt, kann das spiralförmige Umwinden des Stammes

mit dem Draht erfolgen. Es ist darauf zu achten, daß der Draht zwar an der Rinde anliegt, diese aber nicht beschädigt oder eindrückt. Schlafende Augen, kleine Zweige oder Blätter bzw. Nadeln dürfen nicht umwunden werden, da sie sonst absterben würden.

Hat der Stamm seine Korrektur erhalten, erfolgt das schrittweise D. der Äste, von denen zuvor die kleinen, nach unten wachsenden Zweige zu entfernen sind. Ein bis zwei Drahtwindungen um den Stamm gewährleisten die notwendige Stabilität. Müssen für die zu gestaltende Form sehr viele Äste gedrahtet werden, so können, um ein Drahtgewirr am Stamm zu vermeiden, zwei beieinanderliegende oder sich nahe gegenüberstehende Äste mit einem Draht fixiert werden. Dieser wird dann waagerecht zwischen den beiden Ästen auf der Rückseite des Stammes angelegt und erhält mit einigen wenigen Windungen den nötigen Halt. Bei zwei versetzt stehenden, also nach rechts oder links vom Stamm wegführenden Ästen, erfolgt das Anlegen

Drahten zweier dicht beieinander liegender Äste derselben Baumseite

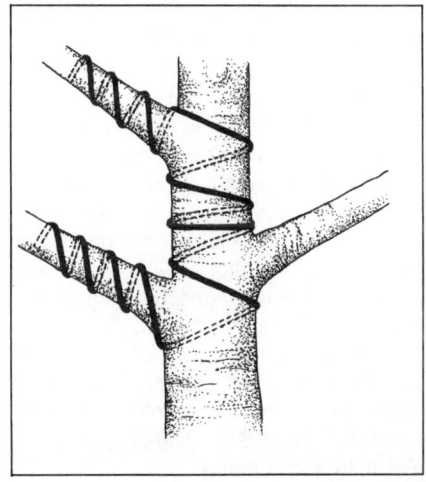

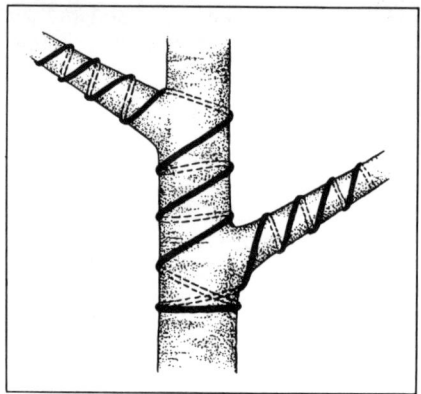

Drahten zweier gegenüberliegender Äste mit einem Draht

des Drahtes dicht unterhalb des unteren Astes. Zunächst verbleibt das eine Drahtende frei in der Luft, während das andere durch einige Aufwärtswindungen um den Stamm für den notwendigen Halt des Drahtes sorgt und zum oberen zu drahtenden Ast führt. Wieder am unteren Ast beginnend, können die beiden Äste mit dem am Stamm fixierten Draht umwunden werden. So können nacheinander alle Äste und nachfolgend alle Zweige, diese aber mit entsprechend dünnerem Draht, in Form gebracht werden.

Ist es unumgänglich, Bäume mit sehr empfindlicher Rinde, z. B. *Prunus* (vor allem Kirsche), *Salix* (Weiden) oder *Acer* (Ahorn) zu drahten, so ist es ratsam, den Draht vor Gebrauch mit Kreppapier oder Bast zu umwickeln und wiederholt auf eventuelles Einwachsen zu überprüfen. Besonderes Augenmerk ist darauf zu richten, daß bei kalter Witterung im Herbst bzw. im zeitigen Frühjahr das Holz spröde und weniger geschmeidig ist und dadurch sehr leicht bricht oder einreißt (oft an Astgabeln bei *Pinus*!). Bei Ästen und Zweigen, die für die entsprechende Gestaltungsform nach unten gebogen werden, führt dies immer zu einer Wachstumshemmung.

Ist der gedrahtete Ast oder Zweig so verholzt bzw. erstarkt, daß er die gewünschte Position hält oder beginnt der Draht einzuwachsen, muß die Drahtung gelöst werden. Das geschieht in umgekehrter Reihenfolge wie das D. Begonnen wird mit den dünnsten Zweigen oder Ästen und abgeschlossen mit den stärksten Ästen bzw. dem Stamm. Jeder gedrahtete Zweig wird von der Spitze her entdrahtet. Dabei kann der Draht jeweils nach ein bis zwei Windungen mit einem Seitenschneider eingekürzt werden; er kann aber auch in seiner vollen Länge verbleiben und wieder verwendet werden.

Düngung: Zufuhr wichtiger ↑ Nährstoffe für die Pflanze. Die D. kann wurzelnah durch den Boden oder wurzelfern über die Blätter erfolgen. Einige allgemeine Regeln sollten beim Düngen beachtet werden:

– Während der Ruheperiode (etwa von Oktober bis März) sollte nicht gedüngt werden. Ausnahmen sind bei einigen Zimmer-Bonsai (z. B. *Ficus*) notwendig, die keine nennenswerte Ruheperiode durchlaufen. Ihnen können geringe Gaben eines Volldüngers verabreicht wer-

Drahten von Stamm, Ast und Zweig mit unterschiedlicher Drahtstärke

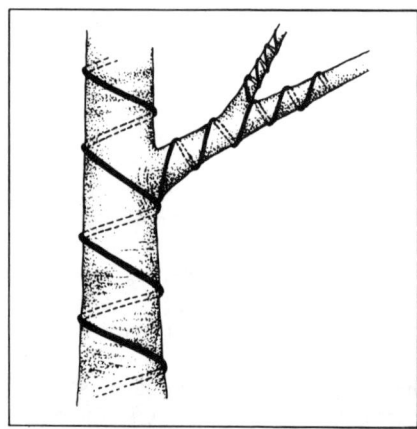

den. Dabei ist zu beachten, daß – wenn es sich nicht um einen speziellen Bonsai-Dünger handelt – die vom Hersteller angegebene Konzentration für Bonsai zu stark ist. Deshalb sollte während der Wintermonate die angegebene Düngermenge (z. B. 1 g Wopil) in der vierfachen Menge Wasser (4 l) aufgelöst werden. Die Pflanzen sind nicht öfter als alle vier bis sechs Wochen zu düngen.

– Im Frühjahr, zu Beginn der Wachstumsperiode, werden ein bis zwei schwache Düngergaben, wie bei der Winter-D. für Zimmer-Bonsai angegeben, verabreicht. Die D. wird bis zum Frühsommer regelmäßig fortgesetzt. Dabei kann die Konzentration erhöht werden, so daß langsam die Hälfte der vom Hersteller angegebenen Werte erreicht wird. Stärkere Konzentrationen können sich schädlich auswirken. Lieber öfter (alle vierzehn Tage) und in geringer Konzentration düngen, als in größeren Abständen (alle vier Wochen) und in hoher Konzentration!

– Niemals trockene Pflanzen düngen, dabei kann es zu Verbrennungen der Wurzeln kommen! Nur feuchte Erdballen mit der Düngerlösung gut durchtränken.

– Bei Hitzeperioden oder lang anhaltender sommerlicher Kühle nicht düngen.

– Günstig wirkt die Kombination von sog. Vorratsdüngern, wie Hornspäne, Blut- und Knochenmehl, (↑ Nährstoffe), mit in Wasser aufgelösten Düngesalzen, da bei anhaltenden Regenfällen und öfterem Tauchen der Schalen die Nährstoffe schnell aus der Erde herausgewaschen werden.

– Junge Pflanzen und schnellwachsende Exemplare benötigen mehr Nährstoffe.

– Im Herbst (September/Oktober) ist eine einmalige Düngergabe – am besten ein Einzelnährstoffdünger (↑ Nährstoffe) mit erhöhtem Kali- und Phosphoranteil – zum Ausreifen der Triebe zu verabreichen. Diese Herbst-D. fördert das Dickenwachstum der Äste und des Stammes. Im Herbst ist unbedingt zu beachten, daß kein Stickstoff gedüngt wird! Der Jahrestrieb würde nicht genügend ausreifen und die Frostempfindlichkeit der Pflanzen um ein Vielfaches erhöhen.

Es ist nicht zu düngen, wenn:

– es sich um Sämlinge handelt;

– die Pflanzen frisch ein- oder umgetopft wurden. Die erste Düngung erfolgt frühestens nach vier Wochen, jedoch spätestens bei Neuaustrieb;

– die Stecklinge frisch gesteckt sind. Zu Beginn der Wurzelbildung finden die jungen Wurzelspitzen im Boden genügend Nährstoffe;

– die Pflanzen kurz vor und in der Blüte stehen. Erst nach dem Abblühen, eventuell zur Förderung der Fruchtbildung, wird wieder gedüngt. Ansonsten erfolgt der Neuaustrieb unerwünschterweise schon während der Blüte;

– die Pflanzen kränkeln. Im Zweifelsfall ist nicht zu düngen! Gegebenenfalls sind die Pflanzen auf Schädlinge (↑ Schadbilder) zu untersuchen.

Weiterhin muß beachtet werden, daß Fichten (*Picea*) keine organischen Dünger vertragen und alle Nadelgehölze kalkempfindlich sind und deshalb nur mit kalkfreiem Dünger (ähnlich den Azaleen und Rhododendron) gedüngt werden sollten.

Sowohl organische als anorganische Dünger können auf verschiedene Weise verabreicht werden. Anorganische Dünger sind leicht wasserlöslich und können deshalb sowohl auf den Boden als auch als Blatt- oder Kopfdünger ausgebracht werden. Die Blatt-D., bei der die Düngerlösung vorsichtig über die Blätter gegossen wird, soll nur bei trübem Wetter vorgenommen werden, da es bei starker Sonneneinstrahlung leicht zu Verbrennungen kommen kann. Eine bei Bonsai ungebräuchliche Anwendung des anorganischen Düngers wäre das Einarbeiten in die Erdmischung. Beim Umpflanzen hätte die Pflanze sofort Nährstoffe zu Verfügung, die sie aber kaum aufnehmen könnte, da das Wurzelsystem das neue Erdreich noch nicht durchdrungen hat. Außerdem könnten die neuen zarten Wurzelspitzen durch den Dünger verbrennen. Der organische Dünger kann in trockener Form entweder in die Erdmischung eingearbeitet oder in Häufchen auf die Erdoberfläche der Schale gebracht werden. Das Einarbeiten in Erdmischungen, die zum Umpflanzen vorgesehen sind, ist möglich, da es einige Zeit dauert, bis die Bodenmikroben die Nährstoffe zur Aufnahme für die Pflanze aufbereitet haben. Bis dahin haben die Pflanzen genügend Zeit, sich vom Umpflanzen zu erholen. Das Aufbringen in Form von Düngerkugeln bzw. -häufchen erfolgt während der Wachstumsperiode etwa alle vier bis sechs Wochen. Dabei ist zu beachten, daß sie an verschiedenen Stellen der Oberfläche ausgelegt werden (Abb.). Die Häufchen bestehen aus einem Gemisch von Rapsschrot und Pottasche (K_2CO_3) im Verhältnis 3:1 oder aus Fischmehl und Pottasche 3:1 oder Rizinusschrot und Pottasche ebenfalls 3:1. Man rechnet einen gestrichenen Teelöffel als Häufchen auf eine Fläche von etwa 10 cm². Zu be-

Verteilung der Düngerkugeln bzw. Düngerhäufchen auf der Erdoberfläche der Schale;
● erste Gabe, ○ zweite Gabe

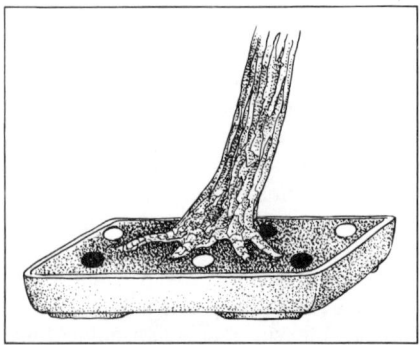

achten ist beim Ausbringen, daß die Häufchen Flecke im Moos verursachen und daß Insekten gern ihre Eier in diese organischen Dünger ablegen. Beim Gießen ist Vorsicht geboten, um die Düngerkugeln nicht herunterzuspülen. Auch Hornspäne lassen sich sehr leicht in das Erdreich einbringen. Bei Bonsai, die im laufenden Jahr nicht umgepflanzt werden sollen, können einzelne Hornspäne in das Erdreich um die Pflanzen gesteckt werden. Sie sind nicht direkt am Wurzelhals, sondern zum Schalenrand hin zu plazieren. Diese Düngemaßnahmen können zwei- bis dreimal je Wachstumsperiode wiederholt werden.

Organische Flüssigdünger. Beim Aufbereiten und Ausbringen organischer Dünger in flüssiger Form muß fast immer mit mehr oder weniger starker Geruchsbelästigung gerechnet werden, die oft auch ein bis zwei Tage nach dem Ausbringen noch anhält.

– Jauche aus Rapsschrot. 100 g Rapsschrot werden mit 3 l Wasser in einem abgedeckten Gefäß (kein Emaillegefäß verwenden!) angesetzt. Nach drei Wochen ist das Rapsschrot ausgegoren und die Jauche fertig, aber zu konzentriert und sollte so auf keinen Fall den Bäumen verabreicht werden. Wesentlich milder und schwächer wird die Düngelösung bei einem Mischungsverhältnis von einem Teil Jauche auf fünfzehn Teile Wasser. Mit dieser Lösung können gesunde, sich im Wachstum befindliche Pflanzen bedenkenlos vom Frühling bis zum Frühsommer alle zwei Wochen versorgt werden.

– Jauche aus Brennesseln. Es werden 100 g frische Brennesseln mit 1 l Wasser angesetzt. Dabei müssen die Brennesseln unter der Wasseroberfläche sein (↑Schädlingsabwehr, biologische). Die Flüssigkeit bleibt abgedeckt bis zum Verwesen der Blätter stehen. Nach ein bis drei Wochen, je nach Außentemperatur, ist die Jauche fertig. Auf einen Teil Jauche werden zehn Teile Wasser gegeben

und nach dem Umrühren ist die Düngelösung verwendbar. Sie kann während der Wachstumszeit alle zwei Wochen verabreicht werden.
– Jauche aus einem Gemisch von pflanzlichen und tierischen Stoffen. Dazu werden 80 g Rapsschrot und 20 g Knochenmehl gemischt und mit 3 l Wasser angesetzt. Wie im ersten Beispiel angegeben, wird auch diese Jauche aufbereitet und in gleicher Konzentration verabreicht. Durch die Beigabe von Knochenmehl erhöht sich der Anteil an Phosphor und Kali. Dieser Dünger soll deshalb vom Frühsommer bis Anfang Herbst alle zwei Wochen gegeben werden; er fördert das Ausreifen des Jahresaustriebs und die Blütenbildung.
Bei allen Jauchen ist unbedingt zu beachten, daß sie in der angegebenen Konzentration nicht als Blattdünger (wurzelfern), sondern auf den Boden (wurzelnah) aufgebracht werden müssen. Ausreichende Bodenfeuchtigkeit vor dem Aufbringen der Düngeflüssigkeit ist auch bei den organischen Düngern notwendig. Der Jauchenansatz darf auf keinen Fall zur D. verwendet werden, da er zu konzentriert ist. Die verschiedenen Jauchen können auch im Wechsel gegeben werden. Günstig wirkt sich auch der Wechsel von organischen und anorganischen Düngern aus. So erhält die Pflanze schnell wirkende (gelöste Düngersalze) und langsam wirkende Dünger (Vorratsdünger) in ausgewogenem Verhältnis. Außerdem tritt nicht so schnell eine Versalzung des Bodens ein, wie sie bei ausschließlicher Gabe von anorganischen Düngern möglich ist. Die Gefahr der schnellen Auswaschung der Nährstoffe sinkt ebenfalls.
Die Düngeraufnahmefähigkeit der Pflanzen hängt wesentlich von den Humus- und Tonanteilen der Bonsai-Erde ab. Ein hoher Humusanteil fördert die Entwicklung der Bodenmikroben und damit den Aufschluß der Nährstoffe für die Aufnahme über die Wurzeln. Ein hoher Tonanteil

setzt die Aufnahmefähigkeit herab. Die Düngeraufnahmefähigkeit wird außerdem durch den auf die Bodenart bezogenen ↑pH-Wert beeinflußt. Wird er stark überschritten, kann die Pflanze dem Boden Eisen, Bor, Kupfer und Mangan nur erschwert entnehmen; wird er unterschritten, so ist die Aufnahme von Kalium, Magnesium und Phosphorsäure gefährdet.

E

Eintopfen. Sind die Sämlinge nach dem ↑Pikieren auf etwa 10 cm herangewachsen, können sie eingetopft oder auf einem Beet im Freiland (↑Beetkultur) ausgepflanzt werden. Um den Wurzelballen nicht zu zerstören, wird das Gefäß umgedreht und leicht auf eine Kante gestaucht; die Pflanzen lassen sich so als geschlossener Bestand mit allem Erdreich herausnehmen. Voraussetzung ist, der Boden darf weder völlig ausgetrocknet noch übermäßig naß sein, sonst lassen sich die Pflanzen nicht einzeln aus dem Ballen lösen. Die stärkste Hauptwurzel (Pfahlwurzel) wird wie beim Pikieren um etwa ein Drittel ihrer Länge gekürzt. Das Kappen der Hauptwurzel fördert die reiche Verzweigung des Wurzelsystems und hemmt das Längenwachstum des Sprosses. Die so vorbereiteten Jungpflanzen sollen in diesem Stadium ihrer Entwicklung noch nicht in Bonsai-Schalen (↑Pflanzgefäße), sondern erst in tiefere Gefäße eingetopft werden. In diesen sind sie vor rascher, starker Austrocknung geschützt und können sich durch das größere Erdvolumen zunächst voll entwickeln. Als Gefäße für das erste Eintopfen sind Blumentöpfe von 4 bis 6 cm Durchmesser je nach Größe des Wurzelballens geeignet. Das Abzugloch wird mit einem Gazestück und der Boden mit Kies oder Tonscherben bedeckt. Das Erdgemisch

(↑ Erden) für das erste Eintopfen soll zwar noch leicht und durchlässig, aber schon recht nahrhaft sein. Im allgemeinen empfiehlt sich als Mischung ein Substrat aus Rasenerde, Lauberde, Kompost, Sand und Torf im Verhältnis von 1:1:¹/₂:1:¹/₂. Je nach Wüchsigkeit der Pflanze wird mehr oder weniger Rasen- bzw. Komposterde verwendet. Das Erdgemisch soll krümelig-feucht sein; es wird über die Kies- oder Scherbenlage in einer dünnen Schicht eingebracht. Die Jungpflanzen werden mit dem anhaftenden Erdballen in das Gefäß eingesetzt. Sie dürfen aber nicht tiefer als im Pikiergefäß stehen. Rings um die Pflanze wird das

Eintopfen der Jungpflanzen

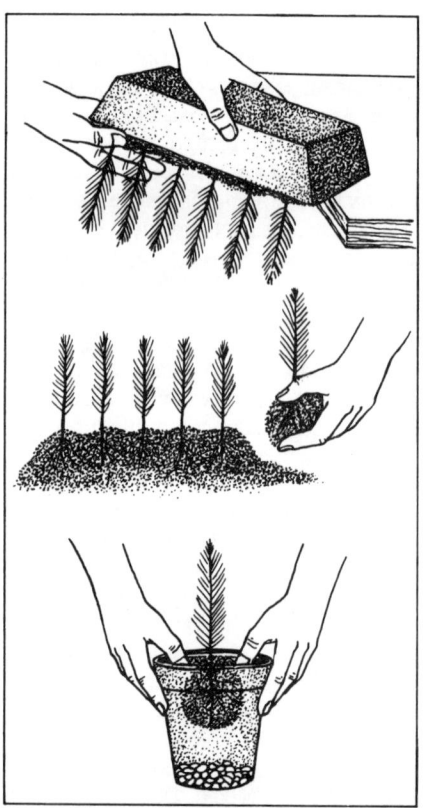

Erdgemisch vorsichtig aufgefüllt und mit den Daumen leicht angedrückt. Dabei ist ein Gießrand von etwa 5 bis 10 mm zu belassen. Durch das Andrücken erhält die Pflanze einen festen Stand und eine enge Bindung zum Substrat. Anschließend wird durchdringend von unten gewässert. Nach vierzehntägiger leichter Schattierung können die Jungpflanzen je nach Gattung auch an einen sonnigen Stand gewöhnt werden (Weiterkultur ↑ Ausgangsmaterial).

Erdaufbereitung: für die Herstellung von Bonsai-Erden (↑ Erdmischungen) erforderliche Maßnahmen. Sie dienen dem Ziel, bestmögliche Bedingungen für ein gutes Wurzelwachstum der Pflanze sowie für eine optimale Wasser- und Nährstoffaufnahme zu schaffen. Humose Erden werden gedämpft (↑ Dämpfen) und gesiebt. Enthält die Erde zu viele feine, staubförmige Bestandteile, so kommt es zum Verschlämmen und damit zur Verminderung der Luft- und Wasserzufuhr und folglich zum Absterben der Wurzeln. Ist zuviel grobkörniges Material enthalten, finden die Wurzeln schlecht Halt im Boden. Eine verstärkte Luftzufuhr trocknet den Boden rasch aus, und beim Gießen fließt das Wasser ab, ehe es von den Wurzeln aufgenommen werden kann. Deshalb sollte die Erde gesiebt werden. Dazu können Siebe mit einer Maschenweite von 1 bis 2 mm (fein), 3 bis 4 mm (mittel) und 5 bis 6 mm (grob) verwendet werden. Beim Übereinandersetzen dieser Siebe kann in einem Arbeitsgang feine, mittlere und grobe Erde gewonnen werden, wobei erstere ungeeignet ist. Zum Sieben darf die Erde nicht völlig ausgetrocknet, aber auch nicht zu naß sein; leicht feucht läßt sich am besten sieben. Auch Lehm und Sand bzw. Kies werden gesiebt. Diese Materialien sind zunächst zu trocknen und können dann wie die humose Erde in die verschiedenen Korngrößen gesiebt werden. Torf enthält oft noch sehr langfasrige Bestandteile, die für eine Bonsai-Erde ungeeignet sind. Deshalb wird er durch ein sehr großes Sieb mit einer Maschenweite von 10 mm gerieben. Die langfasrigen Teile, die sich nicht durchreiben lassen, können zur Kompostierung verwendet werden. Die E. und das Mischen der einzelnen Erden sollte in den Sommer- und Herbstmonaten erfolgen. Gut gekennzeichnet und trocken gelagert stehen sie dann im zeitigen Frühjahr, wenn die Erde im Freien zum Teil noch gefroren ist, zum Umpflanzen zur Verfügung.

Erden: natürlich entstandene Stoffgemische mit organischen und anorganischen Anteilen. Für die Herstellung von ↑ Erdmischungen und Pflanzsubstraten sind verschiedene E. bzw. Substrate notwendig. Unabhängig von den Mischungsverhältnissen, in denen die E. kombiniert werden, müssen deren wesentliche Eigenschaften und Wirkungen auf die Pflanze bekannt sein und beachtet werden.

Die E. bieten der Pflanze Sauerstoff für die Atmung der Wurzeln, Wasser für

das Pflanzengewebe und den Nährstofftransport und schließlich viele mineralische Nährelemente, die zum Aufbau organischer Substanzen benötigt werden. Sie sollen deshalb in der Struktur körnig und krümelig sein. Nur dann ist für eine gute Durchlüftung gesorgt, die zu einer feinen Verzweigung des Wurzelsystems anregt. Die wichtigsten Ausgangsmaterialien für eine gute Bonsai-E. sind Sand, Lehm und Lauberde, wobei letztere durch Torf ersetzt werden kann. Bei der Verwendung von Gartenerde anstelle von Lauberde muß man beachten, daß Lehm-, Sand- und Laubanteile – regional unterschiedlich – bereits in ihr enthalten sind.

Lehm übernimmt in der Erdmischung eine Pufferwirkung bezüglich der Bodenfeuchtigkeit. Er kann bis zum einhalbfachen seines Eigengewichtes an Wasser aufnehmen und wird dann für Wasser und Luft undurchlässig. Besitzt er außerdem einen hohen Tonanteil, so ist er „fett" und kann durchaus als Dünger angesehen werden. Sand – noch besser eignet sich feinkörniger, gewaschener Kies – ist wasser- und luftdurchlässig. Er enthält keine Nährstoffe und kann Nährstoffe und Feuchtigkeit kaum speichern. Lauberde ist der Nährstofflieferant und Träger der Humusanteile. Gut verrottetes Laub kann sowohl Nährstoffe als auch

Erdaufbereitung; den Schalenboden bedeckt eine Schicht aus grober Körnung, die Wurzeln der Pflanzen werden von Substrat mittlerer Korngröße umgeben, für das Abdecken eignet sich die feine Körnung der Mischung

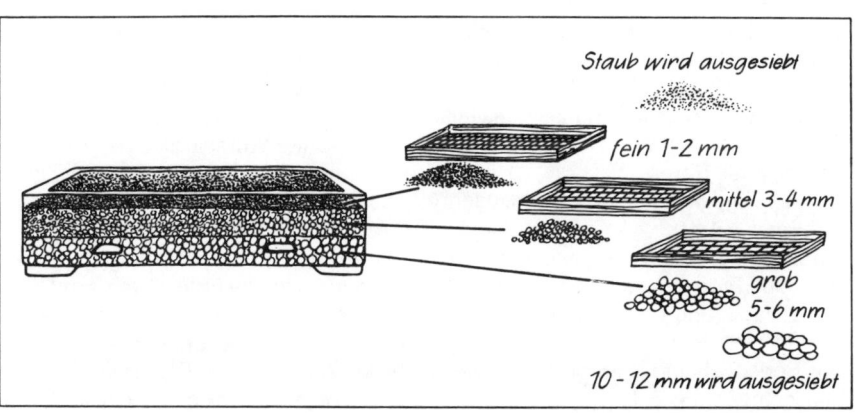

Staub wird ausgesiebt

fein 1-2 mm

mittel 3-4 mm

grob 5-6 mm

10 - 12 mm wird ausgesiebt

Wasser speichern. Torf (ungedüngter Weißtorf) besteht ebenso wie die Lauberde aus Humus. Er ist strukturstabil und zersetzt sich nur langsam. Gleichzeitig ist er als Wasser- und Nährstoffspeicher sowie zur Erhöhung der Luftdurchlässigkeit des Bodens von Bedeutung. Steht weder Laub- noch Gartenerde zur Verfügung, kann die Erde von frischgestoßenen Maulwurfshügeln der Mischung als Humusträger beigegeben werden. Sie ist frei von Unkrautsamen und Schädlingen und außerdem locker krümelig. Die einzelnen E. und Substrate sollten vor dem Zusammenmischen aufbereitet werden (↑ Erdaufbereitung).

Erdmischung. Die verschiedenen Pflanzenarten sind innerhalb bestimmter Grenzen tolerant gegenüber der verwendeten E. Wichtig ist, daß der Baum, der in das vorbereitete Erdgemisch gepflanzt werden soll, über mehrere Jahre ausreichend mit Wasser, Luft und zum Teil auch mit Nährstoffen versorgt werden kann. So lieben Nadelgehölze sandigen Boden, die Laubgehölze hingegen mehr humosen Boden. Besonderheiten spezieller Gruppen, wie die der Moorbeetpflanzen (Azaleen, Rhododendron), die auf sauren Böden gut gedeihen, oder die ↑ Sukkulenten, die karge, mineralische Böden bevorzugen, sind zu beachten. Der E. geht die ↑ Erdaufbereitung voraus. Ausgehend von der Standardmischung, humose Erde:Sand:Lehm = 1:1:1, kann für die verschiedenen Gruppen von Gehölzen durch Zugabe entsprechender weiterer Anteile das Mischungsverhältnis abgewandelt werden. Bewährt haben sich folgende E.:
– erstes Einpflanzen bei ↑ Stecklingen: Torf:Sand = 1:1;
– erstes Einpflanzen bei ↑ Jamadori, sofern keine Erde des natürlichen Standortes zur Verfügung steht: Torf:Sand = 1:1;
– junge Laubgehölze bevorzugen leichten Boden: humose Erde:Sand-Kies-Gemisch:Lehm = 2:1:$\frac{1}{2}$;

– junge Nadelgehölze bevorzugen sandigen Boden: humose Erde:Sand-Kies-Gemisch:Lehm = 1:2:$\frac{1}{2}$;
– ältere Laubgehölze: humose Erde: Sand-Kies-Gemisch:Lehm = 1:1:1;
– ältere Nadelgehölze: humose Erde: Sand-Kies-Gemisch:Lehm = 1:2:1;
– Gemisch für Moorbeetkulturen: Torf: Sand-Kies-Gemisch:Lehm:Nadelspreu: Naßschälrinde = 1:1:$\frac{1}{2}$:1:2;
– Gemisch für Sukkulenten: humose Erde:Sand-Kies-Gemisch:Lehm = $\frac{1}{2}$:1:1.
In den oben angeführten Mischungen liegt, mit Ausnahme der Erde für die Moorbeetkulturen, die einen pH-Wert um 4,5 bis 5,5 haben, der Wert im wenig sauren bis neutralen Bereich (5,5 bis 7,0).
Da die Erdvorbereitungen im allgemeinen in die Sommer- und Herbstmonate fallen und die Erden bis zum kommenden Frühjahr gelagert werden, empfiehlt es sich in der Regel nicht, diesen E. Dünger zuzugeben. Eine Ausnahme bilden organische Substanzen mit Langzeitwirkung, wie Blut- und Knochenmehl oder Hornspäne. Derartige Zugaben sollten in jedem Fall sehr sparsam erfolgen, da die Bäume nach dem Umpflanzen eine Vielzahl an Nährstoffen im Erdgemisch zur Verfügung haben und sich eine Düngergabe erst geraume Zeit später erforderlich macht.
Erdwechsel: eine Maßnahme, die mit dem Umpflanzen in ein größeres Gefäß verbunden ist. E. ist z. B. erforderlich, wenn die Wurzeln durch das Abzugloch des Gefäßes hindurchwachsen oder sich der gesamte Wurzelballen aus dem Gefäß heraushebt. Zu diesem Zeitpunkt ist auch der ↑ Wurzelschnitt fällig. Wirkt eine Pflanze krank und sind ihre Blätter glanzlos, so können sich Schädlinge im Boden befinden oder die Erde ist versauert bzw. verschlämmt. Auch in solchen Fällen ist ein E. angebracht. Bei versauerter Erde bildet sich auf der Erdoberfläche eine grüne Algenschicht, die eine gute Durch-

lüftung des Bodens verhindert. Ver-
schlämmter Boden trocknet nur sehr
schwer ab, da sich die Erdteilchen sehr
verdichtet haben. Durch ein ungünstiges
Mischungsverhältnis der einzelnen Substrate (Humus, Lehm und Sand) wurde
die Bodenstruktur negativ beeinflußt. Bei
Kalkablagerungen am Topfrand, auf der
Erdoberfläche oder am Stamm des Baumes dicht oberhalb des Erdbodens ist E.
nicht unbedingt erforderlich. Man sollte
die Qualität des Wassers überprüfen und
gegebenenfalls das Gießwasser enthärten (↑ Wasserenthärtung).
Erhaltungsschnitt ↑ Triebschnitt

F

Fäulnis ↑ Schadbilder
Felsenform ↑ Ishitsuki, ↑ Sekijoju
Floßform ↑ Ikada
Formkorrektur ↑ Drahten
Formschnitt: dem Herausarbeiten der
↑ Gestaltungsform dienende Maßnahme.
Der F. schließt sich oft dem ↑ Gestaltungsschnitt an. Dabei werden die Zweige geschnitten und das Gewirr der Krone
ausgelichtet. Zunächst erfolgt der Schnitt
aller Zweige, die offensichtlich falsch stehen (↑ Schneiden) und nicht in die Form
hineinpassen, beispielsweise Zweige,
die nach innen, zum Stamm hin wachsen,
senkrecht nach oben oder unten wachsen und auch solche, die direkt am
Stamm ihren Ursprung haben. Derartige
Zweige entwickeln sich sehr oft, nachdem ein kräftiger Rückschnitt ins alte
Holz erfolgte. Der F. wird mit einer feine-
ren Schere als der ↑ Astschnitt ausgeführt. Um auch in der Krone Zweige
schneiden zu können, hat sie deutlich
längere Schenkel als andere Bonsai-
Scheren (↑ Werkzeuge).
Der richtige Zeitpunkt für den F. liegt im
Gegensatz zum Gestaltungsschnitt nicht
bei allen Gehölzarten im zeitigen Früh-

jahr. An allen Laubgehölzen, die nicht
blühen und fruchten sollen, kann der
Schnitt bis Mitte April, je nach Lage, aus-
gedehnt werden. Bei Blütengehölzen erfolgt der F. erst nach dem Abblühen, da
sonst die Blütenfülle stark dezimiert würde. Die Zweige werden auf zwei bis drei
Augen (Triebansätze) zurückgenommen.
Dabei ist immer die Stellung der Knospen
zu beachten, so daß die Neutriebe in die
gewünschte Richtung wachsen. Falls erforderlich, kann auch nach dem F. noch
gedrahtet werden (↑ Drahten). Nadelgehölze erhalten ihren F. meist erst im Spät-
herbst, im Oktober beginnend. Er kann
bis zum Einsetzen starker Fröste im November fortgesetzt werden.
frei aufrechte Gestaltungsform
↑ Moyogi
frostempfindliche Arten: Sträucher
und Bäume, die in unseren gemäßigten
Breiten während der Sommermonate
(Vegetationszeit) im Freiland gute Bedingungen finden, aber während der Wintermonate (Vegetationsruhe) einen Winterschutz, besser noch einen hellen Standort (Kalthaus) mit Temperaturen über
dem Gefrierpunkt (5 bis 12 °C) erhalten.
F.A. sind meist Pflanzen aus subtropischen Regionen, die auch ganzjährig im
inneren Wohnbereich (↑ Zimmer-Bonsai)
gezogen werden können. Einige der
wichtigsten Vertreter, die sich für die
Bonsai-Kultur eignen, sind:
Granatapfel *(Punica granatum)*,
Myrte *(Myrtus)*,
Zitrone u. ä. *(Citrus)*,
Zeder *(Cedrus)*,
Rosmarin *(Rosmarinus)*,
Steineibe *(Podocarpus)*,
Öl-Olivenbaum *(Olea europaea)*.
Werden diese Gattungen ganzjährig als
Zimmer-Bonsai gezogen, so ist unbe-
dingt auf einen merklichen Temperatur-
abfall während der Wintermonate bei
gleichzeitiger Verringerung der Wasser-
gaben zu achten. Geringer Laubfall wäh-
rend dieser Zeit ist durchaus möglich.

frostharte Arten: Sträucher und Bäume der gemäßigten sowie subarktischen Zonen, die durch den Rhythmus der Jahreszeiten bedingt eine Winterruhe (Vegetationsruhe), bei Laubgehölzen meist mit Laubabfall verbunden, einhalten. Durch die verminderte Funktionsfähigkeit der Blätter (Assimilation) und des Wassertransportes wird es den Bäumen möglich, Frostperioden zu überdauern. Empfindliche Pflanzenteile, wie Blatt- und Blütenanlagen, sind von Knospenschuppen schützend umhüllt. Zu den frostharten Gattungen zählen alle einheimischen Gehölzarten, z. B. Eiche *(Quercus)*, Buche *(Fagus)*, Hainbuche *(Carpinus)*, Birke *(Betula))*, Haselnuß *(Corylus)*, Weide *(Salix)*, Schlehe *(Prunus spinosa)*, Apfel *(Malus)*, Kiefer *(Pinus)*, Fichte *(Picea)*, Lärche *(Larix)*. Aber auch eingebürgerte Pflanzen wie die Hemlocktanne *(Tsuga)* und die Silberaprikose *(Ginkgo)* können in geschützten Lagen als frostunempfindlich gelten. Die optimale Überwinterungstemperatur liegt um +4 °C. Es ist unbedingt davon abzuraten, f. A. an einem zu warmen Standort (über 10 °C) zu überwintern, frühzeitiger und wenig widerstandsfähiger Austrieb wäre die Folge. Ein sog. Geilwuchs, meist durch ungenügende Lichtverhältnisse hervorgerufen, ist dann unvermeidbar.

fruchtende Bonsai ↑ Blüten-Bonsai

Fukinagashi: Bezeichnung für die »windgepeitschte« Form, die bei flüchtiger Betrachtung leicht mit ↑ Shakan, dem »geneigten Stamm«, verwechselt werden kann. Windgepeitscht können sowohl Pflanzen mit einzelnen als auch mit mehreren Stämmen gestaltet werden. Das Arrangement mit mehreren Stämmen, die aus einer Wurzel wachsen, ist wirkungsvoller. Die Neigung der Stämme entsteht in der Natur durch ständigen Wind aus einer Richtung. Nicht nur die Stämme, auch Äste und Zweige weisen in die windabgewandte Richtung (Unterschied zum Shakan). Wurzelansatz und

einige kräftige Wurzeln sind teilweise sichtbar. Diese freigelegten Wurzeln symbolisieren das Verankertsein im Boden. Das zerzauste Bild der windgepeitschten Form wird durch das auf ein Minimum reduzierte Blattwerk unterstrichen; die obersten Äste der Krone sollten fast kahl sein.

Vorbild für F.-Formen sind z. B. an der Küste zu finden, wo die Bäume selten normale Wuchsformen entwickeln und vom Wind abgewandt wachsen. Ausgangsmaterial für die Gestaltung kann aus Baumschulen stammen oder als Jungpflanze in der Natur gesammelt werden.

Arrangiert werden F. in flachen, rechteckigen, ovalen, kreisrunden oder quadratischen Schalen. Die Glasur sollte sich im Bereich der erdfarbenen Töne halten. Eine ↑ Unterpflanzung erfolgt nur sehr sparsam, um den eigenwilligen Charakter des Bonsai nicht zu stören. Für die Gestaltung zu einem F. besonders geeignet sind:

Föhre *(Pinus sylvestris)*,
Igelwacholder, Steifblättriger Wacholder *(Juniperus rigida)*,
Sandbirke *(Betula pendula)*,
Sanddorn *(Hippophaë rhamnoides)* – fruchtender Bonsai,
Schwarzkiefer, Österreichische *(Pinus nigra)* – bedingt,
Strandkiefer *(Pinus pinaster)*.

Fungizid ↑ Schädlingsbekämpfung

G

Gefäße ↑ Pflanzgefäße
Gelehrtenform ↑ Bunjingi
geneigter Stamm ↑ Shakan
generative Vermehrung ↑ Vermehrung
Geschichte der Bonsai-Haltung. Kulturhistorisch belegt hat Bonsai seinen Ursprung im asiatischen Raum. Als Ursprungsland wird China vermutet. Le-

Kerbbuche, *Fagus crenata*; Alter etwa 25 Jahre, Höhe 45 cm

Tafel 34 oben links Hainbuche, *Carpinus betulus*, gesammelt, gestaltet etwa 5 Jahre von H. Kreke
Alter etwa 30 bis 35 Jahre, Höhe etwa 70 cm · *oben rechts* Japanische Ulme, *Zelkova carpinifolia*
Alter etwa 15 Jahre, Höhe etwa 15 cm; Bonsai-Zentrum Heidelberg · *unten* Dreispitzahorn,

Acer buergerianum, Höhe etwa 45 cm, Bonsai-Zentrum Heidelberg; *links* Alter etwa 20 Jahre,
Herkunft Japan – *rechts* Alter etwa 35 Jahre. *Tafel 35* Japanische Ulme, *Zelkova carpinifolia*,
Waldform; Alter etwa 6 bis 18 Jahre; gestaltet 1982 von H. Krekeler

Weißdorn, *Crataegus monogyna*, gesammelt; Alter etwa 25 Jahre, Höhe etwa 70 cm; Besitzer W. Käflein

Igelwacholder, *Juniperus rigida*; Alter etwa 10 bis 12 Jahre, Höhe 12 cm;
Bonsai-Zentrum Heidelberg

Steineibe, *Podocarpus macrophyllus*, Herkunft China; Alter etwa 40 Jahre, Höhe 65 cm;
Bonsai-Zentrum Heidelberg

Chinesische Ulme, *Ulmus parvifolia*, Alter etwa 50 Jahre; Bonsai-Zentrum Heidelberg

Sagaretia theezans, Herkunft China; Alter etwa 35 bis 40 Jahre

genden wissen zu berichten, daß Chinesen kleine Bäume, die sie Pun-sai und Pun-ching (↑ Bonsai, chinesische) nannten, in flache Schalen pflanzten oder auf Tabletts zu Landschaften arrangierten. Diese Natur-Bonsai wurden in den Hochgebirgen gesammelt.
5. und 6. Jh. Mit der weiteren Verbreitung des Buddhismus erlangten die Bonsai einen hohen Stellenwert in China. Die Priester sahen in ihnen Heiligtümer; Pflege und Gestaltung wurden als Meditation verstanden.
Auch die buddhistischen Pilger nahmen auf ihren Wallfahrten Bonsai mit. Sie verkörperten ein Stück Heimat. Wandgemälde aus dem frühen 8. Jh. belegen die Beherrschung der Techniken der Zwergbaumzucht. Mit der Übernahme des Buddhismus gelangte auch die Kunst des Gestaltens von Zwergbäumchen nach Japan. Der Besitz von Bonsai blieb dem Kaiserhaus und dem hohen Klerus vorbehalten. In den überall im Lande entstandenen Klöstern wurden die Bonsai gestaltet und gepflegt. Das Wissen über die Gestaltung wurde nur mündlich als geheime Lehre vom Meister an den ausgewählten Schüler weitergegeben.

12. bis 14. Jh. Die durch Veränderungen der Herrschaftsverhältnisse (Errichtung des Shognats) zum Teil zu hohen Würden gekommenen Samurai widmeten sich zum Zweck der Entspannung ebenfalls der Bonsai-Zucht. Auch bei Ausstellungen am kaiserlichen Hof wurden derartige Pflanzen gezeigt. Diese Vorläufer sind nach heutigem Verständnis noch nicht als Bonsai zu bezeichnen, wurden aber als Baum bzw. Strauch in Gefäßen gezogen.
14. und 15. Jh. Bonsai erlangte eine Blütezeit. Die Miniaturbäume fanden, als Einzelexemplar auserwählt, zu besonderen Anlässen in der ↑ Tokohoma Ⓐ ihren Platz. Der hohe Entwicklungsstand der Bonsai zeigte sich auch in der Einbeziehung in Theaterstücke. So z. B. in dem No-Spiel Hachi-no-ki (»Pflanzen in einer Schale«). In diesem Stück bereiste der Shogun die Provinzen des Landes und suchte, vom Schneesturm überrascht, bei einem Samurai Zuflucht. Dieser verarmte Samurai bietet dem Gast an, seine drei letzten Bonsai (eine Japanische Aprikose, eine Kirsche und eine Kiefer) für ein wärmendes Feuer zu opfern. Eine hohe Ehrerbietung dem Gast gegenüber!

Fukinagashi

Eine ebenso hohe Ehre war es für einen europäischen Reisenden, einen Bonsai als Geschenk zu erhalten. So kamen vereinzelt die ersten Bonsai nach Europa. Leider gingen die Bäumchen meist sehr rasch ein, da Kultur- und Pflegehinweise fehlten.
17. bis Mitte 19. Jh. In der Zeit der Isolierung Japans unter der Tokugawa -Herrschaft wurden die Techniken der Bonsai-Zucht eigenständig weiterentwickelt. Neue, eigene Bonsai-Stile entstanden und etwa vierzehn klassische japanische Bonsai-Formen bildeten ein Grundrepertoire. Die inländische Produktion von Bonsai-Schalen nahm ihren Anfang, da keine Keramikimporte aus China erfolgten.
Ende des 19. Jh. entstand der Beruf eines Bonsai-Gärtners. Gesellschaftlich anerkannt blieb die Zucht von Zwergbäumchen noch immer Liebhaberei der gebildeten Oberschicht. Auf den Weltausstellungen 1889 und 1909 in Paris und London wurden Bonsai erstmals außerhalb Japans gezeigt. Es ist sehr zweifelhaft, ob die Europäer den tieferen Sinn von Form und Gestaltung damals erfaßten. Wahrscheinlich hat man diese Kunstwerke der Meister des fernen Ostens unter Kuriosa eingeordnet und eher mitleidig als bewundernd angesehen.
1914 fand die erste Bonsai-Ausstel-

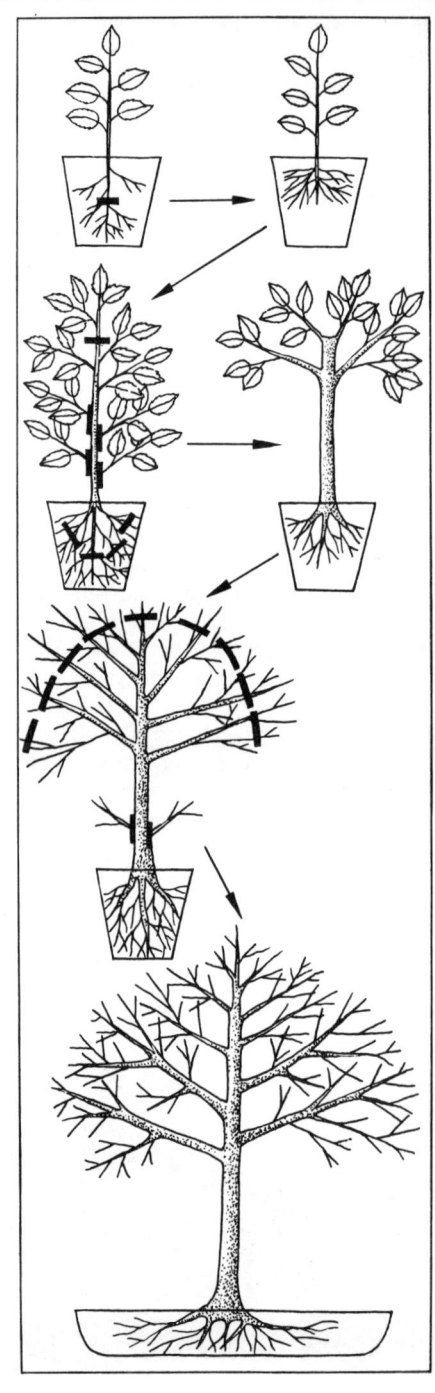

Gestaltung einer Besenform (Hokidachi) durch Schneiden;
6 bis 8 Wochen nach dem Auflaufen wird die Pfahlwurzel gekappt;
2 Jahre später Festlegen der Stammhöhe, Entfernen der unteren Äste und Wurzelschnitt; im Frühjahr des 3. Jahres Aufbau der Gerüstäste und Entfernen der Äste am Stamm; im 4. Frühjahr kräftiger Wurzelschnitt und Umsetzen in eine flache Schale; in den folgenden Jahren weiterer Aufbau der Krone

lung modernen Stils in Tokio statt. Seit 1934 folgte jährlich eine Ausstellung im Kunstmuseum von Tokio.

In den Nachkriegsjahren gelangten einige wertvolle Bonsai in die USA. Pflanzenschutz- und Einfuhrbestimmungen sperrten jedoch bald den Import, und man holte sich die Bonsai-Meister nach Amerika, womit eine eigenständige Bonsai-Entwicklung ihren Anfang nahm.

Nach Europa kam die Kunst des klassischen Bonsai über England. Die Technik, Bäume durch Schneiden zu formen, findet man allerdings schon wesentlich früher in Europa. Die regelmäßigen Formen der architektonisch beschnittenen Hekken und Bäume der Renaissance, des Barock und des Rokoko sind Beispiele dafür. Im Gegensatz zu diesen architektonisch regelmäßigen Gärten entstanden um die Wende des 18. Jh. in England die unregelmäßig angelegten Landschafts-(Natur-)gärten. Sie stützten sich auf das Vorbild altchinesischer Prachtparks und verschiedener Gartentypen des japanischen Gartens (↑japanische Gartenkunst Ⓐ). Ebenso wurden im 18. Jh. und 19. Jh. Zwergformen von Obstgehölzen gezogen. Man kultivierte sie in kleinen

Gestaltungsformen; typische Wuchsformen frei in der Natur gewachsener Bäume

Töpfen und gab ihnen ihre Form durch entsprechende Schnittmaßnahmen.

Gestaltung. Für die G. eines jungen Baumes zum Bonsai sind klare Vorstellungen über Größe und endgültige Form Voraussetzung. Um diese Vorstellung zu verwirklichen, muß die typische Wuchsform der jeweiligen Baumart bekannt sein. Gute Anhaltspunkte bieten Fotografien oder nach Vorbildern der Natur angefertigte Skizzen. Diese Vorlagen sollen möglichst in ein vollkommenes, stilisiertes und komprimiertes Abbild umgesetzt werden. Klare Linien werden herausgearbeitet und Schwerpunkte geschaffen. Unter Berücksichtigung der ↑Kompositionsregeln, des Grundsatzes der Asymmetrie sowie des Gestaltungszieles werden Größe und Form des Baumes beeinflußt. Das ↑Schneiden und ↑Drahten sind die wichtigsten Methoden bei der G. Für die Kultur der Bonsai haben sich etwa vierzehn typische ↑Gestaltungsformen herausgebildet.

Gestaltungsformen. Jede Baumart entwickelt eine für sie typische Wuchsform. Optimale Licht-, Feuchtigkeits- und Bodenverhältnisse sind dafür Voraussetzung. In Japan wurden etwa vierzehn Formen für Bonsai herausgearbeitet, die dem natürlichen Wuchs der Baumarten entsprechen. Ein jeder Baum kann so als vollkommenes Abbild der in der Natur ty-

Gestaltungsschnitt bei *Citrus*; Alter 7 Jahre; *von links nach rechts)* vor dem Schnitt, nach dem Schnitt, geschnittene und gedrahtete Pflanzen in flachem Gefäß

pischen Wuchsformen gestaltet werden. Diese Formen sind:
– *für einzelne Bäume:* ↑ Chokkan (streng aufrecht), ↑ Moyogi (locker aufrecht), ↑ Shakan (geneigter Stamm), ↑ Han-Kengai (Halbkaskade oder halbhängende Form), ↑ Kengai (Kaskaden- oder Hänge-form);
– *für mehrstämmige Bäume und Baum-gruppen:* ↑ Sokan (Zwillingsstamm), ↑ Kabudachi (Mehrfachstamm), ↑ Ikada (Floßform), ↑ Netsuranari (gewundene Wurzel – kriechende Form), Yose-ue (Waldform);
– *für Bäume, die einzeln oder in Gruppen stehen können:* ↑ Hokidachi (Besen-form), ↑ Fukinagashi (windgepeitschte Form), ↑ Bunjingi (Gelehrten- oder Lite-ratenform), ↑ Ishitsuki (Felsenform), ↑ Sekijoju (Gestaltung mit Steinen).
Gestaltungsschnitt, *Grundschnitt*: eine Form des ↑ Schneidens, bei der ein star-ker Eingriff in die Gestalt des Baumes vorgenommen wird. Der G. wird immer dann durchgeführt, wenn es gilt, Baum-schulpflanzen oder schon ältere gesam-melte Bäume (↑ Jamadori) zum Bonsai zu formen. Der richtige Zeitpunkt für diesen

Schnitt fällt in die Wintermonate (ab Ende Januar bis spätestens Anfang März), wenn die stärksten Fröste vorüber sind. Zu diesem Zeitpunkt ruht der Baum noch, d. h., die Äste und Zweige stehen noch nicht voll im Saft. Außerdem sind zumin-dest die Laubgehölze blattlos, so daß die Baumform deutlich erkennbar ist. Für im-mergrüne ↑ Zimmer-Bonsai liegt der günstigste Zeitpunkt für den G. ebenfalls in diesen Monaten, da zu dieser Zeit we-nig gedüngt (↑ Düngung) wird und der Neutrieb noch nicht eingesetzt hat. Beim G. gilt es, störende Äste und Zweige zu entfernen, die Baumgestalt optisch zu vertiefen und den Charakter des Baumes auszuarbeiten. Starke Äste, die direkt vom Stamm abgehen, werden mit einer kleinen Säge (↑ Werkzeuge) entfernt. Dabei läßt man zunächst einen Aststumpf stehen, damit ein Einreißen der Rinde am Stamm vermieden wird. Anschließend wird der Stumpf direkt am Stamm abge-sägt. Für eine schnellere und bessere Vernarbung kann die Schnittstelle mit ei-nem Stemmeisen etwas ausgehöhlt und mit Baumwachs oder Latex-Bindemittel farblos verschlossen werden. Mit dem Wundverschluß wird einer Infektion bzw. dem Ansiedeln von Schädlingen vorge-beugt; größere Wunden verheilen da-durch schneller. Beim Auslichten der Krone können nach Wunsch die Techni-ken des ↑ künstlichen Alterns wie ↑ Jin,

↑ Shari oder ↑ Sabamiki Anwendung finden. Sollen Seitenäste entfernt werden, ist zunächst zu überprüfen, ob sie in einer veränderten Richtung oder Lage in die künftige Baumform hineinpassen. Unter diesen Umständen würde sich nach Beendigung des G. ein ↑ Drahten dieser Äste anbieten.

Bei allen bereits gestalteten Bonsai sollte etwa alle drei Jahre ein stärkerer Rückschnitt ins alte Holz erfolgen; er dient der Verjüngung und regt neues Triebwachstum an.

Gestaltungstechniken: Maßnahmen, um einen Baum in die gewünschte Gestaltungsform zu bringen. Die beiden wichtigsten G. sind ↑ Schneiden und ↑ Drahten, wobei das Schneiden die historisch ältere Technik ist. Sehr viele verschiedene Gestaltungsformen lassen

Gestaltungstechniken; herabhängende Äste erhält man durch Beschweren mit einem Stein oder Anbringen von Drähten am Gefäß und an einzelnen Ästen; Auflockerung der Krone erreicht man durch Auseinanderbiegen zweier Äste; eine Lücke kann durch Zusammenbringen zweier Äste bzw. eines Astes mit dem Stamm mittels Drahtschlinge geschlossen werden

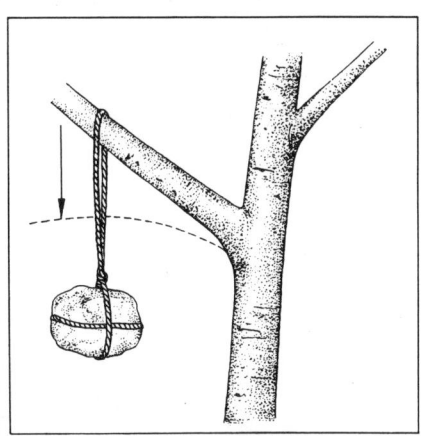
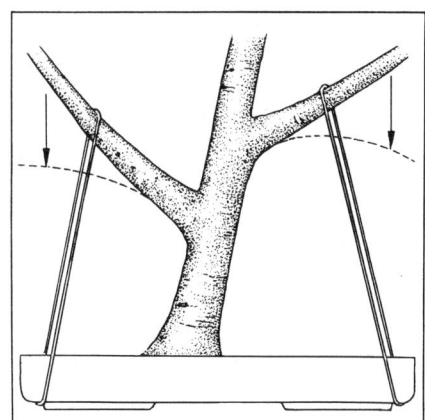
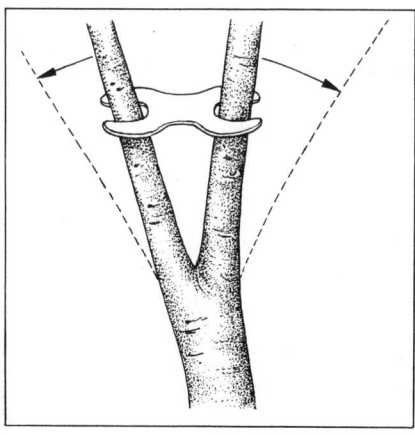
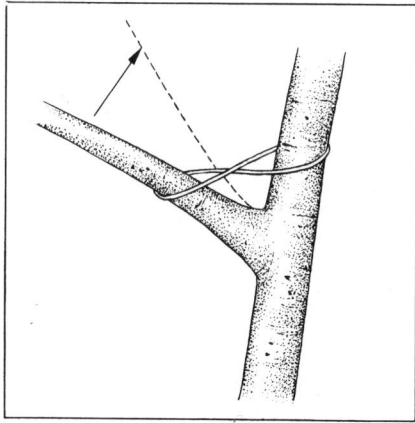

sich nur durch Schneiden erreichen. Das Schneiden wird während der gesamten Lebenszeit eines Bonsai wiederholt. Jungpflanzen werden öfter geschnitten als ältere Exemplare. Der ↑ Triebschnitt kann sich sogar mehrmals im Jahr erforderlich machen. Auch durch Drahten kann der Baum in eine der vielen verschiedenen Gestaltungsformen gebracht werden. Das Drahten des Stammes ist fast ausschließlich eine einmalige Korrektur. Dabei muß der Stamm nicht immer bleistiftgerade korrigiert werden, Stammkrümmungen sind für einige Gestaltungsformen, z. B. für ↑ Moyogi, sehr wichtig. Bei Nadelgehölzen allgemein und Kiefer *(Pinus)* speziell, muß das Drahten wiederholt werden, da diese oft in ihre ursprüngliche Wuchsrichtung zurückweichen. Bei den meisten Gestaltungsformen ist es jedoch notwendig, Schneiden und Drahten kombiniert anzuwenden.

Soll ein junger Bonsai älter wirken, können die Techniken des ↑ künstlichen Alterns (↑ Jin, ↑ Shari, ↑ Sabamiki) Anwendung finden. Soll ein Baum insgesamt optisch älter erscheinen, können die Äste herabgebogen werden. Dazu sind die vorgesehenen Äste zu drahten oder mittels eines Steines der an einen Faden gebunden am Ast hängt, nach unten zu ziehen. An Stelle eines Steines lassen sich auch Bleistückchen (Angelgewichte) oder sandgefüllte Plastesäckchen verwenden. Der gleiche Erfolg wird durch das Anbringen von Drähten am Pflanzgefäß, mit denen die einzelnen Äste heruntergebogen werden, erzielt. Stehen zwei Zweige zu eng beieinander, können sie durch ein Brettchen auseinandergespreizt werden. Stehen sie zu weit, lassen sie sich mittels eines Drahtes näher zusammen bringen. Krümmungen lassen sich neben dem Drahten auch durch das gezielte Ansetzen einer kleinen Schraubzwinge erreichen.

gewundene Wurzel ↑ Netsuranari

Gießen: im eigentlichen Sinne die ausreichende Versorgung der Pflanzen mit Wasser. Dabei muß beachtet werden, daß ein ständiges Gleichgewicht zwischen der Wasseraufnahme durch die Wurzeln und der Wasserabgabe (Verdunstung) der Blätter besteht, indem im Boden genügend Feuchtigkeit vorhanden ist. Verschiebt sich dieses Gleichgewicht durch ungenügendes G., und die Pflanze gibt mehr Feuchtigkeit ab, als sie aufnehmen kann, treten physiologische Regelmechanismen in Kraft, die einen unmittelbaren Schaden verhindern. Längerer Wassermangel führt jedoch zu Wachstumsstockungen, Welke der Blätter und schließlich zum Absterben der Pflanze. Zu geringe Luftfeuchtigkeit fördert diesen Prozeß entscheidend. Stauende Nässe, die durch zu starkes bzw. zu häufiges G. und behinderten Wasserabfluß (↑ Pflanzgefäße) verursacht wird, bewirkt eine nur noch ungenügende Durchlüftung der Erde. Die Bodentemperatur sinkt infolge der Verdunstungskälte. Bei länger anhaltender Staunässe stagniert das Wachstum, die Wurzeln faulen (↑ Schadbilder) und im Extremfall stirbt die Pflanze ab.

Beim G. sollte individuell vorgegangen werden! Die Erde der flachen Gefäße darf nie völlig austrocknen. Deshalb ist wenigstens eine Kontrolle täglich notwendig. Ein Hellerwerden der Erdoberfläche zeigt die Abtrocknung an. Bemooste Gefäße trocknen langsamer aus als Gefäße, deren Erdoberfläche nicht mit einer ↑ Unterpflanzung versehen ist.

Das Gießwasser soll nicht kalt (frisches Leitungswasser), sondern der Umgebungstemperatur der Pflanze angeglichen sein. Bei ↑ Zimmer-Bonsai, die ganzjährig gegossen werden, kann das Gießwasser Zimmertemperatur haben, da die Wurzeln vieler tropischer Pflanzen kälteempfindlich sind. Bei ↑ Sukkulenten ist der ausgesprochene Wachstumsrhythmus auch bei den Wassergaben zu beachten. Gießwasser über 15°dH sollte enthärtet werden (↑Wasserenthärtung). Der Wasserbedarf ist auch vom Standort, dem zur Verfügung stehenden Licht, der Sonneneinstrahlung, der Luftfeuchtigkeit und der Anpassungsfähigkeit einer Pflanze abhängig. Bei viel Licht und hohen Temperaturen benötigt die Pflanze mehr Wasser als an einem kühlen schattigen Standort. Zum G. sollte eine Gießkanne mit einer feinen Brause verwendet werden (↑Werkzeuge). Metallkannen sind nur bedingt einsetzbar, da bei in ihnen bereiteten Düngerlösungen pflanzenschädigende Stoffe in Lösung gehen können. Durch die feinstrahlige Berieselung wird vermieden, daß Erde von den Gefäßen abgeschwemmt wird. Die Berieselung ist mehrmals zu wiederholen, damit das gesamte Erdvolumen durchfeuchtet wird. Ist die Erde einer Pflanze sehr stark ausgetrocknet, und die Pflanze beginnt bereits zu welken, so ist sie zunächst an einen schattigen Platz zu stellen und zu tauchen. Dazu wird sie bis über den Gefäßrand in abgestandenes Wasser gestellt und so lange darin belassen, bis keine Luftblasen mehr aufsteigen. Anschließend kann die Pflanze überbraust werden. Das Überbrausen senkt die Blattemperatur und schränkt die Verdunstung ein. In regelmäßigen Abständen sollten alle Pflanzen abgebraust werden, um die Blätter von Staub zu befreien und die Spaltöffnungen der Blätter zu öffnen. Bei starker Sonneneinstrahlung und großer Hitze, etwa in den Mittagsstunden, ist besser darauf zu verzichten; die Pflanze würde durch das kalte Wasser geschockt werden. Weitaus günstiger sind die frühen Morgenstunden, da der natürliche Prozeß der Taubildung nachgeahmt wird und die Pflanzen genügend Zeit haben, abzutrocknen. Auch die frühen Abendstunden eignen sich zum Überbrausen. Es muß jedoch gewährleistet werden, daß die Pflanzen bis zur Nacht hin abtrocknen, da sie sonst

sehr anfällig gegen Pilzbefall (↑Schadbilder) sind.

Sehr wichtig ist das Überbrausen auch bei den Zimmer-Bonsai, denn neben der Reinigung wird eine, wenigstens kurzzeitige, Erhöhung der Luftfeuchtigkeit in unmittelbarer Umgebung der Pflanze erzielt. Bei diesen Bonsai ist es oft schwierig, mit einer Brause zu gießen, da die Gefäße nur sehr selten auf Untersetzern stehen und Wasser über den Gefäßrand hinausgelangt. Sehr gezielt und dosiert lassen sich Zimmer-Bonsai mit einer Plasteflasche gießen, in deren Schraubdeckel mit einer heißen Nadel Löcher eingestochen werden. Die Flasche ist vor dem Erstgebrauch gründlich zu reinigen. In Fachgeschäften erhältliche Sprüheinrichtungen werden entsprechend verwendet.

Während der Wintermonate sind große Schwankungen zwischen stauender Nässe und Trockenheit zu vermeiden. Pflanzen, die in kühlen Räumen frostfrei überwintert werden, sind mäßig feucht zu halten. Bei völliger Trockenheit können Wassermangelschäden eintreten, stauende Nässe dagegen kann zu Fäulnis führen. Pflanzen, die während der Wintermonate im Freiland eingegraben und mit Winterschutz versehen wurden, brauchen während dieser Zeit nicht gegossen zu werden. Wurden die Freiland-Bonsai dagegen in einer Kiste mit Torf eingefüttert und auf den Balkon gestellt, so ist in regelmäßigen Abständen (etwa alle zwei Wochen) zu prüfen, ob der Torf noch feucht ist. Trocknet er ab, so ist von Zeit zu Zeit zu gießen. Während der Sommermonate haben Laubgehölze einen höheren Wasserbedarf als Nadelgehölze. Sie müssen bereits gegossen werden, wenn sich die Erde noch feucht anfühlt, Nadelgehölze sind erst zu gießen, wenn die Erde beginnt, sich hell zu färben. Bei Dauerregen müssen die im Freiland stehenden Bonsai vor stauender Nässe geschützt werden. Deshalb werden die

Han-Kengai

Schalen bei langanhaltenden Regenfällen schräg gestellt, damit vorwiegend das Oberflächenwasser ablaufen kann und nicht erst in die Schale dringt; gut durchwurzelte Gefäße können auch ganz umgelegt werden.

Größeneinteilung von Bonsai ↑ Bonsai
Grundschnitt ↑ Gestaltungsschnitt

H

Halbkaskade ↑ Han-Kengai
Han-Kengai: Bezeichnung für die Halbkaskade oder halbhängende Form, eine Bonsai-Form, die ähnlich wie der ↑ Shakan geneigt ist, jedoch fast waagerecht über den Gefäßrand hinauswächst. Gezogen wird der H. aus einem Stamm, der kurz über dem Erdboden seine dominierende Stellung verliert; die Gestalt wirkt

dadurch aufgelöst und buschig. Die Äste und Zweige der Krone wachsen nach allen Seiten, außer senkrecht. Die tiefsten Zweige reichen maximal bis zur Hälfte des Gefäßes. Die Form des H. wird entweder durch ↑ Drahten oder durch Schräglage des Gefäßes erreicht. Der Baum muß schrittweise in diese Form hineinwachsen. Der Wurzelansatz wird besonders herausgearbeitet, ebenso einige Wurzeln, die entgegen der Neigungsrichtung weisen. Bevorzugt wird auch bei dieser Form ↑ Moos untergepflanzt.

Vorbilder für H. findet man in der Natur in Steinbrüchen oder an Felsenklippen, wo diese Bäume waagerecht über einen Abgrund wachsen. Als Ausgangsmaterial eignen sich vor allem Jungpflanzen, da sie sich mühelos in die gewünschte Richtung ziehen lassen (↑ Blüten-Bonsai und fruchtender Bonsai).

Die Gefäße für H. sind tief und können

quadratisch, rund, sechs- oder achteckig sein. Die Farben der Glasur reichen von sehr hell bis erdfarben, wobei auch grünliche, bläuliche und rötliche Farbtöne erlaubt sind. Welche Farbe für welchen Baum passend ist, wird von der Art des Bonsai bestimmt. So kann ein gelb blühender Winterjasmin *(Jasminum nudiflorum)* durchaus in einer tiefblauen Schale arrangiert werden, währenddessen für eine Mädchenkiefer *(Pinus parviflora)* eine Schale mit heller Glasur vorteilhafter wirkt.

Besonders geeignete Gattungen bzw. Arten für H. sind:
Feige/Gummibaum *(Ficus)*,
Felsenmispel *(Cotoneaster)*,
Gardenie *(Gardenia jasminoides)*,
Kamelie *(Camellia japonica)*,
Kiefer *(Pinus)*,
Winterjasmin *(Jasminum nudiflorum)*.
Hauptachse ↑ Kompositionsregeln
Hauptnährstoffe ↑ Nährstoffe
Herbstdüngung ↑ Düngung
Hilfsmittel ↑ Werkzeuge
Hokidachi: Bezeichnung für die »Besen-

Hokidachi

form«, eine recht einfach zu ziehende Gestaltungsform, die besonders von Anfängern leicht ausgeführt werden kann.

Der Stamm bildet die Hauptachse und verläuft senkrecht vom Wurzelhals bis in die Krone. Im unteren Drittel ist er astfrei; danach löst er sich in eine sich nach allen Seiten gleichmäßig erhebende Krone auf, die sich fächerförmig erweitert. Das Größenverhältnis von Krone zu Stamm beträgt 2:1. Bei der feinen Verzweigung der Äste ist darauf zu achten, daß alle Triebe genügend Licht erhalten können. Die Schnitt- und Gestaltungsmaßnahmen werden in unbelaubtem Zustand, vor allem im zeitigen Frühjahr durchgeführt. Die schönsten H. lassen sich aus Sämlingen oder Stecklingen (↑ Vermehrung) ziehen. Bei Baumschulenmaterial oder aus der freien Natur gesammelten Bäumen entstehen bei den Gestaltungsmaßnahmen oft grobe Schnittstellen; sie sind im unbelaubten Zustand des Baumes erst nach Jahren nicht mehr sichtbar. Gerade der unbelaubte Zustand macht den besonderen Reiz der Besenform aus. In der freien Natur findet man sie bei einigen frei stehenden Laubbäumen.

Gepflanzt wird ein H. in eine runde oder ovale Schale; sie soll recht flach sein und von heller Glasur. Im kreisrunden Gefäß steht der Baum im Mittelpunkt, im ovalen dagegen seitlich. Eine Bepflanzung der Erdoberfläche mit Moosen und kleinen Gräsern und Farnen ist empfehlenswert. Auch die ↑ Unterpflanzung muß mit dem Charakter des Bonsai im unbelaubten Zustand und dem Gefäß im Einklang stehen.

Für die Gestaltung als H. eignen sich Laubgehölze, darunter besonders:

Ahorn *(Acer)*,

Feige/Gummibaum *(Ficus)*,

Zelkowe *(Zelkova)*.

Hornspäne ↑ Düngung

I

Ikada, *Ikada-Buki,* »*Floßform*«: eine Baumgruppe, die aus einem umgelegten Stamm gestaltet wurde. Die Gruppe setzt sich aus vielen Stämmen zusammen, die ursprünglich Seitenäste eines Einzelbaumes, und zwar eines ↑ Chokkan waren (Unterschied zu Netsuranari). Ein Baum stürzt um, ein großer Teil der Äste bricht weg, ein Teil der Wurzeln bleibt aber im Erdreich verankert und erhält den Baum am Leben. Neue Wurzeln können sich dort bilden, wo durch das Wegbrechen der Äste die Rinde des Stammes verletzt wurde. Die noch vorhandenen Äste richten sich auf, es entsteht eine Baumgruppe, die der ursprüngliche Stamm verbindet. Ein Prozeß, der sich nur sehr langsam vollzieht. Die Anzahl der neu gezogenen Stämme sollte immer ungerade sein, um Symmetrie zu vermeiden. Die neuen Stämme streben dem Licht entgegen, sie wachsen aufrecht bis leicht geneigt und gruppieren sich etwa in einer Linie; Teile des früheren Stammes bleiben sichtbar. Der Abstand der einzelnen Stämme und Stammgruppen variiert. Auch bei dieser Form ist, ähnlich wie bei den ↑ Kabudachi, der stärkste Stamm dominierend, alle übrigen ordnen sich unter. Die Äste der sich neu bildenden Stämme können vereinzelt, vor allem an den äußeren Stämmen, bereits im unteren Stammdrittel beginnen. Sie entwickeln sich nach allen Seiten hin. Insgesamt erreicht I. eine geschlossene Krone, wobei zu beachten ist, daß sie in sich nicht zu dicht wird, weil sie sonst infolge Lichtmangels im Inneren verkahlen kann. Zur Unterpflanzung eignet sich Moos, auf Gräser und kleine Blütenpflanzen wird verzichtet.

Die I.-Baumgruppen lassen sich am besten aus älteren ↑ Baumschulpflanzen oder größeren gesammelten Exemplaren (↑ Jamadori) heranziehen. Jungpflanzen eignen sich weniger, da ihre Seitenäste noch nicht kräftig genug sind.

Die erdfarbenen Pflanzgefäße sind durchweg flach und meist von rechteckiger oder ovaler Form. Flache Steinplatten werden bevorzugt.

Für die Gestaltungsform des I. sind geeignet:
Ahorn *(Acer)*,
Fichte *(Picea)*,
Kiefer *(Pinus)*,
Wacholder *(Juniperus)*.

Ikada-Buki ↑ Ikada

immergrüne Gehölze: Bezeichnung für Nadel- und Laubgehölze, die Blätter besitzen, die über mehrere Vegetationsperioden, mindestens aber ein Jahr, am Gehölz verbleiben. Zu den immergrünen Nadelgehölzen gehören unter anderem Tanne *(Abies)*, Kiefer *(Pinus)*, Fichte *(Picea)*, Eibe *(Taxus)*, Wacholder *(Juniperus)*, Zypresse *(Cupressus)*, Lebensbaum *(Thuja)*. Beispiele immergrüner Laubgehölze sind Heidekraut *(Calluna)*, Erika *(Erica)*, Krähenbeere *(Empetrum)*, Buchsbaum *(Buxus)*, Efeu *(Hedera)*, Alpenrose *(Rhododendron)* und Stechpalme *(Ilex)*.

Besonderheiten der Bonsai-Kultur von i. G.:

Während der Herbstmonate (September/ Oktober) benötigen diese Gewächse erhöhte Wassergaben, um unbeschadet den Winter zu überdauern. Während der Frostperiode ist keine Wasseraufnahme möglich, durch Verdunstung und Assimilation wird jedoch Wasser abgegeben und verbraucht. Deshalb sollten diese Gewächse während der Wintermonate im Freiland einen Wind- und Sonnenschutz aus Reisig erhalten (↑ Überwinterung). In Räumen überwinterte Pflanzen benötigen ausreichend Licht.

Indoor-Bonsai ↑ Zimmer-Bonsai

Insektizide ↑ Schadbilder

Ishitsuki: eine Bonsai-Gestaltung als Felsenpflanzung. Bei dieser Form wächst der Baum in einer Nische oder Spalte auf

Ikada

einem Felsen. Das Wurzelvolumen ist sehr gering, da es über den Stein hinaus keine Verbindung der Wurzeln in das Erdreich der Schale gibt (Unterschied zu ↑Sekijoju). Die Felspflanzung stellt die Einheit und Kombination von Stein und Baum dar, wobei der Baum als ↑Moyogi, ↑Shakan, ↑Fukinagashi oder ↑Bunjingi, seltener als ↑Kengai oder ↑Han-Kengai gestaltet sein kann. Unpassend und nicht geeignet für den außergewöhnlichen

Charakter der Pflanzung sind ↑Chokkan und ↑Hokidachi. Der Stein, auf den gepflanzt werden soll, ist porös, besitzt eine rauhe Oberfläche und scharfkantige Konturen. Natürlich entstandene Spalten und Nischen eignen sich am besten für das Aufpflanzen. Zusätzlich können Löcher gebohrt oder gemeißelt werden. Kleine eingeklebte Drahtösen erleichtern das Befestigen dünner Drähte, die zum Arretieren der Wurzeln dienen.

Ishitsuki

Als Substrat wird die Hälfte eines Lehm-Torf-Gemisches (1:1) auf den Stein aufgetragen und mit zwei bis drei einzelnen Hornspänen versetzt (↑ Düngung). Auf dem Substrat werden die gewaschenen Wurzeln verteilt und vorsichtig angedrückt. Einen sicheren Stand erhält der Baum, nachdem die Wurzeln mit Hilfe der dünnen Drähte befestigt wurden. Anschließend sind die Wurzeln mit dem restlichen Lehm-Torf-Gemisch zu bedecken. Moose und kleine Blütenpflanzen können aufgepflanzt werden (↑ Unterpflanzung). Man beachte jedoch, daß niemals mehr als drei verschiedene Pflanzenarten zu verwenden sind. Ein schattiger bis halbschattiger Standort ist optimal. Die Pflanzung wird wenig gegossen, dafür oft besprüht.

Es bietet sich an, den I. in eine flache, rechteckige, runde oder ovale Schale, die mit Wasser gefüllt ist, zu stellen. Dadurch wird die Feuchtigkeit der Luft, die den Baum umgibt, erhöht. Für den Betrachter entsteht bei dieser Pflanzung der Eindruck einer bewachsenen Insel. Beim Arrangieren sollen vor allem junge Bäumchen verwendet werden. Beim Aufpflanzen werden so weniger Wurzeln verletzt, die beschnitten werden müssen, und die Pflanzen können wesentlich leichter anwachsen.

Für I. besonders geeignet sind:
Ahorn *(Acer)*,
Fichte *(Picea)*,
Japanische Sicheltanne *(Cryptomeria japonica)*,
Kiefer *(Pinus)*,
Lorbeerfeige, Gummibaum *(Ficus retusa)*.

J

jahreszeitliche Pflanzung: ein Pflanzenarrangement ähnlich dem ↑ Saikei, bei dem jedoch weniger Wert auf die Stilformen der einzelnen Pflanzen gelegt wird, vielmehr soll jede einzelne Pflanze einen Wunsch symbolisieren. Es kann zu bestimmten Jahreszeiten oder für bestimmte Höhepunkte (z. B. zum Neujahrsfest) gepflanzt werden. Die j. P. zählt nicht zu den Bonsai-Formen, sondern stellt eine Pflanzung nach Art des Bonsai dar.

Jamadori: Bezeichnung für in der Natur gesammelte Bonsai. Das Sammeln von Jungpflanzen oder schon alter, durch Wind, Wetter und Standort geprägter Pflanzen in der freien Natur gehört wohl zur erlebnisreichsten Art, zu einem Bonsai zu gelangen. Als günstige Sammelgebiete haben sich stillgelegte Geröll- und Schutthalden erwiesen. Auch Dachrinnen und zerfallenes Mauerwerk bergen oft wahre Schätze an kleinen und schon alten Bäumen. Aber auch an Waldrändern und im Gebirge lassen sich, wenn auch recht selten, für Bonsai geeignete Pflanzen finden. Für diese Art des J. sollte folgendes beachtet werden: Alle gesetzlichen Bestimmungen des Naturschutzes müssen unbedingt eingehalten werden! In Förstereien bzw. beim zuständigen Forstwirtschaftsbetrieb ist die Genehmigung für das Sammeln von Gehölzen einzuholen.

Es sollte bekannt sein, welche Baumarten sich im Sammelgebiet angesiedelt haben und ob vorwiegend Jungpflanzen (Waldränder) oder schon ältere Pflanzen (höhere Gebirgslagen) zu erwarten sind. Auch die Bodenbeschaffenheit muß bedacht werden, wenn es darum geht, geeignetes Werkzeug einzupacken. Zu den wichtigsten Utensilien gehören ein zusammenklappbarer Spaten, ein scharfes Messer, eine Gartenschere und für felsigen Untergrund Hammer und Meißel. Außerdem werden Folienstücke oder Beutel und feuchte Tücher zum Verpacken der ausgegrabenen Bäume benötigt. Günstig für eine Sammelaktion ist das zeitige Frühjahr; je nach Höhenlage bereits Mitte März oder erst Ende April/Anfang Mai. Die Feuchtigkeit der Schneeschmelze sollte noch in den oberen Bodenschichten vorhanden sein, auch nach Regenfällen läßt es sich gut sammeln. Bei entsprechender Durchfeuchtung des Standortes bleibt die Erde gut an den Wurzeln haften und ermöglicht es, die Pflanze mit Ballen auszugraben. Gerade bei älteren Pflanzen ist das von großer Bedeutung. Sie wachsen beim Umsetzen mit Ballen leichter an.

Im Sammelgebiet angekommen, sieht

Jamadori; beim Sammeln in der Natur wird der Wurzelballen in etwa gleicher Größe wie die Krone umstochen; die Hauptwurzel wird schräg nach unten abgetrennt und der Ballen mit dem Erdreich ausgehoben

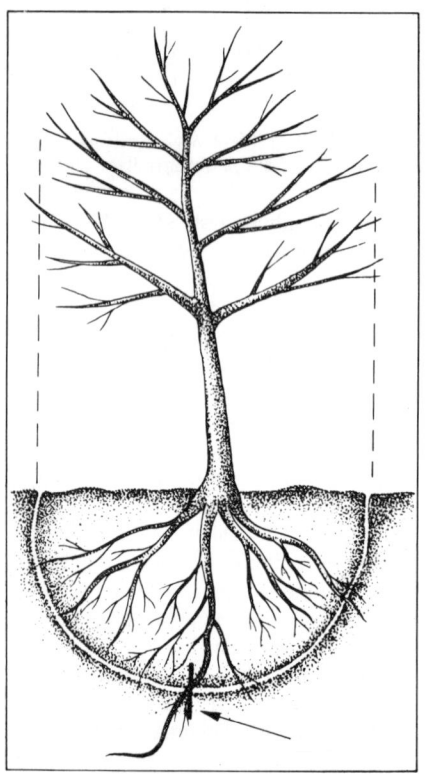

man sich erst viele Jungpflanzen an und markiert einige, die in die engere Wahl gezogen werden. Bei diesen werden hohes Gras und Unterwuchs vorsichtig entfernt, damit der Wurzelansatz sichtbar wird. Entspricht auch dieser in etwa den gewünschten Vorstellungen, so kann ein erster grober Astschnitt (↑ Gestaltungsschnitt) vorgenommen werden. Dabei werden alle Äste weggeschnitten oder zurückgesetzt, die nicht in die später zu gestaltende Form passen. Nun erst trifft man die endgültige Entscheidung, ob der auserwählte Baum ausgegraben wird oder doch zu viele Mängel aufweist, die nicht mehr korrigierbar sind. Dazu gehören starke Krümmungen über dem Wurzelhals, die sich bei älteren Exemplaren auch durch das Drahten nicht mehr korrigieren lassen, sowie größere Narben am Stamm. Dagegen läßt sich eine lückenhafte Verzweigung in einigen Jahren durch gezielt angewandte Schnitte ausgleichen.

Spricht alles dafür, das Bäumchen auszugraben, so sollte der Wurzelballen großzügig umstochen werden (↑ Wurzelvolumen). Nur wenige in die Tiefe führende Hauptwurzeln sind zu durchtrennen. So kann man die Pflanze mit dem Wurzelballen herausheben. Jetzt können die schon im Erdreich abgetrennten Wurzeln mit der Gartenschere sauber nachgeschnitten werden. Beschädigte und gebrochene Wurzeln werden ebenfalls entfernt. Danach wird der Wurzelballen in feuchte Tücher oder feuchtes Moos *(Sphagnum)* und anschließend in die mitgebrachte Folie eingeschlagen und baldmöglichst zum künftigen Standort gebracht.

Der ausgegrabene Wurzelballen ist für eine Bonsai-Schale um ein Vielfaches zu groß, deshalb sollte das Bäumchen noch für etwa zwei bis drei Jahre auf einem Beet ausgepflanzt kultiviert werden. Während dieser Zeit wird der Ballen mehrmals reduziert. Hauptsächlich star-

Jamadori; *Fagus sylvatica*; Alter etwa 20
Jahre; *links* nach dem Ausgraben werden die
Wurzeln in ein feuchtes Tuch eingeschlagen,
rechts nach dem ersten Gestaltungsschnitt

ke kräftige Wurzeln, die nach unten
wachsen, werden wiederholt in größeren
Abständen (↑ Wurzelschnitt) eingekürzt,
bis die Form des Ballens dem vorgesehenen Bonsai-Gefäß angepaßt ist.
Japanische Bonsai ↑ Bonsai
Jin: Bezeichnung für eine Technik des
↑ künstlichen Alterns. Dabei werden
Bruchstellen oder abgestorbene Äste für
den Gesamteindruck des Baumes erhalten. Diese Äste werden nicht abgeschnitten, sondern konserviert und in die Ge-
samtkomposition eingearbeitet, so daß
der Baum optisch an Alter gewinnt. Jin
stellt keine selbständige Gestaltungsform dar, sondern kann in fast jeder anderen (außer ↑ Hokidachi – Besenform) zu
finden sein; es gibt die Möglichkeit, Bäume optisch zu verkürzen. Für die Gestaltung eines Jin werden ein sehr scharfes
Messer, eine Pinzette zum Zupfen der
Nadeln und eine Astschere (↑ Werkzeuge) benötigt.
Zuerst werden die Blätter bzw. Nadeln
der Baumspitze entfernt, von der an-

schließend mit größter Sorgfalt die Rinde
abgeschält wird, ohne dabei die Spitze
abzubrechen. Die Behandlung mit einem
Bleichmittel (↑ Bleichen) läßt die Spitze
verwittert und ausgeblichen erscheinen.
Als letzter Arbeitsgang empfiehlt sich das
Bestreichen des gebleichten Holzes mit
einem Kunstharz. Diese Konservierung
sollte alle ein bis zwei Jahre wiederholt
werden. Bei abgestorbenen Ästen verfährt man ähnlich, nur daß diese teilweise
noch eingekürzt oder angespitzt werden
können, bevor sie geschält, gebleicht
und konserviert werden.
Jin kann bei allen Nadel- und Laubgehölzen angewendet werden, die sich zur
Bonsai-Gestaltung eignen. Besonders
empfehlenswert ist Chinesischer Wacholder *(Juniperus chinensis)* und *J. sar-
gentii.*

K

Kabudachi, *Kabudate, Kabubuki:* eine
Bonsai-Form, bei der mehrere Stämme
aus einer gemeinsamen Wurzel wachsen. In der freien Natur ist diese Wuchsart
nicht ungewöhnlich, entspringen doch
der Wurzel oder dem Stumpf eines abge-

sägten oder umgestürzten Baumriesen viele Triebe. Im Laufe der Jahre können diese zu Stämmen verschiedenster Stärke heranwachsen. Unterschieden werden diese K. oft nach der Anzahl der Stämme. Beispielsweise verkörpern zwei Stämme (↑Sokan) Vater und Sohn, drei Stämme (↑Sankan) den Drillingsstamm. Außer bei Sokan wird keine gerade Anzahl von Stämmen herangezogen, da eine unerwünschte Symmetrie entstehen würde. Immer dominiert der stärkste Stamm; er verkörpert die Hauptachse, der sich alle Stämme unterordnen (ähnlich wie die Zweige um den Stamm des Einzelbaumes ↑Chokkan). Insgesamt wirken die vielen Stämme unterschiedlicher Stärke als ein Ganzes. Der Ausdruck der K. ist freundlich und heiter. Durch viele heranwachsende Stämme kann sich der ↑Wurzelansatz so stark entwickeln, daß er dem Panzer einer Schildkröte ähnelt. Solche K. können als ↑Korabuki bezeichnet werden. Zur ↑Unterpflanzung eignet sich Moos sehr gut. Es unterstreicht die Wirkung der gemeinsamen Wurzel.

Als Gefäße finden flache Schalen mit rechteckigem, rundem oder ovalem Grundriß Verwendung. Flache Tabletts mit und ohne Füße sowie Steinplatten eignen sich ebenfalls sehr gut. K. werden hauptsächlich durch ↑Abmoosen gewonnen. Langwieriger ist das Abschnei-

Kabudachi

Kengai

den eines stärkeren Einzelbaumes und
das Heranziehen der sich neu bildenden
Triebe. Die ↑ Veredlung wäre eine weite-
re Möglichkeit für die Gewinnung dieser
Wuchsform, von der jedoch wegen der
bleibenden Narben und der hohen Aus-
fallquote selten Gebrauch gemacht wird.
Für K. eignen sich besonders:
Ahorn *(Acer)*,
Eiche *(Quercus)*,
Hainbuche *(Carpinus betulus)*,
Kiefer *(Pinus)*,
Rotbuche *(Fagus sylvatica)*,
Weide *(Salix)*,
Winterlinde *(Tilia cordata)*.

Kalium ↑ Nährstoffe
Kaskade ↑ Kengai
Keimprobe: Überprüfen der Samen auf
ihre Keimfähigkeit, unabhängig von der
Saatgutaufbereitung. In der Regel werden die Samen dazu 12 bis maximal 48
Stunden in handwarmes Wasser (36 °C)
gebracht, wobei die Wassertemperatur
möglichst konstant bleiben soll. Nährge-
webe, Samenschale und keimfähiger Samen nehmen Wasser auf; sie sinken deshalb im Gefäß nach unten. Alle tauben,
d. h., nicht keimfähigen Samen nehmen
kein Wasser auf und schwimmen an der
Wasseroberfläche. Unmittelbar nach der

K. erfolgt die ↑ Aussaat des keimfähigen Saatgutes.

Kengai: Bezeichnung für die Kaskade oder auch hängende Form, die für den europäischen Betrachter ungewöhnlich erscheint. K. ist schwierig zu gestalten und deshalb auch wenig anzutreffen. Die Kaskade wird hauptsächlich durch ↑ Drahten erreicht und bildet im Umriß ein spitzes Dreieck. Der Stamm und auch die Zweige hängen tief über den Topf hinab; dabei gibt es keine Begrenzung nach unten. Das Aufstellen eines K. erfordert einen hohen Ständer, zumindest aber einen erhöhten Standort. Der hängende Stamm kann durchgehend vom Wurzelhals bis zur Kronenspitze verlaufen. Die Kaskade kann sich aber auch nach der Ausbildung eines kurzen Stammes in eine hängende Buschform auflösen. Verläuft der Stamm durchgehend, dann sind ähnlich wie beim ↑ Han-Kengai auch der Wurzelansatz und einige obere Wurzeln deutlich sichtbar. Bei der buschförmigen Gestaltungsweise werden hingegen der kurze Stamm und der Wurzelbereich verdeckt, da der erste oder zweite Ast über der Wurzel schräg nach oben gezogen wird. Damit wird ein „Gegengewicht" zum hängenden Teil des Baumes geschaffen und der Bonsai erscheint ausgewogener. Die Anordnung der Zweige könnte man im weiteren Sinne mit Etagen bezeichnen, die sich nach unten verjüngen. Der Leittrieb sollte, falls vorhanden, in seinen Konturen weitgehend sichtbar sein, die Blattmasse ausgewogene Proportionen zu den Ästen bilden. Alle Blätter, die an den Zweigen nach unten zeigen, werden entfernt, so daß die Äste von

Kompositionsregeln für Chokkan;
1 Hauptachse (Stamm),
2 Hauptast (größter Ast),
3 zweitgrößter Ast,
4 Umrißlinien,
5 Zwischenräume im Astwerk,
6 sichtbarer Wurzelansatz

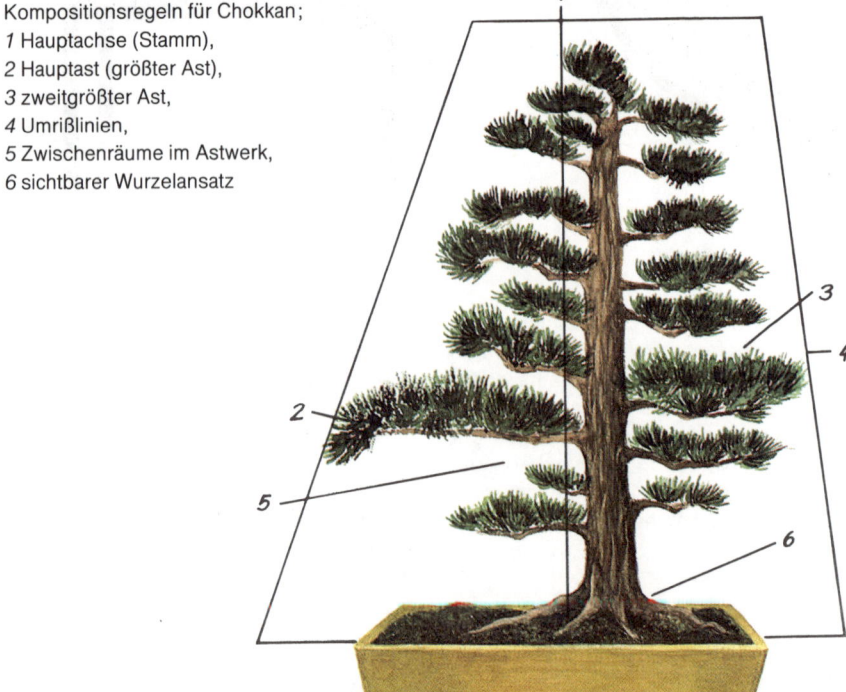

unten her immer kahl sind. Auf eine Unterpflanzung wird weitgehend verzichtet.
Vorbilder für diese Bonsai-Form findet
man in der freien Natur nur im Hochgebirge, wo sich Bäume vereinzelt in Felsspal-
ten halten und all ihre Äste und Zweige
nach unten wachsen. Als Ausgangsmaterial können sowohl ↑ Baumschulpflanzen als auch selbstgezogene Jungpflanzen (↑ Vermehrung) Verwendung finden.
Biegsamkeit und Geschmeidigkeit der
Äste und Triebe sind die wichtigsten Voraussetzungen.
Die Gefäße (↑ Pflanzgefäße) sind sehr
hoch und meist rund oder quadratisch.
Die Glasur hat erdfarbene Töne, aber
auch lichtes Grün und helles Beige sind
anzutreffen.
Besonders für K. geeignet sind:

Efeu *(Hedera helix)*,
Feige/Gummibaum *(Ficus)*,
Feuerdorn *(Pyracantha coccinea)*,
Gardenie *(Gardenia jasminoides)*,
Kamelie *(Camellia japonica)*,
Kiefer *(Pinus)*,
Wacholder *(Juniperus)*,
Weide *(Salix)*,
Weißdorn *(Crataegus laevigata)*,
Winterjasmin *(Jasminum nudiflorum)*.
Klengen ↑ Saatgutlagerung
Kompositionsregeln. Alle ↑ Gestal-
tungsformen orientieren sich an gemein-
samen Regeln, mit deren Hilfe sich jeder
Bonsai einordnen läßt. Haupt- und Ne-
benachsen gliedern den Baum in vertika-
ler, die Astebenen in horizontaler Rich-
tung. Die Hauptachse (Schwerlinie) bil-
det der Stamm (Einzel-Bonsai, ↑ Chok-

Kompositionsregeln für Moyogi;
1 Hauptachse, (Stamm),
2 Hauptast (größter Ast),
3 zweitgrößter Ast,
4 Umrißlinien,
5 Zwischenräume im Astwerk,
6 sichtbarer Wurzelansatz

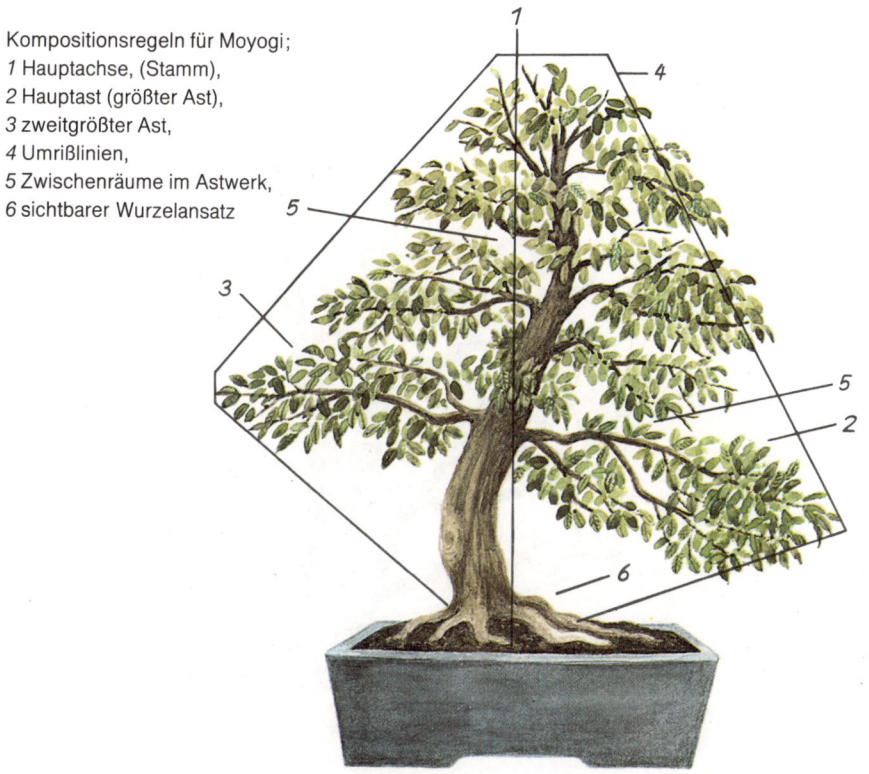

kan, ↑ Moyogi u. a.) Sind mehrere Stämme vorhanden (↑ Kabudachi u. a.), so bildet der stärkste Stamm die Hauptachse. Bei der Gestaltung wird die Hauptachse weitgehend freigelegt. Sie muß deutlich sichtbar sein. Die Nebenachsen (Nebenlinien) werden bei den ↑ Kabudachi, ↑ Yose-ue u. a. durch die sich unterordnenden Stämme gebildet. Die Äste gliedern den Baum in horizontale Ebenen, die immer von unterschiedlicher Größe sind und sich nach oben (bei ↑ Kengai nach unten) verjüngen. Zwischen den Ebenen befinden sich Freiräume, sie ermöglichen den Lichtzutritt zu allen ausgebildeten Blättern.

Kopfdüngung ↑ Ausbringungsverfahren
Korabuki: eine ausgefallene Gestaltungsform, bei der der Wurzelhals so verstärkt ist, daß er wie ein Schildkrötenpanzer aussieht. Aus diesem „Panzer" wachsen mehrere Stämme einzeln heraus. K. kann als Sonderform eines ↑ Kabudachi angesehen werden.

Krankheiten ↑ Schädlingsbekämpfung, ↑ Schadbilder
kriechende Form ↑ Netsuranari
Kronenvolumen: die Gesamtheit aller Äste, Zweige und Triebe. Sowohl bei Jungpflanzen in Bonsai-Kultur als auch bei den Bäumen in der freien Natur ist das Verhältnis von K. zu ↑ Wurzelvolumen etwa 1:1. Bei einem über mehrere Jahre getrimmten Bonsai ist das K. etwa doppelt so groß wie das Wurzelvolumen.

künstliches Altern. Mit zunehmendem Alter des Baumes kommen sein Charakter und seine Schönheit erst richtig zum

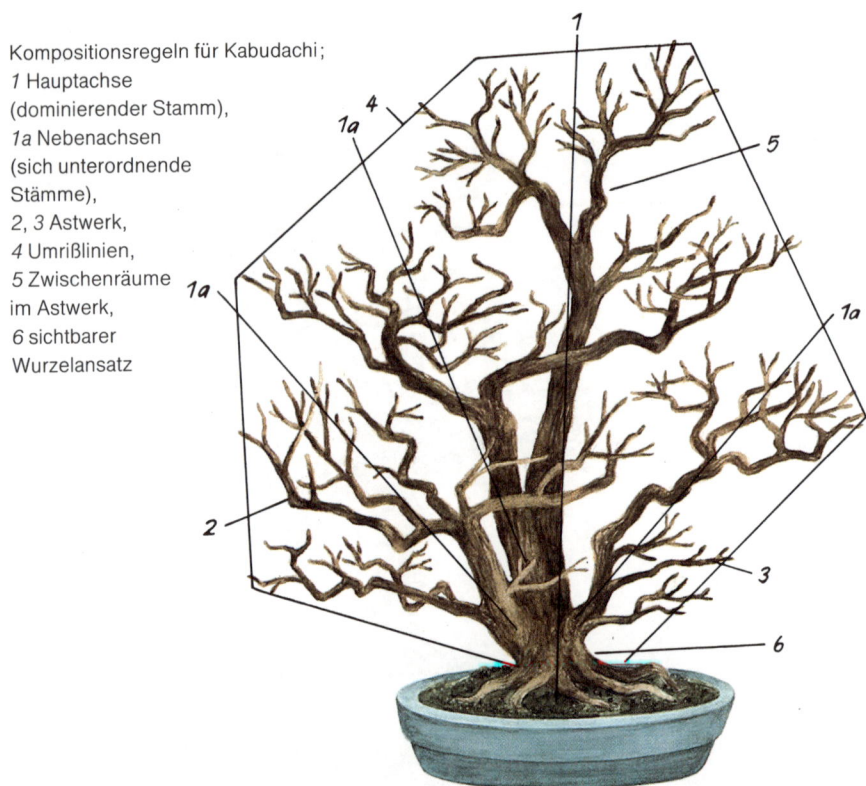

Kompositionsregeln für Kabudachi;
1 Hauptachse
(dominierender Stamm),
1a Nebenachsen
(sich unterordnende
Stämme),
2, 3 Astwerk,
4 Umrißlinien,
5 Zwischenräume
im Astwerk,
6 sichtbarer
Wurzelansatz

Ausdruck. Vielfach möchte man noch jungen Bäumen diesen Charakter verleihen und sie als „sturmerprobte Veteranen" erscheinen lassen. Auch Gestaltungsfehler lassen sich mit den Techniken des k. A. wettmachen, z. B. wenn ein Baum in seiner Krone zu hoch gewachsen ist oder ein starker Ast durch Unachtsamkeit abgebrochen wurde. Im Extremfall werden gespenstische „Baumruinen" halb abgestorben oder umgestürzt in ihrem ungebrochenen Lebenswillen dargestellt. Absonderliche Baumgestalten, wie sie z. B. häufig in Hochgebirgs- oder Moorlandschaften zu finden sind, dienen in solch einem Fall als Gestaltungsvorbild.

Es werden drei Techniken oder Stile des k. A. unterschieden:

↑ Jin – starke Äste, die sich im Laufe der Gestaltungen im oberen Kronenteil allzu stark entwickelt haben, werden nicht herausgeschnitten, sondern optisch retuschiert;

↑ Sabamiki – gespaltener Stamm;

↑ Shari – geschälter Stamm.

Diese drei Techniken können einzeln oder kombiniert in andere Gestaltungsformen eingearbeitet werden, bilden also keine eigenständigen Gestaltungsfor-

Künstliches Altern durch
Jin und Sabamiki (↑ Shari)

men. Außerdem lassen sich typische Altersmerkmale, wie die ↑Stammverdickung oder auch die ↑Astverdickung, künstlich beeinflussen.

L

Lauberde ↑ Erden
Lehm ↑ Erden
Licht: ein wesentlicher Umweltfaktor, der bei Pflanzen vor allem die Photosyntheseleistung steuert. In geografischen Regionen mit jahresperiodisch wechselnder L.intensität drückt sich das wesentlich im Wachstum der Pflanzen aus. Im Frühjahr, mit steigender L.- und Wärmeintensität, beginnt das Wachstum mit dem Austrieb und der Entfaltung der Blätter. An den längsten Tagen des Jahres sind die Blätter voll entfaltet und das Wachstum erreicht seinen Höhepunkt. Mit sinkender L.intensität und abnehmender Temperatur im Herbst sterben die Blätter der Laubgehölze und fallen ab. Die immergrünen Gehölze stellen ebenfalls ihr Wachstum ein. In tropischen Regionen sind L. und Wärme ganzjährig etwa gleichbleibend und die Entwicklung der Pflanzen wird nicht oder durch andere Faktoren periodisiert.
Die L.ansprüche einer Pflanze sind bei der Wahl des Standortes von großer Bedeutung. Dabei ist zu beachten, daß eine gewünschte hohe L.intensität nicht mit einer direkten Einwirkung der Sonnenstrahlen gleichzusetzen ist. An optimalen Standorten (im Freiland oder im Gewächshaus) erhält ein Bonsai von allen Seiten die gleiche L.intensität und wird einen allseitig guten Wuchs erreichen. Beim Aufstellen auf einem Balkon bzw. in einem Fenster bekommt die Pflanze nur von einer Seite L. und sollte deshalb alle 14 Tage gedreht werden, um ein optimales Wachstum zu gewährleisten. Einige wenige Pflanzen reagieren darauf mit dem Abwerfen der Knospen, da sie das Drehen während der Knospenausbildung und der Blütezeit nicht vertragen (*Camellia*). Für einen Zimmer-Bonsai sollte deshalb möglichst der hellste Platz im Zimmer gewählt werden. Ein Belichtungsmesser ist dabei eine gute Hilfe (↑ Lichtverhältnisse in Räumen). Moderne L.quellen können das Tageslicht ergänzen oder auch vollständig ersetzen. Auf diese Weise wird auch ein Standort mitten im Zimmer möglich. Bei ungünstigen L.verhältnissen, z. B. im Winter, ist es ratsam, am Fenster eine Zusatzbeleuchtung anzubringen. Bei der Auswahl der künstlichen L.quellen muß jedoch die unterschiedliche L.empfindlichkeit berücksichtigt werden. Mit der Regulierung über eine Zeituhr läßt sich eine gleichbleibende Belichtungsdauer (Wochenende, Urlaub) erreichen. Normale Glühlampen sind für die Belichtung von Pflanzen ungeeignet, ihr L. entspricht nicht dem Tages-L. Außerdem kann es durch die hohe Wärmeabgabe zu überhöhten Temperaturen, im Extremfall zu Verbrennungen führen. Empfehlenswert sind Leuchtstofflampen in verschiedenen Farben, da sie mehr L. und weniger Wärme abgeben. Rote, blaue und violette Farbtöne beeinflussen das Pflanzenwachstum positiv. Durch Kombination kann ein optimales Spektrum und damit die beste Voraussetzung für das Pflanzenwachstum auch mitten im Wohnraum geschaffen werden. Ungeeignet sind grüne und grüngelbe Farbtöne. Beim Einsatz einer Zusatzbelichtung für einen begrenzten Zeitraum (Winterhalbjahr) müssen die Pflanzen langsam daran gewöhnt werden. Günstig ist es, im Oktober mit der Zusatzbelichtung zu beginnen und sie im März zu beenden. Am Tag sollte sie etwa sechs bis acht Stunden eingeschaltet werden. Stehen die Pflanzen mitten im Zimmer und müssen fast vollständig mit Kunstlicht versorgt werden, so sind die Lampen zehn bis zwölf Stunden täglich

einzuschalten. Die Lampen sind in einem Abstand von 30 bis 60 cm über den Pflanzen zu installieren. Die meisten Pflanzen benötigen eine L.intensität von 500 bis 1000 lx für ein gesundes Wachstum. Eine Dauerbelichtung ist ungeeignet, da die Pflanzen auch eine Ruhepause (Dunkelphase) für ein gesundes Wachstum benötigen. Beeinflußt werden kann das Pflanzenwachstum auch durch den Einsatz von Blitz-L. Das mehrmalige „Blitzen" der Pflanzen während des Tages regt sie zur Photosynthese und damit zum Wachstum an. Der Einsatz des Blitz-L. wirkt sich besonders günstig bei Zimmer-Bonsai aus, da bei vielen die natürliche Wachstumszeit in unsere lichtarmen Wintermonate fällt. Hinzu kommt, daß der Wuchs kompakter und gedrungener wird. Auf diese Weise läßt sich in der Krone eine feinere Verzweigung erzielen. Während der Sommermonate ist das „Blitzen" nicht erforderlich, die Intensität des Tages-L. reicht bei entsprechendem Standort für das Wachstum aus.

Lichtverhältnisse in Räumen. Sie hängen von der Anzahl und Größe der Fenster, von der Jahreszeit und von der Umgebung ab. So können vor dem Fenster stehende Bäume oder gegenüberliegende Gebäude den Lichteinfall abschwächen. Andererseits reflektieren weiße Wände oder Glasfronten die Strahlung. Die durch das Fenster einfallende Tageslichtmenge wirkt stets nur einseitig auf die Pflanze. Südfenster erhalten an wolkenlosen Tagen mehrere Stunden direkte Sonneneinstrahlung. Auf Pflanzen, die direkt hinter der Glasscheibe stehen, treffen also nahezu 100 % des einfallenden Lichtes; sie verbrennen deshalb oft bei praller Sonne. Nur wenige vertragen die pralle Sommersonne hinter dem Fensterglas, während sie im Freiland durchaus an einem vollsonnigen Platz aufgestellt werden können. Im Freiland stehende Pflanzen sind widerstandsfähiger und

abgehärteter; Fensterglas hält die für die Abhärtung notwendige ultraviolette Strahlung ab. Wird das direkte Sonnenlicht, das in einem Südfenster einfällt, durch eine durchscheinende Gardine oder Seidenpapier abgeschwächt, erhalten die Pflanzen zwischen 60 und 75 % Lichtintensität. Ähnliche Bedingungen finden sie an unschattierten Fenstern der Ost- und Westseite, da die Sonne dort zwar mit 100 % ihrer Intensität einwirken kann, das aber nur über einen begrenzten Zeitraum (Morgen- bzw. Abendstunden). Die einfallende Abendsonne ist meist stärker und wärmer als die Morgensonne, die auf die Ostfenster trifft. Nordfenster erhalten keine direkte Sonneneinstrahlung. Der Lichteinfall von Norden ist vergleichsweise schwächer, unterliegt aber nicht derartigen Schwankungen. Diese mittleren Lichtverhältnisse bieten eine Lichtintensität von 9 bis 10 %. Etwa gleiche Lichtverhältnisse herrschen an einer schattigen Stelle eines sonnigen Südfensters. Je tiefer eine Pflanze im Raum steht, um so weniger Licht erhält sie. Schwache Lichtverhältnisse von 3 bis 5 % Lichtintensität können bereits 2,5 m von der Fensterseite entfernt vorhanden sein. Diese Lichtintensität reicht für ein optimales Pflanzenwachstum nicht mehr aus, eine Zusatzbelichtung durch Kunstlicht ist erforderlich (↑ Licht).

Die Helligkeit (Beleuchtungsstärke) an einem bestimmten Platz im Raum kann mit einem Fotometer gemessen werden. Die Maßeinheit der Beleuchtungsstärke wird in Lux (lx) gemessen. Neben dem Fotometer läßt sich die Beleuchtungsstärke – weniger genau – auch mit einem Belichtungsmesser feststellen. Dabei unterscheidet man zwischen der Objektmessung (bei der das vom Objekt reflektierte Licht gemessen wird) und der Lichtmessung (bei der das einfallende Licht gemessen wird). Zur Lichtmessung schiebt man vor die Meßöffnung des Belichtungsmessers eine Diffusorkalkotte (nur bei Geräten möglich, die entsprechend ausgerüstet sind) und erhält als Meßergebnis eine Verschlußzeit-Blende-Kombination für die eingestellte Filmempfindlichkeit (18 DIN, 20 DIN usw.). Mit Hilfe einer Belichtungsrechenscheibe (im Spezialfachhandel erhältlich) läßt sich der erhaltene Wert in Lux umrechnen (Tab.). Bei Fotoapparaten mit eingebautem Belichtungsmesser ohne Diffusor sind nur Objektmessungen möglich.

Ermittlung der Beleuchtungsstärke aus 18 DIN Filmempfindlichkeit und $^1\!/_{30}$ s Verschlußzeit

Blende	Lux	Blende	Lux
1,4	360	8	11500
2,8	1500	11	23000
4,0	2900	16	45000
5,6	5700	22	90000

Literatenform ↑ Bunjingi
Lüften. Für ein gesundes Wachstum der Pflanzen innerhalb geschlossener Räume ist die Zufuhr von Frischluft von großer Bedeutung. Sie dient sowohl dem Gasaustausch als der Temperatur- und Luftfeuchteregelung. So entsteht z. B. in einem ständig geschlossenen Vermehrungskasten oder als Verdunstungsschutz bei der vegetativen Vermehrung durch Überstülpen eines Plastebeutels oder Glases eine überhöhte Luftfeuchtigkeit, die letztlich die Bildung von Grauschimmel (↑ Schadbilder) bewirkt. Luftbewegung und Minderung der Luftfeuchtigkeit durch L. sind deshalb unerläßlich. Aber auch alle Räume, in denen Pflanzen aufgestellt sind, sollten täglich gelüftet werden. Dabei ist zu beachten, daß Zugluft von den meisten Pflanzen nicht oder nur schlecht vertragen wird; sie fördert auch die Ansiedlung der Roten Spinne (↑ Schadbilder). Während der Wintermonate ist besonders zu beachten, daß die

Pflanzen nicht der Frostluft ausgesetzt werden.
Luftfeuchtigkeit. Als absolute L. wird das Verhältnis der Masse des Wassers zum zugehörigen Luft-Wasserdampf-Volumen gemessen (g/l bzw. g/cm^3). Die Aufnahmefähigkeit der Luft für Wasserdampf nimmt mit steigender Temperatur zu. Von praktischer Bedeutung für die Pflanzenhaltung ist die relative L., die mit dem Hygrometer gemessen wird und in Prozent angibt, wieviel Wasserdampf – bezogen auf den bei der jeweiligen Temperatur maximal möglichen Wert (Sättigungswert) – in der Luft enthalten ist. Sie unterliegt täglichen und jahreszeitlichen Schwankungen. In Wohnräumen, die während der Wintermonate zentralbeheizt sind, liegt die relative L. meist unter 40 %. Die trockene Warmluft wird von den Pflanzen schlecht vertragen, weshalb die L. auf mindestens 40 bis 50 % erhöht werden muß. Das kann durch Aufstellen von Luftbefeuchtern oder kleinen Springbrunnen in der Nähe der Pflanzen erfolgen. Ausreichend sind aber auch Verdunstungsschalen oder Behälter, die ständig mit Wasser gefüllt auf Heizkörpern oder Öfen stehen. Werden die Pflanzen auf ein größeres Tablett gestellt, das mit einer Schicht Kies gefüllt ist, die ständig feucht zu halten ist, wird die L. ebenfalls günstig beeinflußt. Kurzzeitig kann sie auch durch Besprühen der Blätter erhöht werden. Gewächse mit glänzenden, ledrigen Blättern, wie Gummibaum (*Ficus*) oder Orangenraute (*Murraya*), haben eine schwache Verdunstung und sind weniger durch trockene Zimmerluft gefährdet. Gewächse mit größeren weichen Blättern, wie Russischer Wein (*Cissus antarctica*) oder Palisander (*Jacaranda*) reagieren empfindlicher auf trockene Zimmerluft. Während der Sommermonate sollte in der Umgebung von im Freiland aufgestellten Bäumen die L. erhöht werden, vor allem dann, wenn sie an einem luftigen, trockenen Platz, z. B.

auf einem Balkonbrett, aufgestellt sind. Hier ist ebenfalls das flache, mit Kies gefüllte Tablett gut geeignet. Bei im Garten unmittelbar auf dem Boden aufgestellten Pflanzen ist diese Maßnahme überflüssig, da der Boden Feuchtigkeit abgibt und das natürliche Mikroklima ausreichend Luftfeuchte bietet.

M

Mame-Bonsai, *Miniatur-Bonsai*: Bäumchen, die nach japanischer Legende so klein sind, daß sie auf einer Fingerspitze Platz haben. Ihre Gesamthöhe beträgt maximal 15 cm. Es ist bereits schwierig, das Größenwachstum bei einem mittleren oder kleinen Bonsai zu bremsen, ihn dabei optimal zu ernähren und seine spezifischen Eigenheiten herauszuarbeiten, M. benötigen jedoch ein Höchstmaß an Aufwand und Fingerspitzengefühl. Das erste Pflanzgefäß ist nur wenig größer als ein Fingerhut, sollte aber wie alle Pflanzgefäße ein Abzugloch besitzen. Das wenige Erdreich, es ist die übliche Bonsai-Erde (↑ Erden), nur feinkörniger, muß sehr oft angefeuchtet werden; je nach Witterung dreimal täglich und mehr. Der ↑ Standort sollte weniger sonnig, eher halbschattig sein. Günstig ist, wenn die Bäume nur der Morgen- und Abendsonne ausgesetzt werden. Das Bäumchen muß während der Wachstumszeit regelmäßig mit Kleinstmengen von Nährstoffen (↑ Düngung) versorgt werden. Vorteilhaft ist eine flüssige Volldüngung wöchentlich mit der halben der für andere Bonsai-Formen üblichen Konzentration. Der relative Nährstoffbedarf liegt weit über dem der normalen Bonsai. Ursache dafür ist die geringe zur Verfügung stehende Erdmasse und die stärkere Auswaschung der Nährstoffe. Nach fünf bis sechs Jahren optimaler Pflege und Gestaltung, wenn das Stämmchen eine Hö-

he von 4 bis 6 cm und die Krone entsprechend 8 bis 10 cm Höhe erreicht hat, ist dieses Bäumchen höchstmöglich verkleinert.
M. haben einen Nachteil, sie werden kaum älter als zwanzig bis höchstens vierzig Jahre. Es ist aber auch möglich, in Abhängigkeit von der ↑ Gestaltungsform, einige später zu einem kleinen oder mittleren Bonsai heranwachsen zu lassen. Dazu wären neben dem ↑ Umpflanzen in ein größeres Gefäß auch Schnittmaßnahmen (↑ Schneiden) notwendig, die allerdings kaum ohne bleibende Narben durchgeführt werden können.
Sammlungen von M. benötigen wenig Platz. Für ihre ↑ Überwinterung ist ein Fensterbrett ausreichend, auch auf einem eigens dafür angefertigten Holzgestell im Zwischenfenster finden sie einen würdigen Platz. Alle M. sollten in einem kühlen Raum frostfrei überwintert werden, da die Gefahr des Zurückfrierens (teilweises Erfrieren) bei ihnen besonders groß ist. Bei der Auswahl von Pflanzenmaterial sollte unbedingt auf ein langsames Wachstum und kleines Blattwerk geachtet werden. Gut geeignet sind unter anderem:
Abendländischer Lebensbaum (*Thuja occidentalis*),
Chinesische Ulme (*Ulmus parvifolia*),
Japanische Sicheltanne (*Cryptomeria japonica*),
Kleinblättriger Buchsbaum (*Buxus microphylla*),
Mädchenkiefer (*Pinus parviflora var. pentaphylla*),
Gesägtblättrige Zelkowe (*Zelkova serrata*).
Für Indoor-M. (↑ Zimmer-Bonsai) sind geeignet:
Afrikanischer Buchsbaum (*Myrsine africana*),
Gartenrosmarin (*Rosmarinus officinalis*),
Zwerggranatapfelbaum (*Punica granatum var. nana*),
Zwerggummibaum (*Ficus pumila*).
Mehltau ↑ Schadbilder

Mehrfachstamm ↑ Kabudachi
Miniatur-Bonsai ↑ Mame-Bonsai
Moose: Abteilung niederer Pflanzen, die in die Leber-M. (*Hepaticae*) und Laub-M. (*Musci*) unterteilt werden. Sie nehmen eine besondere Stellung bei der ↑ Unterpflanzung eines Bonsai ein. M.polster, die aus vielen einzelnen M.pflänzchen bestehen, oder ein ganzer M.rasen bedecken oft die Substratoberfläche der Bonsai-Gefäße. Solche bemoosten Flächen unterstreichen aber nicht nur optisch den Baumcharakter des Bonsai, sondern haben auch praktische Bedeutung. Einmal vermindern diese Polster das starke Ausschwemmen von Erdreich beim Gießen, zum anderen schützen sie die Erdoberfläche vor schnellem Austrocknen. Da alle echten M. keine Wurzeln besitzen, dringen sie nicht in die Erdoberfläche ein und entziehen dem Boden somit kaum Nährstoffe. Als Unterpflanzung für Bonsai kommen hauptsächlich die in Stämmchen und Blättchen gegliederten Laub-M. in Frage. Bonsai, deren Erdoberfläche feucht und sehr schattig gehalten wird, zeigen schon nach wenigen Wochen erste Anzeichen der Bemoosung. Vor allem dann, wenn die Erde sehr lehmhaltig ist, geht dieser Prozeß rasch vonstatten. Bei den meisten Bonsai vollzieht sich jedoch aufgrund ihres Standortes die Bemoosung nicht selbständig. Man kann sie unterstützen, indem M.sporen aufgesät werden. Weil jedoch eine gleichbleibend hohe Luftfeuchtigkeit fehlt, ist die Direktaussaat auf die Erdoberfläche nicht möglich. Deshalb werden frisch gereifte Sporen (die Reifezeit liegt zwischen Herbst und Frühjahr) auf ein ungedüngtes Torf-Sand-Gemisch im Verhältnis 2:1 oder auf reinem Hochmoortorf ausgesät. Die Aussaat wird nicht mit Substrat abgedeckt (die Sporen sind staubfein), jedoch mit Glas oder Folie, um eine gleichbleibend hohe Luftfeuchtigkeit zu erreichen. Gewässert werden die Gefäße von unten, damit die feinen Sporen nicht weggespült werden. Stauende Nässe ist zu vermeiden, sie fördert die Grauschimmelbildung (↑ Schadbilder). Bei optimalen Bedingungen erfolgt die Keimung oft schon nach wenigen Wochen. Nach mehreren Monaten, wenn die M. zu dicken Polstern herangewachsen sind, können sie auf die Erdoberfläche aufgepflanzt werden.

Solche M.polster lassen sich auch, oft noch kräftiger gewachsen, in der Natur sammeln (Naturschutzbestimmungen beachten!). Der günstigste Zeitpunkt dafür ist nach einer langen Regenperiode. Die Polster haben sich vollgesogen und können so Transporte und längere Trockenperioden unbeschadet überstehen. Mit einem Messer oder einem flachen Spatel (↑ Werkzeuge) werden die M.stücke einzeln oder zu größeren M.rasen aufgepflanzt. Beim Zusammensetzen von M.flächen muß auf annähernd gleiche Struktur der einzelnen Stücke geachtet werden. Die Erdoberfläche muß feucht sein, ein guter Bodenschluß ist unbedingt erforderlich. Dabei können die M.stücke leicht angedrückt, dürfen aber nicht mit der flachen Hand angequetscht werden! Einschwämmen beseitigt eventuell entstandene Hohlräume. Nun sollten die frisch bepflanzten Flächen für ein bis zwei Wochen, je nach Witterung, mit feuchtem Zeitungspapier bedeckt werden. Die hohe Luftfeuchtigkeit fördert ein rasches Weiterwachsen der M. Bevor die gesammelten M.polster aufgepflanzt werden, müssen sie nach Käfern und kleinen Nacktschnecken abgesucht werden. Um ganz sicher zu gehen, daß alle Schädlinge aus den Polstern entfernt wurden, hilft ein ganztägiges Wässern, d. h. völliges Untertauchen. Sind beim Transport der M.polster kleine Stücken abgebrochen, die nun zu klein zum Aufpflanzen sind, so können sie getrocknet und anschließend zerrieben und auf ein Torf-Sand-Gemisch (2:1) oder reinen Torf ausgesät werden. Die Weiterbehandlung erfolgt wie bei der Anzucht aus Sporen. Durch das Ausbringen der getrockneten M.stücken wird eine schnellere und gleichmäßigere Bemoosung erzielt.

Achtung!

– M. reagieren empfindlich auf Düngersalze und Kalkgaben;

– Düngerkugeln oder andere feste organische Dünger niemals auf M.polster geben;

– M. sind sehr empfindlich gegen kalkhaltiges Wasser; es entstehen Kalkablagerungen an den einzelnen M.pflänzchen, die schließlich zu deren Absterben führen (↑ Wasserenthärtung);

– M.polster sind durch Vögel gefährdet, wenn der Bonsai im Freiland aufgestellt wird. Gegebenenfalls ist ein Abdecken mit Gaze oder engmaschigem Drahtgeflecht nützlich.

Moyogi: frei aufrechte oder locker aufrechte Gestaltungsform. M. ist von eigenwilliger Schönheit und die wohl meist ge-

Moyogi

staltete Bonsai-Form. Sie stellt eigentlich eine Kombination mehrerer Formen dar. M. ist wie der ↑ Chokkan ein „Einzelgänger". Bei genauer Betrachtung erkennt man den gewundenen Stamm, der in vollen Windungen, die zur Spitze hin enger werden, gestaltet ist. Diese Windungen können aber auch nur in Form deutlicher Krümmungen sichtbar werden, die, in der unteren Stammhälfte stärker, sich zur Spitze hin verlieren. Die Baumspitze weist immer zum Betrachter. Bis zur ersten Windung nach rechts oder links soll der Baum astfrei bleiben. Der Wurzelansatz muß deutlich sichtbar sein und eine Hauptwurzel der ersten Windung bzw. Krümmung gegenüber liegen. Wichtig ist auch, daß sich die Astebenen immer in der entgegengesetzten Richtung zur Krümmung befinden. Der untere Ast, der auch als Hauptast bezeichnet wird, verläuft nicht ganz waagerecht, er zeigt mit der Spitze leicht nach unten; alle nachfolgenden Astebenen nach rechts oder links bzw. nach hinten werden kleiner. Erst in der oberen Hälfte der Krone findet der M. sein Gleichgewicht wieder.

Die Gestaltung eines M. kann aus jedem Ausgangsmaterial erfolgen. Vorbild ist ein durch Witterungseinflüsse gezeichneter Baum, der trotz aller Witterungsunbilden seinen aufrechten Wuchs fortzusetzen sucht.

Gepflanzt wird der M. in ein flaches, rechteckiges Gefäß aus gebranntem Ton mit dunkler erdfarbener Glasur. Zur Unterstreichung der lockeren, heiteren Form wird vermieden, den Baum in die Mitte des Gefäßes zu pflanzen. Als Faustregel gilt: Je weiter der Baum am Gefäßrand steht, desto ausladender ist der Ast zur gegenüberliegenden Seite hin. Für die Gestaltung können alle prinzipiell als Bonsai geeigneten Gehölzarten verwendet werden.

Mykorrhiza: die Verbindung eines Pilzes mit den Wurzeln einer höheren Pflanze, die in einigen Fällen zur Symbiose führt. Für Kiefern beispielsweise ist die Anwesenheit des pilzlichen Partners lebensnotwendig. Das weißliche Geflecht auf den Wurzelhaaren der Kiefern sollte deshalb beim Umpflanzen nicht beschädigt werden. Es kennzeichnet den gesunden Baum und darf nicht mit dem Befall von ↑ Wurzelläusen verwechselt werden.

N

Nährstoffe. Neben Licht, Luft, Wasser und Wärme benötigen die Pflanzen auch N. Diese sind üblicherweise im Erdreich vorhanden, aber durch das geringe Schalenvolumen (↑ Pflanzgefäße) des Bonsai rasch verbraucht. Deshalb macht sich eine Versorgung mit Dünger erforderlich. Man unterscheidet Haupt-N. (Stickstoff, Phosphor, Kalium) und Spurenelemente (z. B. Mangan, Bor, Eisen). Enthält ein Dünger die drei Haupt-N. und Spurenelemente, wird er als Volldünger bezeichnet, er gilt aber auch als Volldünger, wenn er nur Stickstoff, Phosphor und Kalium enthält. Auf den Verpackungen der einzelnen Düngersorten sind die N. als Abkürzungen, oft auch mit prozentualer Angabe der enthaltenen Anteile, angegeben. Dünger, die überwiegend nur einen der drei Haupt-N. enthalten, werden als Stickstoff-, Phosphor oder Kalidünger ausgewiesen. Es gibt aber auch Dünger, die vorwiegend aus Spurenelementen

Stickstoff	N	Eisen	Fe
Phosphor	P	Bor	B
Kalium	K	Mangan	Mn
Kohlenstoff	C	Kupfer	Cu
Wasserstoff	H	Zink	Zn
Sauerstoff	O	Molybdän	Mo
Magnesium	Mg	Cobalt	Co
Calcium	Ca		

bestehen und die Haupt-N. nur in sehr geringen Mengen oder gar nicht enthalten. Voll- und Einzeldünger werden vor allem bei anorganischen (mineralischen) Düngern unterschieden. Sie liegen in Salzform vor und können, in Wasser gelöst, von der Pflanze aufgenommen werden. Vorsicht beim Umgang mit anorganischen Düngern! Durch die schnelle Aufnahme kann es leicht zur Überdüngung der Pflanze kommen. Verbrennungen der Wurzeln und Blätter, sogar das Absterben ganzer Pflanzenteile können die Folge sein (Tab. 1). Organische Dünger dagegen müssen erst im Boden von Mikroorganismen umgesetzt und für die Aufnahme vorbereitet werden. Dies geschieht langsam und über einen längeren Zeitraum, weshalb sie oft als Vorratsdünger bezeichnet werden. Organische Dünger enthalten meist alle für die Pflanze notwendigen Haupt-N. und auch Spurenelemente (Tab. 2). Ein Mischdünger auf tierisch-organischer Basis ist z.B. Humustan für chloridempfindliche Kulturen. Er enthält 5 % N, 10 % P_2O_5, 9 % K_2O und 12 % Ca sowie die

Spurenelemente B, Mn, Fe, Cu, Co, Mo. Wichtig ist, vor dem Kauf zu wissen, welche N. der Dünger enthalten soll, das richtige Präparat kann dann vom Fachhändler empfohlen werden. Die Wirkung der einzelnen Haupt-N. ist sehr unterschiedlich. *Stickstoff* beeinflußt das vegetative Wachstum, d.h., er fördert das Massenwachstum. Er dient der Eiweißbildung und ist Bestandteil der Zelle. Deshalb sollte stickstoffreicher Dünger nur im Frühjahr, also zu Beginn der Wachstumsperiode, gegeben werden. *Phosphor* dient dem Ausreifen der Jahrestriebe und fördert die Blütenbildung. Außerdem stärkt er die Pflanze gegen pilzliche Erkrankungen. Er sollte mit *Kalium* zusammen ab Mitte bis Ende der Wachstumsperiode gegeben werden. Kalium fördert außerdem die Frosthärte der Pflanze, begünstigt die Wasseraufnahme, hemmt die Verdunstung und festigt das Pflanzengewebe. *Calcium* stabilisiert die Zellwände, ist beim Zellaufbau wichtig und beeinflußt die Bodenstruktur. Es wirkt stark pH-Wert erhöhend.

Tab. 1 Nährstoffgehalt einiger anorganischer Dünger

Einzelnährstoffdünger mit hohem Gehalt an:	Vollnährstoffdünger (Volldünger)
Stickstoff Ammoniumnitrat 34 % N (Ammonsalpeter) Harnstoff 46 % (nur für Flüssigdüngung)	*Wopil* Hauptnährstoffe: PO_2 15 %, N 15 %, K_2O 24 %
Phosphor Superphosphat 18 ... 20 % P_2O_5 (wasserlösliche Phosphorsäure) Thomasphosphat 14 ... 16 % P_2O_5 (zitronensauer)	Spurenelemente: Fe, Mg, B, Cu, Zn, Mo, Co, Mn (in wasserlöslicher Form) *Aziplex* Hauptnährstoffe: N 12 %, PO_2 9 %, K_2O 14 %
Kalium Kaliumsulfat 48 ... 52 % K_2O_5 (Schwefelsaures Kali); chlorarm	Spurenelemente: Mg, Cu, Fe, Mn, B, Zn, Co, Mo
Calcium Calciumcarbonat 80 ... 90 % $CaCO_3$ + 15 % $MgCO_3$ (Kohlensaurer Kalk)	

Die Spurenelemente, auch Mikro-N. genannt, werden von den Pflanzen nur in sehr geringen Mengen benötigt. Sie sind fast immer in ausreichender Menge vorhanden. Fehlen sie jedoch, so reagiert die Pflanze mit deutlichen Mangelerscheinungen. Bei chlorosen Erscheinungen z. B. hilft häufig Eisen (Eisenchelat). Zeigen Lärchen gelbe Nadeln, später eventuell gelbbraune Flecke an den Nadeln, dann fehlt Kupfer. Aber auch der Mangel an den Haupt-N. wird deutlich sichtbar. Fehlt Stickstoff, zeigt die Pflanze ein schwaches Wachstum, helle Blattfärbung und vorzeitiges Beenden des Triebwachstums. Bei Phosphormangel sind die Blätter nach oben gestellt und rötlich gefärbt. Bräunliche Flecke zwischen den Blattrippen und ein nachfolgendes Einrollen der Blätter deutet auf Kaliummangel hin. Bei Nadelgehölzen führt Calciummangel zur ungenügenden Ausbildung des Wurzelballens. Kalkmangel beeinträchtigt ebenfalls das Wurzelwachstum. Es können im Extremfall die Vegetationspunkte an den Wurzelspitzen absterben. Beim Umpflanzen werden abgestorbene Wurzeln sichtbar, die weißen, auf neues Wachstum hinweisenden Wurzelspitzen fehlen gänzlich.

Aber nicht nur Mangel, sondern auch ein Überschuß einzelner N. kann negativ auf das Pflanzenwachstum wirken. Bei Stickstoffüberschuß kommt es zu überhöhtem Massewachstum und schwammigem Gewebe, dessen Folge verspäteter Triebabschluß und erhöhte Frostempfindlichkeit sind. Die Abstände der Internodien sind unnatürlich groß, was sich negativ beim Schneiden auswirkt. Überhaupt verliert die Pflanze ihren kräftigen, kompakten Wuchs. Ein Phosphorüberschuß, der bei Konzentrationen von 70 bis 80 mg je 100 g Boden beginnt, behindert vor allem die Stickstoff- aber auch die Eisenaufnahme. An Kalium nimmt die Pflanze nur so viel auf, wie sie benötigt; ein leichter Überschuß ist also nicht störend. Kalk hingegen kann bei zu hoher Dosierung zur Kalkchlorose, d. h. zur Blockierung der Eisen- und Manganaufnahme führen.

Neagari: eine ausgefallene Gestaltungsform, deren typisches Merkmal die Stelzwurzeln sind. Die Vorbilder für N. sind in den Mangrovewäldern des tropischen Regenwaldes zu suchen. Kleinblättrige Gummibaum-(*Ficus*-)Arten oder auch die Lackblattpflanze (*Schefflera*) lassen sich gut in dieser Form gestalten.

Nebenachse ↑ Kompositionsregeln

Netsuranari: »gewundene Wurzel« oder kriechende Form; auf den ersten Blick leicht zu verwechseln mit ↑ Ikada, der Floßform. Wie diese entstand auch N. aus einem Einzelbaum, jedoch nicht aus

Tab. 2 Einzelnährstoffe in organischen Düngern

organische Dünger	Stickstoffgehalt N in %	Phosphorgehalt P_2O_5 in %	Kaliumgehalt K_2O in %	Calciumgehalt Ca in %
Hornspäne	12...15	—	—	—
Knochenmehl	2... 4	16...20	in Spuren	27
Blutmehl	10...13	—	—	—
Fischmehl	4...10	in Spuren	in Spuren	—
Rapsschrot	4... 7	3	2	—
Holzasche	—	6	5...9	40
Stallmist (allg.)	0,6	0,3	0,5	in Spuren
Hühnerdung	5	3	4,5	in Spuren

einem ↑ Chokkan wie die Floßform, sondern aus einem ↑ Moyogi. Für die Gestaltung wird ein Gitter aus dünnen Plastestäben in Größe und Format der künftigen Pflanzschale angefertigt. Die neu zu formende Pflanze wird auf das Gitter gelegt. Der ehemalige Stamm wird in locker gewundener, unregelmäßiger Form am Gitter befestigt. Um ein Einschneiden des Drahtes zu vermeiden, wird zwischen Rinde und Draht Torfmoos (*Sphagnum*) gelegt. Die Äste ordnet man in unterschiedlicher Entfernung vom Stamm und bindet sie ebenfalls fest. Der Hauptteil der einzelnen Äste jedoch wird möglichst senkrecht nach oben gedrahtet. Die auf dem Gitter aufliegende Rinde wird an mehreren Stellen mit einem scharfen Messer verletzt. An diesen Stellen bilden sich Wundgewebe und später neue Wurzeln. Zu dicht stehende Äste werden herausgeschnitten. Auf eine ungerade Anzahl der künftigen Stämme ist unbedingt zu achten. Der kräftigste und größte Stamm dominiert, alle anderen ordnen sich ihm unter. Das Astwerk muß licht sein, um ein Verkahlen im unteren Bereich zu vermeiden. Die Krone erscheint insgesamt als geschlossene Einheit. Beim Einpflanzen des Gitters mit dem aufgebundenen Baum wird ein Teil des ehemaligen Wurzelballens über den Schalenrand hinausragen, er verbleibt zunächst unter einer Erdabdeckung. Bis zum nächsten ↑ Umpflanzen haben sich jedoch am ehemaligen Stamm genügend neue Wurzeln gebildet und der alte Wurzelballen kann reduziert werden. Die einzelnen Stäbe des Gitters werden herausgezogen und die Drahtschlingen gelöst. Dabei muß der neugebildete Wurzelballen nicht völlig auseinandergerissen werden. Die neuen Stämme streben dem Licht entgegen und werden einzeln wie ein Chokkan gestaltet. Zum Einpflanzen eignen sich flache, langgestreckte, rechteckige Schalen sehr gut; ihre Glasur sollte erdfarben sein. Zur Gestaltung werden ähnlich wie bei der Ikada-Form, ältere Pflanzen bevorzugt. Für N. besonders geeignet sind: Ajanfichte, Yedofichte (*Picea jezoensis*), Chinesischer Wacholder (*Juniperus chinensis*), Kriechwacholder (*J. horizontalis*), Mädchenkiefer (*Pinus parviflora*).

Nomenklatur, binäre: auf Carl von Linné (1707–1778) zurückgehende doppelnamige Benennung der Pflanzen- und Tierarten. Die lateinische Bezeichnung (Gattungs- und Artname) gibt eine knappe Charakteristik der betreffenden Art und sichert damit:

– internationale Verständlichkeit;

– Einmaligkeit, d. h. Vermeiden von Doppelbenennungen (Homonyme) für systematisch verschieden einzuordnende Organismen;

– Einheitlichkeit, d. h., ein und dieselbe Art sollte nicht mehrere gültige Namen besitzen. Auf internationalen Kongressen werden verbindliche Regeln festgelegt;

– Beständigkeit, d. h., der älteste Name, der einer Pflanze vom Erstbeschreiber gegeben wurde, ist verbindlich (Prioritätsgesetz); bei Wiederentdeckung und neuer Namengebung muß dieser durch den gültigen älteren Namen ersetzt werden.

Die Einordnung der Chrysantheme in die taxonomischen Kategorien

Hauptrang-stufen	deutscher Name	Nomenklatur-bezeichnung
Art	Halbstrauchige Goldblume	*Chrysanthemum frutescens*
Gattung	Goldblume	*Chrysanthemum*
Familie	Asterngewächse	*Asteraceae*
Ordnung	Asternartige	*Asterales*
Klasse	Zweikeimblättrige	*Dicotyledoneae*
Abteilung	Decksamer	*Angiospermae*
Reich	Sproßpflanzen	*Cormophyta*

Zur Einordnung der Arten bedient sich die Systematik verschiedener taxonomischer Kategorien, die die verwandtschaftlichen Beziehungen der Pflanzen widerspiegeln (Tab.).

O

Okulieren ↑ Veredlung
organische Düngung ↑ Düngung

P

Pflanzenschutzmittel ↑ Schädlingsbekämpfung
Pflanzgefäße. Bonsai-Gefäße werden traditionell aus verschiedenen Tonmischungen oder Porzellan hergestellt. Die Formen der Gefäße sind rechteckig, quadratisch, rund oder oval (Tab.). Dabei können flache Schalen von nur wenigen Zentimetern Höhe (2 bis 3 cm), höhere Gefäße (bis 6 cm) oder gar Töpfe (unseren Blumentöpfen entsprechend) für jeweils ganz bestimmte ↑ Gestaltungsformen benutzt werden. Am häufigsten finden den Gefäße mit rechteckiger oder quadratischer Form Verwendung; sie passen zu allen normalen Pflanzentypen. So werden z. B. Nadelgehölze mit dichter, schwerer Baumkrone in „streng aufrechter Gestalt" (↑ Chokkan) in massive, etwas höhere Gefäße gesetzt. Weiche runde Formen, wie die »Besenform« (↑ Hokidachi) kommen in ovalen, flachen Schalen gut zur Geltung. Zu beachten ist beim Einpflanzen die Position des Baumes im Gefäß. Seltener verwendet werden quadratische oder rechteckige Schalentypen mit abgestumpften Ecken. Für „Kaskaden" (↑ Kengai) und „Halbkaskaden" (↑ Han-Kengai) eignen sich hohe Töpfe als Gegengewicht zur Pflanzengestalt. ↑ Blüten-Bonsai und Bäume mit zart

Gefäßformen (Abb.) und ihre Eignung für verschiedene Bonsai (* kann auch verwendet werden für)

Gefäßform	besonders geeignet für
tief rechteckig (1)	Chokkan, Moyogi*, Ikada, Netsuranari, Ishitsuki*, Sekijoju
tief oval (2)	Sekijoju
tief quadratisch (3)	Han-Kengai
tief rund (4)	Moyogi*, Bunjingi*, Han-Kengai
flach quadratisch (5)	Chokkan*, Moyogi, Hokidachi*, Shakan*, Fukinagashi, Kabudachi*
flach rechteckig (6)	Chokkan*, Moyogi, Shakan, Hokidachi, Yose-ue, Kabudachi, Ishitsuki, Sekijoju, Ikada, Fukinagashi*
flach oval (7)	Chokkan, Moyogi, Hokidachi, Funkinagashi, Kabudachi, Yose-ue, Ikada, Ishitsuki
flach rund (8)	Chokkan, Hokidachi, Moyogi, Shakan, Funkinagashi, Kabudachi, Bunjingi
sehr tief rund oder quadratisch (9)	Kengai und Han-Kengai
sechs- oder achteckig (10)	Moyogi, Funkinagashi, Kabudachi, Shakan, Hokidachi
sehr flach oval, ohne Abzuglöcher (11)	Yose-ue, Ishitsuki, Saikei
sehr flach rechteckig, ohne Abzuglöcher (12)	Ishitsuki
unregelmäßig geteilt, flach (13)	als Wasser- und Landfläche für Bambus, Saikei*

Traditionelle Pflanzgefäße für Bonsai (Erklärung in der nebenstehenden Tabelle)

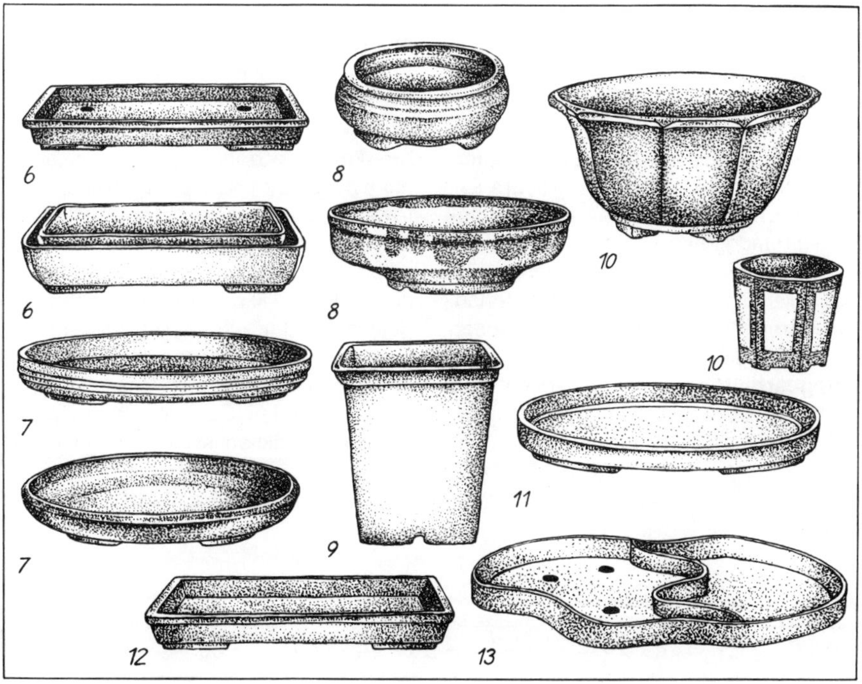

grüner Belaubung (z. B. *Zelkova*) wirken besonders gut in hellen P., Nadelgehölze in erdfarbenen Gefäßen. Geteilte Schalen mit wasserblauer Glasur bringen „Bambuswälder" zur vollen Geltung. Sehr große, flache Tabletts von rechtekkiger oder ovaler Form eignen sich hervorragend für „Waldpflanzungen" (↑ Yose-ue) oder „Landschaften" (↑ Saikei). Spezielle Gefäße sind für ↑ Aussaat und ↑ Pikieren notwendig.

Für die Eigenherstellung von P. müssen Formen bzw. Modelle angefertigt werden, in denen der Abguß erfolgen kann. Ausgangsmaterialien sind Zement, Sand sowie Mörtelfarbe oder Trockenfarbe für Leimfarben. Zement und Sand werden im Verhältnis 1:3 gemischt und mit einer entsprechenden Wassermenge zu Mörtel verarbeitet. Der dickflüssigen Masse wird die aufgelöste Farbe zugesetzt und gut untergearbeitet. Die so entstehende Grundfarbe ist weitgehend witterungsbeständig. Danach ist der Mörtel in die Formen einzufüllen und zum Abbinden 24 bis 48 Stunden stehen zu lassen. Nach dem Aushärten können die Außenwände des Gefäßes noch mit Nitro- oder Shellack lackiert werden.

Derartige P. eignen sich aufgrund ihrer Kompaktheit besonders für größere Exemplare. Sie haben eine gute Standfestigkeit und können deshalb auf Borden und Balkonen aufgestellt werden. Sie sind pflanzenverträglich und überstehen, im Erdreich eingegraben, Frostperioden ohne Schaden.

Pflegearbeiten: alle Tätigkeiten des Menschen, um den Baum gesund zu erhalten und das Wachstum zu fördern. Da-

Tab. 2 Bevorzugte pH-Werte einiger Pflanzen

pH-Wert	Pflanzen
um 5,0	Kamelie *(Camellia)*, Azalee *(Rhododendron)*, Heidekraut *(Erica)*
um 5,2	Fichte *(Picea)*
5,0 ... 6,0	Eiche *(Quercus)*, Weide *(Salix)*, Birke *(Betula)*, Magnolie *(Magnolia)*
5,8 ... 6,2	Rose *(Rosa)*, Flieder *(Syringa)*, Tanne *(Abies)*, Weigelie *(Weigela)*, Johannisbeere *(Ribes)*
6,7 ... 7,0	Ahorn *(Acer)*, Buche *(Fagus)*, Hainbuche *(Carpinus)*, Kiefer *(Pinus)*
6,0 ... 7,5	Buchsbaum *(Buxus)*, Zwergmispel *(Cotoneaster)*, Lärche *(Larix)*, Pflaume, Kirsche *(Prunus)*, Linde *(Tilia)*, Ulme *(Ulmus)*, Weißdorn *(Crataegus laevigata)*

zu zählen ↑ Gießen, ↑ Düngung und ↑ Schädlingsbekämpfung. Im weiteren Sinne sind auch ↑ Gestaltung, ↑ Umpflanzen, ↑ Lüften und Standortwahl für Sommer und Winter (↑ Standort, ↑ Überwinterung) als P. zu werten.

Pfropfen ↑ Veredlung

Phosphor ↑ Nährstoffe

pH-Wert: Maßzahl für die Kennzeichnung der sauren oder alkalischen Bodenreaktion. Sie wird wie folgt ermittelt: In 250 ml destilliertes Wasser werden 100 g lufttrockner Boden eingebracht. Nach dem Filtrieren kann an einem ins Wasser getauchten Indikatorpapier (Unitest-Papier) der pH-Wert anhand der Verfärbung abgelesen werden. Auch Messungen mit entsprechenden Geräten sind möglich. Die Bodenreaktion ist eine veränderliche

Tab. 1 pH-Wert-Skala

sehr stark sauer	stark sauer	sauer	schwach sauer	neutral	schwach alkalisch	alkalisch	sehr stark alkalisch
1,0 ⟵	4,1 ⟵	4,6 ⟵	5,3 ⟵	6,5 ... 7 ⟶	7,5 ⟶	10 ⟶	14

Größe. Durch die Zufuhr von Kohlensaurem Kalk oder Holzasche wird der Reaktionszustand (pH-Wert) von der sauren zur neutralen und alkalischen Seite verschoben (Tab. 1). Ist der Boden zu alkalisch (pH-Wert zu hoch), setzt man der Erde Torf zu oder hängt einen mit Torf gefüllten Kunstfaserstrumpf ins Gießwasser (↑ Wasserenthärtung).
Manche Pflanzen benötigen für ihr optimales Wachstum einen sauren Boden als Standort. Die meisten Pflanzen bevorzugen jedoch, ebenso wie die Bodenbakterien, eine neutrale bis schwach alkalische Reaktion (Tab. 2).
Pikieren: das Verpflanzen der aufgelaufenen Sämlinge. Je nach Größe der Pflänzchen und Dichte im Aussaatgefäß kann das erste Mal zwei bis drei Monate nach dem Auflaufen pikiert werden. Es ist unzweckmäßig, vor dem P. zu gießen, die Erde der Saatgefäße sollte leicht angetrocknet sein. Das zum Einpflanzen vorgesehene Erdgemisch soll recht leicht und luftdurchlässig, aber auch nahrhaft sein. Ein Gemisch aus Lauberde und Sand im Verhältnis 2:1 hat sich gut bewährt. Das Pikiergefäß muß ausreichend mit Abzuglöchern versehen sein. Über diese werden Gazestücke gelegt und der Gefäßboden mit Kies oder Tonscherben (als Drainage) bedeckt. Das Erdgemisch wird aufgefüllt und leicht angedrückt. Mit einem Holzstäbchen werden die Sämlinge sehr vorsichtig aus dem Aussaatgefäß gehoben. Vor dem Einsetzen in das neue Substrat ist die Pfahlwurzel um ein Drittel zu kürzen; dazu wird sie einfach mit den Fingern abgeknipst. Durch das Einkürzen der Hauptwurzel verzweigt sich das Wurzelsystem stärker, gleichzeitig wird der künftige Bonsai zur Bildung eines flachen Wurzelballens angeregt. Im neuen Pflanzgefäß sollen die Pflänzchen nur soweit auseinander stehen, daß sie sich nicht berühren; ein zu weites Auseinanderpflanzen ist dem Wachstum nicht dienlich. Beim

Einsetzen in das mit dem Pikierstab vorgestochene Loch dürfen die zarten Wurzeln nicht geknickt und verletzt werden. Ein leichtes Andrücken der Erde fördert die Standfestigkeit und eine enge Bindung zum Substrat. Anschließend wird möglichst von unten gewässert, da die Pflänzchen beim Überbrausen umfallen oder ausgespült werden könnten. Ein halbschattiger Standort und hohe Luftfeuchtigkeit begünstigen ein rasches Einwachsen der Sämlinge. Auch wenn scheinbar zu viele Sämlinge vorhanden sind, sollte keiner verworfen werden, da nicht alle zu Jungpflanzen heranwachsen und auch nicht jede Jungpflanze zur Bonsai-Gestaltung geeignet ist.
Pinzieren: das wiederholte Entfernen der Terminalknospe an den Neutrieben. Neutriebe sollten, bevor sie gestutzt werden, etwa 5 cm lang sein. Das Stutzen der krautigen Teile bewirkt eine feine Verzweigung der Krone. Die Sproßspitzen werden mit den Fingernägeln abgeknipst; beginnen die Triebe bereits zu

Kappen der Pfahlwurzel

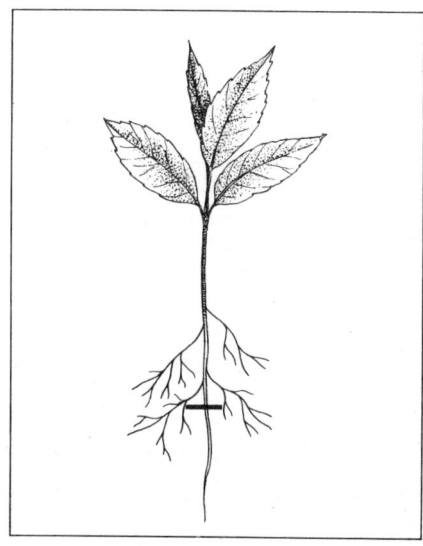

verholzen, so werden diese Teile mit einer scharfen Schere abgeschnitten.

Position des Baumes im Gefäß. Beim ↑ Einpflanzen in das Gefäß sollte Symmetrie weitgehend vermieden werden. Eine Ausnahme hierbei bilden runde und quadratische Pflanzgefäße, bei denen der Baum ins Zentrum gepflanzt wird. Wirkt die Baumkrone ausgeglichen, d. h., rechte und linke Seite des Baumes sind im Gleichgewicht (↑ Hokidachi, ↑ Chokkan), so kann der Baum näher zur Gefäßmitte stehen. Bei einer stark asymmetrischen Baumkrone (↑ Bunjingi, ↑ Shakan) wird der Baum näher zu einer Seite des Gefäßes eingepflanzt. Die Baumkrone breitet sich dann über der Schale aus.

Pun-ching, Pun-sai ↑ Bonsai (Chinesische)

läuse. Solche Gefäße sollten unbedingt ausgekocht werden. Dazu werden sie in einen großen, mit Wasser gefüllten Topf oder Kessel eingestellt und das Wasser bis zum Sieden erhitzt. Die Gefäße müssen dabei völlig unter die Wasseroberfläche tauchen. Nach dem Kochen läßt man sie noch etwa 10 min im Wasser, nimmt sie heraus und scheuert sie mit einer Handbürste ab. Noch feste Kalkrückstände lassen sich leicht mit einem Messer abkratzen. Zuletzt werden die Gefäße in klarem Wasser abgespült und zum Trocknen aufgestellt.

Glasierte Gefäße sollten schon kurz vor dem Sieden aus dem heißen Wasser herausgenommen werden.

Rote Spinne (Spinnmilbe) ↑ Schadbilder

R

Raupen ↑ Schadbilder
Regenwürmer ↑ Schädlingsabwehr, biologische
Reinigung. Neben dem sorgfältigen Reinigen der Werkzeuge nach jedem Gebrauch ist es auch erforderlich, alle wieder zu verwendenden Gefäße gründlich zu säubern. Bei wurzelkranken Pflanzen (↑ Schadbilder) findet man an den Topfinnenseiten die weißen Fäden der Wurzel-

Die Position des Baumes (von *links* nach *rechts*) in der flachen oder tiefen rechteckigen Form, quadratischen Form, runden Form, ovalen Form; in der vieleckigen Form und in einer sehr flachen, ovalen großen Form

S

Saatgut: Samen, Früchte, Fruchtstände sowie Teile von Früchten und Fruchtständen, die zur Aussaat Verwendung finden.
Saatgutaufbereitung ↑ Saatgutlagerung
Saatgutlagerung. Frisch geerntetes, reifes Saatgut muß bis zur Aussaat gelagert bzw. aufbereitet werden. Die Reifezeit der einzelnen Gehölzarten ist sehr unterschiedlich, ebenso der Zeitraum ihrer Keimfähigkeit. Bei unreifem Saatgut sinkt die Anzahl der keimenden Samen um ein Vielfaches gegenüber dem reifen Saatgut. Verpaßt man den Zeitpunkt der Vollreife des Samens, so können diese bereits ausgefallen oder mittels spezieller Flug- oder Schleudereinrich-

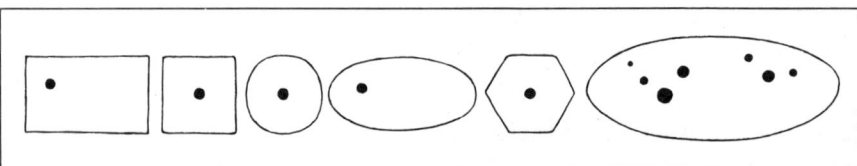

Saatgut verschiedener Gehölzarten in natürlicher Größe; a) Pflaume (*Prunus*), b) Birke
(*Betula*), c) Olivenbaum (*Olea europaea*),
d) Schirmakazie (*Albizzia*), e) Buche (*Fagus*),
f) Fächerahorn (*Acer palmatum*),
g) Pappel (*Populus*)

tungen vom Wind weggetragen sein.
Die Samen der verschiedenen Gehölzarten besitzen eine unterschiedlich lange
Keimfähigkeit. Man unterscheidet vier
wesentliche Gruppen:
– Gehölzarten, deren Samen sehr zeitig,
teilweise schon im Frühsommer (Mai/Ju-
ni) reifen, z. B. Pappel (*Populus*), Weide
(*Salix*) und Ulme (*Ulmus*). Diese Samen
bleiben nur wenige Wochen keimfähig

und müssen sofort nach der Ernte ausgesät werden. Zu dieser Jahreszeit bestehen noch optimale Wärme-, Licht- und
Feuchtigkeitsbedingungen für die Keimung. Saatgut aus tropischen und subtropischen Regionen ist ebenfalls sofort
nach der Ernte bzw. dem Erhalt auszusä-
en. Dabei handelt es sich überwiegend
um Saatgut von Sträuchern und Bäumen,
die in unseren Regionen als ↑ Zimmer-
Bonsai gezogen werden, wie Zitrusge-
wächse (Zitrone u. ä.), Orangenraute
(*Murraya paniculata*), Öl-/Olivenbaum
(*Olea europaea*), Granatapfel (*Punica
granatum*). Vor der Aussaat ist eine
↑ Keimprobe angezeigt.
– Samen, die ihre Keimfähigkeit bis zu einem Jahr behalten. Dazu gehören als

wichtigste einheimische Gehölze Buche (*Fagus*), Hainbuche (*Carpinus*), Ahorn (*Acer*).

– Samen, deren Keimfähigkeit mindestens zwei bis drei Jahre erhalten bleibt, z. B. bei Birke (*Betula*), Pflaume, Kirsche u. a. (*Prunus*), Tanne (*Abies*) und Fichte (*Picea*). Tannen- und Fichtenzapfen können durch Erwärmen (Klengen) zum Öffnen gebracht werden, wodurch die eigentlichen Samen herausfallen.

– Samen, die sehr hartschalig und deren Samenschale wasserundurchlässig ist. Demzufolge wird weniger die Keimfähigkeit der Samen selbst, als vielmehr die Wasseraufnahmefähigkeit eingeschränkt, z. B. Akazie (*Acacia*), Silberaprikose (*Ginkgo*), Blauregen (*Wisteria*). Die hartschaligen Samenhüllen werden durch Anritzen oder Aufrauhen der Oberfläche absichtlich beschädigt, anschließend 12 bis 14 Stunden in handwarmem Wasser eingeweicht und danach sofort ausgesät. Durch die oberflächige Verletzung wird eine erhöhte Wasseraufnahme ermöglicht und die Keimung um ein Vielfaches beschleunigt (↑ Keimprobe).

Bei den Früchten der Nadelgehölze, aber auch bei denen von Eiche (*Quercus*) und Buche (*Fagus*), darf der Feuchtigkeitsgehalt nicht unter 35 % absinken, da sonst der Keimling abstirbt. Hier ist eine Kalt-Naß-Behandlung (↑ Stratifikation) unumgänglich. Andere Samen werden bis zur Aussaat trocken, luftig und kühl gelagert. Hierzu zählen z. B. die winzigen Nüßchen der Birke (*Betula*). Vor der Aussaat ist eine Keimprobe angebracht.

Bei einer weiteren Gruppe sind die Samen von Fruchtfleisch umgeben, z. B. Apfel (*Malus*), Pflaume, Kirsche u. a. (*Prunus*), Silberaprikose (*Ginkgo*). Im Fruchtfleisch der Samen befinden sich teilweise keimhemmende Stoffe, die erst durch einen Fäulnisprozeß abgebaut werden müssen. Dazu können die Früchte zerquetscht und im Wasser zur Gärung gebracht werden. Bei warmem Stand setzt die Gärung bereits nach einem Tag ein, und nach drei bis vier Tagen können die Samen ausgewaschen und anschließend stratifiziert werden (Achtung, die Gärung erfolgt auch unter starker Geruchsbelästigung!).

Es ist vorteilhaft, die Samen nach der Keimprobe vorbeugend mit einem Beizmittel gegen die ↑ Schwarzbeinigkeit der Sämlinge zu behandeln.

Sabamiki: Bezeichnung für einen gespaltenen oder hohlen Stamm, wie er in der Natur vielfach bei sehr alten Bäumen zu finden ist. Derartige Formen sind vor allem bei Wacholdern (*Juniperus*) anzutreffen. Durch Spalten des Stammes lassen sich auch recht junge Bäume optisch zu alten „Baumruinen" gestalten (↑ künstliches Altern), wobei S. keine eigenständige Gestaltungsform ist, sondern in andere Formen eingearbeitet wird. Beispielsweise können störende, nach vorn wachsende Äste herausgerissen werden. Mit einem kleinen Meißel wird das entstandene Loch vergrößert und mit einer Schältechnik (↑ Shari) weitergestaltet und anschließend gebleicht (↑ Bleichen). Auch bei am Stamm beschädigten Bonsai kann mit einem Meißel die geschädigte Stelle ausgehöhlt, glattgeschmirgelt und gebleicht werden. Diese Eingriffe sollten bei wertvollen Exemplaren unbedingt von geübter Hand ausgeführt werden!

Angewendet wird die S.-Technik bei allen Nadelgehölzen, die sich für die Bonsai-Gestaltung eignen, besonders bei Chinesischem Wacholder (*Juniperus chinensis*) und Igelwacholder (*J. rigida*). Von den Laubgehölz-Bonsai eignen sich besonders Japanische Aprikose (*Prunus mume*) und Öl- oder Olivenbaum (*Olea europea*).

Saikei, *Saikai*: eine dem Bonsai verwandte Pflanzenkultur. Sie bietet eine breite Palette von Ausdrucksmöglichkeiten innerhalb eines Pflanzenarrangements, das kleine Landschaften darstellt.

Die Formstrenge, die beim Bonsai von großer Wichtigkeit ist, wird gemieden. Landschaftsbilder wie „Seeufer mit Schneeresten", „Weg durch den Tannenwald" oder „Kiefernhain am Meeresufer" sind typische japanische Landschaftsbilder, die gestaltet werden. Aber auch Landschaften mit sprudelnden Bächen und Bergschluchten können nach einheimischen Vorbildern nachempfunden werden. In Kombination mit älteren Exemplaren können Jungpflanzen bereits ab drittem oder viertem Jahr verwendet werden. Die wichtigsten Materialien für eine S.-Pflanzung sind neben Bäumen unter-

schiedlichen Alters und unterschiedlicher Größe ↑ Steine verschiedener Größen und Sand in verschiedenen Körnungen sowie ↑ Unterpflanzungen wie kleine Farne, Moose und Gräser. Arrangiert werden die Landschaften meist in sehr flachen, rechteckigen oder ovalen Schalen. Auch lassen sich einige Parallelen zu ↑ Ishitsuki und ↑ Sekijoju erkennen, wobei das S. die Kombination und Erweiterung beider darstellt.

In der S.-Lehre gibt es einige Prinzipien, die bei der Gestaltung attraktiver Landschaften berücksichtigt werden sollten. So können die Bäume in elf der vierzehn wesentlichen Gestaltungsformen gestaltet und in der Landschaft kombiniert werden. ↑ Kengai, ↑ Han-Kengai und ↑ Yoseue finden für S. keine Verwendung. Gepflanzt werden S. in unregelmäßigen Gruppen, dabei werden mindestens zwei Bäume (gleiche oder verschiedene Gat-

Saikei; Bildansicht und Aufsicht; 1–19 fünf- bis fünfzehnjährige Fichten *(Picea)* in einer Höhe zwischen 15 und 50 cm; a, b Bergsteine; Keramikschale (100 × 38) cm

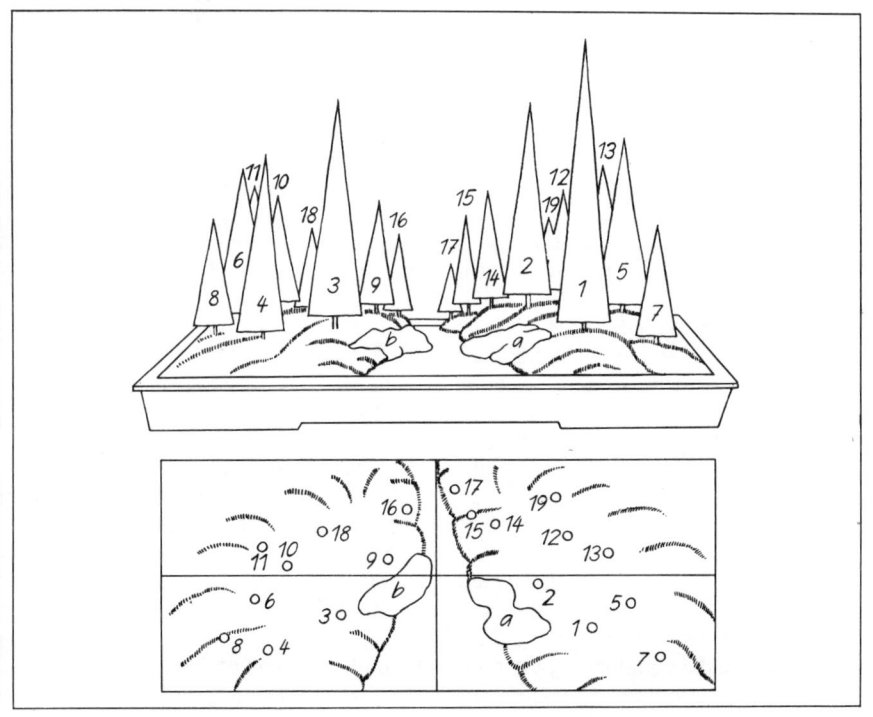

tungen) verwendet. Bei drei bis neun Bäumen muß immer auf eine ungerade Anzahl geachtet werden. Bei einer größeren Menge ist die Anzahl weniger von Bedeutung, jedoch sollte eine ungerade der geraden Zahl vorgezogen werden. Je mehr Bäume man verwendet, desto interessanter wird das Arrangement. Auch die ↑ Steine werden nach zweiundzwanzig Motiven unterschieden, um sie wirkungsvoll in das jeweilige Landschaftsbild einzufügen.

Die Vorteile der S.-Pflanzungen sind das frühzeitige Erfolgserlebnis für den Anfänger und der zusätzliche Reiz für den geübten Bonsai-Freund.

Die klassische S.-Lehre unterliegt besonderen Gesetzmäßigkeiten, nach denen typische japanische Landschaften gestaltet werden. Will sich der Anfänger mit einfachen S.-Arrangements befassen, so können die Grundsätze der Kultur von Bonsai Verwendung finden. Beim Arrangieren sind Anregungen aus dem eigenen Erlebnisbereich umzusetzen.

Beispiel für das Arrangieren einer Landschaft „Weg durch einen Fichtenwald"; *Material:*
– 19 fünf- bis fünfzehnjährige Fichten (*Picea*), 15 bis 50 cm hoch;
– zwei Berg-Steine (↑ Steine);
– eine Steingutschale (100 × 38) cm;
– Pflanzerde, Moos, Tonscherben als Drainage;
– feinkörniger Sand (Flußsand).

Arbeitsvorgang: Die Abzuglöcher der Schale werden mit Tonscherben abgedeckt und der Boden mit einer Schicht grober Erde bedeckt. Alle zu pflanzenden Bäume werden zunächst auf ihren künftigen Platz gestellt. Die hohen Bäumchen werden dabei in den Vordergrund gesetzt (↑ Waldpflanzung) und nicht in Reihen geordnet; die kleineren Bäume setzt man in den Hintergrund, so daß eine gewisse Tiefenwirkung entsteht. Haben alle Bäume ihren endgültigen Platz gefunden, kann eingepflanzt werden. Die obere fei-

ne Erdschicht wird zu einer hügeligen Oberfläche gestaltet, die beiden Steine werden eingearbeitet. Bevor das Moos aufgebracht wird, sollte durchdringend von unten gewässert werden. Letzter Arbeitsgang ist das Aufbringen einer dünnen Sandschicht, die den Weg andeutet.

Sammeln ↑ Jamadori
Sand ↑ Erden
Sankan ↑ Kabudachi
Schadbilder. Treten an einem Bonsai Schäden auf, müssen schnellstens die Ursachen aufgedeckt und behoben werden. Zunächst sind die geschädigten Pflanzen aus dem Bestand herauszunehmen und zu isolieren, um eine eventuelle Ausbreitung der Schädlinge zu vermeiden. Anschließend erfolgt die genaue Untersuchung des S. Handelt es sich dabei um Fraßstellen, so lassen sich meist auch die Schädlinge an der Pflanze entdecken. Raupen sind oft durch braune oder grüne Färbung getarnt und deshalb nicht leicht aufzufinden. Auch der Schalenboden sollte nach Nacktschnecken untersucht werden.

Tierische Schädiger werden mit Insektiziden bekämpft. Am häufigsten sind:
– *Blattläuse.* An Triebspitzen und an der Unterseite meist junger Blätter befinden sich einzelne oder ganze Kolonien winziger 1 bis 4 mm langer grüner, gelblicher, grauer, brauner oder schwarzer Insekten. Die Blätter sind bei starkem Befall gekräuselt und zum Teil gerollt. Es kommt zu Wachstumsstörungen und im Endstadium zu Absterbeerscheinungen. Die Blattläuse scheiden Honigtau, ein süßes Sekret aus, das sich als klebriger Film über die Blätter zieht. Auf diesem Belag siedeln sich oft Rußtaupilze an und bedecken die Blätter mit einem schwarzen Belag. Der Honigtau lockt aber auch Ameisen an; sie „beschützen" die Blattläuse und tragen zu ihrer Vermehrung bei, indem sie ihre Feinde, die Marienkäfer und deren Larven, abwehren.
– *Spinnmilbe (Rote Spinne).* An der Blatt-

und Nadelunterseite junger und ausgewachsener Triebe befinden sich feine Gespinste mit rötlichen oder grüngelben Milben von etwa 0,5 mm Größe. Die Blätter sind anfangs weißlich-gelb gesprenkelt, werden aber mit fortschreitendem Befall insgesamt fahl, bis sie schließlich absterben und abfallen. Lufttrockenheit und Zugluft begünstigen die Vermehrung der Roten Spinne; sie breitet sich rasch aus!

– *Mottenschildlaus (Weiße Fliege).* An der Blatt- und Nadelunterseite sitzen meist in großer Zahl weiße, etwa 2 mm lange, geflügelte Insekten, die bei Berührung der Pflanze sofort auffliegen. Die Blätter werden gelbfleckig, bei fortschreitender Ausbreitung der Schädlinge vergilben sie vollständig und sterben schließlich ab. Die Insekten und ihre gelblich-grünen schildlausähnlichen Larven sondern große Mengen Honigtau ab, auf dem sich auch Rußtaupilze ansiedeln können. Trockene Wärme fördert die Ausbreitung. Die schnelle Generationsfolge macht es schon beim Auftreten weniger Schädlinge erforderlich, die Pflanze sofort zu isolieren und die Schädiger zu bekämpfen. Dem einzusetzenden Insektizid ist ein Haftmittel beizumischen, um die Wirksamkeit und Regenbeständigkeit zu erhöhen. Die Mottenschildlaus schützt sich durch weißen Wachsstaub vor Nässe, so daß Insektizide ohne Haftmittelzusatz abperlen würden.

– *Schildläuse.* Vorwiegend an verholzenden Pflanzen und Arten mit derben, ledrigen Blättern können kleine bräunliche, graue oder schwarze „Warzen", die fest am Stamm, an den Ästen oder unter den Blättern sitzen, auftreten. Es sind schützende Wachsschilde, unter denen die nur wenige Millimeter großen, bewegungsunfähigen Läuse sitzen. Auch sie scheiden Honigtau aus, der als klebrige, glänzende Schicht die Blätter überzieht. Ebenso wie bei den Blattläusen oder den Mottenschildläusen siedeln sich Rußtau-

pilze an. Die Beseitigung der Schildläuse kann entweder durch Abschaben mit einem Hölzchen, Ablesen mit der Pinzette oder durch Abwaschen mit einer Seifenlauge und anschließendes Abbrausen erfolgen. Die Bekämpfung wird mit einem systemisch wirkenden Insektizid ausgeführt, das durch Gießen ausgebracht, über die Wurzeln aufgenommen und über die gesamte Pflanze wirksam wird.

– *Wolläuse.* Die Wolläuse haben keine Schilde, zeichnen sich aber durch Wachsausscheidungen aus und können wie weißer Flaum in den Blattachseln verholzender Pflanzen auftreten. Oft siedeln sie sich auch an schlecht vernarbten Schnittstellen an. Bei Massenauftreten finden sich die Kolonien auch an der Blattunterseite. Die Bekämpfung erfolgt wie bei den Schildläusen.

– *Wurzelläuse.* Sie werden vornehmlich beim Umpflanzen entdeckt, aber auch stockendes Wachstum und gelb werdende Blätter können auf einen Befall hinweisen. Die weißen Läuse bevölkern den Wurzelballen und können mit weißen Wachsfäden bedeckt sein (nicht mit der ↑ Mykorrhiza der Nadelgehölze zu verwechseln!). Wurzelläuse können besonders bei trockenem warmem Stand auftreten. Werden sie beim Umpflanzen entdeckt, empfiehlt es sich, den Wurzelballen in eine Insektizidlösung zu tauchen. Um sicher zu gehen, daß alle Schädlinge vernichtet sind, sollte nach dem Umpflanzen zweimal im Abstand von vierzehn Tagen ein Insektizid gegossen werden. Pilzliche Schädiger werden mit Fungiziden bekämpft. Häufige S. sind:

– *Umfall- oder Vermehrungskrankheit (Schwarzbeinigkeit).* Sie tritt in Aussaatgefäßen an den Sämlingen und bei zu dichtem Bestand von Jungpflanzen auf. Die Stengel schrumpfen unter den Keimblättern fadendünn zusammen und verfärben sich dabei braun bis schwarz. Schließlich kippen die Pflanzen um. Ursache dafür sind verschiedene Bodenpilze, die sich auf organischen Substanzen im Boden angesiedelt haben und von dort aus in das Pflanzengewebe eindringen. Die umfallenden Pflanzen sind unverzüglich zu entfernen und zu vernichten. Die betreffende Kultur sollte, um weitere Ausfälle zu vermeiden, mit einem Fungizid gegossen werden. Vorbeugend gegen diese Vermehrungskrankheit kann beim Sichtbarwerden der ersten Keimblätter (↑ Aussaat) im Abstand von etwa zwei Wochen eine Fungizidlösung gegossen werden.

– *Grauschimmel.* Dieser Pilz tritt oft bei der Stecklingsvermehrung auf. Sehr hohe Luftfeuchtigkeit bei geringer Luftbewegung fördert den Befall, der sowohl Blätter und Blüten als auch die krautigen Stengel der Pflanze erfaßt. Der Pilz dringt in das Gewebe, das bei Stecklingen zusätzlich geschwächt ist, ein und zerstört es. Es entstehen anfangs faulig-braune Stellen, die später von weißgrauem Schimmelrasen überzogen werden. Die befallenen Stecklinge sind sofort zu vernichten. Um eine weitere Ausbreitung des Pilzes zu vermeiden, sollte regelmäßig gelüftet und für Luftbewegung gesorgt werden.

– *Wurzelfäule.* Gelbbraun verfärbte Blätter und Nadeln sind ein wichtiges Symptom von Wurzelkrankheiten. Zunächst werden der feste Stand im Gefäß, der Zustand der Erde (Feuchtigkeit und Konsistenz) und die Abzuglöcher überprüft. Ist der Stand nicht fest, die Erde naß und verschlämmt oder sind die Abzuglöcher verstopft, so handelt es sich meist um Wurzelfäule, eine der häufigsten Pflanzenkrankheiten infolge falscher Kulturmaßnahmen. Es empfiehlt sich sofortiges Umpflanzen in frische Erde unter Beachtung einer guten Drainage am Gefäßboden. Vor dem Einpflanzen werden alle faulenden Wurzeln entfernt und der gesamte Wurzelbereich mit einem Fungizid eingesprüht. Die Weiterbehandlung erfolgt wie bei frisch umgetopften Pflanzen.

– *Echter Mehltau.* Überwiegend an der Oberseite der Blätter, bei starkem Befall auch an der Unterseite und an den Stengeln, auftretender weißlicher, mehlartiger Belag, den man abwischen kann. Er verursacht Wachstumsstörungen und Verkümmerung der Blätter, bei starkem Befall sogar ihr Absterben. Mehrmalige Spritzungen mit einem Fungizid töten den Pilz ab, der bevorzugt bei hohen Stickstoffgaben auftritt.

– *Falscher Mehltau.* Bei hoher Luftfeuchtigkeit kann sich an der Unterseite der Blätter ein Schimmelrasen bilden, wobei an den befallenen Stellen auf der Blattoberseite fahlgelbe Stellen sichtbar werden. Die Bekämpfung erfolgt mit einem Fungizid oder Kupferpräparat.

Schädlingsabwehr, biologische. Werden an einem Bonsai Schäden durch Tiere oder Krankheiten (↑ Schadbilder) verursacht, so müssen nicht unbedingt chemische Pflanzenschutzmittel (↑ Schädlingsbekämpfung) zum Einsatz kommen. Oft ist eine Überschreitung der vorgesehenen Konzentration der Spritzlösungen sowie eine Resistenzbildung bei den Schädlingen im Laufe der Zeit zu beobachten. Auch schädigende Einflüsse auf für die Kulturen nützliche Organismen sind nicht auszuschließen. Deshalb haben sich verschiedene sog. biologische Abwehrmittel für die Anwendung in kleinen und mittleren Beständen bewährt, die aus Naturprodukten gewonnen werden können.

Üblich ist die Bereitung von Jauchen, Brühen und Tees, die stets in Plaste-, Steingut- oder Holzgefäßen vorgenommen werden sollte (in Metallbehältern unerwünschte chemische Reaktionen). Frische oder getrocknete Pflanzen werden mit der entsprechenden Menge Wasser angesetzt (Tab.), wobei die Pflanzenteile unter der Wasseroberfläche verbleiben müssen (Beschweren mit einem Stein). Die so angesetzte Jauche gärt etwa zwei Wochen und ist fertig, wenn sie nicht mehr schäumt. Bis dahin sollte sie täglich umgerührt werden. Jauchen dürfen nicht auf die Pflanzen gegossen werden (↑ Düngung), sondern sind stets bei bedecktem Himmel auf feuchten Boden auszubringen. Soll eine Brühe hergestellt werden, sind die Pflanzenteile 24 Stunden in einem emaillierten Gefäß einzuweichen und anschließend eine halbe Stunde darin zu kochen. Ist die Brühe abgekühlt, kann sie, entsprechend verdünnt, gespritzt oder gegossen werden. Für die Herstellung von Teeaufgüssen müssen die gesammelten Pflanzen mit kochendem Wasser übergossen werden und anschließend darin etwa 15 min ziehen. Nach Abkühlung können die verdünnten Tees gespritzt oder gegossen werden.

Alle Kräuterauszüge, ob als Jauche, Brühe oder Tee bereitet, sind Mittel der Abschreckung, die teilweise auch die Abwehrkräfte der Pflanzen aktivieren und als Düngung wirken. Verschiedene Kräuter lassen sich auch kombinieren, z. B. Rainfarn und Schachtelhalm (5:1). Dieser Kräuterauszug wirkt dann als Abschreckung für Insekten und beugt gleichzeitig Pilzerkrankungen vor. Diese Kombination bietet sich besonders als Herbstspritzung (kurz vor dem Winterfestmachen) an.

Übersicht über biologische Schädlingsabwehr

Krautart	Sammelgut	Sammel-zeitpunkt	Kräuterauszug	Konzen-tration	Schädlingsabwehr
Wurm- und Adler- farn	oberirdische Pflanzen- teile	Juni bis September	Brühe: 1 kg frisches oder 200 g trockenes Kraut in 10 l Wasser	unver- dünnt	Blatt-, Schild- und Wolläuse; bei Kaliummangel
Brenn- nessel	oberirdische Pflanzen- teile vor der Blüte	Mai bis August	Jauche: 1 kg frisches Kraut in 10 l Wasser	20fach ver- dünnt	Insekten (Blatt- läuse, Spinnmilbe, auch als Rote Spinne bezeichnet); wachstumsfördernd!
Acker- schach- telhalm	oberirdische Pflanzen- teile	Mai bis August	Brühe/Tee: 1 kg frisches Kraut oder 150 g getrocknetes Kraut in 10 l Wasser	5fach ver- dünnt	Pilzerkrankungen (Mehltau, Rost)
			Jauche: 1 kg frisches Kraut oder 150 g ge- trocknetes Kraut in 10 l Wasser	5fach ver- dünnt	Insekten (Blatt- läuse, Spinnmil- ben)
Rainfarn	oberirdische Pflanzen- teile	Juli bis August	Brühe/Tee: 300 g frisches oder 30 g getrocknetes Kraut in 10 l Wasser	unver- dünnt	Insekten (Blatt- läuse, Spinnmil- ben)
Wermut	oberirdische Pflanzen- teile vor der Blüte	Juli bis August	Brühe: 1 kg frisches Kraut in 10 l Wasser	unver- dünnt	Insekten (Blatt- läuse, Spinnmil- ben, Ameisen)

Neben den Kräuterauszügen gibt es noch eine Reihe weiterer Möglichkeiten, um Schädlinge von den Pflanzen fern zu halten. So lassen sich vor allem im Winterquartier Nacktschnecken, Drahtwürmer und Kellerasseln mit frisch aufgeschnittenen und ausgehöhlten Kartoffeln fangen. Diese werden in den Abendstunden, mit der ausgehöhlten Seite zum Erdboden, im Bestand ausgelegt und am folgenden Morgen mit den sich in den Höhlen befindlichen Schädlingen eingesammelt. Schnecken lassen sich aber auch mit Bier fangen. Bechergläser oder ähnliche tiefe Behältnisse aus Plaste oder Glas werden so tief im Erdreich eingesenkt, daß ihr Rand mit der Erdoberfläche abschließt. In den Abendstunden werden sie etwa bis zu einem Drittel mit Bier gefüllt, am folgenden Morgen können die gefangenen Schnecken entfernt werden. Die Gläser sind abends stets neu zu füllen. Ameisen lassen sich aus dem Bonsai-Bestand entfernen, indem man über ein vermeintliches Nest einen Blumentopf stülpt. In kurzer Zeit werden die Ameisen, die angebotene „Nesthilfe" nutzen und das Nest hineinbauen, das man dann mühelos entfernen kann. Woll- und Schildläuse (↑ Schadbilder) können von den Pflanzen durch Einpinseln bzw. Abwaschen mit warmem Wasser (max. 50 °C) und Brennspiritus (50 g je Liter Wasser) oder mit in warmem Wasser gelöster Schmier- bzw. Kernseife (20 g je Liter Wasser) beseitigt werden. Regenwürmer im Bonsai-Gefäß sind ebenfalls unerwünscht. Sie verlassen das Gefäß bei einem ausgiebigen Tauchen. Grell gelbe Plastestreifen mit einem elastisch und weich bleibenden Klebstoff bestrichen wirken besonders gegen die sog. Weiße Fliege (Mottenschildlaus) im Gewächshaus. Im Freien aufgehängt, werden sie für viele andere Arten zur Falle, sie sind deshalb nur in geschlossenen Häusern zu verwenden. Die gezielte Förderung und Ansiedlung

von Nützlingen (Igel, Kröten, insektenfressende Vögel sowie nützliche Insekten) in der näheren Umgebung von Bonsai-Beständen, trägt wesentlich zur Gesunderhaltung des Bestandes bei. **Schädlingsbekämpfung.** Jungpflanzen und Bonsai können ebenso wie alle Bäume und Sträucher der freien Natur von Schädlingen und Krankheiten befallen werden. Gegen tierische, bakterielle und pilzliche Schäden gibt es eine Vielzahl von chemischen Pflanzenschutzmitteln (PSM), die teilweise sogar kombiniert einsetzbar sind. Aufgrund der Tatsache, daß der Vielzahl von Schaderregern angepaßt, eine breite Palette von PSM angeboten wird, sind spezielle Empfehlungen nicht möglich, zumal die Handelsnamen der Präparate gelegentlich wechseln. Eine Beratung durch den Fachhandel oder die Pflanzenschutzämter ist unerläßlich, nachdem das Schadbild erkannt wurde (↑ Schadbilder). Die Konzentrationen werden in jedem Fall entsprechend der Hinweise der Hersteller analog zu den Angaben für „normal große" Pflanzen gewählt. Veränderungen (Reduzierung) der anzuwendenden Konzentrationen, wie für Düngemittel (↑ Düngung) üblich, verhindern einen erfolgversprechenden Einsatz. Zum anderen sind vom Hersteller angegebene Hinweise zu möglichen Kombinationen, Haltbarkeit, optimal wirksamem Temperaturbereich u.a. zu beachten. PSM sind gut verschlossen und deutlich gekennzeichnet und gesichert aufzubewahren! Bei starker Sonneneinstrahlung und Temperaturen über + 25 °C ist die Anwendung zu vermeiden. Eine Verabreichung bei Temperaturen unter + 10 °C ist ebenfalls nicht zu empfehlen. Ein Wechsel der Präparate beugt einer Resistenzbildung gegenüber einem Präparat vor. Neben den chemischen PSM können die Schädlinge auch mit biologischen Mitteln (↑ Schädlingsabwehr, biologische) abgewehrt werden. Die Bekämpfung von Pilz- oder Viruskrankheiten ist komplizierter, denn oft lassen sich die Schadbilder nicht eindeutig bestimmen. So kann eine anormale Blattverfärbung viele Ursachen haben. Die im Handel erhältlichen Fungizide sind im Spritz- oder Gießverfahren (↑ Ausbringungsverfahren) auszubringen.

Schildläuse ↑ Schadbilder

Schnecken ↑ Schädlingsabwehr, biologische

Schneiden: eine der wichtigsten ↑ Gestaltungstechniken in der Bonsai-Kultur. Jungpflanzen müssen in ihre künftige Gestaltungsform „hineingeschnitten" werden. Baumschulpflanzen und gesammelte Bäume (↑ Jamadori) sind teilweise sehr stark zu schneiden, ehe sie zu einem Bonsai geformt werden können. Auch bereits gestaltete Bonsai werden regelmäßig geschnitten, um ihre Form zu erhalten. Für das S. werden sehr scharfe Scheren, Zangen oder Sägen verwendet (↑ Werkzeuge), die sauber und rostfrei sein müssen. Der Zeitpunkt für das S. ist sehr unterschiedlich und abhängig davon, ob es sich um den ↑ Gestaltungsschnitt, den ↑ Formschnitt, den ↑ Triebschnitt, den ↑ Blattschnitt oder den ↑ Wurzelschnitt handelt. Die Häufigkeit des S. hängt von der jeweiligen Pflanzenart ab.

Vor der Schnittausführung muß sich der Gestalter konkrete Vorstellungen von der künftigen Form des Bonsai erarbeitet haben. Dazu sind Spaziergänge in der Natur zu empfehlen, bei denen man sich typische Baumformen einprägen kann. In einer Skizze festgehalten erleichtern sie dem Anfänger die Gestaltung. Eventuelle Zweifel, ob ein Ast oder Zweig weggeschnitten werden soll oder nicht, überprüft man durch Verdecken des fraglichen Teils. Bei diesem Prozeß ist es wichtig, den Baum von allen Seiten zu betrachten, denn oft erscheint ein Ast, der zunächst störend wirkte, aus einer anderen Richtung betrachtet, geradezu ideal. Die Vorderseite des Baumes ist

entsprechend zu wählen. S. und ↑ Drahten erübrigen sich dann oft. Allgemeine Schnittregeln können nur Richtschnur sein, denn jede Pflanze, jeder Baum hat einen eigenen Charakter. Um die ästhetische Wirkung eines Baumes nicht zu vermindern, gibt es jedoch einige generelle Schnittregeln, die unbedingt zu beachten sind:

– von zwei sich gegenüberstehenden Ästen wird einer entfernt;

– von direkt übereinanderliegenden Ästen wird einer entfernt;

– direkt nach vorn zum Betrachter weisende Äste sind zu schneiden, sie verdecken die Stammführung. Zweigspitzen dagegen, die von seitlich wachsenden Ästen her nach vorn wachsen und den Stamm verdecken, werden bei einigen Gestaltungsformen belassen (z. B. ↑ Moyogi);

– den Stamm kreuzende Äste werden entfernt;

– senkrecht nach oben oder unten wachsende Äste werden geschnitten.

Der Schnitt selbst kann glatt (mit einer Schere geschnitten) oder leicht konkav (mit Konkavzange geschnitten; ↑ Werkzeuge) sein, damit die Wunde schnell verheilt. Große Schnittstellen werden mit Baumwachs oder Latex-Bindemittel farblos (↑ Gestaltungsschnitt) verschlossen. Es werden keine Aststümpfe stehen gelassen, es sei denn, die Techniken des ↑ künstlichen Alterns sollen angewendet werden. An bisher ungeschnittenen Gehölzen können bis zu zwei Drittel des Astwerkes weggeschnitten werden. Durch einen Schnitt kann die Wuchsrichtung eines Zweiges verändert werden, da sich an jedem beblätterten Zweig sog. schlafende Augen (Knospen) befinden, die sich erst bei günstigen Wachstumsbedingungen entwickeln. Das kann entweder zu Beginn einer neuen Wachstumsperiode sein oder auch wenn der weiterführende Zweig durch Verlust keine Nährstoffe mehr benötigt. Die schlafenden Augen sitzen in den Blattachseln, sind meist klein und unscheinbar, weisen aber mit der Spitze in die künftige Wuchsrichtung. Wird ein Zweig über einem Blatt und der in der Blattachsel sitzenden Knospe geschnitten, so wird diese nach kurzer Zeit anschwellen und austreiben. Die Wuchsrichtung des neuen Triebes wird die sein, in welche die Spitze der Knospe zeigt. Bei gegenständigen Knospen (z. B. Ahorn) würden zwei Triebe aus einer Blattachsel wachsen. Ist die Verzweigung unerwünscht, bricht man die schwächere der beiden Knospen heraus.

Schwarzbeinigkeit (Umfallkrankheit) ↑ Schadbilder

Sekijoju: eine Bonsai-Form, die neben ↑ Ishitsuki eine weitere Felsenpflanzung darstellt. Insgesamt erwecken S. beim Betrachter die Vorstellung eines Gebirgsausschnittes.

Einzelne Steine oder Felsen ragen aus dem Waldboden heraus und werden von den Wurzeln der nahestehenden Bäume überwachsen und umklammert. Die Wurzeln wachsen zwar über den Stein hinweg, finden aber im Erdreich genügend Raum, sich zu entwickeln und zu verankern (Unterschied zu Ishitsuki). Die Steine für die Gestaltung sind weniger scharfkantig als bei Ishitsuki; auch müssen sie nicht unbedingt porös sein. Sie können ein bis zwei Drittel aus dem Boden ragen. Beim Anlegen einer S.-Pflanzung werden die Wurzeln des zu pflanzenden Baumes vom Erdreich befreit und gleichmäßig über den Stein verteilt. Dabei ist unbedingt die Vorderseite (Richtung zum Betrachter) festzulegen, da später keine Korrektur mehr möglich ist. So über den Stein gezogen, werden die Wurzeln vorsichtig aber fest mit einem Bindfaden an den Stein gebunden. Auf

Sekijoju

einen sicheren Stand des Steines in der Schale ist unbedingt zu achten, er sollte vor der Pflanzung ausprobiert werden. Um Quetschungen an den Wurzeln zu vermeiden, können sie mit *Sphagnum* (Torfmoos) abgedeckt werden, bevor man sie anbindet. Anschließend wird eine feuchte Lehmschicht über Wurzeln und Stein gebracht, so daß der Baum bis zum Wurzelansatz bedeckt ist. Wurzeln, die über den Stein hinaus bis in die Schale reichen, werden nach dem Einbringen des Steines im Erdreich des Gefäßes verankert. Die Schale wird bis zum Rand mit einer humosen, nahrhaften Erde aufgefüllt. Im Abstand von 3 bis 5 cm kann um den Stein eine Manschette aus Weichplaste gezogen werden, die senkrecht auf dem Schalenboden steht und über den Stein hinausragt. In diese Manschette wird ein sandiges, weniger nahrhaftes Erdgemisch (z. B. Torf-Sand im Verhältnis 1:1) gegeben und kann bis zum Wurzelansatz aufgefüllt werden. Mäßig feucht gehalten wird dieses Gemisch ein rasches Austrocknen der über den Stein gezogenen Wurzeln verhindern. Die Neubildung von Wurzeln im humosen, nahrhaften Erdgemisch der Schale wird dadurch gefördert. Ein schattiger bis halbschattiger Standort ist für S. allgemein zu empfehlen; starke Sonneneinstrahlung würde die Wurzeln schädigen. So sollte bei der Auswahl der für S.-Pflanzungen vorgesehenen Arten auf Schattenverträglichkeit geachtet werden. Nach etwa einem viertel bis halben Jahr, je nach Neuaustrieb, kann begonnen werden, die Manschette Stück für Stück einzukürzen. Das sandige Erdgemisch wird entfernt und die dünne Lehmschicht beim späteren Gießen zunehmend nach unten gespült. Dieser Vorgang wiederholt sich, bis die Manschette ganz abgenommen werden kann. Starke Wurzeln umklammern jetzt den Stein. Die feinen Saugwurzeln zur Wasser- und Nährstoffaufnahme hat der Baum im nährstofffrei-

chen, humosen Boden der Schale ausgebildet.
Die Schalen für S. sind flach und können von rechteckiger, runder oder ovaler Form sein. Die Glasur sollte passend zum Baum und Stein gewählt werden. Eine Harmonie zwischen den drei Komponenten ist Ziel der Gestaltung. Auf eine Unterpflanzung kann weitgehend verzichtet werden. Die über den Stein gezogenen Wurzeln sollen völlig sichtbar bleiben. Für diese Gestaltungsart können sowohl Jungpflanzen aus der Natur (↑ Jamadori) als auch kleinere ↑ Baumschulpflanzen Verwendung finden.
Für S. besonders geeignet sind:
Ahorn (*Acer*), Kiefer (*Pinus*), Lebensbaum (*Thuja*), von den ↑ Blüten-Bonsai der Winterjasmin (*Jasminum nudiflorum*) und von den ↑ Zimmer-Bonsai Lorbeerfeige (*Ficus retusa*) und Birkenblättriger Gummibaum (*Ficus benjamina*).
Shakan: Bezeichnung für den »geneigten Stamm«, eine Bonsai-Form, bei der immer ein einzelner Baum gestaltet wird. Die Neigung des Stammes wird in der Natur entweder durch ein Absinken des Bodens oder ein Nachgeben der Wurzeln hervorgerufen. Bei der Gestaltung eines S. wird dieser Prozeß nachvollzogen, indem die Schale mit dem Baum, entsprechend der gewünschten Neigungsstärke, schräg gestellt wird. Der noch junge Baum in der geneigten Schale richtet sich über einen längeren Zeitraum in die Senkrechte auf. Bei nachfolgender Geradestellung der Schale liegt ein geneigter Stamm vor. Es ist auch möglich, den Baum schräg einzupflanzen. Der Neigungswinkel kann bis 65° betragen. Der Stamm ist dominierend vom Wurzelansatz bis zur Kronenspitze. Er kann ein Drittel, aber auch bis zu zwei Drittel seiner Höhe frei von Astwerk sein. Die Wurzeln sind verstärkt in der Neigungsrichtung sichtbar. Sie stellen fast eine Verlängerung des Stammes dar und verdeutlichen die feste Verankerung im Erdreich.

Die Krone des S. ist dicht und trägt reiches Blattwerk. Es muß jedoch auf ausgewogene Proportionen zwischen den Ästen und ihrem Blattwerk, bezogen auf die Neigung des Stammes, geachtet werden. Zur ↑ Unterpflanzung eignet sich sehr gut Moos, vor allem zwischen den sichtbaren Wurzeln und um den Wurzelhals.

Geeignete Vorbilder in der Natur findet man z. B. am Steilhang oder an unterspülten Flußufern. Als Ausgangsmaterial lassen sich ↑ Stecklinge ebenso wie ↑ Baumschulpflanzen, aber auch gesammelte Bäumchen (↑ Jamadori) verwenden.

Bevorzugt wird ein S. in flache, rechteckige Schalen von erdfarbener Glasur gepflanzt. Diese Gefäßform wird vor allem dann gewählt, wenn der Neigungswinkel des Stammes zwischen 45 und 65° liegt. Der Baum wird so gepflanzt, daß sich der überwiegende Teil der Krone über der Schale befindet. Bei einem Neigungswinkel bis 45° können auch flache runde oder flache quadratische Schalen verwendet werden. Besonders geeignet für S. sind:

Chinesische Ulme (*Ulmus parvifolia*), Kiefer (*Pinus*), Lärche (*Larix*).

Shari, *Sharimiki*: eine Technik des ↑ künstlichen Alterns. Mit S. wird eine Schältechnik bezeichnet, die wie ↑ Jin und ↑ Sabamiki in die verschiedensten Gestaltungsformen eingearbeitet werden kann. Für S. eignen sich ältere, schon ausgereifte Bonsai. Auch am Stamm beschädigte Exemplare gewinnen durch

Shakan

die Anwendung der Schältechnik neue Schönheit. Nicht nur der Stamm kann an seiner Vorderseite teilweise entrindet werden, sondern auch sichtbare Wurzeln.

Für die Schältechnik werden ein scharfes Messer, Schmirgelpapier und für die anschließende Behandlung Bleichmittel (↑ Bleichen) und Naturharz benötigt. Bevor man mit der Ausführung des S. an einem Bonsai beginnt, sollte zuerst an einem beliebigen Stück Ast probiert werden. Es ist einige Fingerfertigkeit notwendig, damit der Schnitt durch die Baumrinde nicht zu tief geführt wird.

Die Gestaltung eines S. am Bonsai beginnt mit dem Einschneiden der Rinde. Zunächst werden zwei parallel laufende Längsschnitte geführt, die am jeweiligen Ende durch einen quer laufenden Schnitt begrenzt werden. Der schmale zu entfernende Rindenstreifen ist nun gelockert und kann von oben nach unten abgezogen werden. Das freigelegte Holz wird mit sehr feinem Schmirgelpapier geglättet. Anschließend wird es gebleicht. Da-

Shari wird angewendet,
um künstliches Altern zu erzielen

mit diese Wunde nicht zu einem Angriffspunkt für Schädlinge oder Krankheiten (↑ Schadbilder) wird, empfiehlt es sich, sie abschließend mit Naturharz zu bestreichen und zu versiegeln.

Die Schältechnik kann bei allen für Bonsai geeigneten Pflanzenarten angewendet werden. Besonders schön wirkt sie als Kontrast zu dunklem Laub bzw. Nadeln oder zu dunkler Rinde wie beim Wacholder (*Juniperus*).

Sharimiki ↑ Shari

Sokan: Bezeichnung für die Bonsai-Form des Doppelstammes, die wohl häufigste Gestaltungsform der ↑ Kabudachi. Bei dieser Form entspringen einer Wurzel zwei Stämme; sie können direkt aus der Wurzel herauswachsen oder auch einen sehr kurzen gemeinsamen Stamm besitzen und werden als „Vater und Sohn" bezeichnet. Beide Stämme stehen im spitzen Winkel zueinander. Einer der beiden Stämme ist deutlich dominierend in Höhe und Stärke (Verhältnis etwa

Sokan

2:1). Der kleinere Stamm kann sich entweder in der Hälfte seiner Länge zur Seite hin biegen oder er wächst aufrecht wie der stärkere Stamm. Die Stämme können bis zu einem Drittel der Höhe astfrei bleiben (vorwiegend bei Nadelgehölzen). Die Äste und Zweige des dominierenden Stammes gruppieren sich nach allen Seiten, jedoch nicht in die Richtung des zweiten Stammes. Der sich unterordnende Stamm entfaltet sein Astwerk ebenfalls nach allen Seiten, allerdings zum Hauptstamm hin nur spärlich. Die Astpartien der beiden Stämme bilden somit eine einheitliche Krone. Moose und kleine Gräser finden zur Unterpflanzung Verwendung. Bei Nadelgehölzen können es auch kleine Blütenpflanzen sein.

Die Gefäße sind wie für ↑ Kabudachi angegeben, auszuwählen. Besonders gut eignen sich jedoch flache runde Schalen. Entweder entsteht ein S. durch ↑ Abmoosen oder aus einem kurz über den Wurzelansatz sprießenden Ast eines ↑ Chokkan.

Für S. gut geeignete Gehölze sind: Ajanfichte, Yedofichte (*Picea jezoensis*), Dreispitzahorn (*Acer buergerianum*), Fächerahorn (*Acer palmatum*), Japanische Sicheltanne (*Cryptomeria japonica*), Mädchenkiefer (*Pinus parviflora*).

sommergrüne Gehölze: Bezeichnung für Nadel- und Laubgehölze, die Blätter besitzen, die sie zu einer bestimmten Jahreszeit (z. B. Herbst) abwerfen. Sie entwickeln nur während der Vegetationsperiode die zur Assimilation dienenden Blätter und überdauern die wachstumslose Periode unbeblättert. Zu den s. G. zählen vorwiegend Laubgehölze; ein sommergrünes Nadelgehölz ist z. B. die Lärche (*Larix*).

Besonderheiten der Bonsai-Kultur von s. G.: Sie benötigen während der blattlosen Periode geringere Wassergaben, als während der beblätterten Wachstumsperiode und können im blattlosen Zustand an einem weniger hellen Platz untergebracht werden (↑ Überwinterung), als ↑ immergrüne Gehölze.

Spurenelemente ↑ Nährstoffe

Stammverdickung: ein typisches Altersmerkmal des Baumes, das für das künstliche Altern als Verdickung des Stammansatzes oder des gesamten Stammes ausgeführt werden kann. Für das Erstarken des gesamten Stammes sind die untersten sich bildenden Äste verantwortlich, meist werden sie jedoch sehr zeitig weggeschnitten, da sie bei der weiteren Gestaltung stören. Beläßt man diese Äste mit all den sich bildenden Verzweigungen und allem Blattwerk, so müssen Nährstoffe und Wasser zusätzlich transportiert werden, und der Stamm vergrößert sein Volumen und erstarkt in kurzer Zeit.

Beim späteren Wegschneiden muß auf eine saubere Vernarbung geachtet werden! Entweder wird der Ast mit der Konkavzange (↑ Werkzeuge) abgetrennt oder mit Hilfe eines sog. Zungenschnittes die Vernarbung optisch retusiert.

Soll nur der Stammansatz an Stärke gewinnen, so wird ein Draht fest um den Wurzelhals geschnürt, aber höchstens für drei Monate am Baum belassen. Wird der Draht nicht rechtzeitig entfernt, kann es zum Absterben des Baumes kommen. Dieses Einschnüren kann jährlich im Frühjahr bis zum Frühsommer wiederholt werden.

Standort: die unmittelbare Umgebung einer Pflanze, die ökologisch durch die dort herrschenden abiotischen (Licht, Temperatur, Wasser, Luft, Boden) und biotischen Faktoren (Beziehungen der Organismen untereinander) charakterisiert ist. Beim Aufstellen eines Bonsai bzw. der für die Gestaltung vorgesehenen Jungpflanzen sollten alle S.faktoren in einem ausgewogenen Verhältnis zueinander stehen und ein optimales Wachstum ermöglichen.

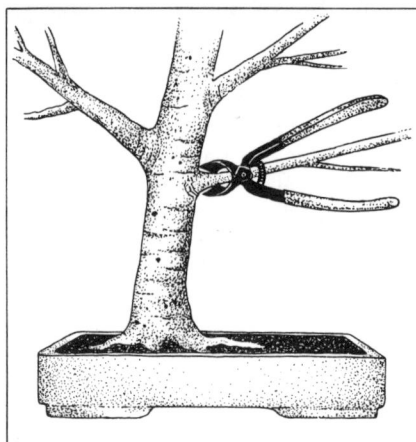

Stammverdickung kann erreicht werden durch Konkavschnitt, Zungenschnitt und Drahten des Wurzelhalses

Sämlinge und Jungpflanzen gedeihen am besten im lichten Halbschatten. Das gilt auch für Gehölze, die als ausgewachsene Pflanzen sonnenliebend sind (z. B. Nadelgehölze); als Jungpflanzen würden sie bei intensiver Sonnenbestrahlung leicht Schaden nehmen, da in den kleinen Pflanzenkörpern kaum Reservestoffe zur Verfügung stehen. Auch bei der natürlichen Verbreitung wachsen Sämlinge und Jungpflanzen erst mit zunehmender Größe der Sonne entgegen.

Voll entwickelte einheimische Gehölze sowie andere Gehölze der gemäßigten und subarktischen Klimazone bevorzugen in der Mehrzahl sonnige (z. B. Birke, Kiefer) bis halbschattige S. (z. B. Buche, Ahorn, Hainbuche). Ausgesprochene Schattenpflanzen sind z. B. Efeu (*Hedera*) und Buchsbaum (*Buxus*).

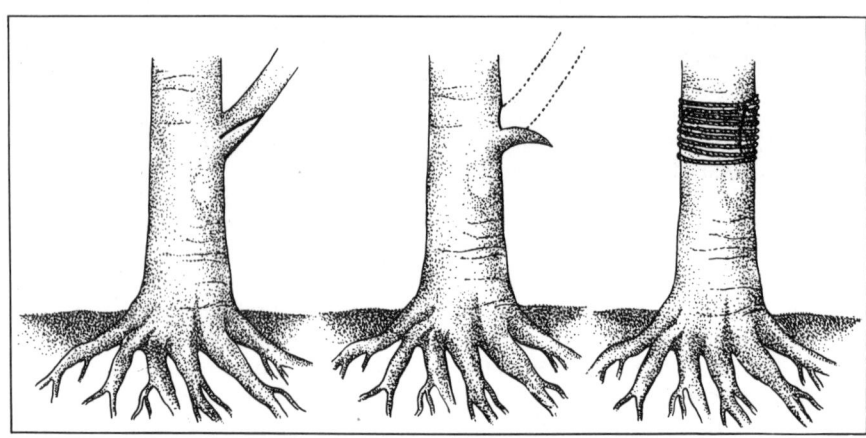

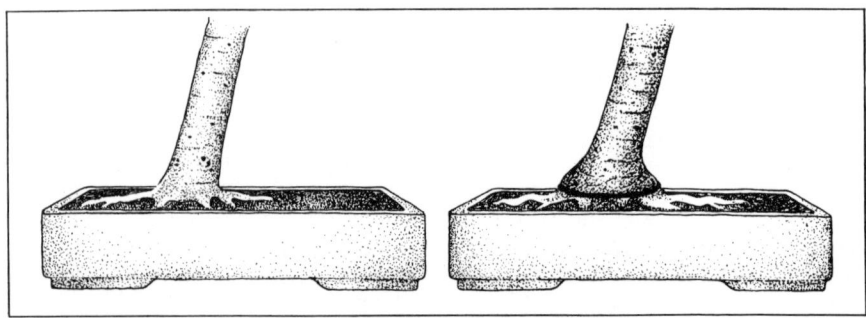

Bei der Auswahl der Pflanzenarten, die zu Bonsai gestaltet werden sollen, spielt also der künftige Aufstellungsort eine wesentliche Rolle. Vollsonnige Standorte lassen sich durch das Aufstellen von Schattenhallen verändern, so daß durchaus auch die Kultur von weniger sonneliebenden Pflanzen möglich ist.

Die Morgen- und Vormittagssonne ist in ihrer Wirkung auf die Pflanzen wesentlich günstiger einzuschätzen als die brennende Mittags- und Nachmittagssonne.

Auch beim Aufstellen vor einer reflektierenden Hauswand ist Vorsicht geboten. Hier sollte möglichst eine veränderbare Schattiermatte über den Pflanzen angebracht werden.

Mit dem Gefäß eingesenkte Pflanzen trocknen langsamer aus, als auf einem Bord aufgestellte. Auch wenn die Pflanzen auf ein äußeres Fensterbrett oder eine Balkonbrüstung gestellt werden, darf die Austrocknung der flachen Schalen und Gefäße durch Sonne und Wind nicht unterschätzt werden; einzelne Pflanzenarten sind ausgesprochen windempfindlich. Bei Ahorn und Hainbuche reißen die Blattränder durch Windeinwirkung leicht ein. In der Folge kommt es bereits im Sommer zu Blattverlusten durch Vertrocknen.

Wichtig ist auch die gute Sicherung der Gefäße gegen Absturz bei starken Winden; günstig ist eine Drahtverspannung über den Gefäßen.

Es empfiehlt sich, die Pflanzen bei einseitiger Belichtung in vierzehntägigem Abstand zu drehen – keinesfalls in kürzeren Abständen!

Bei anhaltenden Regenfällen müssen alle Gefäße angekippt und durch das Unterlegen eines Holzstäbchens in dieser Position gehalten werden. Auf diese Weise wird stauende Nässe verhindert und das Regenwasser läuft seitlich ab. Bei dieser Gelegenheit sollten auch die Abzuglöcher auf ihre Durchlässigkeit geprüft und durchwachsende Wurzeln entfernt wer-

den. Während der Wintermonate ist für ausreichenden Schutz (↑ Überwinterung) zu sorgen.

Tropische und subtropische Pflanzen benötigen jahreszeitlich verschiedene S. Im Gegensatz zu unseren einheimischen Pflanzen, die ja während des ganzen Jahres im Freiland stehen können, müssen die tropischen und subtropischen Pflanzen während der kalten Jahreszeit frostfrei untergebracht werden. Während der Sommermonate, im allgemeinen von Mitte Mai bis Ende September, bevorzugen sie einen sonnigen, windgeschützten Platz im Freien.

Der S.wechsel im Frühjahr von im Zimmer oder im Gewächshaus überwinterten Pflanzen soll unbedingt erst nach den letzten Nachtfrösten (etwa 15. Mai) und an bewölkten, sonnenarmen Tagen erfolgen, da es sonst zu Verbrennungen an den Pflanzen kommen kann. Je hartlaubiger die Pflanzen sind, z. B. Oleander (*Nerium oleander*), Myrte (*Myrtus*), Kirschmyrte (*Eugenia*) und alle ↑ Sukkulenten, desto mehr Sonne vertragen sie.

Pflanzen mit zarten Blättern, z. B. Eibisch (*Hibiscus*), Gummibaum (*Ficus*), Orangenraute *(Murraya)*, *Serissa*, u. ä. können auch im Freiland aufgestellt werden, doch eignet sich für sie ein S. im lichten Schatten eher als einer in der vollen Sonne. Bei anhaltend kühlen Witterungsperioden bzw. bei Dauerregen ist diesen Pflanzen Schutz zu geben. Die letztgenannten Gattungen können auch ganzjährig im Zimmer an einem hellen oder teilweise sonnigen Fensterplatz (Ost- oder Westfenster) kultiviert werden. Ein Südfenster ist mit Seidenpapier zu schattieren!

Diese S. sind im allgemeinen dem Aufstellen im Freien vorzuziehen, da die genannten Gattungen besonders im Freiland sehr schnell von Schädlingen befallen werden.

Steckhölzer: Stecklinge von ausgereiften unbelaubten, einjährigen Trieben laubabwerfender Hölzer. Die Gewinnung von Jungpflanzen aus S. (auch Winterstecklinge genannt) gehört ebenso wie die ↑ Stecklingsvermehrung zur vegetativen ↑ Vermehrung. Diese Vermehrungsart eignet sich nicht für dünntriebige Gehölze wie Zelkowe (*Zelkova*) oder Ulme (*Ulmus*). S. werden ebenso wie Stecklinge auch aus diesjährigen Trieben geschnitten. Im Gegensatz zu diesen sind sie jedoch bereits voll ausgereift und befinden sich im winterlichen Ruhestand, d. h., sie sind blattlos. Die besten S. werden aus dem untersten Teil der einjährigen Triebe gewonnen. Diese Teilstücke sollten kurze Internodien und gut entwickelte Knospen aufweisen. Der Schnitt der S. erfolgt in der tiefsten Winterruhe, also in der Zeit von Dezember bis Januar, an frostfreien Tagen. Die Hölzer werden in einer Länge von 15 bis 20 cm geschnitten, wobei der untere Schnitt direkt unter einem Auge erfolgt, ohne dies jedoch zu verletzen. Der obere Schnitt wird schräg, knapp über einem Auge geführt.

Die so vorbereiteten Hölzer werden je nach Art zu 10 bis 20 Stück gebündelt und mit vollständiger Bezeichnung und dem Schnittdatum versehen vor stauender Nässe und Austrocknung geschützt gelagert. Eine Möglichkeit der Lagerung ist feuchter Sand in einem frostfreien unbeheizten Keller oder Schuppen. Auch ein Plastebeutel, gefüllt mit feuchtem Torfmoos (*Sphagnum*) oder Sand, eignet sich. Bei der Lagerung werden die Hölzer zu etwa zwei Drittel ihrer Länge im Substrat eingeschlagen, da sich bereits während der Wintermonate an diesem Teil der S. undifferenziertes Wundgewebe bilden kann. Man kann die Hölzer auch in flachen Kisten in ein Torf-Sand-Gemisch (im Verhältnis 2:1) stecken. Mit Folie abgedeckt werden die Kisten ebenfalls frostfrei aufgestellt. Sie sind regelmäßig zu kontrollieren und zu lüften, um Grau-

schimmel (↑ Schadbilder) zu vermeiden. Bis zum Frühjahr hat sich am eingeschlagenen Teil der Hölzer Wundgewebe gebildet und die Hölzer können in tiefgelockerte (30 bis 45 cm), nahrhafte, humose Erde eines kalten Kastens gesteckt werden. Als kalter Kasten wird ein unbeheizbarer Frühbeetkasten bezeichnet, bei dem die Seitenwände aus lichtundurchlässigen Materialien und die Abdeckung aus abnehmbaren Fenstern bestehen. Die Hölzer werden schräg und mindestens so tief, wie während der winterlichen Lagerung, höchstens aber so tief, daß sich das oberste Auge bzw. Augenpaar noch über der Bodenoberfläche befindet, gesteckt. Die Bodenoberfläche kann fingerstark mit halbverrottetem Kompost abgedeckt werden. Leicht schattiert und gleichmäßig feucht gehalten, erfolgt während des Sommers eine gute Bewurzelung; im Herbst des gleichen Jahres kann dann gepflanzt werden.

Zwei wesentliche Nachteile der Steckholzvermehrung gegenüber der Vermehrung durch Stecklinge sind die Bildung eines relativ großen Wurzelballens und die grobe Schnittstelle am Ende des Holzes. Daher eignen sich aus S. gewonnene Jungpflanzen nicht für alle Gestaltungsformen. Besonders geeignet sind sie jedoch für die Besenform (↑ Hokkidachi), da sich schon nach wenigen Jahren ein ansehnlicher Stamm gebildet hat.

Gehölze, von denen sich Jungpflanzen gut durch Steckholzvermehrung ziehen lassen, sind z. B.:
Apfel (*Malus*),
Birke (*Betula*),
Erikastrauch (*Tamarix*),
Falscher Jasmin (*Philadelphus*),
Forsythie, Goldglöckchen (*Forsythia*),
Hainbuche (*Carpinus betulus*),
Hartriegel (*Cornus*),
Heckenkirsche (*Lonicera*),
Liguster (*Ligustrum*),

Pflaume, Kirsche, Aprikose (*Prunus*), Weide (*Salix*).

Stecklinge: Pflanzenteile, die zur generativen ↑Vermehrung von einer Mutterpflanze abgetrennt werden und sich unter ganz bestimmten Bedingungen bewurzeln. Sie bilden Knospen und Triebe und entwickeln sich zu neuen Pflanzen, die die gleichen Merkmale wie die Mutterpflanze aufweisen. Man unterscheidet Kopf- oder Trieb-S., Stamm-, Holz-, (↑Steckhölzer) und Blatt-S. Zur ↑Stecklingsvermehrung für eine spätere Bonsai-Anzucht eignen sich vor allem Kopf- und Holz-S.

Stecklingsvermehrung: die am häufigsten angewendete Form der vegetativen ↑Vermehrung, bei der gegenüber der Aufzucht von Jungpflanzen durch generative Vermehrung (aus Samen) etwa ein bis zwei Jahre eingespart werden. Durch S. lassen sich auch verschiedene Gehölze gut ziehen, bei denen infolge Taubheit der Samen (z.B. durch Zweihäusigkeit bei *Ginkgo*) oder jugendlichen Alters (noch nicht fruchtend) generative Vermehrung nicht angewandt werden kann.

Als Ausgangsmaterial wird nur eine Pflanze benötigt. Die gewonnenen Pflanzen haben die gleichen Eigenschaften wie diese Mutterpflanze (z.B. besonders schöne Blattzeichnung oder Kleinblättrigkeit, aber bei einhäusigen Pflanzen auch das gleiche Geschlecht). Außerdem können beim Triebschnitt aus den anfallenden Stücken wertvolle Stecklinge gewonnen werden.

Bei der S. ist zwischen der Sommervermehrung (Juni/Juli) und der Herbstvermehrung (September bis November) zu unterscheiden, da die Neutriebe der verschiedenen Gehölzarten im Freiland unterschiedlich ausreifen (Tab.). Zum erstgenannten Zeitpunkt sind die Neutriebe meist ausgewachsen, aber noch nicht verholzt. Bei Zimmerpflanzen können, da diese weniger temperaturabhängig sind, die Stecklinge oft schon im April oder Mai geschnitten werden. Früher als April und später als August sollten bei Zimmerpflanzen keine Stecklinge geschnitten werden, da die Bedingungen für die Wurzelbildung dann nicht mehr optimal sind und die jungen Pflanzen in die lichtärme-

Freilandpflanzen und ihre Vermehrung durch Stecklinge

Gattung	Trivialname	Zeitpunkt der Stecklingsvermehrung
Acer	Ahorn	Ende Juni/Juli; Endknospe muß ausgebildet sein
Betula	Birke	Juni/Juli; kurz vor Abschluß der ersten Wachstumsphase
Buxus	Buchsbaum	September
Taxus	Eibe	September/Oktober
Forsythia	Forsythie, Goldglöckchen	Juli; Endknospe muß ausgebildet sein; (↑Steckhölzer besser)
Ginkgo	Silberaprikose, Götterbaum	Juni/Juli (unbedingt vorjähriges Holz am Steckling belassen)
Carpinus	Hainbuche	Mitte Juni, bei Bodenwärme (20...25°C)
Cryptomeria	Sicheltanne	September
Zelkova	Zelkowe	Juni/Juli
Thuja	Lebensbaum	September/Oktober
Abies	Tanne (Zwergform)	September/Oktober
Salix	Weide (Zwergform)	Juli
Hamamelis	Zaubernuß	Juni/Juli; wachsen sehr langsam
Cotoneaster	Zwergmispel	August bis Oktober

re Zeit hineinwachsen würden. Für die S. eignen sich kräftige Spitzen des Baumes oder eines stärkeren Astes am besten. Das Fördern der Wurzelbildung durch ↑ Wurzelhormone (z.B. Stecklingsbewurzelungspulver) ist umstritten.

Die Stecklinge von Gehölzen werden bei der Sommervermehrung so geschnitten, daß sich noch ein Ansatz vom vorjährigen Holz am Trieb befindet. Noch weiche und zu lange Spitzen sind zu entfernen, so daß der Steckling nur 8 bis 10 cm Länge hat. Der Schnitt selbst wird glatt und schräg und direkt unter einem Blatt ausgeführt. Im unteren Drittel werden die Blätter bzw. Nadeln entfernt, sie sind im feuchten Substrat nur unnötige Fäulnisherde. Es dürfen jedoch nicht alle Blätter bzw. Nadeln entfernt werden, da dem Steckling mit den Blättern auch die Assimilationsfläche und damit die wurzelbildenden Stoffe genommen würden. Bei schwer wurzelnden Stecklingen, hauptsächlich denen der Nadelgehölze, kann die Verletzung der Basis die Wurzelbildung anregen. Die Stecklinge sollten möglichst sofort nach dem Schneiden gesteckt werden, da sie nicht welken dürfen. Gesteckt wird in Schalen oder Blumentöpfe, am besten eignen sich jedoch Polystyroltöpfe oder -kästen, da sie die Erdwärme relativ konstant halten. In die mit Abzuglöchern versehenen Gefäße wird nacheinander eine Schicht Kies, eine 3 bis 4 cm starke Schicht Torf und eine 5 bis 6 cm starke Schicht Sand gegeben. Als Substrat kann man auch ein Torf-Sand-Gemisch (1:1) verwenden, es sollte jedoch immer eine Sandschicht als Abdeckung dienen; sie verhindert das rasche Veralgen der Gefäße. Die Stecklinge sollten möglichst gleichmäßig feucht gehalten werden, ohne daß stauende Nässe sie verfaulen läßt. Ein täglich mehrmaliges Übersprühen der Blätter gleicht die Verdunstung durch die Blattmasse aus, da die Wurzeln für die Wasseraufnahme noch fehlen. In den ersten

drei Wochen nach dem Stecken wird die Folie nur zum Besprühen der Stecklinge bzw. zum Abwischen des Kondenswassers abgenommen. Abgefallene Blätter und faulende Stecklinge sind unbedingt zu entfernen. Die Bewurzelungsdauer bei Stecklingen liegt zwischen vier Wochen (bei einigen Laubgehölzen) und einem Jahr (oft bei Koniferen und Nadelgehölzen). In der vierten Woche nach dem Stecken kann mit dem zeitweiligen Lüften, zuerst nur stundenweise, begonnen

Stecklingsvermehrung bei Laubgehölzen; *unten* fertiger Steckling

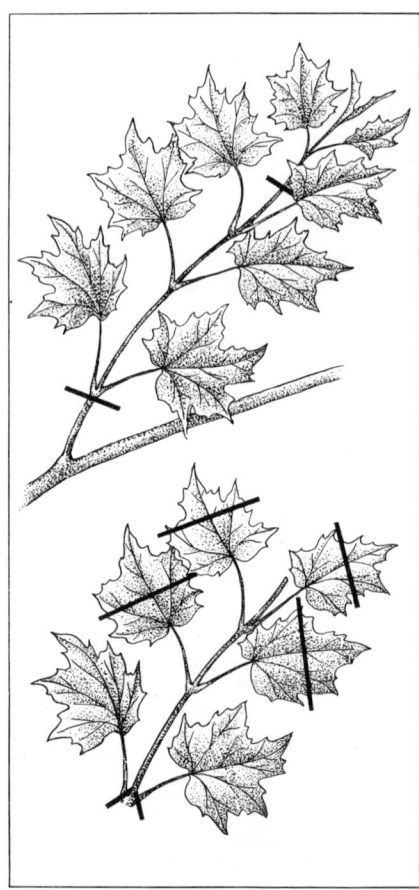

werden. Nach zwei bis drei Monaten sind
die jungen Pflanzen abgehärtet und die
Folie kann entfallen. Bei einigen Nadelgehölzen haben die Stecklinge nach dieser Zeit noch keine Wurzeln gebildet. Es
ist daher wichtig, an einem oder zwei
Stecklingen durch vorsichtiges Herausziehen zu prüfen, ob sie schon fest sitzen
und angewurzelt sind. Unbewurzelte
Stecklinge sollten unbedingt noch unter
der Folie verbleiben. Inzwischen ist es
Herbst geworden und die jungen Pflanzen sollten nicht mehr umgetopft werden.
Die zarten, jungen Wurzeln, die sich gebildet haben, könnten leicht verletzt oder
abgebrochen werden. Gekräftigt können
die jungen Pflanzen nach einer frostfreien
Überwinterung im kommenden Frühjahr
in nahrhafte Erde umgesetzt werden.
Bei der S. im Herbst werden die Stecklinge – es sind vor allem die der ↑ immergrünen Gehölze – wie bei der Sommervermehrung erläutert, geschnittten und gesteckt. Beim Gießen ist größte Vorsicht
geboten! Der Standort sollte bei den
Stecklingen aus dem Freiland ein Frühbeetkasten sein. Er kann bei eintreten-
dem Frost durch Strohdecken und eine
dicke Schneeschicht geschützt werden.
Die Stecklinge können während dieser
Frost- und Schneeperiode durchaus im
Dunkeln stehen. Sie vertragen Temperaturen bis zu −5 °C, ohne Schaden zu
nehmen. Bei frostfreiem Wetter sind die
Strohdecken abzunehmen. Achtung vor
starker oder direkter Sonneneinstrahlung!
Oft muß schon im März leicht schattiert
werden. Die Bewurzelung ist meist schon
während der winterlichen Ruhe erfolgt; das
Wachstum setzt im Frühsommer ein.
Die Stecklinge vieler Warm- und Kalthauspflanzen lassen sich im Wasser bewurzeln. Für Freilandpflanzen trifft das
nur sehr bedingt zu. Die Gefäße, in die
die Stecklinge eingestellt werden sollen,
müssen eine breite Öffnung haben, damit
beim Herausziehen der bewurzelten
Stecklinge keine Wurzeln abgebrochen

Stecklingsvermehrung bei Koniferen;
unten fertiger Steckling

werden. Die Farbe der zu verwendenden
Gefäße – am besten eignen sich Bechergläser – ist für den Erfolg nicht entscheidend. Grünes oder braunes Glas verhindert eine schnelle Veralgung, in hellem
Glas sind die sich bildenden Wurzeln
besser sichtbar. Ein kleines Stück Holzkohle im Wasser verhindert die Verpil-
zung und hält das Wasser sauber. Die
Wassergläser mit Stecklingen von Warm-
hauspflanzen (z. B. *Ficus*) werden an einem hellen Platz auf dem Fensterbrett
über der Heizung aufgestellt. Die Wassertemperatur kann zwischen 25 und
30 °C liegen. Die Stecklinge von Kalthauspflanzen (z. B. *Myrtus*) erhalten einen hellen Platz ohne Heizung. Nach drei
bis sechs Wochen haben sich reichlich
neue Wurzeln gebildet. Die bewurzelten
Stecklinge können in kleine (∅ 4 bis
6 cm) Einzeltöpfe gepflanzt werden.

Steine. Die Auswahl der richtigen S. spielt bei der Gestaltung eines Japanischen Gartens (↑ japanische Gartenkunst Ⓐ), aber auch bei ↑ Saikei und den verschiedenen Felsenpflanzungen (↑ Ishitsuki, ↑ Sekijoju) mit einem Bonsai eine wichtige Rolle. Selbst als Pflanzgefäße für Bonsai lassen sich flache Gesteinsplatten verwenden.
Es gibt eine Vielzahl von S.-formen, die sich einzeln oder miteinander in einem Arrangement zu einem Ganzen fügen lassen; auch ihre Größe spielt bei der Gestaltung eine wichtige Rolle. So lassen große Bonsai auf kleinem Felsen die Pflanzungen zum Greifen nahe erscheinen; kleine Bäumchen auf großen Felsen erwecken den Eindruck von Ferne.
Alle Eigenschaften der S. müssen mit dem allgemeinen Charakter der Pflanzung oder mit dem Stil des Gartens übereinstimmen. Bei der Auswahl spielen neben der Oberfläche und der Struktur der S. auch Form und Farbe eine wesentliche Rolle.

Herstellung eines künstlichen Steines

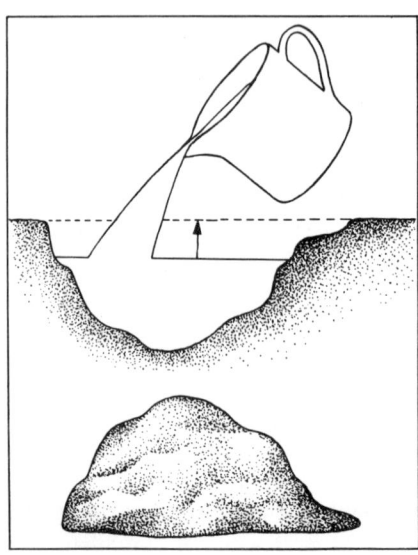

Die wichtigsten *S. formen* sind:
– „Berg-S." – langsam ansteigend zu einem Gipfel, abgerundet und nicht scharfkantig; – gut geeignet für Saikei und Sekijoju;
– „flacher S." – aus flachen Schichten bestehend, unscheinbar; – eignet sich nur als Tablett (Pflanzgefäß) für Saikei oder Bonsai;
– „senkrechter S." – senkrecht stehend, scharfkantig mit Aushöhlungen; bei gutem, festen Stand ideal für Ishitsuki;
– „Fluß-S." – eingelagerte weiße S. oder Flächen aus Kalk deuten auf fließendes Wasser hin; Verwendung bei Saikei oder (größer) in japanischen Gärten, bei denen Landschaften mit Flüssen oder Strömen dargestellt werden;
– „Wasserfall-S." – hoher und ungewöhnlich geformter S. mit mehreren weißen Stellen, die einen Wasserfall versinnbildlichen; vielfältige Einsatzmöglichkeiten in Japanischen Gärten, dabei Kombination mit „Fluß-S.".
Daneben gibt es noch eine Vielzahl anderer Formen, z.B. den „Hügel-S." und den „Felsen-S.", die in der Einordnung zwischen dem „Berg-S." und dem „stehenden S." liegen. Neben dem „Fluß-S." und dem „Wasserfall-S." gibt es die ausgewaschenen S. der Küste, die „Strand-S.". S. können auch die Form und das Aussehen von Tieren oder Gestalten haben. Diese S. sind besonders selten und wertvoll und werden als unterstreichende Elemente arrangiert.
Mit Hilfe der S. können auch sichtbare Wurzeln wirkungsvoll betont werden. Einzeln oder als kleine Gruppen arrangiert, beeinflussen sie die Gestaltung der Erdoberfläche. Wird Erde um sie angehäuft oder verteilt, entsteht eine Bewegung in der Erdoberfläche, die natürlich und lebendig wirkt. Wird ein S. zu einem Baum in Beziehung gebracht, so soll er in dessen Nähe plaziert werden. Harmonie zwischen Baum und S. entsteht z.B. dadurch, daß die Spitze des S. in die gleiche

Richtung wie der Stamm des Baumes weist, der S. also mit der Wuchstendenz des Baumes übereinstimmt. Sollen mehrere S. als Gruppe zu einem Bonsai oder in einer Landschaft arrangiert werden, muß die Zahl ungerade sein (3, 5, 7 oder 9). Als einzige Ausnahme sind zwei S. erlaubt, da dieser Zahl eine besondere Bedeutung zukommt (In, ↑ YO Ⓐ). Bei zwei S. wird der größere der beiden als Haupt-S. frei nach Gefühl gesetzt und der zweite in die optimale Position dazu geordnet. Mit der im allgemeinen ungeraden Zahl der S. kann ein abwechslungsreiches Arrangement erreicht und Symmetrie vermieden werden. Bei mehreren S. muß beachtet werden, daß sie bezüglich des Materials gleichartig sind; auch in ihrer Form sollen sie nicht zu stark voneinander abweichen. Um eine Tiefenwirkung zu erzielen, müssen die S. unterschiedlich groß sein. Ähnlich wie bei der ↑ Yoseue-Pflanzung (Wald) wird der größte S. der dominierende, dem sich die anderen unterordnen; er findet seinen Platz im Vordergrund.

S. zur Bepflanzung können auch selbst hergestellt werden. Die Ausgangsmaterialien dazu sind Torf, Betonsand und Zement. Allgemein gilt: Je mehr Zement verwendet wird, um so kalksteinähnlicher wird das „Gestein". Wird der Torfanteil erhöht, so wird der poröse Sandsteincharakter augenfälliger. Ersatztuffstein besteht aus zwei Teilen Torf, einem Teil Betonsand und einem Teil Zement. Kalksteinersatz kann aus zwei Teilen Torf, drei Teilen Betonsand und zwei Teilen Zement hergestellt werden. Die gewünschte Mischung wird mit Wasser zu einer breiartigen Masse verarbeitet. Zuvor wird ein Loch im Erdreich gegraben, das die Form des künftigen S. haben soll. Das Einarbeiten von Vertiefungen an den Wänden läßt die spätere Oberfläche des S. natürlicher aussehen und bietet bessere Bepflanzungsmöglichkeiten. Die fertige Mischung wird eingefüllt und

braucht je nach der künftigen S.größe drei bis fünf Tage zum Abbinden. Um eine gute Standfestigkeit des neuen S. zu gewährleisten, soll der Abschluß der eingefüllten Masse mit dem Erdreich völlig eben sein. Nach dem Abbinden bzw. Austrocknen kann der S. ausgegraben werden. Solche künstlichen S. können in Form und Größe optimal auf eine Pflanze abgestimmt werden.

Stickstoff ↑ Nährstoffe

Stratifikation: eine Kalt-Naß-Behandlung von Saatgut, die die niedrigen Temperaturen und die hohe Bodenfeuchtigkeit während der Wintermonate in der Natur nachvollzieht und bewirkt, daß das Saatgut im Frühjahr nach der Ernte zur Keimung gelangt. Das Stratifizieren erfolgt sofort nach der Ernte, das Saatgut darf nicht austrocknen. Zu beachten ist auch, daß nur voll ausgereiftes Saatgut stratifiziert wird, da während der S. keine Nachreife erfolgt. Bei fleischigen Früchten (*Malus, Ginkgo* u. a.) muß vor dem Stratifizieren das Fruchtfleisch entfernt werden, weil es meist keimhemmend wirkt.

Zum Stratifizieren werden die Samen schichtweise mit feuchtigkeitshaltenden Substraten, wie Sand oder Sägemehl bedeckt oder mit diesen vermischt. Struktur von Saatgut und Substrat müssen übereinstimmen; je feiner das Saatgut ist, um so feiner ist das umgebende Material zu wählen. Sehr feines Saatgut kann in Mullstückchen oder Kunstfaserstrümpfe gelegt werden, bevor es in den Sand gebettet wird. Auf diese Weise läßt es sich im Frühjahr leichter aus dem S.-Material herausnehmen. Das Substrat sollte möglichst keimarm (↑ Dämpfen) und luftdurchlässig sein. Bei kleinen bis mittleren Saatgutmengen eignen sich Blumentöpfe als S.behältnisse ausgezeichnet. Saatgut und Substrat werden, wie beschrieben, in die Gefäße eingebracht und verbleiben bei einer Temperatur von +2 bis +8 °C bis zum kommenden Frühjahr in ihnen. Die Blumentöpfe können etwa 20 cm tief im Erdreich eingegraben werden. Dabei verhindert ein Maschendraht über den Töpfen das Ausfressen der Samen durch Mäuse.

Eine andere Möglichkeit ist das Aufstellen der Töpfe im Keller, wobei auf gleichmäßige Feuchtigkeit zu achten ist; die Töpfe dürfen auf keinen Fall völlig austrocknen.

Eine dritte Möglichkeit ist die Aufbewahrung im Kühlschrank. Auch hier sollte der Standort frostfrei sein; die Gefäße müssen verschlossen werden, da der Feuchtigkeitsverlust sonst zu stark wäre. Eine Frosteinwirkung beeinflußt die Keimung nicht immer positiv.

Die ↑ Aussaat kann mit dem S.substrat erfolgen. Die Samen können aber auch ausgelesen und vor der Aussaat einer ↑ Keimprobe ausgesetzt werden. Etwa Ende März/Anfang April sollte die Aussaat erfolgen. Einige Gattungen wie *Carpinus* und *Quercus* neigen zum Frühaustrieb! Das Saatgut anderer Gattungen dagegen „überliegt", d. h. die Keimung er-

Sukkulente; Dickblatt
(Crassula arborescens)

folgt erst im zweiten Frühjahr (häufig bei *Acer*). Saatgut aus tropischen und subtropischen Regionen sollte nicht stratifiziert werden.

S. wirkt fördernd bei: Ahorn (*Acer*), Apfel (*Malus*), Pflaume, Kirsche, Aprikose (*Prunus*), Kiefer (*Pinus*), Fichte (*Picea*), Silberaprikose (*Ginkgo*), Buche (*Fagus*), Hainbuche (*Carpinus*), Felsenmistel (*Cotoneaster*), Magnolie (*Magnolia*).

streng aufrechte Gestaltungsform
↑ Chokkan
Stutzen ↑ Pinzieren
Substrate ↑ Erden
Sukkulenten: Pflanzen, die an sehr wasserarme Standorte angepaßt sind und wasserspeichernde Gewebe ausgebildet haben. Für die Aufzucht von Bonsai sind baum- oder strauchähnliche S. von Bedeutung; Kakteen sind für die Bonsai-Kultur ungeeignet. Eine Reihe der für Bonsai geeigneten S. bildet nur während der Wachstumszeit Blätter aus, die mit Beginn der Trockenperiode abfallen. Aus dieser Pflanzengruppe mit ihrem oft skurrilen Aussehen sind viele beliebte ↑ Zimmer-Bonsai hervorgegangen. Sie vertragen wie kaum eine andere Pflanzengruppe trockene Luft in zentralbeheizten Wohnungen in Kombination mit hellen, vollsonnigen Fensterplätzen. Während der Sommermonate können sie, etwas windgeschützt aufgestellt, auf der Südseite eines Balkons untergebracht werden. S. benötigen ihrer natürlichen Lebensweise entsprechend nur in größeren Abständen Wassergaben und werden deshalb leider oft zu Tode gegossen. Einmal wöchentlich durchdringend wässern ist in den Sommermonaten ausreichend. Im Herbst und Winter wird nur gegossen. Je nach Temperatur am Standort (kühl, aber nicht unter 10 °C) ist zum Herbst hin ein einmaliges Gießen wöchentlich anzuraten. Bei beginnendem Blattfall werden die Gießabstände vergrößert und mit der völligen Verkahlung für ein bis zwei Monate völlig eingestellt. Zeigen sich neue

Blätter, ist wieder vorsichtig mit dem Gießen zu beginnen. S., die während ihrer Ruhezeit die Blätter nicht abwerfen (*Crassula*), werden einmal wöchentlich gegossen. Gedüngt werden die S. während der Wachstumszeit einmal monatlich (↑ Düngung).

Bei der Gestaltung von S. sollte die ursprüngliche Wuchsform der Pflanze erhalten bleiben. Das Anstreben einer traditionellen Gestaltungsform kann nicht empfohlen werden. S. sind in der Regel auch nicht zu drahten.

Umpflanzen macht sich nur in großen Abständen, etwa alle drei bis vier Jahre erforderlich, falls nicht besondere Umstände, wie starke Versalzung oder Versauerung des Bodens oder Schädlingsbefall, vorher dazu zwingen. Als Pflanzsubstrat (↑ Erdmischungen) wird eine Mischung aus humoser Erde, Sand/Kies und Lehm im Verhältnis $1/2:1:2$ empfohlen.

Interessante Gattungen bzw. Arten für die Bonsai-Gestaltung sind z. B.:
Dickblatt, fälschlich auch Affenbrotbaum, Geldbaum (*Crassula arborescens*) und Pfennigbaum (*Portulacaria afra*) – Stamm- und Blatt-S.;
Bombax ellipticum, Jatropha podagrica, Pelargonie (*Pelargonium cotyledonis*), Wolfsmilch (*Euphorbia balsamifera*) – laubabwerfende Stamm-S.

T

Tagebuch. Ein T. bzw. eine Kartei werden angelegt, um den Lebenslauf jedes einzelnen gekauften, gesammelten oder aus Samen gezogenen Bonsai zu dokumentieren. Begonnen wird z. B. mit dem Datum des Sammelns von ↑ Saatgut sowie mit der Angabe des Sammelortes. Hinweise auf einen großen oder kleinen Bestand einer Baumart lassen Rückschlüsse auf eventuelle Taubheit der Früchte zu. Auch das noch am gleichen

Tag vorgenommene Stratifizieren (↑ Stratifikation) des gesammelten Saatgutes wird vermerkt. Das Sichtbarwerden des Keimlings und das Entfalten der ersten Laubblätter sind festzuhalten. Die Abstände der notwendigen Eintragungen vergrößern sich mit zunehmendem Alter des Bonsai. Bei aus Samen gezogenen Bäumen kann auf diese Weise das genaue, bei gekauften bzw. gesammelten Exemplaren das etwaige Alter bestimmt werden.

Es folgen Notizen zum ersten ↑ Umpflanzen und zum Kappen der Pfahlwurzel sowie ein Vermerk über neue Pflanzgefäße und die verwendete Erde. Diese Hinweise sind besonders wichtig, wenn jährlich gleiche Arten ausgesät, aber verschiedene Erden und Standorte verwendet werden, um so im Laufe der Zeit die optimalen Wachstums- und Kulturbedingungen für eine Art herauszufinden. Angaben zur Düngung, sowohl der Zeitpunkt als auch die genaue Sortenbezeichnung (z. B. Wopil – anorganisch), sowie die Art der Anwendung (flüssig oder fest) werden ebenfalls vermerkt. Bei heranwachsenden Sämlingen sollten auch Vorstellungen über die künftig zu gestaltende Form (↑ Gestaltungsformen) notiert werden. Schnittmaßnahmen, sowohl im Kronen- als auch im Wurzelbereich (↑ Gestaltungsschnitt), werden mit Datum angegeben. Ergänzende Skizzen helfen bei später notwendigen Rückerinnerungen an die ausgeführten Arbeiten. Auch Vermerke über Schädlingsbekämpfung sowie die Daten der Einbringung ins Winterquartier sind im Tagebuch zu finden. Sie können über Jahre hinweg genaue Kulturanleitungen für einzelne Pflanzen oder Pflanzengruppen, spezifisch für einen bestimmten Standort geben. Unter Nutzung der eigenen Erfahrungswerte sowie der allgemeinen Hinweise in der Literatur können optimale Bedingungen für die Kultur jedes Bonsai an seinem Standort geschaffen werden.

Tauchen ↑ Gießen

Torf ↑ Erden

Triebschnitt, *Erhaltungsschnitt:* der Erhaltung der gestalteten Baumform dienende Maßnahme, die an allen Bonsai durchgeführt wird. Im Gegensatz zum ↑ Gestaltungsschnitt und ↑ Formschnitt erfolgt der T. während der Vegetationsperiode. Ein sich stark entwickelnder neuer Trieb würde das Dickenwachstum des Zweiges bzw. Astes fördern und damit dem ausgeglichenen Bonsai-Charakter eines bereits gestalteten Baumes abträglich sein. Deshalb wird der T. bereits am weichen, noch nicht voll entwickelten Trieb vorgenommen. Der geschnittene Trieb behält dann etwa die Stärke, die er zum Zeitpunkt des Schnittes erreicht hatte. Zur Förderung des Dickenwachstums kann bei jungen Bäumen teilweise oder ganz auf den T. verzichtet werden. Entwickelt sich der Neutrieb jedoch zu stark, ist bei späterem Schnitt Narbenbildung nicht auszuschließen. Die Entscheidung, ob ein T. ausgeführt werden soll, hat deshalb nach sorgfältiger Kontrolle zu erfolgen.

Bei den Laub-Bonsai der Gattungen *Acer* (Ahorn), *Ulmus* (Ulme) und *Zelkova* (Zelkowe) läßt man die Triebe auf vier oder fünf Blätter bzw. Blattpaare wachsen und schneidet dann auf ein bis drei Blätter bzw. Blattpaare zurück. Noch in der gleichen Wachstumsperiode werden in den Blattachseln der Blätter die schlafenden Augen (Knospen) zum Austreiben veranlaßt. Mit den sich neu entwickelnden Trieben wird genauso verfahren wie mit den vorangegangenen. Dieser Schnitt wiederholt sich ein- oder zweimal, je nach Wüchsigkeit der Baumart, vom Frühjahr bis zum Sommer. Danach wird nicht mehr geschnitten, um ein Ausreifen der Triebe zu gewährleisten. Durch regelmäßigen Rückschnitt der Triebe entsteht eine sehr feine und dichte Verzweigung der Baumkrone. Werden neben den Triebspitzen auch die Blätter des verbleibenden Triebes weggeschnitten (↑ Blattschnitt), so wird die Entwicklung stark wachsender Äste gehemmt.

Bei älteren „fertigen" Bonsai sollen die Triebe bis auf ein Blatt bzw. ein Blattpaar zurückgeschnitten werden. Bei den Ahornarten (*Acer*) sind die Blätter gegenständig, d. h. in den Blattachseln befinden sich oft zwei gleich kräftige schlafende Augen. Die neu entstehende Verzweigung würde dadurch zwei gleich kräftige Triebe hervorbringen. Deshalb sollte unter Berücksichtigung der gewünschten Wuchsrichtung immer eines der schlafenden Augen ausgebrochen werden, noch bevor sich daraus ein neuer Trieb entwickelt.

Laubgehölze, die weniger wuchsfreudig sind, z. B. Birke (*Betula*), Eiche (*Quercus*), Buchen (*Carpinus* und *Fagus*) werden ständig auf ein oder zwei Blätter zurückgesetzt, wenn sich vier oder fünf Blätter entwickelt haben.

Bei den ↑Blüten-Bonsai erfolgt der ↑Formschnitt erst nach dem Abblühen, so daß es keinen direkten T. an diesen Gehölzen gibt. Bei Arten der Gattung *Prunus* (Kirsche, Aprikose, Pfirsich u. a.) werden die Neutriebe nach langsam wachsenden Blütentrieben und den schneller wachsenden blütenlosen Trieben unterschieden. Letztere werden einmalig im Juli zurückgeschnitten. Alle Neutriebe werden im Oktober im bereits blattlosen Zustand nochmals auf vier oder fünf Augen zurückgeschnitten. An fruchtenden Bonsai der Gattung *Malus* (Apfel) wird der T. von Mitte Juli bis Mitte August ausgeführt. Es ist auf zwei Blätter zurückzuschneiden. Erfolgt ein nochmaliger Austrieb, so wird dieser im allgemeinen ganz entfernt, höchstens aber ein Auge stehengelassen.

Die Behandlung der Arten der Gattung *Salix* (Weide) weicht vom bisher gesagten ab, da die neuen Triebe während der Vegetationsperiode nur dann eingekürzt werden, wenn es die Baumform erfordert. Ein Rückschnitt auf zwei Augen erfolgt im zweiten Frühjahr vor dem Austrieb.

Abweichend von der Norm ist auch der *Ginkgo* (Silberaprikose). Bei Jungpflanzen wächst der Austrieb auf sechs bis acht Blätter, um dann auf vier oder fünf Blätter gekürzt zu werden. Bei älteren Exemplaren werden vom Neutrieb nur ein oder zwei Blätter stehengelassen.

Bei den Nadelgehölzen werden die Neutriebe nicht mit der Schere geschnitten; die verbleibenden schuppenförmigen Blättchen bzw. Nadeln könnten sonst mit angeschnitten werden. Deshalb werden die jungen Triebe mit den Fingern entweder abgezupft, ausgedreht oder ausgeknipst. Bei den Arten der Gattungen *Taxus* (Eibe), *Larix* (Lärche), *Cryptomeria* (Sicheltanne) und *Cedrus* (Zeder) werden die Triebknospen abgezupft, wenn sie 1 bis 2 cm Länge erreicht haben. Bei Jungpflanzen erfolgt das Kürzen des Triebes nur an den stärksten Ästen. Bei den Arten der Gattungen *Juniperus* (Wacholder), *Cupressus* (Zypresse) und *Chamaecyparis* (Scheinzypresse) werden die schuppenförmigen Blättchen vom Frühjahr bis zum Herbst ständig so weit abgezupft, daß immer nur ein kleines Stück des jeweiligen Neutriebes stehenbleibt; Neutriebe am Stamm und an stärkeren Ästen sind vollständig zu entfernen. Das regelmäßige Zupfen fördert die Triebneubildung. Mit Fortschreiten der Vegetationsperiode sollte das Abzupfen in größeren Abständen erfolgen und rechtzeitig (Anfang September) eingestellt werden. Nur so können die Neutriebe ausreifen und unbeschädigt die Frostperiode überdauern.

Bei allen Arten der Gattungen *Picea* (Fichte) und *Abies* (Tanne) werden die Neutriebe (Maiwuchs) bis zum Erreichen einer Länge von 2 bis 3 cm belassen, um sie dann auf etwa 1 bis 1,5 cm einzukürzen. Das geschieht durch eine leichte Drehbewegung mit Daumen und Zeigefinger. Dieses Ausdrehen des Maiwuch-

ses erstreckt sich, durch die unterschiedliche Entwicklung der Triebe bedingt, auf einen Zeitraum von etwa vier Wochen. Bei Jungpflanzen ist der Neutrieb nur an den kräftigsten Zweigen einzukürzen. In der Gattung *Pinus* (Kiefer) wird zwischen zweinadligen und fünfnadligen Arten unterschieden. Zu den zweinadligen gehören z. B. Schwarzkiefer (*P. nigra*), Rotkiefer (*P. densiflora*), Berg-Krumholz-Kiefer (*P. mugo ssp. mugo*), Zwergkiefer (*P. pumila*), Föhre (*P. sylvestris*). Bei diesen *Pinus*-Arten können sich die Neutriebe (Kerzen) von Mitte Juni bis Anfang Juli voll entwickeln. Danach werden die kürzeren Neutriebe entweder mit einer schmalen Schere (↑ Werkzeuge) oder mit den Fingern vollständig entfernt – nach sieben Tagen die mittleren Triebe und nach weiteren sieben Tagen die längsten Neutriebe. Damit erhalten die schlafenden Augen der kürzesten weggeschnittenen Triebe einen gewissen Vorsprung. Alle sich nun neu entwickelnden Kerzen haben etwa ein gleichmäßiges Längenwachstum, sind aber insgesamt kürzer als die Ersttriebe. Zu beachten ist, daß die sich neubildenden Knospen in einer Vielzahl entstehen, die unerwünscht ist. Die Baumkrone würde zu dicht werden und die unteren Äste verkahlen. Deshalb werden nur die zwei schwächsten Knospen bzw. Triebe stehengelassen. Im Oktober, wenn die neuen Triebe ausgereift sind, wird das Ausschneiden der vorjährigen Nadeln vorgenommen. Nur die Nadeln des ausgereiften Neutriebes bleiben stehen. Sonne und Licht können so auch die untersten Äste und Zweige erreichen. Nach dem Ausschneiden der Nadeln können die Kiefern auch in Form gebracht werden (↑ Drahten).
Zu den Vertretern der fünfnadligen Kiefern gehört *Pinus parviflora a. pentaphylla*, die fünfnadlige Mädchenkiefer. Sie hat sehr feine kurze Nadeln und einen eleganten Wuchs. Die Kerzen werden noch vor der Entfaltung, d. h., wenn sie ausgewachsen, aber die Nadeln noch in den Hüllen sind, auf ein bis zwei Drittel der Länge gekürzt. Dies geschieht unbedingt mit den Fingern, da verletzte Nadeln braune, unansehnliche Spitzen bekommen. Bei Jungpflanzen werden drei der sich entwickelnden Kerzen für den weiteren Aufbau belassen. Bei älteren Bäumen mit schon dichter Krone bleiben nur ein oder zwei Kerzen stehen, alle übrigen sind abzubrechen. Bei zwei oder mehr Kerzen ist auf ein gleichmäßiges Längenwachstum zu achten. Man kürzt zunächst nur den längeren Trieb und ein bis zwei Wochen später dann den kleineren auf die gleiche Länge. Im Oktober erfolgt das Abzupfen der alten Nadeln.

U

Überwinterung. Das Über-den-Winterbringen der zur Bonsai-Gestaltung auserwählten und der bereits gestalteten Exemplare zählt zu den nicht ganz einfachen Techniken der Bonsai-Kultur. Ein schon gestalteter Bonsai wird in seiner Entwicklung um viele Jahre zurückgeworfen, wenn ein Ast erfriert. Ein Baum, der durch zu warme Ü. verfrüht austreibt, verliert viel Kraft. Das Klima an den natürlichen, heimischen Standorten läßt Rückschlüsse auf die Standort- und Temperaturansprüche zu.
– *Einheimische Gehölze* sind wie alle Gehölze der gemäßigten subarktischen und arktischen Klimazonen winterhart. Sie können also durchaus das gesamte Jahr über im Freiland kultiviert werden. Natürlich ist es von Vorteil, die Pflanzen im Herbst aus dem Gefäß herauszunehmen und im Erdreich einzusenken. Dabei bieten eine Hecke oder Mauer Wind- und Sonnenschutz, wenn die Pflanzen an der Schattenseite eingesetzt werden. Ausgetopft und eingesenkt können die Pflan-

zen die Feuchtigkeit des umliegenden Erdreiches aufnehmen und die Gefahr des Vertrocknens über den Winter verringert sich. Ein zusätzliches Abdecken mit Laub, Torf, Sägespänen oder Reisig bietet viele Vorteile, hat aber auch Nachteile. Die Vorteile liegen im Frostschutz des Ballens durch das Laub (gilt auch für in Schalen eingesenkte Bonsai-Pflanzen) und dem zusätzlichen Sonnenschutz durch Reisig, das auch das Abbrechen der Zweige und Äste, hervorgerufen durch schwere Schneelasten, verhindert. Der Sonnenschutz ist von größter Wichtigkeit bei den Immergrünen und Nadelgehölzen. Intensive Sonneneinstrahlung läßt diese Pflanzengruppe besonders stark verdunsten. Die Wasserversorgung der oberen Teile der Pflanze ist aber durch den gefrorenen Boden nicht oder nur unzureichend möglich, so daß es zum Vertrocknen einzelner Teile oder gar der gesamten Pflanze kommt. Der größte Nachteil des Abdeckens liegt vor allem darin, daß sich Mäuse oder Schnecken im Laub einnisten und die Knospen oder Wurzeln anfressen. Auch wird auf diese Weise Schadinsekten eine gute Überwinterungsmöglichkeit geboten. Neben dem Überwintern im Freiland kann auch ein tiefer Frühbeetkasten als Winterquartier genutzt werden. Durch Verspannen des Kastens mit dichtem Maschendraht wird ein Schutz vor Wildbiß und Bruchschäden durch Schneelasten erreicht. Die hohen Wände des Kastens schützen vor Wind und Sonneneinstrahlung. Eine andere Möglichkeit besteht im frostfreien Überwintern der Gehölze. Dabei werden die Gehölze im kalten Gewächshaus bei Temperaturen von +1 bis maximal +5 °C überwintert. Es ist immer auf ausreichende Feuchtigkeit der Pflanzen zu achten, ohne daß stauende Nässe entsteht. Bei Temperaturen über +5 °C ist unbedingt zu lüften und bei intensiver Sonne (oft schon gegen Ende des Winters) zu schattieren, um einen verfrühten

Austrieb zu verhindern. Ähnliche Richtlinien gelten auch für die Ü. im Treppenhaus oder Keller, wobei bei der Ü. im Keller auf ausreichend Licht für Immergrüne und Nadelgehölze zu achten ist. Sind winterharte Gehölze für eine frostfreie Ü. vorgesehen, sollten sie unbedingt den ersten leichten Nachtfrösten im Herbst ausgesetzt werden und danach, also keinesfalls vor Ende Oktober, ins Winterquartier gebracht werden. Wird dieses Einleiten der Ruhestimmung vernachlässigt oder gar versäumt, behalten die Laubbäume oft das Laub über den Winter und der Neutrieb im kommenden Frühjahr bleibt aus (Ausnahme Buche). Eine Schwächung des gesamten Baumes ist die Folge. Beim Ausräumen im Frühjahr müssen spät auftretende Nachtfröste berücksichtigt werden, da die frostfrei überwinterten Gehölze oft schon ausgetrieben haben und anfälliger auf Spätfröste reagieren.
– Gehölze aus subtropischen Regionen mit warmem Sommer und mildem Winter (z. B. Mittelmeerraum oder auch verschiedene Teile Japans) sollten in unseren Gebieten unbedingt im kalten Gewächshaus, d. h. frostfrei überwintert werden. Dazu zählen immergrüne und hartlaubige Gehölze wie Öl- oder Olivenbaum (*Olea europaea*), Myrte (*Myrtus*), *Myrsine*, Rosmarin (*Rosmarinus*), aber auch einige empfindliche Laubgehölze, z. B. verschiedene Ahorn-Arten (*Acer buergerianum, A. palmatum var. atropurpureum*). Von den Nadelgehölzen sei die Sicheltanne (*Cryptomeria*) besonders erwähnt. Diese Gehölze werden im Herbst bereits vor den ersten Nachtfrösten (Ende September/Anfang Oktober) eingeräumt. Die Temperaturen im Gewächshaus können bis +8 °C ansteigen, sollten jedoch nicht oft unter 0 °C absinken. Kurzzeitige Temperaturen bis −3 °C überstehen die meisten dieser Pflanzen ohne größere Schäden. Auf ausreichende Feuchtigkeit und das Vermeiden stau-

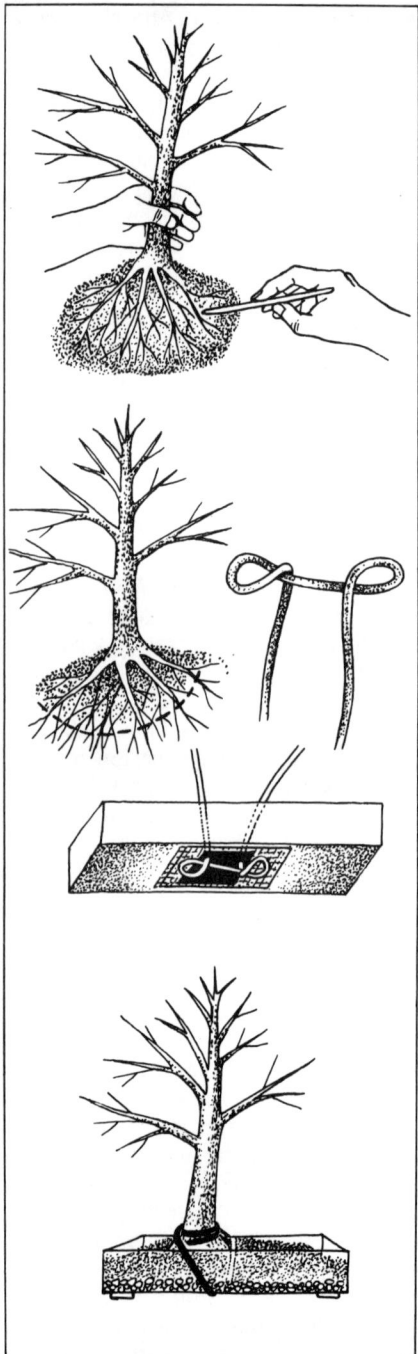

ender Nässe ist unbedingt zu achten. Ausreichend Licht und gute Belüftungsmöglichkeiten sowie erhöhte Luftfeuchtigkeit gegen Ende des Winters fördern das Wohlbefinden der Pflanzen. Diese Pflanzengruppe sollte nicht vor dem 15. Mai ins Freiland ausgeräumt werden. Bedeckter Himmel ist in den ersten Tagen nach dem Ausräumen ideal, ansonsten könnte plötzliche intensive Sonneneinstrahlung direkt nach dem Ausräumen an einzelnen Blättern oder ganzen Partien zu Verbrennungen führen.

– Beim Überwintern der ↑ Zimmer-Bonsai (ganzjährig warm, aus subtropischen und tropischen Regionen stammend) sind einige Besonderheiten zu beachten. Auch die meisten dieser Pflanzen (z. B. Ficus) durchlaufen eine Ruheperiode, in der keine oder nur wenige Neutriebe gebildet werden. Vereinzelter Laubfall während dieser Zeit ist eine normale Erscheinung. In dieser Zeit der leichten Ruhe sinkt die über die Wurzeln aufgenommene Wassermenge ab. Jedoch muß zu der trockenen Heizungsluft ein Ausgleich geboten werden, der die hohe Luftfeuchtigkeit am natürlichen Standort zwar nicht ersetzen kann, aber immerhin einen gewissen Ausgleich schafft. Die Blätter der Pflanzen sind deshalb öfter zu besprühen. Die Erdoberfläche kann dabei durchaus einmal abtrocknen. Die Düngergaben sind von Ende September bis November zu reduzieren und können von Dezember bis Februar ganz eingestellt werden. Danach beginnt man mit geringen Gaben und steigert bis Mai auf die in der Wachstumsperiode übliche Menge (↑ Düngung).

Umpflanzen. Das Umsetzen einer Pflanze von einem Gefäß in ein anderes ist mit einem Erdwechsel verbunden, wobei das Erdvolumen durch ein größeres Gefäß erweitert werden kann. Die Gefäße kön-

Arbeitsgänge beim Umpflanzen

nen sowohl flache Schalen (↑ Pflanzgefäße) als auch Blumentöpfe (daher der um-
gangssprachliche Begriff Umtopfen)
sein. Günstigste Zeitpunkte für das U.
sind Frühjahr (März bis Mitte Mai) und
Herbst (September bis Mitte Oktober).
Während der winterlichen Ruhezeit wird
nicht umgepflanzt und in der Wachstumsperiode sollte die Pflanze nur in dringen-
den Ausnahmefällen (z. B. Schädlingsbefall) gestört und umgepflanzt werden. Bewurzelte Jungpflanzen, die aus Samen
oder ↑ Stecklingen gezogen wurden,
pflanzt man jährlich um. Junge Bonsai,
d. h. Pflanzen im Alter von etwa fünf bis
zehn Jahren, werden etwa alle zwei bis
drei Jahre umgepflanzt. Ältere Bonsai,
die ihre endgültige Größe und Form erreicht haben, werden nur noch selten, etwa alle fünf Jahre umgepflanzt. Die Häufigkeit des U. hängt von verschiedenen
Faktoren ab. Neben dem notwendigen
Erdwechsel, bedingt durch Versalzung,
Verschlämmung und verbrauchte Erde,
ist das U. notwendig, wenn die Pflanze
gegenüber der Schale unproportional
groß geworden ist. Das ist nicht selten bei
jungen Bonsai der Fall, die ihre endgültige Größe noch nicht erreicht haben.
Pflanzen, die umgesetzt werden sollen,
sind zwei bis drei Tage vor dem U. trockener zu halten, damit sich die Erde besser
aus dem Wurzelgeflecht herausschütteln
läßt. Das U. selbst soll zügig, ohne große
Verzögerungen und möglichst an einem
schattigen Platz vorgenommen werden.
Gefäße, ↑ Erden und ↑ Werkzeuge sind
vorher bereitzustellen. Die neuen Gefäße
sollen im Durchmesser 2 bis 3 cm größer
sein, als die, in denen die Pflanzen bisher
standen. Ausgenommen sind ausgereifte Bonsai, die nach einem Erdwechsel in
das gleiche (gereinigte!) Gefäße wie zuvor gepflanzt werden. Der beim U. vorgenommene Wurzelschnitt gewährleistet
den Wurzeln auch im gleichen Gefäß
neuen Wachstumsraum. Bevor man die
Pflanze aus dem alten Gefäß austopft,

werden die Abzuglöcher des neuen Gefäßes mit Gaze abgedeckt und der Schalenboden je nach Höhe des Gefäßes
ganz oder nur teilweise (in Streifen über
den Abzuglöchern) mit einer Drainageschicht versehen. Anschließend wird der
Boden mit einer groben Schicht Erde
(↑ Erdaufbereitung) bedeckt. Nun kann
die Pflanze aus dem alten Gefäß heraus-
geklopft werden (Abb.). Die Beschaffen-
heit des Wurzelballens gibt Auskunft über
den Gesundheitszustand der Wurzeln
und damit der gesamten Pflanze. Haben
die Wurzeln das gesamte Erdreich durch-
zogen, ist der Wurzelballen fest und haben die Wurzeln weiße Spitzen, so sind
sie gesund. Mit einem Holzstäbchen oder
einer Kralle wird die Erde sehr vorsichtig
aus dem Wurzelballen herausgelöst. Alte
und abgestorbene Wurzeln werden entfernt; an den übrigen Wurzeln wird ein
Wurzelschnitt vorgenommen. Nun kann
die Pflanze in das vorbereitete Pflanzgefäß an der ausgewählten Stelle (↑ Position des Baumes) so gesetzt werden, daß
der Wurzelansatz etwas über der Höhe
des Schalenrandes liegt. Die erhöhte Position wird gewählt, um den Wurzelansatz
zur Geltung zu bringen. Um der Pflanze
einen sicheren Stand zu gewährleisten,
kann sie mit einigen Drähten, die man
durch die Abzuglöcher führt, fixiert werden. Anschließend wird Erde aufgefüllt.
Durch vorsichtiges Stochern mit einem
Holzstäbchen und leichtes Klopfen gegen den Schalenrand werden die Hohlräume zwischen den Wurzeln aufgefüllt.
Als letzte Schicht wird feinkörnige Erde
aufgebracht, dabei wird am Schalenrand
mit dem Daumen ein etwa 5 mm tiefer
Gießrand eingedrückt. Sollten noch einige Wurzeln über die Erdoberfläche ragen, werden sie mit Drahtklammern im
Erdreich festgehalten. Nun kann die Erdoberfläche gestaltet und bepflanzt werden (↑ Unterpflanzung). Abschließend
wird das Gefäß mit der neu eingesetzten
Pflanze getaucht. Dabei darf der Wasser-

stand nicht höher als der Gefäßrand sein, um ein Abschwemmen der Erde zu vermeiden. Nach dem Umsetzen werden die Pflanzen an einem hellen, vor direkter Sonneneinstrahlung geschützten Platz aufgestellt. Günstig auf die Wurzelneubildung und ein rasches Wachstum der Pflanze im Gefäß wirkt erhöhte ↑ Luftfeuchtigkeit.

Umrißlinie ↑ Kompositionsregeln

Unterpflanzung: bodenbedeckende Moose, Farne und Samenpflanzen, die bei der Flächengestaltung in Bonsai-Gefäßen Verwendung finden (Tab.). Der Gesamtausdruck des Bonsai oder des Saikei-Arrangements wird durch eine U., ebenso wie durch die Gestaltung mit Beiwerk, abgerundet. Über diesen optischen Eindruck hinaus hat die U. auch praktische Bedeutung; sie schützt die Oberflä-che vor rascher Austrocknung und verhindert, daß beim Gießen Erde weggespült wird. Nachteilig ist, daß Moose und Farne empfindlich gegen Düngersalze sind und auch feste organische Dünger nicht auf Moose gegeben werden dürfen, da es leicht zu Verbrennungen kommt. Außerdem lagern sich an den Moospolstern verstärkt Kalkrückstände des Gießwassers ab und lassen die Moosflächen unansehnlich erscheinen.

An günstigen Standorten vermoosen die Erdoberflächen der Bonsai auf natürliche Weise. Es ist in solchen Fällen möglich, Sporen von Farnen (ähnlich wie für ↑ Moose) auszusäen. In den meisten Fällen muß der Unterwuchs jedoch aufgepflanzt werden.

Pflanzen, die bei der Gestaltung verwendet werden sollen, müssen ähnliche Kul-

Geeignete Unterpflanzung

	Blütenpflanze	Schnittver-träglichkeit	Temperatur-bereich
für Zimmer-Bonsai			
Bubiköpfchen/Helxine *(Soleirolia soleirolii)*	–	×	5...25°C
Kanonierblume *(Pilea rotundifolia, P. cadierei)*	–	×	18...25°C
Mooskraut *(Selaginella kraussiana, S. apoda)*	–	×	5...12°C
Sinningie *(Sinningia pusilla)*	× (Ruhezeit!)	–	18...25°C
für winterharte Bonsai			
Besenheide/Heidekraut *(Calluna vulgaris)*	×	×	
Glockenblume *(Campanula cochlearii-folia)*	×	×	
Hungerblümchen *(Draba aizoides)*	×	×	
Moosfarn *(Selaginella sibirica)*	–	×	
Mooskraut *(S. selaginoides)*	–	×	
für sukkulente Bonsai			
Bitterwurz *(Lewisia)*	×	–	kalt
Fetthenne *(Sedum compactum, S. dasyphyllum)*	×	×	kalt
	×	×	winterhart
Dickblatt *(Crassula cooperi)*	×	×	kalt

Weißbirke, *Betula verrucosa*, gesammelt um 1975, gestaltet etwa 6 Jahre von H. Krekeler;
Alter etwa 25 Jahre, Höhe etwa 90 cm

Felsenpflanzung *(Cotoneaster, Rhododendron, Juniperus)*; Alter 4–6 J.; Bes. J. Flade · *unten links* Chinesischer Wacholder, *Juniperus chinensis*; Alter ca. 25 J., Höhe 40 cm; Bes. W. Fox · *rechts* Mädchenkiefer, *Pinus parviflora*; frei aufrecht; Alter ca. 30 J., Höhe 38 cm; Bes. W. Fox

oben Chinesischer Wacholder, *Juniperus chinensis 'Plumosa aurea'*; windgepeitscht; Alter etwa 15 Jahre, Höhe 30 cm; Besitzer Th. Schmidt · *unten* Zwergkiefer, *Pinus pumila clauca*; Halbkaskade; Alter etwa 15 Jahre, Höhe 35 cm; Besitzer W. Fox

Feuerdorn, *Pyracantha crenoserrata 'Orange Glow'*; frei aufrecht; Alter 12 Jahre, Höhe 40 cm; Besitzer W. Fox

Eiche, *Quercus robur*; frei aufrecht; Alter etwa 18 Jahre; Besitzer H. Hunger

Lärche, *Larix decidua*; Landschaft mit Steinen; Alter 4 bis 6 Jahre; Besitzer H. Hunger (*oben* Winter, *unten* Sommer)

Windgeschützter Standort auf einer Balkon-Ostseite · *unten links* Lorbeerfeige, *Ficus retusa*; Felsenpflanzung in einer Wasserschale; Alter 5 bis 7 Jahre · *rechts* Birkenblättriger Gummibaum *F. benjamina*; Mehrfachstamm; Alter 8 Jahre, Höhe 50 cm; Bes. H. Hunger

oben links drehbarer Arbeitstisch und die wichtigsten Werkzeuge für die Gestaltung
oben rechts selbstgebauter Werkzeugkasten · *unten* Pflanzgefäße

turbedingungen wie die Bonsai selbst haben. Insbesondere Licht, Feuchtigkeits- und Temperaturansprüche müssen aufeinander abgestimmt sein. Deshalb können beispielsweise Pflanzen tropischer Regionen nicht zur Flächengestaltung unter frostharten Gehölzen eingesetzt werden. Pflanzen mit ausgeprägtem Wachstumsrhythmus (Trockenperiode – Feuchtigkeit) dürfen nur zu ↑ Sukkulenten, die ebenfalls diesen Rhythmus zeigen, gepflanzt werden. Ausgesprochene Schattengewächse (Moosfarn, *Selaginella*) gedeihen unter schattenliebenden Bonsai am besten. Für alle Bonsai, die ganzjährig im Freien aufgestellt werden, sind Moose, Zwergfarne, Gräser und kleine Kräuter (Gebirgspflanzen) als U. geeignet. Günstig ist, wenn die U. schnittverträglich ist. Blütenpflanzen und Farne müssen in ihren Proportionen zum jeweiligen Bonsai-Typ passen, da sie sich nur selten durch Schnittmaßnahmen zum Zwergwuchs anregen lassen. Berücksichtigt werden muß auch, daß Farne und Samenpflanzen ihre Wurzeln in der Bonsai-Erde austreiben, also Wasser und Nährstoffe aufnehmen. Die Düngung des Bonsai hat oft ein starkes Wachstum der U. zur Folge.

Ein Moospolster als Unterpflanzung vermittelt den Eindruck von Waldboden; der Wurzelansatz bleibt deutlich sichtbar

V

Veredeln: ein Vorgang, bei dem entweder zugespitzte knospentragende Pfropfreiser unter die Rinde einer kräftigen Unterlage übertragen und mit ihr zum Verwachsen gebracht werden (Pfropfung) oder nur einzelne Augen (Knospen) übertragen werden (Okulieren). Aus dieser künstlichen Vereinigung entsteht eine neue Pflanze. Beim Verwachsen der beiden Pflanzenteile (Reis und Unterlage) bildet sich fast immer eine wulstartige Narbe, die auch noch Jahre nach dem V. deutlich sichtbar ist. Deshalb ist die Ver-

edlung für die Zucht von Bonsai nur bedingt anwendbar und sollte nur vom Fachmann vorgenommen werden. ↑ Ablakation

Vermehrung: die generative (geschlechtliche) oder vegetative (ungeschlechtliche) Fortpflanzung eines Organismus.

Bei der *generativen Vermehrung* kommt es zur Befruchtung der weiblichen (♀) Fortpflanzungsorgane (Stempel) durch Produkte der männlichen (♂) Fortpflanzungsorgane (Staubblätter). Weibliche und männliche Fortpflanzungsorgane können sich entweder in einer Blüte oder in zwei verschiedenen Blüten, auf einem Baum (einhäusig) oder aber auf verschiedenen Bäumen (zweihäusig) befinden. Nach Bestäubung und Befruchtung bilden sich Samen bzw. ↑ Früchte. Bei niederen Pflanzen (Algen, Moose, Pilze) entwickeln sich Sporen. Durch ↑ Aussaat der Samen bzw. Sporen entsteht eine neue Generation. Diese kann durch Mutation oder Neukombination der Erbanlagen mehr oder weniger stark von der vorangegangenen Generation abweichen.

Bei der *vegetativen Vermehrung* werden aus den Teilen einer Mutterpflanze (Wurzel, Sproß, Blätter) oder von selbst ausgebildeten Vermehrungsorganen (Brutzwiebeln, -knollen, Ausläufer, Wurzelrhizome) junge Pflanzen gebildet. Dabei können diese Pflanzenteile abgerissen, abgebrochen oder abgeschnitten und bewurzelt werden. Die Erbanlagen der auf diese Weise gewonnenen neuen Generation sind mit denen der vorangegangenen Generation (Mutterpflanzen) identisch. Dieser Vorteil wird bei der Erhaltung gezüchteter Sorten genutzt. Bei der vegetativen Vermehrung sind die ↑ Stecklingsvermehrung, die Vermehrung durch ↑ Steckhölzer und das ↑ Abmoosen die wichtigsten Methoden für die Gewinnung von Ausgangsmaterial für Bonsai. Daneben werden auch ↑ Absenken, ↑ Anhäufeln, ↑ Ableger, ↑ Wurzelschnittlinge, Kindelbildung, Brutzwiebeln und ↑ Veredeln genutzt. Bei letzterem bleibt fast immer an der Veredlungsstelle eine Wulst und die unterschiedlichen Strukturen in der Rinde wirken beim späteren Bonsai störend.

W

Waldform ↑ Yose-ue
Wasser, *Wasserstoffoxid, H₂O*: für alle lebenden Organismen unentbehrlicher Bestandteil und ökologischer Faktor. Für Pflanzen, die selbst zu 70 bis 95 % aus W. bestehen, ist es Transport-, Lösungs-, Quell- und Wärmeregulierungsmittel. Die anorganischen energiearmen Stoffe werden von der Wurzel mit W. aufgenommen, zu den Blättern transportiert und dort durch die Assimilation in organische energiereiche Stoffe umgewandelt, mit der die Pflanze von der Wurzel bis zur Wachstumsspitze hin versorgt wird. W. wird auch für andere biochemische Prozesse als Reaktionspartner benötigt. Es erhält den Zelldruck und ermöglicht ein aufrechtes Wachstum.
W. kann durch den Boden aufgenommen und in ihm gespeichert werden. Jeder Boden (↑ Erden) kann unterschiedlich

viel W. speichern. Diese Fähigkeit wird als W.kapazität bezeichnet und soll bei jeder ↑ Erdmischung Berücksichtigung finden. In 1 l Sand können z. B. 100 g W. gespeichert werden; 70 % dieser Menge können von der Pflanze genutzt werden. Bei 1 l Lehm sind schon 350 g W. für die Sättigung notwendig, ·dabei können nur etwa 55 % dieser Menge von der Pflanze genutzt werden. Für die Sättigung von 1 l Torf sind sogar 900 g notwendig, und die Pflanze kann doch nur 45 % davon nutzen. Das bedeutet, daß lehmige und humose Böden feuchter gehalten werden müssen, damit die Pflanze W. aus der Erde ziehen kann. Aus sandigen Erden kann die Pflanze zwar mehr W. aufnehmen, infolge der geringen W.kapazität trocknet diese Erde aber auch schneller aus.
Zum ↑ Gießen der Pflanzen wird meist Regen-W. empfohlen. Infolge der regional Vorhandenen Schadstoffbelastung der Luft ist es vielleicht besser, auf Leitungs-W. zurückzugreifen, da in den Städten ohnehin kaum Möglichkeiten bestehen, das Regen-W. aufzufangen. Jedoch sollten bereits vorhandene Möglichkeiten zum Sammeln genutzt werden. Es ist aber in jedem Fall ratsam, nach anhaltender Trockenheit den ersten Regen abzuleiten, so daß Luft und Dach sauber gewaschen sind. Leitungs-W. wird oft deshalb gemieden, weil es zu hart ist. Bei einer Härte von 7 bis 10 °d kann es jedoch ohne weitere Aufbereitung (↑ Wasserenthärtung) zum Gießen verwendet werden. Der Härtegrad des Trink-W. ist bei den örtlichen Wasserwirtschaftsbetrieben zu erfragen. Sehr hartes W. zeigt infolge der Magnesium- und Calciumverbindungen alkalische Reaktionen, so daß der ↑ pH-Wert der Erdmischungen im Pflanzgefäß im Laufe der Zeit angehoben wird. Werden Pflanzen mit hartem W. überbraust, können bei wiederholter Anwendung auf den Blättern nach dem Abtrocknen deutliche Kalkflecken zurückbleiben.
Wasserenthärtung. Die Wasserhärte

wird durch Magnesium- und Calciumverbindungen im Wasser verursacht und in Härtegrad ($^\circ$d) gemessen. 1 $^\circ$d entspricht 0,36·10^{-6} mol/m^3, d. h. in 1 l Wasser sind 10 mg Calciumoxid enthalten. Ein weiches Wasser hat maximal 7 $^\circ$d, ein sehr hartes Wasser über 20 $^\circ$d. Zum Gießen sollte Wasser um 10 $^\circ$d verwendet werden. Liegt der Härtegrad über 15 $^\circ$d, sollte das Gießwasser enthärtet werden. Eine Möglichkeit besteht im Abkochen des Wassers, wobei sich der Kalk teilweise in Form von Kesselstein am Gefäß absetzt. Bei größeren Mengen Wasser kann ein durchlässiger Beutel mit 1/2 l ungedüngtem Hochmoortorf gefüllt und über Nacht in einen 10-l-Wassereimer eingehängt, das Wasser von 20 $^\circ$d auf 7 bis 10 $^\circ$d enthärten. Weitere Möglichkeiten der W. liegen in der Verwendung von Schwefelsäure oder technischer Oxalsäure. Für diese Art der Aufbereitung sind säurefeste Behälter (z. B. Glas) zu verwenden. Für 1 m^3 Wasser sind 10 ml konzentrierte Schwefelsäure erforderlich, um die Härte um 1 $^\circ$d zu senken. Soll z. B. Wasser mit einem Härtegrad von 13 auf 9 $^\circ$d reduziert werden, so sind je Kubikmeter Wasser 40 ml konzentrierte Schwefelsäure zuzufügen. Bei der Verwendung von Oxalsäure werden je Kubikmeter Wasser 22,5 g Oxalsäure zugesetzt, um die Härte um 1 $^\circ$d herabzusetzen. Für die Enthärtung kleinerer Mengen kann mit Hilfe der technischen Oxalsäure eine Stammlösung (Konzentrat) hergestellt werden. Dazu werden 45 g Oxalsäure zu 1 l destilliertem Wasser gegeben. Bei Bedarf versetzt man 1 l Wasser (1000 cm^3) mit 5 cm^3 der Stammlösung, rührt gut um und kann 24 Stunden später das Wasser zum Gießen verwenden. Am Boden des Gefäßes hat sich ein weißer Niederschlag gebildet, der nicht mit den Pflanzen in Berührung kommen darf.

Werkzeuge. Für die Gestaltung eines Bonsai werden eine ganze Anzahl spezieller W. und Geräte (Hilfsmittel) benö-

tigt. Neben originalen W. können auch Ersatz-W. (zum Teil Heimwerkerbedarf) verwendet werden.

Alle Zangen und Scheren müssen glatte, scharfe Schnittflächen haben. Verschieden lange spitze Scheren (eventuell im medizinischen Fachhandel erhältlich) dienen zum Schneiden von Trieben und dünnen Zweigen. Zangen und Seitenschneider in verschiedenen Größen sind zum Abkneifen von Draht oder stärkeren Zweigen geeignet. Zum Abtrennen stärkerer Äste sollten kleine Sägen (wie für Laubsägearbeiten üblich) verwendet werden. Für die ersten Jahre der Kultur sind Gartenschere, Gärtnermesser und Seitenschneider ausreichend. In diesen Jahren beschränkt sich die Gestaltung hauptsächlich auf das Kappen der Pfahlwurzeln und des Sprosses. Mit zunehmender Verzweigung werden gezielte Gestaltungsmaßnahmen erforderlich, für die fachgerechte W. benötigt werden. Die wichtigsten sind:

Säge mit schmalem Blatt zum Abtrennen starker Äste und zum Durchtrennen dikker Wurzeln; Anwendung bei ↑ Jamadori und ↑ Gestaltungsschnitt;

Konkavzange zum Schneiden stärkerer Äste unmittelbar am Stamm und für den Schnitt von Wurzeln; Anwendung beim Gestaltungsschnitt und ↑ Wurzelschnitt sowie beim Auslichten von Baumschulpflanzen und in der Natur gesammelten Pflanzen;

Kugelzange zum leicht aushöhlenden Schnitt größerer Wunden am Stamm, um eine bessere Überwallung (Vernarbung) der Schnittwunde zu erreichen; Anwendung beim Abtrennen von Ästen im unteren Stammdrittel, die in den ersten Jahren der Bonsai-Kultur nicht abgetrennt wurden (↑ Stammverdickung);

kräftige Schere zum Schneiden von Zweigen und dünnen Ästen sowie für Wurzeln; Anwendung beim Gestaltungsschnitt und Wurzelschnitt;

schmale, langschenklige Schere für Arbeiten innerhalb der Krone, zum Schneiden junger Triebe und zum Auslichten von Zweigen; Anwendung beim ↑ Triebschnitt und ↑ Blattschnitt;

kleine Drahtschere zum Schneiden und Biegen von Draht; Anwendung in der Gestaltungstechnik zum ↑ Drahten, vor allem aber auch zum Lösen der Drähte (Entdrahten);

Pinzette mit langen Schenkeln und verbreitertem Griff zum Abzwicken von jungen Trieben und Triebspitzen und zum Ausputzen von gelben Blättern; ein verbreiterter Griff ist sehr zweckmäßig beim Auflegen von ↑ Moos.

Nach Benutzung sollten die W. unbedingt gereinigt und, wenn nötig, eingeölt werden. Durch unsaubere W. können Erreger pflanzlicher Krankheiten übertragen werden. Mit stumpfen und unsauberen W. ausgeführte Schnitte verheilen wesentlich langsamer.

Neben den W., die für die unmittelbare Gestaltung (Schneiden und Drahten) benötigt werden, sind noch weitere Geräte und Hilfsmittel notwendig:

Arbeitstisch mit Drehplatte der während der Gestaltungs- und Pflegearbeiten ein Drehen der Pflanze nach allen Seiten ermöglicht, ohne daß das Gefäß angehoben werden muß;

Gießkanne mit etwa 3 bis 5 l Fassungsvermögen, die ein möglichst langes Gießrohr mit Brause haben sollte. Es bewirkt einen gewissen Druck, mit dem das Wasser durch die feine Brause gedrückt wird, so daß Staubteilchen von den Blättern gespült werden. Die Brause ermöglicht darüberhinaus eine feine Verteilung der Wassertropfen und verhindert das Abschwemmen der Erde von der Oberfläche und die Beschmutzung der Moospolster.

Handsprüher oder Sprühgerät zum Vernebeln (↑ Luftfeuchtigkeit) und Ausbringen von Blattdüngern bzw. Schädlingsbekämpfungsmitteln (↑ Ausbringungsverfahren) sowie zum Feuchthalten der feinen Saugwurzeln beim ↑ Umpflanzen;

Draht, vor allem ausgeglühter Kupferdraht, eloxierter Aluminiumdraht oder plastummantelter Draht in drei bis vier verschiedenen Stärken (von 1 bis 3 mm) zum Drahten und Fixieren von Wurzeln;

drei Siebe mit unterschiedlicher Maschenweite, z. B. als Stapelsieb, um verschiedene Erdkörnungen in einem Arbeitsgang zu gewinnen (↑ Erdaufbereitung);

Gummistücken (z. B. schmale Streifen eines Fahrradschlauches) zur Ummantelung von Astpartien, um Rindenverletzungen beim Biegen zu vermeiden;

Holzstäbchen oder kleine Kralle zum Lockern des Wurzelballens und zum Entfernen der Erde beim Umpflanzen vor dem Wurzelschnitt;

Kunststoffgaze zum Abdecken der Wasserabzuglöcher in den Pflanzgefäßen;

Bewurzelungspulver zur Verwendung vor allem bei schwer wurzelnden Stecklingen (↑ Wuchshormone);

Baumwachs oder Latexmilch zum Bestreichen und damit zum Verschließen von Wunden (↑ Gestaltungsschnitt).

Für eine Sammelexpedition in der freien Natur (↑ Jamadori) sollte eine separate W.ausrüstung zur Verfügung stehen. Die W. dieser Ausrüstung müssen einer hohen Belastbarkeit standhalten und dabei noch handlich sein, da sie auf längeren Fußmärschen getragen werden müssen. Zu dieser Ausrüstung sollte unbedingt gehören:

Klappspaten, Eispickel (leichte Spitzhacke), Gartenschere, Messer, Säge (möglichst klappbar), feuchtes Torfmoos oder feuchte Tücher, Plastfolie und Bindfaden.

windgepeitschte Gestaltungsform ↑ Fukinagashi

Winterschutz ↑ Überwinterung

Wolläuse ↑ Schadbilder

Wuchshormone: vom pflanzlichen Organismus produzierte Substanzen, die das Wachstum beeinflussen. Sie können zur gezielten Steuerung der pflanzlichen

Entwicklung auch von außen zugeführt werden; bei der vegetativen Vermehrung z. B. in Form von Bewurzelungspulvern oder Bewurzelungslösungen. Vor der Behandlung sollten die Schnittstellen der frisch geschnittenen Stecklinge leicht antrocknen, so daß kein Pflanzensaft mehr aus der Schnittstelle austritt. Dann taucht man die Stecklinge etwa 2 bis 3 cm tief in das Präparat ein, klopft sie am Gefäßrand leicht ab, um überschüssiges Präparat zu entfernen und pflanzt sofort.
Bei Anwendung von W. ist unbedingt auf das Herstellungsdatum zu achten! Die Präparate sind nur bis etwa 18 Monate nach der Herstellung wirksam. Im Handel erhältlich ist das Bewurzelungspulver „Bi", ein Buttersäurepräparat. Auch Indolylbuttersäure (IRS) und Naphtylessigsäure (NES) sind als W. geeignet. Von diesen Chemikalien wird eine 0,25%ige (IRS) bzw. 0,5%ige Lösung (NES) hergestellt, in die die Stecklinge 2 bis 3 cm eingetaucht werden. Das Präparat Seradix ist in drei Ausführungen auf dem Markt. Stufe I für schnellwachsende, Stufe II für schwer anwachsende und Seradix Stufe III für sehr schwer anwachsende Stecklinge.
Wurzelbildung im Wasser ↑ Stecklingsvermehrung
Wurzelläuse ↑ Schadbilder
Wurzelschnitt: eine notwendige Maßnahme zur Bonsai-Gestaltung. Wie das Astwerk der Krone müssen auch die Wurzeln geschnitten und der Wurzelballen geformt werden. Bei einem Baum in der freien Natur ist das Verhältnis von Astkrone zu Wurzelballen etwa 1:1; beim Bonsai verschiebt es sich nach 2:1. Dennoch muß dafür Sorge getragen werden, daß sich ständig neue Wurzeln bilden, denn nur dann entwickelt der Baum auch neue Triebe. Das Wurzelgeflecht soll sich genauso fein verzweigen wie die Astkrone, denn nur die feinen Saug- und Haarwurzeln sind in der Lage, gelöste Nährstoffe und Wasser aufzunehmen. Des-

halb ist es ratsam, schon bei Sämlingen einen W. durchzuführen. Die meisten Pflanzen bilden als erste Wurzel die sog. Pfahlwurzel aus. Sie dient der tiefen Verankerung im Boden und wächst senkrecht nach unten. Wird sie um die Hälfte bis etwa zwei Drittel gekürzt, müssen sich die Seitenwurzeln verstärkt entwikkeln. Diese wiederum sind sehr wichtig für den Übergang (Wurzelhals) vom Stamm zum Wurzelballen. Der Wurzelhals wird bei der Gestaltung des Bonsai im höheren Alter meist freigelegt und einige der oberen Seitenwurzeln werden sichtbar. Sind diese deutlich erstarkt, verkörpern sie die feste Verankerung des Baumes im Erdreich. Jungpflanzen erhalten einen jährlichen W. beim Umpflanzen. Dabei werden immer ältere und stärkere Wurzeln weggeschnitten, um eine reiche Neubildung von Haarwurzeln anzuregen. Die Schnittwunde soll schräg nach unten verlaufen. An Stecklingen und Steckhölzern (↑ Vermehrung) fehlt die Pfahlwurzel, das Wurzelbüschel bildet sich meist nur an einem Punkt. Soll eine gleichmäßige Bewurzelung erfolgen, werden an allen Hauptwurzeln die Spitzen gekürzt. Bei Baumschulpflanzen oder gesammelten Bäumen (↑ Jamadori) muß immer ein recht großer Wurzelballen reduziert werden. Dies kann aber nur stufenweise über mehrere Jahre bei jedem Umpflanzen erfolgen. Angerissene und geknickte Wurzeln müssen entfernt werden, außerdem einige starke Wurzeln, wobei aber ausreichend Haarwurzeln für die Ernährung am Baum verbleiben. Der innere Wurzelraum darf nicht beschädigt werden. Es ist besonders darauf zu achten, daß während der Zeit des W. die feinen Saugwurzeln nicht vertrocknen. Ein Übersprühen mit abgestandenem Wasser ist zu empfehlen, darin aufgelöste Vitamin-B_1-Tabletten regen das Wurzelwachstum an. Bei Nadelgehölzern darf die sich am Wurzelballen befindliche ↑ Mykorrhiza nicht zerstört werden. Bei sehr alten Bonsai, die man nur alle drei bis fünf Jahre umtopft, ist es ausreichend, auch den W. in diesem Abstand vorzunehmen. Erfolgt der W. unmittelbar vor Beginn des Neuaustriebes im Frühjahr beim Umpflanzen, kann er wachstumshemmend wirken.

Wurzelschnittlinge: eine Form der vegetativen ↑ Vermehrung. Dazu werden bleistiftstarke Wurzeln in 6 bis 8 cm lange Stücke geschnitten und 3 bis 4 cm tief in ein Sand-Torf-Gemisch (1:1) eingelegt. Bei Zimmertemperatur und gleichmäßig feuchtem Sand bilden sich an diesen Wurzelstecklingen Knospen, die sich zu neuen Pflanzen entwickeln können. Gut geeignet für W. sind die Scheinquitte (*Chaenomeles*) und der Essigbaum (*Rhus*).

Wurzelvolumen: die Gesamtheit aller Wurzeln einer höheren Pflanze. Es steht bei in der freien Natur gewachsenen Bäumen zum ↑ Kronenvolumen im Verhältnis von etwa 1:1, was beim Sammeln in der freien Natur (↑ Jamadori) beim Umstechen und Ausgraben unbedingt beachtet werden muß. Bei Pflanzen, die über mehrere Jahre im Gefäß kultiviert und zum Bonsai erzogen werden, verändert sich dieses Verhältnis, das Kronenvolumen ist dann etwa doppelt so groß wie das gesamte Wurzelsystem, das bei einem Bonsai aus sehr vielen feinen Saugwurzeln besteht.

Y

Yose-ue »*Waldform*«: eine ↑ Gestaltungsform, die streng nach Definition zwischen ↑ Bonsai und ↑ Saikei steht. Sie setzt sich aus vielen Einzelbäumen verschiedenen Alters zusammen. Diese Bäume werden einzeln gestaltet und können fast alle Gestaltungsformen aufweisen. Für Waldpflanzung ungeeignet sind ↑ Kengai, ↑ Han-Kengai, ↑ Ishitsuki,

↑ Sekujoju. Gepflanzt werden die Bäume in unregelmäßigen Gruppen. So entstehen Schneisen, Lichtungen, aber auch geschlossene Wälder und Dickicht. Die Zahl der gepflanzten Bäume ist ungerade. Die drei größten und somit dominierenden Bäume bilden ein Dreieck, um das sich alle anderen gruppieren. Die großen Bäume stehen im Vordergrund, die kleinen am Rand und hinten. Durch diese Pflanztechnik wird eine größere Tiefenwirkung erreicht. Derselbe Effekt kann erzielt werden, wenn die Bäume vorn weiter auseinandergepflanzt werden als hinten. Mehrere Bäume stehen niemals in einer Reihe! Für die Gestaltung von Y. werden Bäume der gleichen Gattung bzw. Art verwendet, was Pflegearbeiten, Düngung und Überwinterung erleichtert. Die Äste und Zweige der einzelnen Bäume dürfen sich kreuzen und ineinanderwachsen. Trotzdem ist auf genügend Lichtzufuhr zu achten, da sonst die Verkahlung von innen her droht.

Die Ausführung von Y. unterscheidet sich etwas von der Pflanzung eines Einzelbaumes. Alle zu pflanzenden Bäume müssen im Wurzelbereich sehr stark zurückgeschnitten werden. Daraus ergibt sich zwangsläufig ein starker Rückschnitt des Kronenvolumens. Anschließend werden die Bäume bis zum Wurzelhals in eine dickflüssige Lehmbrühe getaucht und in einen künstlichen Wurzelballen aus Lehm gepackt. So vorbereitet lassen sie sich in dem sehr flachen Pflanzgefäß hin und her schieben und erlauben, den optimalen Standort bei der Gestaltung zu finden, ohne daß Wurzeln eintrocknen oder brechen. Ist der endgültige Standort bekannt (vorbereitete Skizze), kann man die beschnittenen Bäume auch mittels Drahtschlingen im Gefäß befestigen. Die eigentliche Pflanzung erfolgt wie bei den Einzelbäumen. Eine leichte Bewegung der Bodenoberfläche lockert die Pflanzung auf. Moose und krautige Pflanzen verstärken diese Wirkung. Es muß unbedingt auch auf unbepflanzte Stellen geachtet werden (Ruhepunkte für das betrachtende Auge).

Die zu verwendenden Schalen sind sehr flach. Bevorzugt werden ovale Gefäße, aber auch rechteckige sind möglich. Flache Steintabletts erhöhen den Gesamteindruck des Arrangements. Für die Waldpflanzung werden sowohl ↑ Jungpflanzen als auch ↑ Baumschulpflanzen und gesammelte Bäume (↑ Jamadori) verwendet.

Besonders geeignet sind:
Ajanfichte, Yedofichte (*Picea jezoensis*),
Dreispitzahorn (*Acer buergerianum*),
Fächerahorn (*Acer palmatum*),
Hainbuche (*Carpinus betulus*),
Igelwacholder, Steifblättriger Wacholder (*Juniperus rigida*),
Japanische Lärche (*Larix kaempferi*),
Japanische Sicheltanne (*Cryptomeria japonica*),
Mädchenkiefer (*Pinus parviflora*),
Stachelspitzige Eibe (*Taxus cuspidata*).

Z

Zimmer-Bonsai: Bezeichnung für den in Amerika geprägten Begriff Indoor-Bonsai (↑ Geschichte der Bonsai-Entwicklung). Es ist nicht immer möglich, eine Bonsai-Kultur im Garten oder auf der Terrasse

Yose-ue

aufzustellen. Ursprünglich waren in Japan Wohnbereich und Terrasse bzw. Garten nicht so stark getrennt, wie dies aus traditionellen Bauten noch heute zu erkennen ist. Deshalb gab es auch kaum Zimmerpflanzen im europäischen Sinne. Viele unserer Zimmerpflanzen bilden mit zunehmendem Alter verholzende Triebe und Äste, haben außerdem kleine Blätter und besitzen somit ideale Voraussetzungen für die Bonsai-Kultur. Die verholzten Zimmerpflanzen müssen dazu bewußt aus der Sicht des Bonsai-Gärtners betrachtet werden. Nach einem maßvollen Gestaltungsschnitt und dem Umsetzen in ein geeignetes Gefäß (↑ Pflanzgefäße) ist das Ausgangsmaterial für einen künftigen Z. geschaffen. Der Vorteil liegt darin, daß eine große, verholzte Pflanze durch Formkorrekturen (↑ Drahten) in relativ kurzer Zeit zu einem ansehnlichen Bonsai entwickelt werden kann. Das ↑ Ausgangsmaterial kann natürlich auch durch die für Bonsai geeigneten Vermehrungsmethoden (↑ Vermehrung) gewonnen werden. Jedoch ist zu beachten, daß blühende Pflanzen, die später Früchte ansetzen sollen (z. B. Orangenraute) künstlich bestäubt werden müssen. Mit einem dünnen Pinsel werden die Pollen (♂) von Blüte zu Blüte auf die Stempel (♀) übertragen und so die Befruchtung vollzogen. Für die Z. lassen sich viele bekannte Gewürzpflanzen verwenden, so z. B. Lavendel, Rosmarin, Salbei und Thymian. Sie alle werden wie die übrigen Bonsai geschnitten und gedrahtet. Zu beachten ist bei Z. vor allem der ↑ Standort.

Geeignet für einen ganzjährig warmen Standort:
Birkenblättriger Gummibaum (*Ficus benjamina*),
Buchsbaumblättriger Gummibaum (*Ficus buxifolia*),
Jasminähnliche Gardenie (*Gardenia jasminoides*) – Blüten-Bonsai,
Kleinfruchtige Feige/Gummibaum (*Ficus microcarpa*),
Lorbeerfeige/Gummibaum (*Ficus retusa*),
Orangenraute (*Murraya paniculata*) – fruchtender Bonsai.
Geeignet für einen warmen Standort und einen kühlen, frostfreien (nicht unter 0 °C) im Winter:
Afrikanischer Buchsbaum (*Myrsine africana*) – fruchtender Bonsai, wenn ♀ und ♂ Pflanzen vorhanden,
Azalee (*Rhododendron simsii*) – Blüten-Bonsai,
Gartenrosmarin (*Rosmarinus officinalis*) – Blüten-Bonsai,
Gartenthymian (*Thymus vulgaris*) – Blüten-Bonsai,
Granatapfel (*Punica granatum*) – Blüten-Bonsai und fruchtender Bonsai,
Kamelie (*Camellia japonica*) – Blüten-Bonsai,
Lavendel (*Lavendula angustifolia*) – Blüten-Bonsai,
Roseneibisch (*Hibiscus rosa-sinensis*) – Blüten-Bonsai,
Zwerggranatapfel (*Punica granatum var. nana*) – Blüten-Bonsai und fruchtender Bonsai.
Zwillingsstamm ↑ Sokan

Zur Bonsai-Gestaltung geeignete Pflanzen

Gattung – Familie – Arten	Merkmale
Ahorn *(Acer)* – *Aceraceae*	laubabwerfende Bäume und Sträucher
A. buergerianum	Blätter dreispitzförmig; leuchtend gelb-orange Herbstfärbung
A. palmatum	Blätter zierlich grün; Astwerk fein; leuchtend rote Herbstfärbung
A. palmatum 'Atropurpureum'	feuerroter Austrieb; rote Herbstfärbung; etwas empfindlich!
A. palmatum dissectum	tief geschlitzte Blätter; etwas empfindlich!
Akazie *(Acacia)* – *Leguminosae*	meist immergrüne Bäume und Sträucher subtropischer Gebiete; Wuchs oft mehrstämmig mit schirmförmiger Krone
A. baileyana, A. catechu, A. dealbata, A. farnesiana, A. karoo, A. verticillata	
Alpenrose *(Rhododendron)* – *Ericaceae*	immergrüne, verholzende Sträucher mit zum Teil lederartigen Blättern; für Bonsai kleinblättrige und kleinblütige Arten auswählen
R. forrestii, R. japonicum, R. kiusianum, R. obtusum u. a.	
Blauregen, Glyzine *(Wisteria)* – *Leguminosae* W. floribunda, W. sinensis	laubabwerfende, verholzende Kletterpflanze
Buche *(Fagus)* – *Fagaceae*	laubabwerfende Gehölze der einheimischen Wälder
F. crenata	japanische Kerbbuche
F. sylvatica	Rotbuche; trockenes Laub verbleibt während des Winters am Baum
Dickblatt *(Crassula)* – *Crassulaceae* C. arborescens	immergrüne, baumartige Sukkulenten mit fleischigen Blättern; Blüten weiß
Drillingsblume *(Bougainvillea)* – *Nyctaginaceae*	laubabwerfende Bäume und Sträucher Südamerikas
B. glabra, B. spectabilis	Jungpflanzen zeitig und oft stutzen, leuchtende, langanhaltende Scheinblüten
Efeu *(Hedera)* – *Araliaceae*	immergrüne Kletterpflanze, die im Alter verholzt
H. helix	gelbe Blüten, schwarze Früchte
Eibe *(Taxus)* – *Taxaceae*	immergrüne Nadelgehölze mit dunkelgrünen Nadeln; Bäume oder Sträucher mit roten fleischigen Samen an weiblichen Pflanzen
T. baccata, T. cuspidata	

Eiche *(Quercus)* – *Fagaceae*	Laubbäume mit im Alter ausladender Krone
Q. robur	Stiel- oder Sommereiche
Q. petraea	Trauben- oder Wintereiche
Q. suber	Korkeiche; immergrüner Laubbaum aus subtropischen Gebieten
Esche *(Fraxinus)* – *Oleaceae*	laubabwerfende Bäume, grünlichgraue Rinde, Früchte an
F. excelsior, F. sieboldiana,	weiblichen Bäumen
F. sylvatica, F. crenata	
Felsenbirne *(Amelanchier)* –	laubabwerfende Gehölze
Rosaceae	
A. canadensis	Blüten weiß, Neutrieb bronzefarben, Herbstfärbung rot
Feuerdorn *(Pyracantha)* –	immergrüne Büsche mit kleinen dunkelgrünen Blättern,
Rosaceae	weißen Blüten und kleinen roten Früchten
P. rogersiana, P. angustifolia	
Fichte *(Picea)* – *Pinaceae*	immergrüne Nadelgehölze, pyramidale Wuchsform
P. jezoensis, P. omorika	
Forsythie, Goldglöckchen *(Forsythia)* – *Oleaceae*	verholzende, laubabwerfende Sträucher mit gelben Blüten
F. intermedia	
Fuchsie *(Fuchsia)* – *Onagraceae*	teils laubabwerfende, verholzende Sträucher
F. magellanica	kleinblättrig, dünne Zweige, purpurrote Blüten (Blumen-Bonsai)
Gardenie *(Gardenia)* – *Rubiaceae*	immergrüne Sträucher mit glänzend grünen Blättern, reich verzweigt
G. jasminioides	weiße, stark duftende Blüten
Ginkgo, Silberaprikose *(Ginkgo)* –	laubabwerfende Bäume mit fächerförmigen Blättern
Ginkgoaceae	
G. biloba	intensiv gelbe Herbstfärbung
Granatapfelbaum *(Punica granatum)* – *Punicaceae*	teils laubabwerfende Bäume und Sträucher mit kleinen Blättern
P. granatum var. nana	Zwerggranatapfelbaum; zierliche Blüten und apfelähnliche Früchte
Gummibaum, Feigenbaum *(Ficus)* –	immergrüne tropische Laubbäume, kleinblättrige
Moraceae	Arten für Bonsai geeignet
F. benjamina, F. retusa, F. buxifolia, F. pumila u. a.	
Hainbuche, Weißbuche *(Carpinus)* –	laubabwerfende Gehölze; feines Astwerk, ; glatter
Betulaceae	grauer Stamm
C. betulus, C. cordata	
Hartriegel *(Cornus)* – *Cornaceae*	laubabwerfende Bäume und Sträucher
C. sanguinea	Roter Hartriegel, einjährige Zweige im Herbst/Winter blutrot
C. mas	Kornelkirsche, gelb blühend; kleine rote Steinfrüchte
Hemlocktanne *(Tsuga)* – *Pinaceae*	immergrüne Nadelgehölze mit kleinen Zapfen
T. sieboldii, T. diversifolia, T. canadensis	

Jasmin *(Jasminum)* – Oleaceae J. nudiflorum	laubabwerfende Sträucher, langsam verholzend Winterjasmin, gelb blühend
Junischnee *(Serissa)* – Rubiaceae S. foetida	immergrüne Laubgehölze mit schmalen, ovalen Blättern (erinnern an Zwergbuchsbaum) weiße Blüten
Kamelie *(Camellia)* – Theacae C. reticulata, C. japonica	immergrüne Sträucher mit ledrigen Blättern; Stamm leicht silbrig, Blüten weiß-rosa
Kiefer *(Pinus)* – Pinaceae zweinadlige Kiefern: *P. densi- flora, P. mugo, P. mugo ssp. mugo, P. mugo ssp. pumilio, P. pumila, P. sylvestris* u. a. fünfnadlige Kiefern: *P. parvi- flora var. pentaphylla*	immergrüne Nadelgehölze schneller wachsend als die fünfnadligen Kiefern feine kurze Nadeln, langsam wachsend
Kirschmyrte *(Eugenia)* – Myrtaceae E. myriophylla, E. uniflora	tropische und subtropische immergrüne Bäume und Sträucher, weiße Blüten, rosarote bis rote Früchte
Klebsame *(Pittosporum)* – Pittosporaceae P. tobira, P. tenuifolium, P. undulatum	immergrüne Sträucher und Bäume tropischer und sub- tropischer Regionen mit lederartigen Blättern
Lackblattpflanze *(Schefflera)* – Araliaceae S. actinophylla	immergrüne Laubbäume tropischer und subtropischer Ge- biete mit handförmig geteilten Blättern
Lagerströmie *(Lagerstroemia)* – Lythraceae L. indica, L. speciosa	laubabwerfende Sträucher und Bäume der subtropischen und tropischen Regionen, prachtvoll gefärbte rosa-violette Blüten
Lärche *(Larix)* – Pinaceae L. decidua, L. kaempferi	laubabwerfende Nadelbäume intensive gelbe Färbung der Nadeln im Herbst
Leptospermum *(Leptospermum)* – Myrtaceae L. scoparium	immergrüner Laubbaum subtropischer Gebiete
Liguster *(Ligustrum)* – Oleaceae L. japonicum	immergrüne, verholzende Sträucher mit glänzend grünem Blattwerk
Linde *(Tilia)* – Tiliaceae T. cordata	laubabwerfende Bäume Winterlinde; Blätter rundlich bis herzförmig; Rinde glatt, erst im Alter rissig
Magnolie *(Magnolia)* – Magnoliaceae M. liliiflora, M. stellata	laubabwerfende Bäume mit sternförmigen weißen, rosa oder roten Blüten
Margerite, Wucherblume *(Chrysanthemum)* – Compositae C. frutescens	immergrüne, verholzende Sträucher mit weißen margeriten- ähnlichen Blüten (Blumen-Bonsai) Strauchmargerite

Myrte *(Myrtus) – Myrtaceae*	immergrüne kleinblättrige Sträucher und Bäume subtropischer Gebiete
M. communis	Brautmyrte; weiße Blüten
Ölbaum, Olive *(Olea) – Oleaceae*	kleine, immergrüne Bäume subtropischer Gebiete; Blätter klein, silbergrau, langsam wachsend
O. europaea	
Orangenraute, Orangenjasmin *(Murraya) – Rutaceae*	immergrüne Sträucher subtropischer Regionen, dunkelgrüne, glänzende Blätter, weiße, stark duftende
M. paniculata	Blüten, orangefarbene Früchte
Pflaume, Kirsche, Pfirsich, Mandel, Aprikose *(Prunus) – Rosaceae*	laubabwerfende Blütengehölze
P. mahaleb	Felsenkirsche
P. cerasifera	Kirschpflaume
P. mume	Japanische Aprikose
P. subhirtella	Blütenkirsche
P. spinosa	Schlehe, Schlehdorn
Rosmarin *(Rosmarinus –* Labiatae	immergrüne, verholzende Sträucher mit aromatisch duftenden, nadelartigen Laubblättern
R. officinalis	
Scheinzypresse *(Chamaecyparis) –* Cupressaceae	immergrüne Nadelgehölze mit schuppenförmigen Blättchen
C. obtusa, C. pisifera, C. thyoides	
Seidelbast *(Daphne) – Thyme-* laeaceae	laubabwerfende, langsam verholzende Sträucher, duftende Blüten, Fruchtansatz
D. alpina, D. metereum	
Sicheltanne *(Cryptomeria) –* Taxodiaceae	immergrüne Nadelgehölze mit schlanker Wuchsform, rötliche bis dunkelbraune Herbstfärbung
C. japonica	
Spindelstrauch *(Euonymus) –* Celastraceae	laubabwerfende oder ausdauernde Laubgehölze
E. europaeus	Pfaffenhütchen
Stechpalme *(Ilex) – Aquifolia-* ceae	immergrüne Laubgehölze mit glänzend dunkelgrünen Blättern
I. crenata, I. serrata	
Steineibe *(Podocarpus) – Podo-* carpaceae	immergrüne Nadelgehölze mit eibenähnlichen Blättern
P. macrophyllus, P. nagi	
Tanne *(Abies) – Pinaceae*	immergrüne Nadelgehölze mit pyramidalem Aufbau; beliebter Zierbaum auch als Bonsai sehr geschätzt
A. alba, A. firma, A. lasiocarpa, A. sachalinensis	
Ulme, Rüster*(Ulmus) – Ulmaceae*	laubabwerfende Bäume mit sehr kleinen Blättern
U. parvifolia	

Wacholder *(Juniperus)* – *Cupressaceae* *J. chinensis, J. communis,* *J. conferta, J. rigida*	immergrüne Nadelgehölze
Wandelröschen *(Lantana)* – *Verbenaceae* *L. camara*	immergrüne, verholzende Sträucher der subtropischen Regionen mit verschiedenartig gefärbten Blüten
Weide *(Salix)* – *Salicaceae* *S. purpurea 'Nana', S. babylonica*	laubabwerfende Bäume und Sträucher mit sehr unterschiedlich großen Blättern
Weißdorn *(Crataegus)* – *Rosaceae* *C. laevigata, C. monogyna*	laubabwerfende dornige Bäume und Sträucher, weiß oder rot blühend; Früchte gelb, rot oder schwarz; schöne Herbstfärbung
Zeder *(Cedrus)* – *Pinaceae* *C. libani, S. atlantica,* *C. deodara*	immergrüne Nadelgehölze, Nadeln lärchenähnlich
Zelkowe *(Zelkova)* – *Ulmaceae* *Z. serrata, Z. carpinifolia*	laubabwerfende Bäume mit besenförmiger Krone und kleinen, gezähnten Blättern
Zierquitte *(Chaenomeles)* – *Rosaceae* *C. japonica, C. speciosa*	laubabwerfende Gehölze mit dornigen Zweigen; reiche Blütenpracht vor dem Neutrieb
zitrusfrüchtige Bäumchen (Zitrone, Mandarine, Pomeranze u. a.; *Citrus* u. a.) – *Rutaceae* *C. microcarpa 'Kalamansi',* *C. aurantiifolia, Fortunella japonica*	immergrüne Laubbäume, mit dunkelgrünen, ledrigen Blättern; weiße duftende Blüten, Fruchtansatz
Zürgelbaum *(Celtis)* – *Ulmaceae* *C. sinensis, C. occidentalis*	laubabwerfende Bäume mit kleinen Blättern und grau schimmernder Rinde
Zwergmispel *(Cotoneaster)* – *Rosaceae* *C. microphyllus, C. rotundifolius, C. horizontalis, D. dammeri, C. conspicuus*	immergrüne und laubabwerfende, kleinblättrige Laubgehölze mit weißen Blüten und roten Früchten im Herbst
Zypresse *(Cupressus)* – *Cupressaceae* *C. arizonica, C. macrocarpa,* *S. sempervirens*	immergrüne, säulenförmige Nadelgehölze mit schuppenartigen Blättchen, schnellwachsend

Haltungs- und Vermehrungsmöglichkeiten einiger geeigne-

Pflanzenname	Zim- mer	Frei- land	Samen
Akazie *(Acacia)*	K		Jan.–Dez.; Samen aufrauhen; 24 Std. aufquellen lassen
Buchsbaum *(Buxus)*	K/T	×	
Dickblatt *(Crassula)*	K		
Drillingsblume *(Bougainvillea)*	K		
Feuerdorn *(Pyracantha)*	K	×	März
Forsythie, Goldglöckchen *(Forsythia)*		×	
Gardenie *(Gardenia)*	T		
Granatapfelbaum *(Punica granatum)*	K/T		Febr.–Apr. oder sofort nach Reife
Gummibaum, Feigenbaum *(Ficus)*	T/W		
Hartriegel *(Cornus)*		×	
Jasmin *(Jasminum)*	K		
Johannisbeere *(Ribes)*		×	
Junischnee *(Serissa)*	K/T		
Kirschmyrte *(Eugenia)*	T/W		März–Mai; Aussaat sofort nach Reife
Lackblattpflanze *(Schefflera)*	W		Aussaat sofort nach Reife
Lagerströmie *(Lagerstroemia)*	K		Febr.–März
Ölbaum, Olive *(Olea)*	K		Aussaat sofort nach Reife (Olivenkerne)
Orangenraute, Orangenjasmin *(Murraya paniculata)*	W		Jan.–Dez.; Aussaat sofort nach Reife
Palisanderbaum *(Jacaranda)*	T/W		Jan.–Apr.
Rosmarin *(Rosmarinus officinalis)*	K		
Seidelbast *(Daphne)*		×	Okt.–März
Stechpalme *(Ilex)*		×	
Ulme, Rüster *(Ulmus)*	K	× (bedingt)	
Wandelröschen *(Lantana)*	K/T		Febr.–Apr.
Zierquitte *(Chaenomeles)*		×	Sept.–Okt.
Zitrus *(Citrus, Fortunella)*	K		Aussaat sofort nach Reife
Zwergmispel *(Cotoneaster)*		×	Sept.–Okt. oder März

ter Bonsai-Pflanzen

Steckhölzer	halbreifes Holz	krautige Stecklinge	Wurzel-schnittlinge	Absenker	Abmoosen
Okt.–Nov.	Aug.–Sept.				
Febr.–Sept.;**)	Febr.–Sept.	Febr.–Sept.			
		Febr.–Juni		Febr.–Juni	
			März–Mai	März–Juni	
Okt.	Juli–Aug.				
		Jan.–Apr.*) oder Juli–Sept.			
	Juni–Aug.				
Febr.–Sept.*)	Febr.–Sept.*)	Febr.–Sept.*)		Febr.–Sept.	Febr.–Sept.
Okt.–Nov.			Sept.–Okt.		März–Sept.
	Febr.–März			Sept.–Okt.	
Sept.–Nov.		März–Mai	März–Mai		
		Jan.–Dez.			
	Febr.–Sept.	Febr.–Sept.			
		Jan.–Dez.			
	Aug.	Apr.–Juni			
Okt.		Mai–Juli			
		Jan.–Dez.; Bodenwärme 28 bis 30°C			
Sept.–Okt.		Apr.–Juli			
	Sept.–Okt.			März–Sept.	März–Sept.
	Juli–Aug.	Apr.			
	Sept.	Sept.			
				Aug.	März–Sept.
					März–Apr.
				Mai–Juni	

K Kalthaus: 5 bis 12°C, nachts absinkend, möglichst unter 10°C, nicht unter 1°C;
T temperiertes Haus: 13 bis 19°C, nachts absinkend, möglichst um 15°C;
W Warmhaus: 20 bis 25°C, nachts absinkend, möglichst um 20°C;
*) hohe Bodenwärme (24 bis 26°C);
**) Nach Schnitt 14 Tage antrocknen lassen

12,95